대통령 리더십으로 본 한국경제통사

대통령의 경제학

| 개 정 판 |

대통령 리더십으로 본 한국경제통사

대통령의 경제학

이장규 지음

기파랑

차례

이장규 서강대 교수의『대통령의 경제학』은 인물 중심으로 쓴 한국경제통사(通史)라 할 수 있다. 초대 이승만 대통령으로부터 이명박 대통령에 이르기까지 역대 대통령이 어떤 상황에서 어떤 경제정책을 썼으며 결과가 어떠했는지에 대해 실증적으로 기술했다. 그런 경제정책이 나올 수밖에 없었던 국제 정세나 정치 사회 상황도 다뤘기 때문에 경제 부문에 역점을 둔 한국현대사라 해도 좋을 것이다.

한국은 지난 60여 년 동안에 경제적 산업화와 정치적 민주화를 동시에 성공적으로 이룩했다는 평가를 받고 있다. 세계사적으로도 드문 기적의 역사다. 이것이 하늘에서 떨어졌거나 저절로 그렇게 된 것은 아니다. 국민 모두가 애쓴 결과이지만 그 중심엔 나라의 상징이요, 행정의 최고책임자인 대통령이 있다. 이 과정에서 역대 대통령들이 각기 한 편씩의 장엄한 드라마를 만들었다. 희극도 있고 비극도 있다. 고뇌와 땀 그리고 오기로 점철된 파란 많은 서사시(敍事詩)가 대부분을 차지하고 더러는 실소를 자아내는 코미디 몇 장면도 없지 않다.

초대 이승만 대통령은 나라를 세우고 지킨 건국 대통령의 이미지가 더 크지만 6·25전쟁 중에 국민들을 먹여 살리고 휴전 후 경제 재건과 부흥을 위해 무척 애를 썼다. 박정희 대통령은 그야말로 경제개발을 시동시킨 산업화의 주역이다. 한국의 경제기적이 그의 비전과 집념에서 비롯됐다고 볼 수 있다. 전두환 대통령은 경제를 집중 과외 수업으로 익히고, 무모할 정도로 안정화 정책을 밀어붙여 한 자리 숫자의 물가 상승률을 처음으로 정착시켰다. 노태우 대통령은 도도한 민주화의 물결에 흔들리며 1988년 서울올림픽의 성공적 수행과 북방외교로 경제의 지평선을 크게 넓혔다.

김영삼 대통령은 금융실명제를 전격 실시하고 선진국들의 모임인 OECD에도 가입했으나 1997년 동남아 통화위기를 뚝심과 오기로 대처하다 IMF 사태를 맞고 말았다. 김대중 대통령은 IMF 사태를 잘 수습했지만 너무 성급히 탈출성공을 외치는 바람에 한국경제 구조개혁의 좋은 기회를 놓치고 말았다. 노무현 대통령은 경제 형평의 기치를 높이 들어 공감도 얻었으나 서툰 집행 탓에 엉뚱한 결과를 빚었다. 이명박 대통령은 세계적 경제파동의 후유증을 잘 수습하고도 4대강 사업에 대한 지나친 집착과 소통 부족으로 아직 실적만큼 평가를 못 받고 있다.

역대 대통령마다 꿈과 희망과 숱한 고비가 있었고, 또 좌절과 고통도 함께 맛보았다. 대통령들의 성격이 그대로 정책에 투영되어 소신·집념·과단과 신중·모호·우유부단이 번갈아 나타났다. 그러나 세월이 흐르는 동안 한국경제는 한 걸음씩 발전을 했고 그것이 모여 오늘의 결과가 되었다. 역대 대통령이 모두 한국경제 기적의 탑에 크건 작건 돌 하나씩을 얹은 것이다.

이 장대하고 파란 많은 드라마를 이장규 교수가 실증적으로 탐구하고 객관적으로 분석하여 재미있게 쓴 것이 『대통령의 경제학』이다. 한국경제 발전과정에 대해선 많은 연구가 나왔지만 보는 입장에 따라 균형을 잃기도 하고 사실 확인이 제대로 안 된 것이 많다. 최초의 잘못이 잘못된 인용으로 연결되고, 그것이 반복되다 보니 왜곡된 사실이 정설로 자리 잡기도 한다. 이장규 교수는 대학으로 가기 전에 신문기자 생활을 오래했고 경영자로서의 경험도 있다.

　필자와는 30여 년 전 중앙일보 경제부장과 팔팔한 젊은 기자로 처음 만나 직장 동료 겸 지적 라이벌 관계를 이어오고 있는데 요즘은 청출어람(靑出於藍)을 실감하고 있다. 사실 확인과 객관적 기술은 이 교수의 몸에 밴 직업적 체질이라 볼 수 있다. 경제기자로서 오랜 취재경험을 살려 역대 대통령들의 드라마를 깊이 종합적으로 추적했고 그것을 균형 있게 분석하여 한 편의 재미있는 이야기로 만든 것이다. 냉철한 역사의식과 왕성한 탐구심 또한 높은 필력의 뒷받침 없이는 책으로 나올 수 없는 일이다.

　이 교수는 신문사에 있을 때 제5공화국의 전두환 대통령(『경제는 당신이 대통령이야』)과, 6공의 노태우 대통령(『경제가 민주화를 만났을 때』) 시대를 다룬 역저(力著)를 낸 바 있다. 그 시대의 사정을 잘 알 수 있는 흥미 있고 귀중한 기록이다. 『대통령의 경제학』은 이미 나온 5, 6공 편은 물론이고 앞뒤로 시간을 연장해 건국 이후 21세기 초반까지를 커버한 종합편이다. 기록뿐만 아니라 역사적 관점에 입각한 평가도 곁들어져 있다. 딱딱한 통계와 난해한 이론이 가득 찬 기존 경제사에 비해선 약간 이색적이다. 무미건조하기 쉬운 경제 책에도 피가 통하고 사람의 냄새가 나게 했다. 경제정책이란 것이 꼭 합리적 판단과 절차를 통해 이루어지지 않으며 그 과정에서 치열한 파워게임과 이해싸움이 벌어짐을 잘 알려주고 있다.

대통령의 지식과 결단력, 정당·기업·관료와의 관계, 측근 참모들의 역할 등에 대해서도 흥미진진한 이야기가 많다. 그러면서도 역사적 사실에 충실했다. 『대통령의 경제학』은 한국현대사를 정확히, 그리고 균형 있게 이해하는 데 큰 도움이 된다. 재미있고 읽기도 쉽다. 전문가들뿐만 아니라 일반인이나 학생들에게도 안심하고 권할 만하다. 이 교수는 해방 후 역대 대통령의 경제정책을 모두 각 권으로 내겠다는 포부를 밝혔는데 벌써부터 그 책들이 기다려진다.

최우석(전 중앙일보 주필, 전 삼성경제연구소 부회장)

왜 대통령의 경제학인가?

　이 책은 심각한 역사책도 아니고, 복잡한 경제학책도 아니다. 대내외적으로 많은 사람들이 한국의 경제기적을 궁금해하는데, 과연 어떤 과정을 거쳐서 그렇게 되었는지를 '사람 중심'으로 새삼 정리한 책이다. 사람 중에서도 대통령을 중심으로 했다. 옛날 조선시대로 치면 임금 중심으로 정리한 현대 경제사(經濟史)인 셈이다. 서강대학교 경제학과 학생들을 가르치는 강의록이 기본 줄거리이고, 책의 제목에서 짐작할 수 있듯이 역대 대통령의 경제정책을 중심으로 한국경제의 발전 과정을 살피는 것을 기본으로 삼았으며, 동시에 비판서로서의 성격을 더했다.

　대통령의 경제학이라는 용어는 원래 미국 조지워싱턴대학의 허버트 스타인(Herbert Stein) 교수의 저서 제목 『Presidential Economics』(루스벨트에서 클린턴 시대까지의 경제정책을 분석 평가한 책)를 본떴다. 하지만 한국의 『대통령의 경제학』은 미국의 그것에 비해 훨씬 다이내믹하고 흥미진진하다. 책의 내용이 아니라 경제발전 과정의 실상이 그렇다는 이야기다.

　이 책은 이론서라기보다는 개인적인 자료 수집과 기자적 통찰을 통해 쓴 것이다. 저술을 작정하게 된 몇 가지 동기가 있다. 첫 번째 동기는 한국경제에 대한 나 스스로의 오류를 뒤늦게나마 바로잡아야겠다는 데서 출발한다. 경제기자를 해오면서 한국경제에 대해 많은 기사와 칼럼을 썼으나, 오보와 엉터리 분석이 적지 않았다. 돌이켜보면 크고 작은 한국의 경제정책이나 현상에 대한 나의 판단과 해석이 터무니없이 틀렸던 경우가 한두 번이 아니었다. 늦었지만 나 나름대로의 교정 작업에 착수한 것이 이 책이다.

두 번째 동기는, 한국경제의 발전과정을 돌이켜보면 누가 봐도 대통령의 리더십이 결정적 역할을 해왔음에도 불구하고 이에 대한 체계적 정리나 제대로 된 평가가 없다는 점이다. 특히 모두가 경제 이슈를 우선 삼아 대통령을 뽑으면서, 그렇게 뽑은 대통령에 대한 평가가 정작 정치적 관점에 치우쳐 있는 것은 아무래도 잘못된 일이다. 리더십의 성패가 경제문제로 결판이 났는데도 불구하고, 리더십을 연구하는 전문가들조차 종래의 타성대로 정치적 기준으로만 따져왔다는 이야기다. 그래서 이 책에서는 가급적 정치를 배제하고 경제 치적에 초점을 맞춰서 역대 대통령의 통치 업적을 정리하고자 했다.

세 번째 동기는 세상이 변하고 한국도 달라져서, 그전 같은 대통령의 리더십이 이젠 더 이상 안 통하게 됐음을 새삼 인식한 것이다. 건국이후 40년 동안의 산업화시대에는 일사불란한 리더십이 십분 발휘되었으나, 그 이후 25년 동안의 민주화 세상은 완전히 새로운 패러다임의 전개였다. 경제발전이 정치민주화와 어우러지면서 수많은 상승작용과 부작용이 연출되었으나 아직도 이 문제에 대한 정리가 없다. 이를테면 산업화의 부작용에 대한 논의는 수없이 많았으나, 그 이후로 전개된 경제민주화의 순작용과 부작용을 따져보고 그 대안을 체계적으로 모색하는 노력은 미흡했다.

네 번째는 지금의 한국경제가 당면하고 있는 문제들을 극복해나갈 활로는 무엇이며, 이를 주도해나갈 구심점과 새로운 리더십을 어떻게 만들어나갈 것인가에 대한 논의다. 이 같은 논의는 역대 대통령들에 대한 분석을 통해, 향후 대통령의 역할을 정리해보고, 그를 토대로 어떤 대통령을 뽑아야 할 것이냐는 문제로 자연히 연결될 수밖에 없다.

물론 한국경제의 발전과정을 분석 정리한 책들은 이미 많이 나와 있다. 그러나 어떤 책은 너무 이론적이고 딱딱해서 어렵고, 어떤 책은 너무 한쪽으로 치우쳐서 공감하기 쉽지 않은 경우를 자주 겪는다. 기본적 사실의 기술조차 왜곡됐는가 하면, 선전물 같은 책도 적지 않다. 정부가 펴낸 백서나 실록 성격의 책에도 실제와 다른 엉터리 같은 이야기가 버젓이 기록되어 있기도 하고, 자기 정권에서 잘못한 내용은 쏙 빼놓고 잘한 것만 강조한 것도 적지 않다. 차라리 제 자랑 위주로 쓰인 개인의 자서전 기록들이 때로는 더 사료적 가치를 담고 있다. 더구나 보수니 진보니 하며 편을 갈라 서로 전혀 다른 주장을 해대는 바람에, 자기 나라 경제가 어떻게 발전해왔는지를 궁금해하는 젊은 학생들만 헷갈리기 십상이다.

이론 중심의 분석이 갖는 결정적 결함은 사람에 대한 통찰이 제외되어 있다는 점이다. 특히 한국경제의 독특함은 사람에서 비롯된 것인데, 이것을 소홀히 하고 다른 나라 이론체계와 경험을 기반으로 유별난 한국경제를 설명하는 데는 한계가 있을 수밖에 없는 것이다. 물론 경제를 사람 중심으로 살펴보는 것은 상당한 위험부담이 따른다. 예컨대 박정희 경제를 일방적으로 미화하는 것이나, 노무현 경제를 잘한 정책만 골라서 칭송하는 것들은 모두 경계해야 한다.

하지만 위험부담이 따르고 오해 살 여지가 많은 사람 이야기를 피하기 위해 통계 숫자만 가지고 분석하는 것도 문제다. 분석기법이나 방법론 자체는 매우 정교할지언정 현실과 동떨어지는 경우가 많은 것은 그 때문이다. 결과를 말하는 통계 숫자에 매달리면 정책 과정을 끌어간 사람을 놓치기 십상이다. 대통령 임기별로 경제성장률을 비교하는 것도 그렇다. 재임 중의 성장률이 전임 대통령의 뒤치다꺼리 탓일 수도 있고 세계경제의 불황 탓일 수도 있기 때문이다.

경제 분석에서 사람을 소홀히 다루게 하는 요인은 통계 말고도 또 있다. 과도한 이데올로기적 접근이나 이론을 들고 나오는 것이다. 이 책에서는 좌파 우파, 진보 보수 등의 단어 자체를 가급적 쓰지 않았다.

신자유주의가 어떻고 하는 이야기도 없다. 이런 단어들을 동원하지 않는 것이 차라리 선입견 없이 사람 중심의 한국경제를 이해하는 데 도움이 된다고 생각했기 때문이다. 한국경제라는 독특한 구조물이 만들어지기까지에는 세계적인 학설이나 이데올로기 같은 것이 별 역할을 하지 못했던 것이다.

경제정책에서 사람을 뺀 분석이 겉돌 수밖에 없는 이유는 정책을 결정하는 주체가 사람들이기 때문이다. 그 사람을 빼버리면 '왜'와 '어떻게'에 대한 설명이 불가능해진다. 예컨대 한국경제의 산업화 성공을 논하면서 그 요체가 개발독재의 강력한 리더십이라고들 하는데, 과연 그 개발독재가 어떤 것이었는지를 규명하는 일을 통계적 접근이나 이론만으로 어떻게 설명할 수 있겠는가. 박정희라는 사람을 면밀히 따져보지 않고서는 그 시절 경제정책의 본질을 이해할 수 없는 일이다. 외국에서 새마을운동의 성공비결을 물어오는데, 박정희의 리더십을 언급하지 않고서는 설명이 불가능한 일 아닌가. 마찬가지로 김영삼에 대한 이해 없이 IMF 외환위기 상황을 평가할 수 없는 일이고, 대중경제론을 주장한 김대중을 모르고는 노사정위원회의 탄생을 논할 수 없는 것이다.

한국경제를 이해하기 어려운 또 다른 이유가 있다. 도무지 한국 같은 사례를 세계 어느 나라에서도 찾아볼 수 없다. 유난스럽고 특이한데다가 전례가 없으니 이해가 쉽지 않다. 사실 한국경제를 책이나 이론으로 설명할 수 있다면야 명성 높은 세계적인 경제전문가들이 왜 한국의 경제발전 성과에 대해 고개를 갸우뚱거렸겠는가.

그들의 주장대로였다면 한국경제는 벌써 망했어야 했다. 그러나 그들이 공개적으로 반대했던 굵직굵직한 투자들을 한국이 보란 듯이 성공시켰으니 말문이 막힐 수밖에 없었다. 초대 대통령 이승만이 국민소득 50달러의 최빈국 주제에 공업 자립을 주장한 것은 당시 국제적 웃음거리였다. 박정희의 포항제철(지금의 포스코)이나 경부고속도로 건설 역시 그러했고, 중화학공업 육성정책 등은 더 말할 나위도 없는 사례들이다. 세계가 반대했고, 국내 전문가들이나 언론 거의가 비난했던 일을 성공시켜서 오늘의 한국경제 기반을 만든 것을 과연 어떤 이론의 틀에 맞춰 설명할 것인가.

이러한 한국경제 발전 과정에 대한 외국의 관심은 단순한 호기심 수준에서 출발해 이젠 벤치마킹의 대상으로 발전해 있다. 그런데 외부에서 우리를 잘 모르는 것은 그렇다 치더라도, 막상 우리 자신이 더 한국경제에 대해 객관적 이해가 부족하다. 일본 같은 경우 제2차 세계대전 이후의 일본경제 발전 역사가 대학에서 경제를 전공하는 대학생들에게 필수 과목이다. 정부의 역할이 어떠했고, 기업의 활약이 어떠했는지를 가르쳐서 자기네 나라가 경제대국이 되는 과정을 소상히 알게 한다. 우리는 미국경제에 대해서는 많이 배워도 한국경제에 대해서는 별로 배우는 게 없다. 프랭클린 루스벨트에 대해서는 많이 알아도 막상 박정희의 경제정책은 잘 모를 수밖에 없는 구조다.

분명한 것은 제2차 세계대전이 끝난 60여 년 전에는 세계에서 가장 가난한 나라였던 한국이 지금은 당당히 선진국 대열에 끼어들었을 뿐 아니라, 경제적 발전은 물론 정치민주화도 함께 이룩한 나라라는 사실이다. 외국 전문가들의 한국에 대한 관심은 과거와 미래로 나뉜다. 첫째는 한국이 그동안 이룩한 산업화와 민주화의 비결이 무엇이었는지에 대한 해답을 찾는 일이요, 두 번째로는 한국이 앞으로도 과거처럼 계속 성공할 수 있겠는가에 주목한다. 한국경제의 판이 대통령을 중심으로 짜여왔기에 이들의 관심도 당연히 대통령의 역할이 어떻게 진화해나갈지에 대해 집중된다. 이는 곧 한국인 자신들이 절실하게 고민하고 있는 것과 전혀 다르지 않다.

외국 전문가들은 한국을 칭찬하다가도 역대 대통령의 거의 예외 없는 불행한 말로에 대해서는 고개를 갸우뚱거린다. 초대 대통령 이승만은 부정선거를 일삼은 독재자로 몰려 하와이 망명길에 올라야 했다. 박정희는 심복 부하의 손에 암살당했으며, 전두환, 노태우는 거액 비리 사건으로 투옥되었다. 민주투사 김영삼과 김대중은 본인은 무사했어도 자식을 감옥에 보냈으며, 노무현은 스스로 목숨을 끊었다. 세계 역사에 이런 경우도 드물 것이다.

한국 대통령들은 모두 실패한 대통령이었는가? 그렇지 않다는 전제에서 이 책은 출발했다. 저마다 여러 과오가 있었음에도 불구하고 특히 경제발전 측면에서는 역대 대통령들이 나름대로의 역할을 성공적으로 해냈다고 보는 것이 이 책의 기본 시각이다.

이승만은 공산화를 막아내며 자본주의의 기틀을 다진 건국 대통령이었으며, 박정희는 오늘의 한국경제를 있게 한 한국판 산업혁명을 주도했고, 전두환은 40년 고질의 인플레이션을 잡았다. 노태우는 경제민주화를 감당해내는 가운데 북방정책에 앞장섰고, 김영삼은 금융실명제 같은 어려운 개혁조치를 해냈으며, 김대중은 외환위기를 조기 극복하는 가운데 복지정책을 본격화한 대통령이었고, 노무현은 누구도 못했던 깨끗한 선거를 실현시키고 사회통합이라는 새로운 시대정신을 내걸었다. 이명박조차 지금은 지독한 비판을 받고 있으나 세계적인 금융위기에 성공적으로 대응한 업적은 시간이 지나면 나름대로 평가받을 것이다.

어떤 대통령은 시간이 갈수록 더 좋은 평가를 받기도 할 것이며, 또 어떤 대통령은 반대로 세월이 지날수록 더 나쁜 점수를 받을 수도 있을 것이다. 정치에 비해 경제적 평가는 당장은 욕을 먹는데, 시간이 지나며 올바른 평가를 받은 경우가 많다. 그래서 이야기의 주인공은 대통령들이다. 물론 대통령 혼자서 오늘의 한국경제를 끌어온 것은 아니다. 우수한 관료집단의 지혜와 헌신, 기업들의 투철한 기업가 정신 등이 어우러졌기에 가능했다. 그러나 오케스트라의 지휘자는 역시 대통령이었다. 어떤 인물이 대통령 자리에 앉는가에 따라 정치권력구조가 결정됐고, 경제정책의 판도가 달라져 왔다. 역대 대통령의 업적을 비교하는 것 자체가 현대 한국경제의 발전사라고 말할 수 있을 정도다.

그러나 대통령 업적의 객관적 비교 평가에는 경계해야 할 점이 많다. 무엇보다 평가의 잣대를 올바르게 써야 대통령별 평가도 올바를 수 있다. 노무현 시대를 박정희 패러다임으로 평가해서도 안 될뿐더러, 박정희 시대 정책을 노무현 시대 기준으로 보는 것도 경계해야 할 것이다. 1인당 소득 80달러 시대의 경제정책을 평가하는 잣대와 2만 달러 시대의 경제정책을 평가하는 잣대도 당연히 달라야 한다. 민주화 시대 이전과 이후의 정치 사회적 환경 변화 또한 충분히 감안해야 할 것이다.

그런 차원에서 이 책의 제목을 '대통령의 정치경제학'이라고 할까 하는 생각도 했었다. 대통령의 정치적 리더십이 한국경제 발전에 어떤 역할을 했는가 하는 점도 이 책이 다루고자 했던 핵심 주제 중의 하나이기 때문이다. 그러나 굳이 정치적 측면을 따로 취급하지 않고, 경제정책에 집중하는 것으로 충분했다. 저마다의 경제정책 자체가 대통령의 중요한 정치적 행위였기 때문이다. 이승만의 토지개혁이나 환율 정책이 그랬고, 박정희의 중화학공업 육성이나 새마을사업 모두 고도의 통치행위 차원의 정책결정이었다. 김영삼의 금융실명제나 김대중의 노사정위원회도 마찬가지였다.

산업화가 먼저냐, 정치적 민주화가 먼저냐 하는 논쟁은 한국경제에 관한 한 부질없는 일이다. 40년 권위주의 시대 속에 숱한 부작용을 유발했지만 끝내 산업화에 성공했고, 이를 토대로 그 후 25년 동안 정치적 민주화와 복지정책이 본격화될 수 있었다. 어찌 보면 박정희와 김대중을 바꿔놓았다고 해도 결국 같은 정책을 펼쳤을지도 모른다. 김대중 역시 1960년대의 대통령이었다면 박정희의 선택처럼 수출 중심의 공업화 정책을 폈을 것이요, 박정희 또한 2만 달러 시대에 정권을 잡았다면 김대중 못지않게 분배와 복지문제를 들고 나섰을 것이다. 누가 더 잘했을까는 따로 생각하고 말이다.

분명한 것은 과거의 성공과 발전이 아무리 찬란했다 해도 앞으로의 어려움에 대한 걱정이 태산 같다는 점이다. 일찍이 우리 역사에 오늘 같은 번영을 경험한 적이 없었다. 어쩌면 지금을 피크로 이미 내리막길로 접어들고 있는지도 모른다. 발전과 성공의 결과로 국민들의 기대는 갈수록 높아지고 있는 반면, 이를 감당할 구심점이 없는 까닭에 그러한 불안감이 더하다.

40년의 산업화, 그리고 25년의 경제민주화, 이젠 그다음 단계가 우리 앞에 놓여 있다. 이것을 합친 65년 현대 한국경제사를 또 한 단계 업그레이드시킬 '진정한 통합'의 리더십이 필요한 시점이다. 이 책이 그에 대한 해법을 감히 제시하려는 것은 결코 아니다. 다만 대통령들이 지금까지 어떠한 시대정신 아래 어떤 역할을 해왔으며, 무슨 시행착오를 일으켰고, 어떤 부작용을 배출했는가를 돌이켜 정리해봄으로써, 앞으로의 해법 찾는 일에 기초자료로라도 도움이 되고자 하는 것이다. 이 책의 피할 수 없는 약점은 대통령에 치우쳤다는 점이다. 그러다 보니 대통령을 도운 관료들의 공헌이 상대적으로 소홀히 취급됐고, 기업을 위시한 민간부문의 역할은 더더욱 무시됐다고 할 수 있다. 정책을 논하는 것도 정책의 공급자인 정부 위주로 한 반면, 정책들을 수용해서 실제로 경제를 만들어나간 기업이나 노동자, 소비자 입장에서 충실히 보지 못한 점을 고백하지 않을 수 없다.

　『대통령의 경제학』은 총론이라고 할 수 있고, 이어서 역대 대통령별로 각론을 쓸 계획이다. 전두환(『경제는 당신이 대통령이야』) 편과 노태우(『경제가 민주화를 만났을 때』) 편은 이미 출간했고, 다른 대통령들에 대해서도 좀 더 상세한 정리 작업을 한 각론을 내려고 한다.

　책의 원고를 출판사에 넘기기 전에 언론계 선후배들에게 잘못된 점이나 미흡한 점을 지적해달라고 부탁했었는데, 정말 큰 도움을 받았

다. 특히 최우석 선배(전 중앙일보 주필)께서 왕년의 경제부장 때 못지
않게 엄격하게 데스크를 봐주셨는데, 사실관계 틀린 것들을 찾아내서
바로잡아주셨을 뿐 아니라 글의 방향이나 표현에 이르기까지 일일이
고쳐주셨다. 내심 부끄러워서 고개를 들 수 없었는데, 그러나 나 개인
으로서는 이보다 행복할 순 없는 일이었다. 손병수, 김영욱, 서경호 씨
등 후배들도 꼼꼼히 읽어주며 크고 작은 잘못들을 많이 고쳐줬다. 감
사할 따름이다. 최재영 중앙일보 전 사진부장에게도 고마움을 전한
다. 이 책 5, 6, 9부의 주요 사진은 그가 직접 찍었던 역사의 장면이다.

이장규

1부

미국에 줄을 서다
'미군정 시대'

얼마나
가난한 나라였는가?

1945년, 드디어 해방이 왔다. 그러나 민족적 감격과 환호의 다른 한 편으로 경제는 대붕괴 현상을 초래했다. 일본 식민지 경제체제가 마비되면서 조선반도의 경제는 일시에 심각한 파탄과 혼란에 빠져든 것이다. 설상가상으로 38선이 그어지면서 남북 간의 왕래가 끊기는 바람에 경제는 더욱 결딴이 났다.

정확한 통계라는 것이 있지도 않았지만 해방 직후의 우리 경제수준을 지금식의 1인당 국민소득으로 따지면 대충 50~60달러 정도에 불과했던 것으로 추정된다. 아프리카까지 포함해 세계에서 가장 가난한 나라였다고 해도 과언이 아니다. 일본 식민지 시대는 나라 없는 서러움은 겪었을지언정, 경제적 생활수준은 해방 이후보다 오히려 나았다. 꿈에도 그리던 해방은 왔는데, 살림살이는 풍비박산이 난 것이다. 끼니를 구하지 못해 굶어 죽는 사람들이 숱했다.

일본이 구축해놓은 36년간의 식민지 경제구조가 하루아침에 붕괴됐으니 오죽 부작용이 컸었겠는가. 일본이 미운 건 미운 것이고, 그들이 빠져나가자 그나마 유지되던 경제가 하루아침에 엉망이 됐던 것이다. 물자는 끊기고, 제도는 마비됐다. 한반도에 살던 일본인 숫자는 줄잡아 70만 명 안팎이었다. 본국 정부가 항복을 선언하자 이들은 허둥지둥 빠져나갔다. 애써 쫓아내지 않아도 서둘러서 도망치듯 일본으로 돌아갔다. 지극히 당연한 일이었으나 좋아만 할 일은 아니었다. 많은 공장이 멈춰 섰고 당장 심각한 물자부족 사태가 벌어졌다. 주요 산업시설의 94%가 일본인 소유였고, 민족 기업이라고는 겨우 6%에 불과한 실정이었으니 그럴 수밖에 없었다.

전체 공장의 절반가량이 문을 닫았다. 일사불란하게 움직였던 북한은 상대적으로 남한보다 나았다. 점령군 소련의 지시로 900여 명의 일본 기술자들을 붙잡아놓고 비료공장, 철강공장 등의 가동을 멈추지 않았다. 반면에 남한은 전혀 그런 점에 생각이 미치지 못했다. 정치적 혼란이 극에 달한 가운데 심각한 물자부족으로 매점매석 현상이 심각했다. 인플레이션의 악순환이 기승을 부렸다.

일본의 식민통치는 한반도의 남쪽은 농업 위주로, 북쪽은 공업 위주로 판을 짰다. 그 바람에 북한이 공업생산에 훨씬 앞서 있었다. 남한의 전력 생산량은 북한의 4%, 중공업 생산량은 14%에 불과했다. 이런 형편에 1948년 5월, 건국을 3개월 앞두고 북한으로부터의 전력 공급이 차단됐으니 갑자기 나라 전체가 깜깜해질 수밖에 없었다.

물자는 부족한데, 돈은 흘러넘쳤다. 해방 전부터 그랬다. 패전의 위기에 몰린 일본이 막판에 마구 돈을 찍어낸 결과였다. 1942년 7억 엔에 불과했던 화폐발행액(조선은행권 기준)이 1945년에는 87억 엔으로 3년 동안 무려 12배 증가했다. 미군정청이 들어서서도 발권은행 역할을 맡았던 조선은행에서 필요한 돈을 많이 찍었다. 결국 해방되고 건국 직전까지 3년간 물가는 30배 이상 올랐다.(지동욱, 『대한민국 재벌』, 24쪽)

이처럼 심각한 물자부족 속에 물가는 천정부지로 올랐고, 벌어 먹일 인구는 급속히 늘어났다. 해방 전후로 2년 사이에 약 280만 명가량이 증가했다. 빠져나간 일본인이 70만 명에 이르렀으나, 일본 중국 만주 땅에 흩어져 있던 200여 만 명이 넘는 재외동포들이 귀국했고, 여기에 더해 북한에서 넘어온 주민이 약 80만 명에 달했다. 조선은행 통계연보에 따르면 해방 전 1944년의 남한 전체 인구는 1,656만 명이었는데, 1946년에 와서는 1,937만 명으로 급증했다.

이런 상황에서 경제 공백은 심각했다. 해방 이후의 경제는 당장 굶주림을 해결해주는 식량과 기초 생필품을 어떻게 조달하는가로 급급했다. 미국 원조로 이것을 해결했다. 양곡의 경우만 해도 필요한 양의 절반가량을 미국의 원조 식량과 구호물자로 충당했고, 그 밖에 기초생활필품의 공급 역시 전적으로 미국에 의존해야 했다. 미국으로서야 해방된 조선은 '거의 희망이 없는 나라'였다.

도대체 얼마나 못살았던 것일까? 일본 식민지 시대에 가장 경제가 좋았던 때가 1941년이었다고 하는데, 1인당 GDP 기준으로 1941년 수준까지 경제가 회복된 것이 1968년이었다.(이헌창,『한국경제통사』, 409쪽) 막대한 미국 원조에도 불구하고 해방 이후 엉망이었던 한국경제는 6·25전쟁 통에 더 쑥대밭이 되었고, 이에 따라 박정희 시대가 시작되고 한참이 지나서야 겨우 일제강점기 말기 수준으로 회복되었다는 이야기다.

남한을 압도한
북한경제

해방 직후 남북한을 막론하고 사회주의적 변혁을 주도하는 세력이 우세했다. 당연한 일이었다. 그동안 일본의 식민 지배가 오래갈수록 보수 우파가 친일화되어가는 경향이었으므로, 일제강점기 막판의 항일투쟁 주도권은 자연히 좌파로 넘어갈 수밖에 없었다. 일제강점기에 순응하고 잘 산 사람은 보수 우파요, 고생하고 저항한 쪽은 진보 좌파라는 2분법적 구분이 힘을 발휘했다. 물론 우파 보수주의자라고 해서 모두 친일파로 매도할 순 없으며, 일제하라는 상황에 경제나 교육 부문에서 상당한 역할을 했었던 것도 사실이다. 그럼에도 불구하고 이들은 식민체제 자체를 인정한 사람들이라는 한계가 있었다. 지식인이라 하면 곧 좌파적 생각을 하는 식자층을 뜻했다.

해방 직후의 움직임을 봐도 좌파 쪽이 훨씬 조직적이고 신속했다.

해방 다음 날인 8월 16일 조선건국준비위원회가 만들어졌고, 그것은 얼마 안 가서 조선인민공화국으로 간판을 바꿔 달았다. 11월에는 조선노동조합전국평의회가 결성되면서 최저임금제와 8시간 노동제 등을 행동강령으로 채택했으며, 농민 쪽에서는 12월 전국농민조합총연맹을 만들었다.

이런 사회적 분위기 속에서 보수 지주세력을 중심으로 결성된 한국민주당(1945년 9월)은 자연스럽게 자본주의 노선을 추구하는 미군정 당국에 바짝 다가설 수 있었고, 사실상의 여당 역할을 했다. 미국으로서도 시한부 통치이긴 했으나 보수층의 한민당을 파트너로 삼을 수밖에 없었고, 기존 관료 출신과 경찰을 유지 활용했다.

미국 군대가 남한을 진주해서 그렇지, 당시의 사회 분위기로만 따진다면 좌파 득세가 분명했다. 북한의 사회주의 체제 구축 행보가 훨씬 빠르게 진행되고 있을 뿐 아니라, 미국 점령군이 장악하고 있던 남한에서까지도 남로당을 비롯한 좌파 세력들의 활동이 공공연했다. 남한에 미군이 진주했듯이 북한에는 소련군이 진주했다. 소련은 사회주의국가 건설 전략을 일사불란하게 추진해나갔고, 김일성의 권력 집중화를 통한 정치 사회 안정도 빠른 속도로 진전시켜나갔다. 남한처럼 출신 성분이나 이데올로기로 쪼개져서 이전투구를 벌이는 등의 혼란은 없었다.

북한 경제력은 여러 면에서 남한을 압도했다. 일본이 북한 중심으로 산업화 전략을 폈고, 수풍발전소나 흥남비료공장을 비롯해 산업시설의 대부분이 북한에 몰려 있어 경제회복의 객관적 여건이 애당초 유리했다. 여기다 소련이 주도한 새로운 체제 건설은 남한보다 훨씬 효율적이고 체계적으로 진행됐다. 철수하는 일본인 기술자들을 붙들어놓고, 기술도 이전받고 물자공급에도 차질이 없도록 한 결정도 소련 고문단에 의한 것이었다.

개혁 정책의 속도도 북한이 빨랐다. 해방 이듬해 바로 토지개혁을 무상몰수 무상분배 원칙에 따라 실시했고, 땅뿐 아니라 가축까지도 지주들로부터 몰수해서 소작인들에게 나눠 줬다. 주요 산업은 모두 국유화시켰다. 그다음 해(1947년) 2월에 북조선인민위원회라는 사실상의 정부가 수립됐고, 12월에는 화폐개혁을 단행했다. 이어서 통일을 전제로 하는 남한의 토지개혁 계획(1949년)까지 수립했다. 북한은 모든 면에서 남한을 앞서 나갔다. 남한은 정치 사회적으로 극도로 혼란스러웠던 반면, 북한은 신속한 새 체제 구축으로 일찌감치 경제적 안정을 이뤄내고 있었다.

미군의 통치, 자본주의 배에 타다

해방이 우리 힘으로, 조선 스스로의 희생과 노력으로 얻어진 것이라면 훨씬 떳떳하고 당당했을 것이다. 그렇지 못했기에 북한에는 소련 군대가, 남한에는 미국 군대가 진주했다. 바로 이것이 장차 남북한의 운명을 달리하는 두 갈래의 시발점이었다. 자의든 타의든 우리는 소련이 아니라 미국 쪽에 줄을 서게 됐다. 사회주의 배가 아니라, 자본주의 배에 태워진 것이다.

어떻든 이때부터 미국이라는 나라는 대한민국에게 특별한 존재가 된다. 원래 미국에게는 조선이 결코 대수로운 존재가 아니었다. 미국으로서는 그저 패전국 식민지의 하나인 조선 땅을 소련군과 절반씩 점령해서 일본 군대의 무장해제를 실시하는 것이 주된 관심사였다. 조선을 적절한 시기에 독립시킨다(카이로 회담)는 연합군의 합의사항은 있었으나 그것도 우선은 신탁통치(얄타 회담)를 해가면서 남북한의 통일정부를 수립한다는 것이었다.

조선 사람 자신의 생각이 어떻든 간에 국제사회가 당시의 조선 반도를 어떻게 인식했느냐는 강대국들이 내린 신탁통치 결정에서 단적으로 알 수 있다. 비록 해방은 됐어도 제 나라를 세우고 끌어갈 역량이 미흡하다는 국제 판결이나 마찬가지였다. 자존심 상하는 일이지만, 한국인들이 자신에 대해 생각하는 것과 다른 나라가 한국과 한국인을 평가하는 것 사이에는 상당한 차이가 있었다. 사실 코리아의 장래를 밝게 보는 나라는 미국뿐 아니라 세계 어디에도 없었다.

미국정부의 남한 점령에 대한 기본 입장은 일본군 무장해제 이후 공산주의에 대한 방벽을 구축하는 것이었고, 그 모든 통치 지침은 일본 도쿄에 앉아 있는 맥아더 사령관이 내리도록 되어 있었다. 해방이 되고 나라를 세우기까지의 혼란은 상상을 초월했다. 일본을 내쫓은 자리를 미국 군대가 점령해서 3년간 임시정부 노릇을 했다. 비록 남이 가져다준 해방이었을망정 일본 식민통치를 벗어나 나라를 찾았다고 환호했으나 그게 아니었다. 일본 대신 미국의 통치를 받게 된 형국이었으니까.

물론 미군정청은 일본 총독부와는 근본적으로 달랐다. 한국의 자주적 정부가 수립될 때까지 한시적인 통치권을 행사하고 가급적 일찍 철수한다는 시나리오였다.

그랬던 것인데, 국제적으로 미국과 소련 관계가 나빠지면서 남북 통일정부 수립이 불가능해지고, 따라서 미군정청의 남한 지배가 3년간이나 지속되었다. 그래도 그렇지, 당시의 조선 사람들로서는 몹시 자존심 상하는 일이었다. 지금도 미군정청의 당시 역할이나 업적에 대해서 좋게 평가한 기록이 많지 않다. 실정도 모르는 무식한 미국 군대가 좌지우지했다든가, 조선의 이익을 뒤로하고 자국 이익만을 추구하는 정책을 폈다는 식의 기록이나 평가가 많다. 실제로 그런 측면이 있었고, 시행착오도 많았다.

그럼에도 불구하고 미군정 3년의 중요성은 아무리 강조해도 지나 침이 없다. 당시의 한미관계를 깊이 연구한 그렉 브라진스키(Gregg Brazinsky)는 저서 『대한민국 만들기(Nation Building in South Korea)』에 서 "미국의 개입이 없었으면 대한민국의 건국은 불가능했을 것"이라 고 단언하면서 이를 뒷받침하는 구체적 증거와 증언들을 제시하고 있 다. 식민 지배에서 풀려나긴 했으나 당시의 조선 사람에게는 나라를 독자적으로 세울 자금과 제도가 없었고, 그 자금과 제도를 미국이 제 공했다는 것이 그의 주장이다. 사실이 그러했다. 그의 말대로 국가 운 영에 필요한 돈은 미국 원조로 충당했으며, 세금 걷는 제도부터 시작 해 예산 편성에 이르기까지 거의 모든 것이 미국의 지시와 감독으로 이뤄졌다.

영향력의 원천은 돈이었다. 3년 동안 점령군구제기금(GARIOA) 등 무려 5억 2,000만 달러가 무상으로 지원됐다. 당시 기준으로 엄청난 돈 이었다. 1946년의 경우 세금으로 거둔 돈이 나라 씀씀이에서 차지하는 비중은 5~6% 선에 불과했으니 미국에서 들어오는 원조자금의 위력이 어떠했는지 짐작이 간다. 정치도 그러했지만, 특히 경제의 방향도 군 정청을 통해 미국이 정했다. 한국사회의 발전 방향이 사회주의로 가야

품목	단위(천 달러)	구성비(%)
식료품	170.427	41.6
비료 등 농업용품	76.986	18.8
석유 및 연료	53.276	13
피복류	41.653	10.2
기타	63.051	16.4
총합	405.393	100

자료: 홍성유, 『한국경제와 미국 원조』, 박영사

〈미국 원조의 품목별 도입 규모(1945~1948)〉

하는가, 자본주의로 가야 하는가를 미군정이 확실하게 결정해줬다. 결과적으로 남북이 서로 다른 길을 택한 것이다.

미군정청은 무엇보다 자본주의 체제의 기본노선을 분명히 했다. 모든 일을 자기네 나라가 하는 식으로 풀어갔다. 정치적으로는 민주주의 국가를 만들고, 경제적으로는 사유재산권이 보장되는 시장경제를 만들어나간다는 것이 그 핵심이었다. 실제로 맥아더 포고령 1호 4조 '주민의 재산권이 보장된다'에 따라 정부 배급으로만 주던 쌀을 시장에서 거래하도록 하는 '미곡자유시장'을 개설했고, 생필품도 배급을 중단하고 시장에서 사고팔도록 했다. 이른바 시장경제를 꾸려가겠다는 것이었다. 제대로 될 리 없었다. 결국 매점매석 현상의 부작용 속에 한 달여 만에 다시 배급 체제로 돌아가긴 했지만 당시로는 파격적인 시도였다.(이대근, 『해방 후 1950년대의 경제』)

미군이 남한 땅에 진주하고서 한국 통치를 정식으로 선언한 것은 해방 한 달쯤 지나서였다. 존 하지(John Hodge) 중장은 마치 일본 총독에 이은 미국 총독 같은 존재였다. 초기에는 군사작전을 총괄하는 점령군 사령관 그 이하도 이상도 아니었다. 초기의 군정당국은 점령지역의 골치 아픈 행정에 직접 끼어들 생각이 없었다. 기존의 일본 총독부의 사람과 조직을 그대로 쓸 참이었다. 아베 총독을 비롯한 총독부 요직 간부들을 그대로 앉혔다. 미국정부는 조선인들의 일본 식민통치에 대한 민족 감정이나 울분이 얼마나 심각한 것이었는지에 대한 기본적인 이해가 없었다. 조선인들의 심각한 반발에 부딪히자 뒤늦게 도쿄의 맥아더 사령관 지시로 일본인을 모두 추방하고 그 자리에 미국 장교들을 앉혔다.

그러나 미군정청은 일본인은 내쫓았어도 행정 조직은 일본 총독부의 직제를 그대로 따라 했다. 일본식 직제에 미군 장교가 앉아서 임시정부 노릇을 한 것이다. 재무, 광공, 농상, 보건, 법무, 경무, 학무, 체신, 교통 등 요즘 식으로 하면 장관 자리를 모두 신출내기 위관급 장교들로 채웠다. 그들은 전쟁터에서 차출되어 온, 국가행정 경험이 전혀 없는 군인들이었다.

이때는 사실 정치와 경제를 구별하는 일이 무의미했다. 미군정청 역시 거의 모든 에너지를 해방 이후 정치적 혼란을 수습하는 데 쏟았다. 남북의 분단문제를 위시해서 남한 내 좌우익의 극렬했던 갈등 수습이 최대의 골칫거리였다. 미국정부는 처음 얼마 동안은 남북한의 중도적 통합을 기대하기도 했었으나 좌익 척결로 입장 정리를 하는 데 그리 오랜 시간이 걸리지 않았다.

이에 따라 군정청은 남한의 정치 사회적 치안 확보에 치중했다. 특히 북한의 소련 군정에 대비해서 자신들의 국제적인 체면이 중요했다. 이 같은 방침은 당연히 당시 좌익세력들을 강력히 단속하는 쪽으로 이어졌다. 특히 남로당을 중심으로 한 조직적인 파업들이 이어지고 제주 4·3사태와 같은 무장투쟁 사태로까지 비화되자, 미군정 당국은 강력히 대응해나갔다. 토론의 여지부터 차단했다. 남한의 좌파가 소련의 지휘를 받은 공산세력이라는 판단이 서면서 강경 탄압으로 돌아선 것이다. 미군정청이 택한 대안은 식민지 체제의 관료조직과 사람이었다.

"미군이 1945년 9월 남한에 진주했을 때 남한에는 장차 통치기구로 발전할 수 있는 두 개의 후보군이 두각을 드러내고 있었다. 첫째는 좌익 연합이었다. 이 조직은 일본이 항복하자 국민의 전폭적인 지지를 등에 업고 재빨리 조선건국준비위원회를 조직했고, 이를 모태로 조선인민공화국이 탄생했다. … 두 번째 세력은 일본이 조선을 통치하면서 이용했던 식민관료 체제였다. 이것은 일본이 한반도 통치를 위해 한국인을 기용해서 만든 조직이었다. … 미국 점령군은 두 개의 후보군 중에서 어느 쪽을 이용하여 통치할 것인가를 결정할 권한을 가지고 있었다. … 당시 점령군 사령관 하지 중장은 '자유세계의 국가라면 당연히 갖추고 있어야 할 최소한의 정치적 감각조차 갖추지 못한 나라'라고 말했다. 또한 조선인민공화국에 대해서는 '미군이 도착하기 이전에 설립된 공산주의 정권'이라고 선을 그었다. 이처럼 미군정 관료들이 인공을 공산세력으로 규정하자 미국 정부도 일본이 만든 식민관료조직을 활용하여 남한을 통치하는 것이 낫다고 판단했다."

(그렉 브라진스키, 『대한민국 만들기』, 37~38쪽)

시한부 임시정부 성격의 미군정청으로서는 행정업무에 능한 관료 경찰 출신들을 그대로 채용하는 한편, 군정청의 우호세력을 자처하고 나선 보수주의 세력인 한민당을 정치적 파트너로 삼았다. 아무튼 미국 점령군 통치 3년은 남한으로 하여금 사유재산권 인정을 토대로 하는 시장경제의 길로 들어서게 한 시작이었다. 비록 점령군 장교들이 한국의 실정을 모르고 시행착오를 저질렀다 해도, 미군정청은 한국경제의 생명줄을 쥐고 있었기에 그 힘은 어떠한 저항도 용납하지 않았다.

정치적 주요 이슈야 당연히 워싱턴의 지시로 움직였지만 경제적으로는 현지에 주둔하고 있는 미군정청이 기업이나 일반 국민들과 훨씬 근거리에서 직접적 영향을 발휘했다. 막대한 원조자금으로 전체 조선을 먹여 살렸을 뿐 아니라, 적산(敵産)기업이나 토지를 불하받은 것도 그들의 결정 사항이기 때문이었다. 군정청 관료들에게 잘 보이는 것이 축재와 출세의 지름길이었다. 그들은 막대한 원조자금을 나눠 주는 산타클로스였으며, 필요하면 중앙은행 역할을 했던 조선은행에서 언제든지 돈을 찍어 충당토록 하는 화폐발행 권한도 거머쥐고 있었다.

몰수한 일본인 재산으로
시작한 기업

　일본의 패망은 기업활동의 즉각적인 마비현상을 불러왔다. 사람과 기술, 특히 경영 자체가 하루아침에 없어져 버렸으니 경제는 즉각 마비될 수밖에 없었다. 은행들도 일본인들이 철수하면서 돈을 빼 가는 바람에 하루아침에 쑥대밭이 됐다. 특히 남북으로 38선이 그어지면서 그나마의 기업활동은 더욱 위축됐다.

　미국 점령군이 들어오면서 새로 판이 짜이기 시작했다. 새롭게 등장한 대표적인 돈벌이 두 가지는 '적산재산 인수'와 '구호물자 사업'이었다. 사업의 으뜸은 역시 일본인이 떠날 때 남긴 재산, 이른바 적산재산(敵産財産)을 재주껏 챙기는 것이었다. 일본인이 경작하던 땅은 남한 전체 경작지의 11%였는데, 이것은 미군정청이 나서서 소작 농민을 중심으로 새 땅 주인을 만들어줬다. 가옥도 적산관리위원회를 만들어 거기서 경매처분을 통해 큰 말썽 없이 매듭을 지었다.

　문제는 기업이었다. 일본인 소유의 적산기업 수는 크고 작은 것을 합쳐서 대강 2,700여 개에 달했는데, 수많은 사람들이 수단과 방법을 가리지 않고 군정청을 대상으로 적산기업 쟁탈 로비전을 치열하게 벌였다. 당시 여론은 계획경제의 확립과 주요 산업의 국유화가 대세였다. 1947년 5월 미군정청이 정당 및 사회단체 50여 개를 대상으로 실시한 조사결과도 귀속재산의 민간 불하를 다수가 반대했다. 그럼에도 불구하고 미군정은 소규모 사업체를 가진 한국인의 기업활동을 독려하고 자극한다는 취지를 내세워 민간 불하를 단행했다. 미군정 당국이 궁극적으로 노린 것은 민간자본의 경제구조를 수립함으로써 조선에 자본주의의 기틀을 만들겠다는 것이었다.(이헌창, 『한국경제통사』, 437쪽)

그러나 한국 실정을 잘 모르는 군정청 관료들은 가급적 영향력 행사를 억제했다. 재산관리인을 지명해 가급적 시간을 끌면서 서서히 불하한다는 방침을 세웠다. 실제로 대부분의 주요 적산기업 불하는 미군들이 처리하지 않고 정부 수립 이후 이승만 정부에게 넘겼다. 이 과정에서 그 당시 재산관리인으로 선정된 사람들은 그것을 계기로 연고권을 행사했고, 이를 바탕으로 해당기업을 불하받는 데 성공하는 경우가 적지 않았다. 군정청의 미군 장교들은 접대와 향응을 즐겼고, 영어 한마디라도 하는 사람은 당연히 행세깨나 했다.

적산기업 못지않은 또 다른 이권은 미국으로부터의 구호물자, 원조물자를 확보하는 일이었다. 식량·의류·의약품 등의 생필품이 중심이었으며, 기름·석탄·비료·면화 등의 원료도 포함되어 있었다. 구호물자를 제대로 나눠 주는 것도 문제였다. 미군정청의 엉성한 행정력 탓도 있었으나 무정부 시대나 다름없는 해방 직후의 사회혼란과 부패 속에 구호물자들이 필요한 곳에 제대로 돌아갈 리 만무했다. 구호물자 중의 상당 부분이 암시장으로 흘러들어 갔고, 이것을 통해서 막대한 돈을 번 사람을 '구호물자 벼락부자'라고 했다.(지동욱, 『대한민국 재벌』)

미국은 여러 시도 끝에 구호물자를 교회와 같은 종교단체를 통해 공급하기도 했는데, 해방을 맞은 한국에 교회가 급격히 난립했던 배경에는 이처럼 무상으로 배급되는 구호물자 탓도 있었다. 부족한 물자를 공급받는 또 하나의 채널은 일본으로부터의 밀수였다. 당시 맥아더 사령부는 일본의 무역을 금지시켰으나 사실상 단속이 불가능했다. 일본 상인들은 부족한 쌀을 한국으로부터 밀수입했고, 한국 쪽에서는 부산항을 중심으로 화장품, 의약품, 기계부품 등을 물물교환으로 들여왔다.

일본과의 밀무역에 이어, 다롄 칭다오 등 중국과의 무역도 성행했다. 1947년 3월부터는 마카오를 통한 중계무역이, 그해 8월부터는 홍콩과의 무역도 본격화되기 시작했다. 페니실린, 사카린, 시계, 생고무 등이 수입되었고, 우리는 적산기업(고바야시 광업)의 재고로 보유하고 있던 텅스텐과 망간을 수출했다. 무역이 비즈니스의 주류로 활기를 띠기 시작하자, 해방 이전부터 무역에 경험이 있던 화신무역의 박흥식이 선두에 나섰고 다른 기업들도 잇따랐다. 대구에서 양조장을 하던 이병철도 1948년 서울로 올라와서 삼성물산공사를 설립, 무역업에 뛰어들었다.

남북이 갈라진 다음에도 남북교역은 한동안 계속되었다. 북한의 비료와 수산물, 남한의 쌀·면포·생고무 등의 물물교환이 이뤄졌다. 마지막 교역은 남한의 화신무역과 북한의 조선상사 사이에 이뤄졌다. 1948년 6월 화신무역은 면사, 생고무, 휘발유를 싣고 원산항으로 출항했고, 돌아오는 길에 흥남질소공장에서 생산한 비료를 싣고 올 예정이었으나 끝내 그 배는 돌아오지 않았다.

그러나 미군정 3년은 대한민국의 건국으로 향하는 징검다리 단계로서 대단히 중요한 시기였다. 특히 정치적으로도 그렇겠지만 경제발전의 틀을 짜나가는 점에서도 미군정 시대는 결정적 의미를 지닌다. 전혀 경험하지 못했던 새로운 사업 기회와 부의 축적, 정경유착과 사회적 부패, 그리고 신생기업들의 출현 계기가 되는 일들이 연속적으로 벌어지게 된다.

해방 당시의 기업환경을 돌이켜보면, 조선인이 경영하는 기업은 기업다운 것이 없었다. 일제 36년을 거치면서 친일이냐, 반일이냐의 여부를 떠나 한국경제는 일본인의 자본 및 기술에 의해 주도돼왔음을 부인할 수 없다. 민족자본이랄 수 있는 기업은 일본인 소유 10개에 조선인 소유 1개 정도가 될까 말까 한 수준이었다. 조선인이 하는 사업이라고 해봐야 기껏 정미소나 양조장 수준이었다.

일본기업의 조선반도 진출이 본격화된 것은 1930년대부터였다. 자국의 불황 타개 차원에서 해외시장 진출을 도모한 측면도 있었고, 다른 한편으론 대륙 침략을 위한 병참기지로 삼는 데 조선반도가 안성맞춤이었다. 미쓰이, 미쓰비시, 스미토모 등 대기업들이 앞장서서 국내의 광산개발업과 방직사업, 유통업 등에 적극 진출했다. 조선 땅에 진출해 가장 큰 성공을 거둔 노구치 시타가우(野口遵)는 수력발전 사업(1941년 수풍발전소 건설 등)과 비료공장(흥남)을 지어서 막대한 돈을 벌었다.

조선 사람이라 해서 부자가 없었을 리 없지만 땅 부자인 지주들이었지, 사업하는 사람들이 아니었다. 그나마 호남의 대표적인 지주였던 김연수가 1919년 경성방직을 설립해 만주시장까지 진출했었고, 조선의 유통왕으로 불렸던 박흥식이 젊은 나이(18세)에 인쇄업과 종이장사로 시작, 1931년 화신백화점을 차려 주목을 받았다.

해방과 함께 세상이 바뀌고 조선의 기업 판도에도 세대교체 바람이 일어났다. 당시를 기준으로 떡잎이 보였던 젊은 사업가들이 나름대로 꿈을 키우고 있었다. 삼성 이병철(35세), 현대 정주영(30세), LG 구인회(38세), 쌍용 김성곤(32세), 두산 박두병(35세), 롯데 신격호(24세) 등이 그들이다. 경성방직의 김연수나 화신의 박흥식에 비하면 피라미 급에 불과했고, 사업보다도 장사를 하는 군소 상인 수준이었다. 그러나 해방 이후 이들이 한국경제를 이끄는 주역 노릇을 하게 될 줄 누군들 예상했겠는가.

2부

건국 대통령
'이승만 시대'

이승만의 경제관은?

　1948년 8월 15일, 해방된 지 꼭 3년 만에 대한민국 정부가 탄생했다. 미군정시대 3년을 거쳐 초대 대통령 이승만이 이끄는 명실상부한 정부가 비로소 들어선 것이다. 그러나 걸음마도 제대로 할 수 없었던 정부는 과연 무슨 정책으로 극도의 혼란과 가난에 빠진 한국경제를 살려내고자 했던 것일까. 특히 대통령 이승만의 경제관은 어떤 것이었을까. 나름대로의 경제관이 있긴 했었는가. 이에 대한 적절한 해답을 주는 에피소드 한 토막의 인용으로부터 이승만의 경제 이야기를 시작해 보자. 1957년 6월 대통령 이승만은 신임 재무부장관 송인상을 경무대로 불러서 이렇게 지시했다.

　"미스터 송, 자네는 이코노미스트야. 경제를 잘 아니까, 경제에 관한 모든 것을 자네에게 맡기겠네. 그러니 알아서 잘해봐. 다만 몇 가지 권한은 유보해야 할 것이 있네.

　첫째 환율일세. 자네도 잘 알지만 미국 친구들은 심심하면 환율을 올리자고 해. 그러니까 이것은 나와 사전 상의 없이는 어떤 결정도 그들과 해서는 안 되네. 지금도 현행의 공정환율 500원 대 1달러를 더 올려야 한다고 하고 있거든.

　둘째는 일본인들과의 관계야. 일본서 물건을 사 오거나 경제에 관한 일을 할 때는 미리 나에게 알려줘야 해. 미국 친구들은 '원조를 주네' 하고서는 일본서 물건을 사 오기만 해. 비료도 시멘트도 그렇고, 심지어 집 짓는 일까지 그들에게 설계를 주고 있단 말이야.

　셋째는 외국정부나 외국인과 무슨 약속을 하거나 원조자금의 사용내역을 결정할 때는 꼭 나에게 먼저 물어봐야 되네. 지금도 외국말로써 오는 계약서를 제대로 검토하지 않고 사인해버려 나중에 일을 그르친 경우가 많으니 앞으로는 특별히 조심해야 되네. 이상 세 가지를 제외하고는 자네에게 모두 맡길 것이니 미스터 송이 알아서 모든 책임을 지고 잘해봐."(송인상, 『부흥과 성장』, 149쪽)

이 지시 내용만 보면 이승만은 전문가 뺨치는 '경제대통령'이었다. 환율, 대일무역, 미국정부와의 교섭 등 주요 경제 현안들은 대통령 자신이 직접 챙긴다는 뜻이었다. 신임 재무장관에게 마치 큰 재량권을 주기나 하는 것처럼 말했으나 실제는 중요한 경제정책은 죄다 빼고, 나머지 시시콜콜한 일상적 업무만 주무장관이 알아서 처리하라는 것이었다. 이 세 가지는 경제 현안이기도 했으나 동시에 당시의 주요 정치 현안이었고, 이승만 자신의 정치관에서 비롯된 소신이기도 했다. 이승만은 정치든 경제든 나름대로의 식견이 확실했고, 매사를 주도하고 직접 결정했다.

이승만에게는 정치와 경제가 따로 있지 않았다. 환율을 일정 수준으로 유지하는 것은 곧 한국 돈의 가치를 지키는 것이었고, 동시에 그 일은 매우 중요한 정치행위였다. 그는 한국 돈 가치를 평가절하하는 것은 국격을 떨어뜨리는 것으로 간주했다. 원화의 과대평가가 초래하는 시장 왜곡현상 따위는 이승만에게 관심 밖의 일이었다. 오로지 일본에 다시 나라를 빼앗기지 않도록 하는 한편 공산화를 막아내기 위해서는, 한 푼이라도 미국 원조를 더 얻어내야 한다는 일념뿐이었다. 소중한 원조달러로 공장 짓기를 고집하고 북한을 의식해서 토지개혁을 서둘렀던 것도 그런 맥락에서였다.

이런 이승만에 대해 경제적 측면에서 어떤 평가를 내려야 하는 것일까. 최근 들어 이승만에 대한 재평가 작업이 과거에 비해 활발해지고 있긴 하나, 경제 쪽에서의 접근은 여전히 소홀하다. 정치적 접근 일색이다. 이승만에 대해 관심도 적을 뿐 아니라, 그의 경제업적에 대해서라면 더더욱 생소한 이야기일 수밖에 없다.

건국의 혼란

　이승만 경제를 거론하기 위해서는 최소한의 정치 이야기를 짚고 넘어가지 않을 수 없다. 이승만 정권 12년을 대강 3단계로 구분해보자. 건국 이후 6·25전쟁 발발 이전까지 1년 10개월 동안을 제1기라 한다면, 3년간의 전쟁기간이 제2기, 마지막 제3기는 1953년 7월 휴전 후부터 시작해서 1960년 4·19로 대통령직에서 물러나기까지 약 6년 9개월 등으로 나눠볼 수 있다.

　건국은 결코 순조롭지 않았다. 해방 이후 미군정 3년간 혼란과 갈등의 연속에서 국제적으로는 미국과 소련의 이해 상충이, 국내적으로는 정부 수립을 둘러싼 좌우의 극한 대립이 날로 격심해져 갔다. 우여곡절 끝에 유엔의 결의를 토대로 1948년 5월 10일 제헌 국회의원 선거가 실시되었고, 7월 17일 헌법이 공포되었으며, 사흘 뒤 이승만이 초대 대통령으로 국회에서 선출됐다. 이승만의 남한만의 단독정부 수립 주장이 관철된 결과이며, 스스로가 그 정부의 첫 대통령이 된 것이다.

　좌익의 보이콧 속에 사상 최초로 치러진 국회의원 선거(5·10총선)의 투표율은 95.5%, 총유권자 대비 투표율은 71.6%에 달했다. 이 숫자로만 보면 경이적인 투표율이요, 국민들의 선거참여 또한 대단했음을 뜻한다. 그러나 우리 국민들에게는 선거나 정당 국회의원 등의 단어조차 생소했었으며, 아무런 준비도 경험도 없이 미국에 의해 직수입된 외래제도를 서둘러 시행에 옮겨나갔다는 점을 감안해야 한다.

　미군정의 지지와 지원 속에 탄생한 이승만 정권이 당면한 2대 과제는 해방 직후부터 제기되어왔던 친일파 청산과 토지개혁 문제였다. 친일 청산부터 박차가 가해졌다. 국회는 1948년 10월 친일 부역자들을 처벌하는 '반민족행위자 처벌 특별법'을 통과시켰고, 바로 이듬해 1월 실제로 반민특위가 구성되어 식민지 시대의 경찰까지 친일 부역으로 체포하는 사태가 벌어졌다. 그러나 건국 당시 친일 인물들을 중용했던 이승만 또한 강경책으로 맞서, 경찰이 국회의원들을 구속하는 사태까지 벌어졌다.

한편 토지개혁 문제는 지주들을 기반으로 하는 한민당의 소극적인 태도로 시간을 끌기는 했으나 대체로 이승만 정부의 의도대로 추진돼 나갔다. 국내 정치판도는 혼돈의 극에 달했다. 이승만은 자신의 지지 기반으로는 재선이 어렵다고 생각한 나머지, 대통령 선출을 국회 간선제에서 직선제로 바꾸려 했다. 공비 출몰을 핑계로 계엄령을 선포하고 군대를 출동시키는가 하면, 야당 의원들을 '빨갱이'로 몰아 구속하는 것도 서슴지 않았다.

야당은 대통령중심제를 아예 내각책임제로 바꾸려 했고 이승만은 결사적으로 막았다. 판세는 미국이 정했다. 미국은 통제하기 힘든 이승만을 대통령 자리에서 끌어내리는 방안도 검토했지만 한국 야당이 주장하는 내각책임제 개헌에는 더 부정적이었다. 결국 대통령 직선제를 주장한 이승만의 손을 들어줬다. 1952년 애치슨 미 국무장관이 주한 미 대사관에 보낸 전문(電文)은 당시 미국이 한국정치를 보는 시각을 잘 보여준다.

"한국정부에는 어느 정도의 리더십이 있어야 한다. 만약 이승만이 약간 통제되고 부드러워질 수 있다면 그야말로 이러한 리더십을 가장 잘 제공할 수 있는 사람이다. … 국민들이 투표를 통해 그를 대통령으로 선출할 때 그는 한국 내외에서 더욱 확고한 지위를 갖게 될 것이다. 그러나 우리는 이승만이 국회의 통제 아래 있어야만 한다고 생각한다. … 그러므로 우리는 대통령 직선제와 대통령에 대한 의회의 통제권을 높이는 방향으로 개헌하는 것이 현재 위기를 타개하는 가장 바람직한 방안이라 생각한다."

미국은 6·25전쟁의 휴전을 추진하는 과정에서 한국 대통령 이승만의 강력한 반발에 부딪혀 애를 먹었다. 이승만은 북진통일을 고집하면서 미국에 강력히 저항했다. 6·25전쟁으로 인해 남북 분단은 고착되었으나, 크게 봐서 좌익과 우익의 싸움은 일단락된 셈이었다. 특히 남한 입장에서는 참혹한 전쟁을 겪음으로써 좌익이 설 수 있는 여지가 완전히 사라졌기 때문이다. 따라서 전쟁 이후의 권력투쟁은 좌우익의 갈등이 아니라, 독재와 장기집권을 쟁점으로 하는 민주화 차원의 정치적 대립으로 바뀌게 된다.

이승만 정권은 1954년 11월 사사오입 개헌을 통해 대통령 중임제를 허용토록 함으로써 정치적 안정을 확보했으나, 이로 인해 심각한 민심이반이라는 값비싼 대가를 지불해야 했다. 선거 때마다 이기기 위해 무리를 했고, 그 부작용은 더 큰 부작용을 불렀다. 이기붕의 부상과 자신의 건강 악화로 비서 정치가 갈수록 도를 더해갔다. 이승만 정부의 독재적 무리수는 1960년 3월 15일 부정선거로 극에 달했다.

국민소득 50달러의 나라

"신생 조선의 정치와 경제를 재건함에 가장 절긴(切緊)한 것은 모든 부문에 있어서의 구체적 내용에 관한 정확한 지식이다. 우리는 정확한 사실 구명을 통해서만 적절한 시책을 모색해낼 수 있는 것이다. …"

건국하기 2개월여 전, 조선은행(한국은행의 전신) 조사부가 펴낸 1948년판 「조선통계연보」 발간사 첫 구절은 이렇게 시작하고 있다. 당시의 수집 가능한 각종 통계뿐 아니라, 해방 이후의 경제 관련 법규나 미군정청의 조치 등이 소상히 실려 있는 매우 귀중한 사료다. 최고 이코노미스트들이 7개월 동안 총력을 기울여 만들어낸 조선경제의 모든 것을 담아낸 책이었다. 그러나 당시의 경제 현실은 워낙 헐벗고 굶주림이 심했기에 지금의 기준으로 가늠하는 것 자체가 무리다. 더구나 1인당 국민소득이 얼마였느냐, 어떤 경제정책을 폈느냐, 경제성장률이 얼마나 됐느냐는 식으로 따지는 것 자체가 불가능하고 의미도 없는 일이었다.

일본 식민통치에 이어서 미군정을 통해 극심한 혼란을 겪은데다가, 얼마 후 처참한 전쟁을 3년간이나 치렀으니 무엇 하나 제대로 측정을 할 수도, 평가를 할 수도 없는 상황이 계속된 것이다. 통계 숫자가 어떻게 집계됐느냐를 떠나서 사람들이 가장 고통스러워했던 것은 물자 부족 속의 극심한 인플레이션이었다. 패망 직전의 일본이 막판에 무더기로 돈을 찍어냈고, 뒤이은 미군정 역시 임시정부 역할을 하는 비용을 화폐발행으로 충당했다. 거기에 더해 3년간 계속된 6·25전쟁 기간 중에 전비 조달로 또다시 엄청난 돈을 찍어야 했다.

재정능력이 없는 신생 정부가 할 수 있는 정책은 돈을 찍어내는 통화증발뿐이었다. 1950년 6월 말의 은행권 발행 잔고가 669억 원이었는

1951년 문경시멘트에서 첫 생산된 시멘트 앞에서 대화하는 이승만 대통령.

데, 전쟁이 터진 그해 12월 한 달 동안의 증가액만 해도 790억 원이나 됐다. 한국군의 전비 조달뿐 아니라 유엔군의 전비까지도 대여금 형태로 한국정부가 일단 감당해줘야 했다.

"심지어 전투 중인 일선 부대장이 보급물자가 떨어져, 한국은행 대구지점 창구 직원한테 카빈총을 들이대고 돈을 내놓으라고 협박하는 사태도 벌어졌다"고 당시 조사부장이었던 장기영은 자신의 회고록에 기록하고 있다.

총만 필요한 게 아니었다. 돈이 있어야 전쟁도 계속할 수 있었다. 이승만 정권은 과도하게 풀린 돈 때문에 집권 내내 악성 인플레이션에 시달려야 했다. 전쟁이 나던 그해만 해도 정부 예산을 7번이나 추가 편성해야 했고, 세출 예산의 61%를 돈을 찍어서 충당해야 했다.(재경회, 『한국의 재정 60년』, 33쪽)

돈 없는 정부는 존립 자체가 정상일 수 없었다. 미국 원조가 알파요 오메가였다. 최대한 원조를 많이 받아내야, 달러를 한 푼이라도 더 확보해야, 부족한 물자난을 해소하고 민심을 토닥일 수 있었다. 정부 수립 후에도 돈이 없어 제대로 된 행정을 펴나갈 처지가 되지 못했다. 공무원이 해외 출장 발령이 나도 출장비가 지급되지 않아 자비로 가야 했다. 국무총리실 직속 기획처 소속 이선희 사무관은 연차계획 수립을 위해 대통령 재가까지 받아 일본 출장 명령을 받았다. 그러나 출장 전날까지도 출장비가 나오지 않았다. 결국 아내의 결혼반지와 시계를 팔아서 출장비 500달러를 마련해야 했다. 당시 쌀 한 가마니 값이 8,000원이었는데, 그의 월급은 1만 500원이었다.

이승만이 12년간의 집권 기간 중에 대통령으로서 나라의 틀을 만들고 정부다운 정부의 모습을 행정적으로 꾸려나가기 시작한 것은 6·25전쟁이 끝난 1950년대 중반쯤부터였다. 1955년 '부흥부'라는 새 부서가 생겨 전후 복구사업과 미국 원조 관련 전담창구 역할 등을 맡게 된다. 그래도 경제운영의 기본 틀은 어디까지나 자본주의 시장경제였다. 물론 그 선택은 이승만에 의한 것이 아니다. 남북한의 체제 선택은 양쪽의 점령군이었던 미국과 소련에 의해서 기본적으로 결정되어 있던 셈이다. 미국 점령군이 주도하는 남한은 이미 시장경제와 사유재산제도를 기본으로 하는 자본주의 경제체제로 출발했던 것이다.

그렇다고 해서 식민지 시대의 배급경제가 하루아침에 시장경제로 달라질 수 있었겠는가. 미군정청의 의도대로 처음 얼마 동안은 쌀과 생필품의 시장거래를 과감하게 시도했으나 많은 시행착오를 겪어야 했다. 시장은 부패의 온상이기도 했다. 그럼에도 불구하고 공정시장이든 암시장이든 시장은 빠른 속도로 커져 갔다. 이 점이 바로 북한의 사회주의 경제와 완전히 다른 길을 걷게 된 결정적인 갈림길이었다.

미국이라는 경제 선생님

미군정 시대가 끝나고 정부가 수립되었으나 필요한 돈은 여전히 미국 원조에 절대적으로 의존했다. 미국정부는 제2차 세계대전 이후 유럽 국가들에 실시했던 마셜플랜을 신생국 한국에도 그대로 적용했다. 1948년 2월 체결된 한미원조협정(ECA)이 그것이다.

이처럼 미국이 주도하고 지원해준 자본주의 체제지만, 실제 정부가 세워져 우리 손으로 조직을 만들고, 처음 경험해보는 서구식 자본주의 체제를 우리 것으로 소화해나가는 것은 결코 쉬운 일이 아니었다. 정부의 예산 회계제도는 어떻게 만들고 운용해야 하는지, 금융통화정책은 어떻게 해야 하는지 등, 기본부터 익혀야 할 일이 하나둘이 아니었다. 어떤 것은 일본 식민지 시대 행정을 그대로 베꼈고 어떤 것은 미국 자문관이 시키는 대로 뜻도 모르고 따라 해야 했다. 전쟁이 끝난 다음해인 1954년 IMF(국제통화기금)에 가입하게 되는데, 당시만 해도 정부 안에서 IMF가 뭐 하는 곳인지 아는 사람이 거의 없었다. 국민소득을 어떻게 계산해내는지도, GNP가 뭔지도 몰랐다. 이승만 시대의 현실과 수준이 그러했다.

전반적인 경제정책 방향은 미국정부가 파견한 자문관, 또는 대외 원조처(유솜, USOM: United States Operations Mission) 같은 원조기관의 경제전문가들이 잡아나갔다. 전쟁 중이던 1952년 5월 부산에서 '대한민국과 유엔사령부 간의 경제조정에 관한 협정'(마이어 협정)이 체결됐고, 이 협정에 따라서 한국의 재정과 경제정책을 조정하는 한미합동경제위원회라는 기구가 탄생했다. 1953년 8월에는 미국의 경제조정관실이 설치됐다. 이를 토대로 1957년부터 한국정부는 재정안정계획이라는 것을 의무적으로 만들어야 했고, 이것을 만들 때도 내용 하나하나를 일일이 미국과 협의해서 허락받아야 했다.(김용환, 『임자, 자네가 사령관 아닌가』, 16쪽)

재정안정계획은 정부의 한 해 예산계획으로부터 시작해서 원조자금 사용계획, 통화량 증가 억제 기준 등의 핵심적인 거시정책 목표를 확정하는 데 미국의 동의를 받도록 제도화한 것이다. 매년 짜이는 이것은 미국정부가 한국정부에 요구한 정책 지침서였으며, 한국 관료들에게는 자본주의 국가 경영에 필수적인 경제 매뉴얼이었다.

한국정부가 매사를 미국과 상의해야 했던 까닭은 정부 예산의 절반 가까이를 미국이 주는 원조에 의존했기 때문이다. 소위 '대충자금'을 통해 나라 살림을 꾸려갔다. 대충자금(Counterpart Fund)은 미국이 준 원조물자를 정부가 시장에 팔아서 정부 지출 재원으로 쓴 돈을 말하는데, 이것이 상당기간 한국경제의 젖줄 노릇을 했다. 대충자금은 미국정부 호주머니에서 나온 돈이므로 이것을 재원으로 예산을 쓸 때는 반드시 미국의 사전 허락을 받아야 했다. 정부의 한 해 예산을 수립하는 것도 대충자금 규모가 먼저 정해진 다음에야 가능했던 것이다. 이처럼 미국을 선생님 삼아 하나부터 열까지 자본주의식 경제운영을 배워나가는 과정에서 가장 중요한 것은 영어 소통이었다. 우선 영어를 잘하고 미국인과 친교가 두터운 사람들이 요직을 맡았다.

이승만에게
정치와 경제는 하나였다

이승만은 원래 국제정치 전문가였다. 독립운동 경력과는 별개로 이승만은 일찍이 미국으로 건너가, 하버드대학에서 정치학 석사를, 프린스턴대학에서 정치학 박사 학위를 받았다. 미국 사람 기준으로도 대단한 학력이었다. 뿐만 아니라 워싱턴을 중심으로 유력인사들과의 교분을 폭넓게 쌓았고, 특히 국제정치 분야에 상당한 식견을 인정받고 있었다. 따라서 제2차 세계대전 이후의 세상이 어떻게 돌아가고 있는지에 대한 이해나 지식으로 치면 다른 국내 정치 지도자들에 비해 월등히 앞서 있었다.

정치는 그렇다 치고 경제 쪽은 어떠했을까. 이승만은 경제 분야에 대한 전문가적 통찰은 부족했을지언정 대통령으로서의 기본 식견은 충분히 갖추고 있었다. 그는 인플레이션과 통화의 관계가 어떻다든지, 환율이 오르고 내림에 따라 어떤 경제적 파장이 온다든지, 국가 재정을 어떻게 꾸려갈 것인지 등에 대해 일일이 따지고 들었다. 상당한 지식도 갖추고 있었다.

이승만은 특히 자본주의가 무엇인지에 대한 이해가 확고했다. 33년간의 오랜 미국생활을 통해 자본주의 경제라는 것, 특히 자본주의의 기본이 사유재산제도라는 점을 몸으로 경험하고 익혔는데, 이 같은 생활 체험이 건국 초기의 경제정책에 상당한 영향을 끼쳤다. 통화개혁을 실시했을 당시 "일정 규모 이상의 금액에 대해서는 2~3년간 예금을 동결하는 대목에 반대"해 실무자들이 애를 먹었던 것이 좋은 사례다. 이승만이 "자본주의의 최대 장점은 사유재산제도를 엄격히 보호해주는 것이 아니냐. 정부라 해서 국민의 재산 사용을 마음대로 제한한다면 누가 정부를 믿겠는가"라며 따지고 들었던 것이다.(송인상, 『부흥과 성장』, 105쪽)

이승만이 직접 쓰거나 연설한 기록에서도 그의 경제관을 엿볼 수 있는 흥미로운 단서들이 적지 않다. 『대통령 이승만 박사 담화집』 곳곳에 그런 내용이 있다.

"지금 우리나라의 형편은 전쟁도 해야 하고 파괴된 시설도 복구해야 하고 피난민도 구제해야 한다. 그런데 이 모든 사업을 완수하자면 당연히 돈이 필요하기 때문에 지폐를 박아내지 않을 수 없다. 지폐를 박아내면 어떻게 되느냐 하면 인플레이션이 되어서 물가는 올라가고 생활은 곤란하게 된다. … 천한 지폐를 많이 가져다주고 일본 물건을 사 온다는 생각은 말아주기 바란다. 우리는 자급자족을 하지 않으면 안 된다. 만일 그렇게 하지 않으면 모든 돈은 일본으로 가게 된다. 그러므로 여러분이 무슨 생각을 하고 무슨 의사를 내든 간에 돈 쓸 생각을 버리고 월급 없이 생활하겠다는 각오를 가져야겠다. 폭리를 일삼는 사람이라면 비록 여러분의 형제라도 보지 말고, 부하 중에 협잡배가 있다면 즉시 파면시켜야 한다."

(『대통령 이승만 박사 담화집 제1집』, 1953)

"지금부터는 원조자금을 (일본에서) 소비물자를 사 오는 데 쓰지 말고 미국에서 신식 기계를 사들여다가 레이온 비료 시멘트 및 제지 등 공업발전의 토대로 삼을 발전시설과 탄광시설을 하루속히 건설 복구해야겠다.

근래부터는 석탄 비료 등 소비물자를 구입하기 위해서는 돈을 해외에 내보내지 말고 자급자족하겠으니, 이 계획 후에 정부당국과 민간지도자들은 경제부흥 없이는 설사 정치적 독립을 얻었다 하더라도 경제적 노예를 면하기 어려울 것임을 깨닫고 일심 협력해주기를 바라는 바이다."

(『대통령 이승만 박사 담화집 제1집』, 1953)

"지금 전국이 거반 핏빛이 된 중에서 나라를 살려 가지고 합동 통일해서 다 같이 살자고 하고 있고, 우방들에서도 민간에서 먹고 쓸 물자와 구제품을 보내서 우리를 살게 하자는 이때에 한인의 피를 가진 남녀가 사욕을 도모하며 국법을 범해서 물건 값이 다시 올라가고 국가 화폐가 값이 없는 물건이 되어 아무것도 못하게 하니, 이런 사람들은 인륜을 모르는 사람이다. 이번에는 폭리를 노리는 사람도 이 버릇을 버려야 하고, 모든 인민이나 관리들은 이런 악습을 일일이 조사해서 암시(暗市)와 잠매(潛賣) 등 불법한 일은 하나도 없게 만들어야 할 것이니, 이것이 자기도 살고 동포도 사는 길이다. 이를 사람마다 행하고 남들에게 권하도록 교육해서 다 같이 해나간다면 앞으로는 우리의 대복(大福)이 우리나라 모든 사람의 인체에 돌아갈 것이다."

(『대통령 이승만 박사 담화집 제2집』, 1956)

"우리나라에서 물건 값이 오르고 내리는 세 가지 중요한 요인이 있으니, 하나는 적자 예산이고 하나는 쌀값이고, 또 하나는 달러 환율이다. 그런데 금전 환율은 500 대 1로 정해놓았으니 정부가 어떻게 해서라도 더 오르지는 않게 할 작정이다. 쌀값도 마찬가지다. … 또 한 가지 금년예산은 정부에서 깎아서 극소액으로 정해 수지 균형을 맞추도록 하는 중이며 정부 어느 부처든지 예산을 엄수하도록 할 것이다. 이전에 빚을 주었던 것과 받을 것을 받지 못하고 미봉조로 있는 것은 다 속히 받을 것이며, 전시

군비조(軍費條) 부족액도 정부에서 극력 노력하면 마감할 도리가 있어 보이는데 이것에 대해서는 군에서도 군인들을 제대로 못 먹이면서도 지지하려고 하고 있는 터이다. 그러니 이런 때에 분발해서 정부에서 발매하는 국채를 가난한 사람이나 부유한 사람이나 응분의 성의를 표시하여 많이 사주어야 할 것이다."

『대통령 이승만 박사 담화집 제2집』, 1956)

당시 경무대(지금의 청와대)에는 대통령의 전속 스피치 라이터(연설문 비서관)도 없었다. 웬만한 것은 대통령이 직접 썼다. 심지어 1953년 제1차 통화개혁을 단행할 때는 실무자가 써 온 대통령의 특별담화문 원고를 버리고 자신이 육필로 직접 썼는데, 통화개혁에 대한 핵심을 이해하지 못하고서는 도저히 엄두를 낼 수 없는 일이었다. '긴급통화조치에 관하여'라는 특별 담화문의 첫 시작을 이렇게 직접 썼다.

서민경제 현장인 부산 국제시장을 둘러보는 이승만 대통령. 1956년 초의 일이다.

"국가에 금융은 사람의 신체에 혈맥이니 그 피가 많아도 변이요, 적어도 변인 것은 변할 수 없는 이치다. 우리나라 화폐는 본래 금편으로 원위를 삼아 지폐로 통화를 쓰던 것을 일인들이 전쟁하기에 지폐와 은행권을 많이 박아서 통용시키고 원화인 금편은 다 가져간 고로 지폐가 값없고 종잇조각인데 임시로 이것을 이용하여서 원화를 교정할 때까지 쓰게 된 것이다."

(김정렴 회고록, 『한국경제정책 30년사』, 57쪽)

요컨대 이승만은 국가 경영에 있어서 거시경제에 대한 기본 이해가 상당한 수준이었다. 그렇다고 해서 이승만을 경제 전문가였다고 할 순 없다. 통화개혁을 했는데도 불구하고 물가가 계속 올랐고, 그 이유가 통화증발 탓이라는 실무자의 보고에 화가 치민 이승만은 대통령 특명으로 조폐공사의 돈 찍는 윤전기를 세우는 촌극을 벌이기도 했다.

이승만은 환율정책에 특히 개입이 심했다. 앞서도 언급했듯이 환율은 단순한 경제정책 문제가 아니었다. 국격을 저울질하는 바로미터이자, 이승만 자신의 체면에 직결되는 일로 생각했다. 이승만의 독단에 미국정부도 혀를 내둘렀다. 미국정부가 원화가치의 현실화, 다시 말해 달러에 대한 원화 환율 인상을 수없이 요구했고, 장관을 포함해 재무부 관료들도 현행 공정환율에 문제가 많다고 여러 차례 건의했으나 그는 완고하게 버텼다.

어느 날 재무장관 최순주가 공정환율과 시중거래 환율의 차이가 너무 커서 부작용이 심해지고 있으니 환율 인상이 불가피하다는 의견을 말했다가 그다음 날 목이 달아나고 백두진이 후임으로 기용될 정도였다. 이승만에게는 또 다른 더 중요한 이유가 있었다. 당시 한국정부는 유엔군에게 원화로 빌려주고 나중에 달러로 갚도록 되어 있었는데, 유엔군과 한국정부가 환율을 가지고 줄다리기를 계속 벌였었다. 전쟁 중에 물가가 급속히 오르고 따라서 원화가치가 크게 떨어지는 상황에서 유엔군 측은 실세 환율에 따라 대여금을 갚겠다는 것인 반면, 한국정부는 공정환율로 갚으라는 것이었다. 결국 대여금 상환으로 더 많은 달러를 받아내기 위해서는 공정환율에 손댈 수 없다는 것이 이승만의 완강한 입장이었다.

근본적으로 이승만은 한 푼의 달러도 함부로 쓰지 못하게 했다. 재무장관이 부족한 물자를 수입하는 데 달러를 쓰겠다고 하면 원조나 더 얻어 오라며 딴청을 부렸다. 귀중한 달러로 일본 물건을 사 오는 데 쓸 것이 아니라, 북한 공산당과 싸우는 데 필요한 무기를 사야 한다며 호통을 쳤다.

억지로 환율을 묶어놓는 바람에 시장 환율은 공정환율의 2배가 넘었다. 한국경제의 부작용도 부작용이지만, 공정환율로 돈을 바꿔야 하는 주한미군들이 아우성이었다. 서울주재 대사를 비롯해 워싱턴에서 직접 보낸 미국 경제자문관들이 직접 경무대로 찾아가서 한국경제의 수출 촉진을 위해서라도 환율을 올리라고 압박했으나 이승만은 미동도 안 했다.

미국의 비위를 거스른 것은 환율정책만이 아니었다. 이승만은 일본에서 수입하는 것을 매우 싫어했다. 어렵게 미국서 원조받은 달러로 일본제 비료를 사다 쓰는 것을 민족적 자존심을 손상하는 일로 간주했다. 수입 제품을 우리 손으로 생산할 수 있는 공장 짓는 투자에 쓸 것을 독려했다. 경제가 자립하려면 공업화가 급하다고 봤다. 이 문제로도 미국과 자주 충돌했다. 미국은 기본적으로 한국이 공업화할 능력이 부족하다고 판단했고, 따라서 공연히 과욕을 부릴 게 아니라 농업개발에 주력해서 우선 식량부족 문제부터 해결할 것을 권했다. 이에 더해 공산품 부족은 자기네가 주는 원조 달러로 일본에서 수입해 물가안정이나 도모하라는 것이 미국의 기본 입장이었다. 공업을 키워나가는 것도 손쉬운 경공업부터 차근차근 해나가야 한다는 쪽이었다. 이승만은 이 같은 미국의 인식에 불만이 많았다. 그는 미국의 '지시'를 거역하고 공업화에 초점을 맞춘 경제정책을 폈다.

미국은 이승만의 경제정책을 매우 못마땅해했다. 경제적 분석 이전에 매년 한국에 보내고 있는 막대한 원조자금을 이승만이 경제 살리는 데 쓰지 않고, 자신의 장기 집권과 권력 유지에 부당하게 털어 넣고 있다고 미국정부는 생각했다. 특히 군대나 경찰력 강화 쪽에 원조자금이 잔뜩 들어가는데, 그런 것들이 알고 보니 이승만의 권력 유지용이라는 것이다.

워싱턴에 보내는 경제자문관의 보고서에는 심지어 "공장 짓겠다는 것도 정치자금을 조달할 기업들에게 특혜를 주기 위한 것"이라는 비난도 있었다. 또한 미국의 막대한 지원이 한국사회의 부패구조 속에 의도했던 원조 효과를 제대로 내지 못하는 것도 대통령의 독재정치 탓이라는 지적이 많았다.

한편 농지개혁은 당시 피할 수 없는 대세였다. 이승만도 농지개혁을 서둘렀고, 미국도 조속한 농지개혁을 강력히 희망했다. 그러나 막상 6·25전쟁 이전에 농지개혁을 단행할 수 있었던 것은 이승만의 정치적 결단에 의해 가능했다. 우여곡절을 겪었으나 결과적으로는 한국경제의 오늘을 있게 한 결정적인 기반을 만들었던 셈이다.

이승만은 농지뿐 아니라, 전반적인 토지정책에 대해 나름대로의 분명한 입장이 있었다. 개인의 재산권 보호는 당시의 기준으로는 매우 진취적이었으나, 한편 국가 개발을 위한 토지 확보는 법을 만들어서라도 국가가 수용해야 한다는 생각도 했다. 그러나 이승만이 농지개혁에 강한 소신을 보였던 이유는 역시 북한의 토지개혁을 의식했기 때문이었다. "공산당을 막으려면 농지개혁을 빨리 해야 해"라는 말을 입버릇처럼 했다.

공산화를 막아낸
농지개혁

해방 이후 여러 면에서 남한과 북한은 달랐다. 북한은 1946년 3월에 무상몰수 무상분배 원칙 아래 토지개혁을 실시했을 뿐 아니라 정부조직, 심지어는 중앙은행 설립에 이르기까지 남한보다 훨씬 빨랐다. 반면에 남한은 정치 사회적 혼란이 끝을 몰랐다. 경제정책이라고 제대로 될 리 만무했다. 그런 와중에서도 농지개혁은 이승만 정권의 최대 치적이었다.

무릇 토지개혁(농지개혁)이란 어느 나라든 역사의 고비 고비마다 등장했던 핵심 개혁 과제다. 수많은 사람들의 이해관계가 복잡하게 얽히는 문제이기에 성공과 실패를 판정하는 작업 또한 어려울 수밖에 없다. 그러나 한국의 농지개혁은 대만과 함께 국제적으로 매우 드문 성공사례로 꼽는다. 브라질의 룰라 전 대통령이 대통령 재임 시절(2003년)에 "한국이 1950년에 실시한 토지개혁을 우리는 아직도 못하고 있는 것이 브라질 경제의 가장 큰 고민"이라고 말했을 정도다. 포르투갈 식민지 시대의 토지소유구조가 지금까지 유지되고 있는 브라질로서는 한국이 부럽기 짝이 없다는 것이었다.

2004년 11월 남미를 순방한 노무현 대통령은 칠레 산티아고 동포간담회에서 이렇게 말했다.

"남미 여러 나라를 순방하면서 왜 한국이 성공했을까 생각을 많이 했다. 옛날 지도자들이 실책을 더러 했었지만 그래도 한 가지씩은 다 했다. 자유당 시대를 독재 시대, 식민지 시대에서 해방은 됐지만 암흑시대로 생각했었다. 그런데 그때 토지개혁을 했는데, 지나고 보니 정말 획기적인 정책이고 역사를 바꾼 사건이 아니었나 생각한다. 그것을 해서 한국전쟁이 터졌는데도 국가독립, 안정을 지켜냈고, 국민이 하나로 뭉쳐서 체제를 지켜냈다."

남미국가들의 토지제도를 직접 보고 거기에 한국의 경우를 대입시켜본 노무현 대통령의 소감이었던 셈이다. 이승만의 농지개혁은 과연 어떤 정책이었기에 정치성향이 전혀 다른 노무현 대통령이 그토록 칭송했던 것일까.

해방 직후 미군정청이 일본인 소유 땅(적산재산)을 처리하는 것은 간단했다. 일본인 땅을 한국 소작농한테 나눠 주기만 하면 됐으나, 이승만의 농지개혁은 땅을 나눠 주는 일과 동시에 기존의 조선 사람 땅 주인들로 하여금 자기네 땅을 내놓게 하는 문제도 동시에 해결해야 했다.

당시 통계에 따르면 전체 인구의 70.9%가 농업인구였고, 순수 자작농은 전체 농가의 14%에 불과했다. 국민의 태반인 농민들이 남의 땅에 소작 농사를 지어 먹고 살아야 하는 실정이었다. 이런 상황에서 북한이 해방 이듬해 무상으로 땅을 나눠 주는 토지개혁을 전면 실시했으므로 해방 이후 3년간 남한 통치를 맡고 있던 미국이나, 뒤이은 이승만 정권으로서도 농지개혁은 화급한 과제가 아닐 수 없었다. 미국도 농지개혁 실시를 강력히 지지했다. 미국의 경제고문단장 아서 번스는 1949년 말에 이렇게 말했다.

"농지개혁법이 당장 실현돼야 하며, 올해 가을과 겨울까지는 대부분의 토지가 농민에게 분배돼야 한다. 경작할 땅을 갖게 되면 농민들은 대단히 만족할 것이다."

(그렉 브라진스키, 『대한민국 만들기』)

전쟁이 터지기 전에 농지개혁이 실천에 옮겨졌다는 점에 우선 주

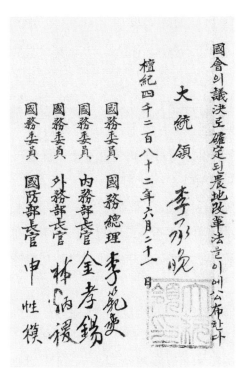

國會의議決로確定된農地改革法을이에公布한다

檀紀四千二百八十二年六月二十一日

大統領 李承晚

國務總理 國務委員 李範奭

國務委員 內務部長官 金孝錫

國務委員 外務部長官 林炳稷

國防部長官 申性模

1949년 6월 21일자 농지개혁법 공포령.

목해야 한다. 남한의 농지개혁은 북한(1946년 3월)보다 4년이나 늦었다. 그나마 6·25전쟁이 터지기 불과 3개월 전인 1950년 3월에야 국회에서 관계법 개정안이 최종적으로 통과됐다. 정치인들 간에 이해가 엇갈리면서 수정에 수정을 거듭해야 했다. 기존 지주세력들의 반발 같은 것은 북한에는 없었다. 지주세력은 한국민주당을 통해 기득권을 지키기 위해 안간힘을 쓰며 버텼다.

내용의 잘잘못은 둘째치고 그나마 6·25전쟁이 터지기 전에 농지개혁을 실시한 것은 천만다행이었다. '유상몰수 유상분배'라는 큰 틀 아래서 실시된 개혁내용은 지주세력을 대표하는 한민당이 주장한 내용과 큰 차이가 있었고, 진보 좌익 쪽에서 주장하는 내용과도 달랐다. 여러 차례 엎치락뒤치락 거듭했으나 확정된 내용의 요점은 ▲농지 소유 한도 3헥타르로 제한하고 ▲농지가격을 수확량의 1.5배로 하고 ▲5년에 걸쳐서 분할 상환하며 ▲지주에게는 땅값을 지가증권으로 지급하는 것 등이었다. 우여곡절 속에서도 이승만 정권이 최종적으로 관철시킨 내용은 재정 부담을 최소화한 정부 독자안이었다.

만약 농지개혁이 이뤄지지 않은 채 6·25전쟁을 맞았었다면 전쟁의 결과는 어떻게 되었을까. 가정을 통해 그 결과를 단정할 순 없다 해도 점령군 북한에 대한 남한 농민들의 지지가 훨씬 적극적이었을 테고, 그리하여 전쟁은 북한의 조기 승리로 끝났을 공산이 컸다. 미국정부도 같은 생각이었다.

대통령 이승만으로서는 농지개혁으로 두 마리 토끼를 잡은 셈이었다. 한 마리는 북한과의 전쟁에서 견뎌내는 데 농지개혁이 적기에 역할을 해냈다는 점이고, 다른 한 마리는 정치적 라이벌 한민당을 일거에 약화시키는 결정적 계기를 마련했다는 점이었다.

농지개혁의 정책 의도가 무엇이든 간에 그 결과는 실로 중대했다. 전통적 지주제도가 일시에 해체되었다. 부작용도 상당했으나 지주제도의 해체는 한국경제의 생산구조나 분배구조 면에서 혁신적 변화를 몰고 왔다.

지주제도의 붕괴는 농지개혁에 이어, 3년간의 처참한 전쟁을 치러내는 과정에서 더 과격하게 진행됐다. 전쟁 자체가 빚어낸 파괴력은 지주계급들에 더 집중적인 피해를 안겨줬을 뿐 아니라, 극심한 전쟁 인플레이션은 토지 보상으로 받은 지가증권을 휴지조각으로 만들었기 때문이다.

반면에 농업자본을 산업자본으로 전환시키겠다는 당초 의도는 실패로 돌아갔다. 지주 입장에서는 말이 유상몰수였을 뿐, 몰수의 대가로 받은 지가증권은 처절했던 3년 전쟁을 치르면서 엿장수들이 "채권 사요~" 하며 엿을 주고 거둬들일 정도로 그 가치가 폭락했다.

이승만이 농지개혁을 주도하면서 훗날 그것이 가져다줄 장기적 순기능까지 예상했을 리는 없다. 오히려 자신의 정치적 헤게모니를 강화하기 위해 절대 불가결한 것이 농민들의 지지 확보였고, 그 핵심 전략이 농지개혁의 조속한 마무리였을 것이다. 한때 공산주의자였으며 농민들에게 강력한 리더십을 지녔던 조봉암을 초대 농림부장관에 앉혔던 것도 당시의 긴박한 상황을 말해준다. 앞서도 언급했듯이 이승만으로서는 공산주의와의 싸움에서 이기기 위해 농지개혁에 적극적일 수밖에 없었다. 그러나 역사적 의미는 실로 대단한 것이었다.

공권력이라고 해서
개인자산 동결할 수 있나?

경제정책 중에 가장 극단적이고 충격적인 정책을 꼽으라면 아마도 통화개혁일 것이다. 사유재산권을 정면으로 제한하는 것이어서 전쟁 같은 극단적인 경우가 아니면 피하는 정책이다. 최근 북한 같은 통제 국가에서조차 통화개혁을 잘못했다가 전체 경제를 혼란에 빠뜨리고 물가만 잔뜩 올리고 말아, 주동자들이 처형당하는 사태까지 벌어지지 않았는가. 한국에서는 딱 두 번의 본격적인 통화개혁을 했는데, 이승만과 박정희 시대였다.

원래 이승만 대통령이 주도한 통화개혁이 아니라 중앙은행의 실무자들이 추진했었다. 건국 초기의 화폐 질서는 워낙 엉망이었다. 해방이 되어서도 일제강점기의 조선은행권이 한동안 그냥 사용되었고, 1950년 한국은행이 세워지고 나서 한국은행권으로 바뀌었고, 전쟁이 터지자 북한의 인민화폐까지 뒤섞이는 등, 뭐가 뭔지 모를 정도의 혼란 상태였다. 더구나 인플레이션이 극도에 달해 돈이 돈 같지 않은 악순환이 거듭되고 있는 상황에서 미국의 코치를 받은 한국은행과 재무부 실무자들이 화폐개혁의 필요성을 비밀리에 이승만 대통령에게 주입시킨 것이다.

6·25전쟁 중에 실시한 통화개혁(1953년 2월 15일)은 한국은행 조사부가 중심이 되어 추진됐다. 당시 거의 모든 경제정책은 정부 관료들의 전문성이 부족했던 나머지, 한은 조사부에서 나왔다. 전쟁을 치르

면서 막대한 전비를 충당하기 위해 돈이 많이 풀려 야기된 악성 인플레이션을 잡는 것이 최대 현안이었고, 이를 위해서는 통화개혁이라는 비상처방이 필요하다고 판단했던 것이다. 당연히 미국정부의 승인이 필요했다. 그러나 실무 주역이었던 김정렴(당시 한국은행 조사부 기획조사과장)의 증언에 따르면 오히려 통화개혁 작업은 미국 맥아더 태평양 사령부가 요청해서 시작했다는 것이다.

제2차 세계대전 후 서독, 네덜란드, 벨기에, 일본 등의 통화개혁 성공사례들을 토대로 6개월 동안의 비밀작업 끝에 최종안이 만들어졌다. 특히 준비과정에서 미국 측과 충분한 협의를 거쳤다. 혹시 일어날지 모를 경제마비 현상에 대비하기 위해 원조물자가 충분히 조달되도록 확약도 받아놓았다.(박정희 시대의 통화개혁은 이 과정을 무시하는 바람에 시작단계에서 실패하고 만다.)

총지휘자 백두진 재무장관은 미국의 협조는 무난히 얻어냈으나, 막상 한국의 대통령이 마뜩지 않아 하는 바람에 뜻밖에 애를 먹어야 했다. 이승만은 통화개혁 조치의 최종 보고를 받는 자리에서 꼬치꼬치 캐물으면서 부정적인 입장을 고집했다. "극심한 인플레이션 수습을 위해 비상조치를 동원하겠다는 것은 이해하겠으되, 그렇다고 해서 개인의 사유재산권을 침해하는 것은 곤란하지 않으냐"며 따지고 들었다. 말인즉, 구권을 신권으로 교환해주는 과정에서 일정 금액 이상에 대해서는 정부가 2~3년간 동결조치를 하도록 한 것은 옳지 않다는 것이었다.

실무자들로서는 대통령의 뜻을 이해 못하는 바 아니지만, 그렇다고 이왕 통화개혁을 하면서 재산동결을 제외한다는 것은 정책의 핵심을 포기하자는 이야기나 다름없었다. 재산동결을 해야 그 돈을 전쟁 복구에 필요한 산업자금으로도 활용할 수 있다는 점을 열심히 설명했으나 대통령은 좀체 수긍하지 않았다.

"개인 재산을 1년, 2년 정기예금으로 묶어두어 그걸 산업자금으로 쓰자는 데는 찬성할 수 없소. 개인의 재산권을 보장하는 것이 민주주의의 철칙이야. 나는 프린스턴대학에서 그렇게 배웠네."

(이임광, 『어둠 속에서도 한 걸음을』)

이처럼 역정을 내는 대통령에 대해 여러 장관들이 연합전선을 펴면서 계속 읍소한 끝에 간신히 '가만(可晩)'을 얻어냈다. 이승만이 허가했다는 뜻의 결제 사인이었다. 그러나 일은 여기서 끝나지 않았다. 실시 전날 밤 9시 긴급국무회의가 소집됐다. 부산항에 배치된 해군함정 2척에 서울로 운송될 신권 화폐가 실리기 시작했다. 시행 날짜를 2월 15일 구정(舊正)으로 택한 것은 통화개혁에 따른 불편을 줄이기 위한 것과 국회 휴회기라서 비밀 유지에도 도움이 된다고 판단해서였다.

다음 날 새벽 라디오 방송을 통해 통화개혁이 발표되자 나라 전체가 발칵 뒤집혔다. 시민들은 통화개혁이 무엇인지도 제대로 몰랐기에 혼란은 더욱 컸다. 현금과 예금 모두를 동결한다는 발표를 듣고 이제 돈이 휴지가 된 것 아니냐며 불안해했다. 국회는 민주주의의 기본원리인 국민재산권의 중대한 침해라고 격렬하게 정부를 몰아세웠다.

애당초 예금동결을 못마땅해했던 이승만은 시중의 혼란과 국회의 비난이 쏟아지자 이틀 만에 '화폐개혁 동결조치 무효통고문'을 직접 작성해서 발표하겠다고 나섰다. 그렇지 않아도 재산동결이 사유재산권 침해라는 차원에서 내키지 않았던 참이었는데, 정치적으로 코너에 몰리기 시작하자 이내 조치를 취소하려 했던 것이다. 화들짝 놀란 총리와 재무장관 등은 당황하지 않을 수 없었다. 국무위원들의 간곡한 설득에 이승만은 결국 "나는 모르겠으니 알아서 하라"며 고집을 꺾었다.

그러나 통화개혁은 끝내 정부의 당초 의도대로는 되지 않았다. 이승만 대통령도 시비를 걸었었던 재산동결 부문이 국회 추인과정에서 대폭 수정됐다. 구권을 신권으로 교환해주기 전에 일단 은행에 정기 예금을 시키도록 하는 법안을 국회에서 통과시켜줘야 하는데, 야당의 강력한 반발에 부딪혀 당초의 정부 의도는 무위로 돌아갔다. 결국 예 금동결 비율이 25%로 낮아지는 바람에 통화개혁을 통한 산업자금 조 달이나 인플레이션 진정 효과는 기대에 크게 미달할 수밖에 없었다. 아이로니컬하게도 통화개혁은 절반의 성공도 거두지 못했으나 대통 령 이승만과 야당이 한편이 되어서 사유재산제도의 침해 소지를 결국 배제시켰던 셈이다.

특혜를 먹고 자란 공업화

건국 이후, 이승만 시대의 공업화는 어떻게 진행되었던 것일까. 무 상원조를 제아무리 많이 받아도 전쟁의 파괴 속에서는 남아나는 것이 없었다. 전쟁이 끝나고 나서야 비로소 원조의 효과가 드러나기 시작했 다. 미국 원조는 전후 복구와 부흥에 초점이 맞춰졌다. 그런 노력 덕분 에 1953~1961년 사이의 제조업 성장률은 11.5%를 기록했다.

특히 원조받은 원면·원당·원맥 등을 원료로 삼아 가공한 면방업· 제분업·제당업이 괄목할 만한 성장을 기록했다. 크게 번성했던 면방 공업은 당시의 경제여건을 총동원해서 일궈낸 대표적인 신사업이었 다. 공장 시설은 일본의 적산기업체의 불하로부터, 원료는 미국에서 원조받은 원면으로부터, 그리고 기업자금은 잉여농산물 등을 통해 획 득한 대충자금으로부터 자본화한 것이었다. 이승만식 산업정책 공식 이었다.

1957년 즈음에서는 방직공장·밀가루제조공장 등의 분야에 투자가 몰려서 과잉생산의 문제가 생겨나기도 했다. 또한 이때부터 무상원조가 줄고 차관이 늘어나면서 1959~1960년 사이에는 심각한 불황을 겪어야 했다. 환율 인상까지 겹침에 따라 원조물자에 의존하던 제당업·제분업·면방업 등의 가동률이 급격히 떨어졌다. 이 시대에 밑천 없이 가장 돈벌이가 잘됐던 사업은 전쟁의 파괴가 빚어낸 고철 장사였다. 탄피와 고철더미를 수집해서 일본에 파는 것이야말로 알짜배기 외화벌이였다.

아무튼 기업이 번성하는 데는 어떠한 정당성이나 당위론보다도 이윤창출 기회가 우선이다. 그런 뜻에서 산업정책이 따로 필요 없었고, 그런 걸 따질 처지도 아니었다. 이익이 많이 나는 사업이라고만 판단되면 기업들은 수단 방법을 가리지 않고 덤벼들었다. 이승만 정권하에서 빚어졌던 각종 특혜적 환경이나 정부 정책이야말로 기업으로서는 사업을 번성시킬 수 있는 절호의 이윤 동기이자, 기회였다.

그러나 도덕성이나 윤리적 측면에서는 많은 문제를 낳았다. 정부의 특혜는 곧바로 정치자금으로 연결되었고, 이것은 곧 부정선거의 돈줄이었다. 수입허가권과 미국 원조품, 국가 독점품목 등에 대한 사업허가권을 정부가 쥐고 있었으므로 이것들을 나눠 주는 대가로 이승만 정권과 자유당은 거액의 정치자금을 챙겼고, 이 돈으로 야당의 정치적 라이벌들을 압도할 수 있었다.

이런 상황에서 정치와 기업의 유착이 없을 리 없었다. 정치 줄을 잡은 기업은 벼락부자가 되었고, 잘못 잡으면 나락으로 떨어졌다. 김구를 도왔던 금광 부자 최창학은 김구가 암살된 후 재계에서 사라졌고, 이승만을 도왔던 백낙승(비디오아티스트 백남준의 부친)은 태창그룹을 일구어 크게 번창했다. 정치인들에게 줄을 잘 서면 정치자금으로 제공한 돈의 수십 배, 수백 배의 이권을 챙기는 것이 비즈니스의 기본이었다.

기존의 유명 부자였던 김성수(경성방직)나 박흥식(화신)은 오히려 과거의 명성이 짐이 되어 이승만 시대에 와서 별로 발전하지 못했다. 오히려 새로운 권력에 줄을 대서 알짜배기 적산기업을 잽싸게 인수한 사람들이 두각을 나타냈다. 정부는 귀속재산처리법을 만들어서 일본이 남기고 간 적산기업을 불하했지만 역시 정치적 입김이 좌우할 수밖에 없는 상황이었다.

태창의 백낙승이 대표적인 케이스였다. 이승만은 집권하고서 백낙승에게 당시 국내 최대 방직공장이었던 가네보 영등포공장(이후 태창방직으로 개명)을 불하해줬을 뿐 아니라, 500만 달러의 대출로 외화대출 제1호를 기록했다. 어려운 때 졌던 신세를 특혜로 화끈하게 봐줬던 것이다. 이승만이 황해도 출신이라 이북 출신 기업인들도 득을 봤다. 조선전선을 인수받아 대한전선으로 개칭한 설경동, 최고의 식품회사였던 모리나가 제과를 인수해서 군납으로 떼돈을 번 함창희(동립산업) 등이 그러한 사례들이다.(지동욱, 『대한민국 재벌』, 32쪽, 42쪽, 82쪽)

그러나 2,700여 개의 적산기업들 중에서 지금까지 살아남은 것은 불과 몇이 안 된다. 대부분이 6·25전쟁 중에 망했고, 살아남았다 해도 해방 전의 설비와 기술에 안주했던 기업들은 거의가 망했다. 물론 정치적으로 망한 케이스도 있었다. 앞서 언급한 태창그룹의 백낙승은 이승만 정권의 몰락과 함께 거의 모든 재산을 몰수당했고, 미국에서 원조받은 밀가루로 군용 건빵을 독점 공급했던 동립산업 역시 후일 몰락했다.

수많은 특혜시비와 부정부패 속에서도 산업의 새싹은 돋아나고 있었다. 설탕공장과 방직공장에 이어 유리공장, 시멘트 공장이 지어졌고, 석탄을 실어 나르는 철도가 놓이면서 화력발전소도 세워졌다. 오늘의 한국기업을 일궈낸 주요 기업인들도 이때부터 신진기예로서 두각을 나타내기 시작했다. 삼성의 창업자 이병철, 현대의 정주영, LG의

구인회 등이 그들이다. 기아산업의 김철호는 6·25전쟁 중인 1953년 최초의 국산 자전거 '3천리호' 자전거를 대량생산하기 시작했고, LG그룹의 전신인 락희산업 구인회는 국산 라디오 개발에 성공(1959)했다. 선풍기, 전화기 등의 생산이 뒤를 이었다.

그러나 국가 기반 시설이 워낙 낙후된 상태에서 대부분의 중요 산업은 정부가 직접 운영하는 국영기업 체제로 감당할 수밖에 없었다. 공기업과 개인기업의 엄밀한 구분도 제대로 정립되어 있지 못했다. 이승만은 에너지 문제를 해결하기 위해 대한석탄공사(1950년)를 설립했는데, 초대 총재에 허정 교통부장관을 겸임 발령했다. 새로 만든 국영기업 CEO 자리를 현직 장관이 겸하도록 한 것이다. 나중에 경영이 엉망이 되자, 민간기업인 정인욱 강원탄광 사장을 불러들여 경영혁신을 맡겼다. 일체의 정치적 간섭을 하지 않겠다는 다짐을 대통령으로부터 받아낸 정인욱은 적자기업을 단숨에 흑자기업으로 바꿔놓았다. 이 시대 최초의 구조조정 성공사례였다.

그래도 경제의 큰 틀은 대통령인 이승만의 생각으로 정해졌다. 앞에서도 언급했듯이 대한민국이 북한과는 달리, 자본주의 시장 경제를 지향한다는 점에서는 미국 입장과 일치했지만, 소위 산업정책에 있어서는 미국과 크게 달랐다. 이승만이 추구했던 수입대체산업 육성 정책은 경제적 자립 정책인 동시에 일본과의 친화를 거부하는 반일정책이기도 했기 때문이다.

미국은 한국경제는 당분간 자립할 수 없다고 봤을 뿐 아니라, 과거에 구애받지 말고 일본과 손을 잡아야 한다는 입장이었다. 미국 정부는 여러 채널을 통해 이승만에게 일본과의 외교관계 개선과 함께 교역 확대를 권고했다. 일본과의 국교정상화 회담도 미국의 종용으로 시작된 것이다. 일본과 잘 지내는 것이 한국에도 이롭다고 설득했다. 그러나 이승만은 요지부동이었다.

"이승만이 말하기를 '정상적인 생각을 가진 사람들이 어떻게 일본을 신뢰할 수 있는가'라며 미국 주장에 맞섰다. 미국 대통령에게 편지도 여러 통 썼다."

(그렉 브라진스키, 『대한민국 만들기』)

사실 미국은 한국인의 반일감정이 얼마나 심각한가를 충분히 이해하지 못했을 뿐 아니라, 한국의 독자적 공업화 전략에 대해서도 회의적이었다. 한국정부가 민생안정에 총력을 기울이는 것이 선결 과제라고 봤고, 여기에 일본과의 관계 개선이 필요하다고 판단했다. 미국은 원조를 통해 남한이 북한을 앞세운 소련의 공산화 시도를 막아내는 방어 국가로서의 역할을 충실히 맡아주길 바랐던 것이다.

'한국식 개발모델' 같은 것은 염두에도 없었고, 먹고사는 문제부터 해결해서 물가를 안정시키고, 사회 전체에 만연해 있는 부정부패 같은 기본적인 문제부터 개선되기를 기대했다. 그들 눈에는 한국의 수입대체를 위한 공업화 시도가 걷지도 못하는 주제에 날려고 하는 무모함으로 보였던 것이다.

이승만의 생각은 달랐다. 물자부족으로 인한 인플레이션을 잡는 것도 중요하지만, 장차 수입을 대체할 수 있는 독자적인 공업 기반을 만들고자 했고, 그래야 나라다운 나라가 될 수 있다고 믿었다. 따라서 원조자금을 부족한 물자 수입에 쓸 것이 아니라 공장 짓는 데 투자하기를 바랐다.

미국의 제동에도 불구하고 이승만의 고집이 통했던 경우도 더러 있었다. 전쟁이 끝나고 1954년 이승만의 강력한 요청에 따라 요소비료를 생산하는 충주비료공장을 건설한 경우가 그것이다. 당시 ICA(국제협조처)가 나서서 요소비료가 아니라 황산암모니아비료 공장을 지어야 한다고 조언했음에도 끝내 고집을 관철시켰다. 미국은 이 투자를 놓고 자기네 충고를 듣지 않아서 빚어진 대표적인 실패 케이스라고 주장했던 반면, 한국 측은 충주비료의 경험을 바탕으로 한국이 독자적으로 비료공장 건설 기술을 익혔다는 전혀 다른 평가를 내렸다는 점도 주목할 일이었다.

원조받을 목적으로
경제계획을 만들었다

이승만 대통령은 5개년계획 같은 경제계획을 세워서 정부가 강력히 주도하는 정책을 펴나가고자 했던가? 그렇지 않다. 계획경제는 공산주의자가 좋아하는 단골메뉴이지, 자본주의 하는 나라에서는 채택할 정책이 아니라고 그는 생각했었다. 그럼에도 불구하고 한국의 경제계획 수립 노력은 이승만 때부터 시작됐다. 당시의 경제여건이나 정부능력으로는 경제계획을 세울 처지도 못 됐다. 다만 미국 원조를 얻어내기 위해서는 뭔가 정책의지를 담은 계획이 필요했다. 실천하기 위한 진짜 계획이 아니라, 원조받기 위한 임기응변의 형식적인 계획서를 만들었던 셈이다.

종합경제계획의 첫 시도는 1958년 4월 부흥부에 의해 시작된 3개년계획이었다. 그 이전에는 휴전 이후 미국이 한국에 원조를 주는 과정에 참고하기 위해 자기네가 주도해서 만들었던 보고서가 있었다. 그 첫째가 유엔 산하 한국재건단(UNKRA)의 요청으로 미국 네이산(Nathan)협회가 작성한 '한국경제재건계획'(1954년 2월)이었다. 이것은 전쟁으로 파괴된 한국경제를 재건하려면 돈이 대충 얼마나 들 것이며, 또한 어떤 방향으로 부흥시켜야 할까를 연구 검토한 보고서였다. 자세한 내용은 접어두고 이 보고서가 시산해냈던 경제부흥계획의 소요자금은 1953~1957년 동안 12억 달러의 외부원조가 투입된다는 것이었다.

또 하나의 보고서는 헨리 타스카를 단장으로 하는 미국 경제사절단이 1953년 4월 한국에 와서 2개월에 걸쳐 작성한 '한국경제 강화를 위한 대통령 리포트'다. 이것은 미국정부가 주체가 되어 원조의 적정규모를 알아보기 위해 만들어진 것인데, 1954년부터 1956년까지 3개년 사이에 군사, 구제, 재건사업 등 3개 부문에 걸쳐 8억 8,000만 달러가 필요하다고 되어 있다. 내용 면에서 이 보고서는 원조는 물품 중심으로 하고, 재건복구사업은 교통·전력·농수산 및 교육 중심으로 해야 한다는 지침을 제시했다.

내용 여부를 떠나서 우리 손으로 처음 만들었던 경제계획은 1954년 7월 이승만 대통령이 미국 방문 직전에 급조했던 경제부흥 5개년계획이었다. 미국 원조를 많이 얻어내기 위한 것으로, 그리고 타스카 보고서와는 달리 제조업 중심의 원조 필요성을 강조하기 위해 급히 만든 것이었다. 대미교섭 1회용이었다. 기본적으로 당시의 여건이나 수준으로 정밀한 경제계획을 세울 수 있는 처지가 아니었다. 정확한 통계 자료도 없었을 뿐 아니라, 계획을 세우는 기초적인 지식도 기술도 없었다.

그러나 1957년을 고비로 미국의 원조정책이 무상원조에서 차관으로 넘어가기 시작했고, 더구나 1950년대 중반부터 인도를 위시해서 아시아 지역에서 5개년계획 바람이 유행처럼 불어닥치면서 한국도 상당한 자극을 받기 시작했다. 이 무렵 부흥부장관 송인상에 의해 경제개발 3개년계획이 착수됐다. 경제계획은 송인상을 비롯한 몇 사람들의 의욕과 신념이 없었으면 실현되기 어려운 일이었다. 당시만 해도 이승만 대통령은 경제계획이라는 것은 공산국가에서나 하는 이른바 스탈린 식 정책의 하나로 이해하고 있었기에 경제계획이라는 말을 대통령 앞에서 함부로 꺼내지도 못했었다.

"내 입장에선 두 가지가 중요했다. 하나는 원조자금을 더 많이 그리고 오래 받아내야겠다는 것이요, 다른 하나는 원조자금을 받아 하루살이 식으로 꾸려나갈 것이 아니라, 원조의 장기화를 가능케 하고 비록 규모는 적다 해도 우리 고유의 가용자원을 최대한 이용할 수 있는 경제개발계획을 수립한다는 것이었다. 당시 네이산 보고서에서는 '한국은 쌀을 더 많이 생산해서 이를 수출해 한국경제를 살려야 한다'고 했으나 나는 농업보다는 공업화가 더 중요하다고 판단했던 것이다. 원조가 차관으로 바뀌기 직전 상태였다."

부흥부장관 송인상의 회고대로 경제계획을 짜기 시작한 계기는 미국 원조가 줄어드는 것을 대처하기 위한 궁여지책이었다. 매년 원조 금액을 흥정하듯이 실랑이할 게 아니라, 장기경제계획이라는 기본 틀을 한미 양국 정부가 공동으로 작성하고 그 틀 안에서 원조를 주고받으면 훨씬 효율적이지 않겠느냐는 논리를 만들었다. 1958년 송인상이 미국을 방문, 허터 국무장관 대리를 만나서 이를 제의했다. 이에 대해 허터는 "장기적인 원조 약속은 의회 때문에 불가능하고, 다만 한국정부가 경제계획 수립기구를 만들면 이 경비를 미국 측이 부담하고 계획 작성 용역단도 제공해주겠다"고 약속했다. 이렇게 해서 미국이 주는 대충자금으로 운영되는 산업개발위원회(EDC)가 탄생하게 된다.

산업개발위원회는 최초의 외부 경제전문가들로 구성되는 정부 자문단이었다. 고문 역할을 할 미국의 유명교수들을 접촉해보았으나 하버드, MIT, 컬럼비아 등 유명대학 교수들은 이미 파키스탄·칠레·인도네시아 등이 모셔 가고 없었다. 결국 오리건대학에서 교수 5명을 자문역으로 초청했다.

산업개발위원회는 민간인을 위원으로 해서 종합, 재정금융, 농수산, 광공업, 상역 등 5개 분과위원회를 구성하고 이들에게는 파격적인 대우를 했다. 당시로서는 신진기예를 동원해 월 18만 원(당시 장관 봉급 4만 2,000원)의 높은 대우와 자유로운 분위기 속에 장기계획을 꾸몄다. 계획은 7년 장기계획 아래 전반기 3년, 후반기 4년으로 구성됐다. 이유는 단순히 공산국가들이 5개년계획을 많이 해서 이승만 대통령이 싫어할까 봐 그렇게 한 것으로 송인상은 기억하고 있다. 그런데 주목을 끄는 것은 이 경제계획이 곳곳에 자유경제원칙을 강조했다는 점이다. "정부는 자유경제원칙을 존중하며, … 정부의 직접 통제수단은 조금도 고려하지 않고 …" 식으로 되어 있었다. 계획은 계획이로되, 사회주의국가들의 계획경제와는 본질적으로 달랐다.

어쨌든 1959년 12월, 2년 만에 각의 의결을 거쳐 확정된 3개년계획(1960~1962년)에 대해 야당의 경제전문가 김영선 의원(장면 정권 때 재무장관 역임)마저도 "정부 수립 이후 작성된 수많은 경제계획에 비해 동원된 통계자료와 분석, 종합에 있어서 획기적인 것으로 평가된다"며 칭찬을 아끼지 않았다.

내용은 자립경제체제의 확립이란 장기적 문제를 해결하기 위한 기초로서 식량 대외의존도 경감과 중소기업 육성을 통한 생필품 자급과 고용 증대가 핵심이다. 동시에 농업진흥에 의한 구매력 증강 등을 강조하면서 이른바 균형성장론에 기초한 경제계획이었다. 그러나 4·19 학생혁명으로 발표 직전에 인쇄소에서 휴지가 되고 말았다. 당시의 경제 분석이나 전망 능력은 지극히 부끄러운 수준이었다. 산업연관 분석이 뭔지, 또 그것을 어떻게 활용하는 것인지도 몰랐다. 장기개발 계획을 세우기는 세워야겠는데, 남의 나라가 주는 원조자금에 의존하는 상황에서 국가예산을 편성하는 것 자체가 버거운 일이었다.

그러나 비록 수준 이하의 계획이었으나 계획 수립 자체가 인재를 키우고 경험을 축적하는 소중한 기회였다. 후일 박정희 군사정권이 집권 직후 제1차 경제개발 5개년계획을 속성으로 만들어 발표할 수 있었던 것도 이승만 때의 시행착오를 경험한 인물들이 있었기에 그나마 가능했던 것이다. 특히 산업개발위원회를 통한 대충자금으로 당시로서는 많은 사람들이 선진국 유학을 할 수 있었고, 유솜 관계자들과의 협의를 통해 서구적 경제정책의 전문적인 측면을 많이 배울 수 있었다.

1955~1959년 사이에 기술원조자금으로 550만 달러를 조달했는데, 대한민국 정부가 사람을 기르고 훈련시키는 일에 투자를 한 것은 이때가 처음이었다. 그 돈으로 주요 분야의 외국 전문기술자를 초빙하고 탄광조사, 발전소 입지조사를 실시하는가 하면, 유능한 인재들의 미국 연수 유학 등을 본격적으로 시작할 수 있었다. 그때는 낭비적인 요소가 많았다고 비판도 많았지만 젊은 관료들이 3개월, 6개월, 1년씩 선진국을 경험한 것이 장차 정부 행정의 질을 높이는 데 큰 역할을 했다. 비행기를 타본다는 것이 큰 자랑이었던 시절에 미국 연수를 몇 달씩 간다는 것은 그야말로 하늘의 별 따기였다.

영어 잘하는 대통령

해방 이후 건국에 이르기까지 당시 기준으로 한국에서 누가 영어를 가장 잘했을까. 아마도 대통령 이승만과 그의 아내 프란체스카 여사였을 것이다. 이승만은 청년 시절 원래 배재학당에서 영어 선생을 했을 뿐 아니라, 33년이나 미국에 살았고, 저명한 대학에서 정치학 박사까지 했으니 원어민 못지않은 능통한 영어를 구사했다.

"대통령의 영어 실력이 뭐 그리 대수로운가. 필요하면 통역을 쓰면 되는 것인데"라고 말할 수도 있을 것이다. 그러나 이승만의 영어구사

능력이 출중했다는 것은 단순한 어학 능력의 문제가 아니었다. 한참 훗날인 IT 시대에 와서 노무현 대통령이 능숙한 인터넷 실력으로 정부 전체의 행정효율을 획기적으로 높인 것도 매우 특기할 만한 점인데, 이승만의 영어가 나라 운영 전반에 미친 영향은 그것에 비할 바가 아니었다. 그의 영어는 건국의 불안한 출발점에서 대한민국의 운명과 향로에 지대한 공을 세웠다.

미국 입장에서는 이승만의 영어에 어떻게 반응했을까. 그의 능통한 영어는 미국에게 때로는 편리함을, 때로는 불편함을 제공했다. 한국 대통령과 언어 소통이 잘못되는 일은 전혀 걱정할 필요가 없었고, 언제든지 직접 대화가 통역 없이 가능했다. 그러나 유창한 영어로 미국의 주장에 한마디도 물러서지 않으며 맞설 때는 여간 골칫거리가 아니었다. 최소한 영어가 짧아서 한국 대통령이 할 말을 못하는 일은 있을 수 없었다.

만약 이승만에게 거침없는 영어 소통 능력이 없었다면 미국에게 훨씬 고분고분했을 것이다. 그는 자신의 입장을 관철시키기 위해 미국 대통령에게 직접 편지를 썼고, 영향력을 발휘하는 요인들에게 수시로 전화 설득 작전을 폈다. 정부 차원의 영문협정이나 계약서 틀린 것을 대통령이 직접 고치는 경우도 있었다.

단순한 언어적 소통 문제가 아니었다. 해방 이후 미국과 소련의 이해관계가 복잡하게 뒤얽히고 자국 이익에 따라 한반도 정책을 좌지우지하고 있던 당시의 한반도 상황을 감안할 때 한국의 지도자가 과연 어떠한 국제적 감각과 안목, 인적 네트워크를 갖추고 있는가는 매우 중요했다. 정부가 비로소 수립되고, 북한과 대치해야 하고, 강대국들의 외교도 직접 감당해야 하는 상황이었으니 말이다. 대통령이 영어를 잘한다는 것은 단순히 외국어 구사 능력의 문제가 아니었다. 사고방식이나 교제와 관심의 범위가 그만큼 국제적이었음을 말해주는 것이다.

당시 영어는 로마로 통하는 길이었다. 영어를 잘해야 출세했다. 미군정 통치기간 중에는 더 말할 것도 없고, 건국 이후에도 정치·군사·경제 면에서 미국의 영향력이 여전히 막강했으므로 영어 잘하는 사람이 행세하고 요직을 차지하는 것은 당연한 일이었다. 이승만 스스로도 영어 잘하는 사람들을 요직에 등용했다. 미국의 원조물자를 관장하는 외자청장 자리에 한국은행 출신 백두진을 앉힌 것도 언어 소통에 문제가 없고 국제감각을 갖췄다는 판단에서였다.

한국은행 부총재에 이어 부흥부장관 겸 경제조정관에 발탁된 송인상이 이승만 대통령에게 각별한 신임을 받았던 것도 한국인 최초로 EDI(Economic Development Institute) 연수프로그램에 참여하면서 닦은 영어와 인적 네트워크가 큰 역할을 했다. 경제조정관이란 시도 때도 없이 미국 측 인사들과 만나고 전화로 소통해야 하는 자리였으니 영어 소통은 필수였다. 재무장관을 지냈던 최순주와 김현철 등도 그들의 미국 유학 시절에 이승만의 눈에 띈 덕분이었다.

이승만은 장관을 부를 때도 '미스터 아무개'라 했다. 그에게는 일단 영어를 잘해야 점수를 땄다. 꼭 능통한 영어는 아니라 해도 최소한 의사소통은 돼야 일을 할 수 있었다. 젊어서부터 중책을 맡았던 김정렴은 일본에서 공부해 유창한 영어는 아니었음에도 불구하고 통화개혁을 미국과 사전 협의했을 때 별 탈 없이 미국 당국자들을 설득할 수 있었다. 국제통화기금(IMF) 가입을 추진할 때 한국경제에 관해 없는 통계까지 만들어가며 국제기관 사람들을 설득하는 과정에서도 영어 소통은 기본이었다.

영어 잘하는 것이 대통령에게 잘 보이는 것이기도 했지만 정부나 사회 전반에 걸쳐 가장 중요한 스펙으로 통했다. 미국 유학을 갔다 온 사람은 금상첨화였다. 영어를 잘하는 것에 더해 선진국에서 배운 전문성까지 갖춘 것으로 평가받았기 때문이다. 하버드대학 비즈니스스쿨을 나온 이한빈, 서봉균 등이 일찍이 요직에 등용된 것이 대표적인 케이스다. 미국에서 공과대학을 갓 졸업한 전상근(전 국립과학관장)이 무턱대고 상공부장관을 찾아가서 하루아침에 시멘트공장 공장장이 될 수 있었던 것도 기술자로서의 능력도 우수했지만 영어 소통 능력이 결정적인 요인이었다. 어떤 분야든 영어깨나 해야 인재 대우를 받는 시대였다. 원조자금을 받아내는 일로부터 시작해서 원조받은 돈으로 예산을 짜거나, 공장을 지어 돌리는 일에 이르기까지, 모든 중요한 일에 미국과의 소통이 전제되어야 했던 시대인 만큼 영어 잘하는 사람은 그야말로 금값이었다.

그는
계몽군주가 되려 했다

이승만이 건국의 공로에도 불구하고 독재와 부정부패로 불행한 말로를 겪었음은 재론의 여지가 없다. 그는 원래 민주주의 타입의 리더가 아니었다. 몰락한 양반집 아들로 태어났으나 왕족의 후예(양영대군 16대손)라는 족보가 말해주듯이 자부심이나 선민의식이 강했던 인물이다. 서재필의 독립협회에서 일하다가 감옥살이도 했고 한때는 상해 임시정부의 대통령으로 추대되기도 했다. 33년간의 미국생활을 끝으로 해방 이후 한국 땅을 밟았을 때 나이가 70세(1875년생)였다. 우월감이 강해 상대가 틀린 말을 한다 싶으면 그냥 넘어가지 않았다.

고집이 세서 미국정부와도 번번이 충돌하는 바람에 미운털도 많이 박혔다. 걸핏하면 워싱턴 요인들에게 직접 전화로 따지고 편지로 항의했다. 국무회의 때도 장관들을 혼쭐내는 일이 다반사였다. 실제로 그는 유식했고 완고했다. 국무회의에서도 그는 무서운 대통령이었다.

당시 국무원 사무국장이었던 신두영(전 감사원장)이 기록한 국무회의 비망록을 통해서도 그러한 단면을 가늠할 수 있다.

보건사회부 장관: 각 도에 주택건축 물량을 할당하고 서울은 상가계획과 아파트계획 중 어느 것을 먼저 할지 생각 중입니다.

대통령: 아무리 말하여도 (내 말을) 못 알아듣고 생각도 다르다. 서울에 땅을 갖고 건축을 안 하는 것이 있으면 수용령을 내려 건물을 지어야 한다. 완공 후 이 건물을 처분하여 지주에게 토지대금을, 건축한 자에게는 공사비를 주면 될 것 아닌가. … 위생시설도 하여 변소의 악취를 없애야 문명한 국가가 될 수 있고 외국인들도 거주 여행할 수 있을 것이다.(대통령 특별지시로 여관 호텔 음식점의 변소를 6개월 안에 수세식으로 고치도록 했다.)

(1958년 4월 22일 제35회 국무회의)

장관: 땅 주인에게 건축을 권하는 데 시간이 걸리고 서울시의 자금차용이 곤란하며, 땅값을 비싸게 부를 때 해결이 힘들고 ….

대통령: (대노하며) 장관은 내 말을 듣지 못한 사람 같다. 즉 정부에 지도자가 없는 셈이다. 종래에도 이 자리에서 말할 때 딴생각을 가지고 듣고 문 밖에만 나가면 잊어버리고 딴짓들만 하여 몇 해를 지나온 것인데, 또 그런 짓을 하고 있다. 평시면 몰라도 국토가 이같이 상한 때 토지 소유자가 못하면 국가가 할 수 있게 법이 개발을 보장하고 또 토지문제는 내가 책임지고 해결하겠다고 했는데도 말을 못 알아듣고 또 그런 소리를 한다.

(1958년 6월 3일 제50회 국무회의)

이승만은 기본적으로 양당정치를 탐탁지 않게 여겼다. 원래 조선시대 파당정치에 매우 부정적이었던 그는 당쟁으로 흐르기 쉬운 양당정치보다는 훌륭한 지도자 중심의 일사불란한 통치구조를 지향했다. 자유당을 창당한 것도 대통령이 되고 한참 지난 1951년이었다. 자기 같은 유능한 지도자를 중심으로 중단 없이 국정을 끌어가야 한다고 믿었다. 한마디로 개화된 계몽군주가 되고자 했다. 미국생활이 몸에 배었으나 미국 같은 민주주의는 한국 수준에 맞지 않는다고 여겼던 것이다.

이 같은 독선은 시간이 흐르면서 자연히 장기집권을 정당화시키려 했고, 따라서 그로 인한 부작용 또한 필연이었다. 사실 당시의 정치 사회 경제적 상황으로는 누가 정권을 잡았어도 부패로부터 자유로울 수 없었을 것이다. 나라 전체가 워낙 가난했고, 무질서를 다스릴 행정력을 갖추질 못한데다가, 외국 원조물자의 배급 경제로 연명해나가는 형국이었으니 지금의 잣대로는 상상도 할 수 없는 부정부패가 사회 전체에 만연될 수밖에 없었다. 이 같은 여건에 장기집권을 위한 부정선거는 부패를 더 가중시켰다. 집권 12년 동안 연이어 벌어진 선거 때마다 막대한 정치자금이 정상적인 방법으로 조달되었을 리 만무했다.

원조를 통해 한국을 먹여 살리다시피 해온 미국정부로서도 이승만 정권의 부패에 대해 불만이 많았다. 서울의 미 대사관도 "막대한 원조 자금이나 물자가 이승만의 장기집권을 위한 정치자금으로 전용되고 있다"고 워싱턴에 보고했다. 미국정부는 매우 못마땅했으나 달리 대안을 찾지 못했다.

1952년 대통령 직선제가 처음 실시됐을 때 터졌던 중석달러 사건이 대표적 정치자금 사건이었다. 중석을 수출하고 번 470만 정부보유 달러를 공정환율 달러당 6,000환(암시세로는 1만 2,000환)으로 특정업자에게 불하했다. 불하받은 업자는 쌀, 밀가루, 비료 등을 수입해서 막대한 이익을 챙겨 대통령 선거를 치르는 자유당 정권에게 정치자금으로 갖다 바치도록 한 게 중석달러 사건이다. 환차익에다 수입물자로

얻는 폭리까지 얹어 200억 환이 넘는 폭리를 취했다는 것이다.(지동욱, 『대한민국 재벌』, 72쪽)

부정부패는 선거 때마다 거듭되고 확대되어갔다. 집권 이후 대통령 선거가 1952년, 1956년, 1960년에 있었고, 국회의원 선거가 1954년, 1958년에 있었으니 격년으로 선거를 치러야 했고, 이때마다 막대한 선거자금이 기업들로부터 염출돼야 했다. 정치자금의 생산처는 특혜나 이권이었으며, 대표적인 유형을 보면 환차익, 수입권, 은행융자, 세금 혜택, 건설공사 등을 꼽을 수 있었다.

정부가 정하는 공정환율이 시장 실세와 워낙 차이가 크니까 사업은 제쳐두고 가지고 있는 달러를 시장에 내다 팔기만 해도 한밑천 잡을 수 있었다. 물자가 부족하니 수입권한만 확보해도 노다지를 캐는 격이었다. 은행대출 받아 사채놀이를 해도 떼돈을 벌었고, 정부가 발주하는 건설공사 수주는 하늘의 별 따기였다. 특혜가 있는 곳에 이권이 있었고, 그 과정에 부정부패가 꼭 따랐다. 1991년 소련이 해체된 이후 중앙아시아 지역을 중심으로 시장경제 제도의 도입을 통해 개발독재를 시작한 나라들의 최근 상황이 1950, 1960년대의 한국 정치 경제 상황을 연상케 한다.

3부

경제민주화의 원조
'장면 시대'

경제 제일주의

기업이 정부의 파트너로

경제 제일주의

이승만 시대 경제를 어떻게 평가할 것인가? 잘했다고 칭찬할 사람은 없을 것이다. 자본주의의 기초를 닦았고, 농지개혁을 해냈고, 공산화를 막아낸 공로에 대해 아무리 역사적 평가를 높게 받는다 해도, 당시의 한국경제는 세계 꼴찌 그룹의 비참한 가난뱅이 국가였던 것이다. 북한보다도 훨씬 못살았다. 더구나 미국 무상원조가 1957년을 정점으로 급속히 줄면서 한국경제는 한층 깊은 어려움에 빠졌다. 1960년 4·19혁명의 직접 동기는 독재와 부정선거에 대한 저항이었으나, 악화 일로의 경제상황 또한 중요한 배경이었다. '못 살겠다. 갈아보자'는 야당의 선거 슬로건이 당시의 정치 경제를 단적으로 말해주는 것이었다.

학생 시위가 갈아치운 이승만 시대의 뒤를 이은 인물은 야당 지도자 장면이었다. 증오의 장기독재에 대한 반작용으로 대통령중심제는 내각책임제로 바뀌었고, 새 권력자 장면 총리는 집권 시작부터 경제우선주의를 최우선 정책으로 내걸었다. 독재청산도 중요하지만, 먹고사는 민생문제가 시급한 과제였기 때문이다. 오죽했으면 정부가 국민들의 협조를 호소할 때 단골로 하던 말이 '북한경제를 따라잡자'였을까.

비록 9개월에 불과했던 단명 정권이었으나, 장면 정권은 현대 한국 경제 발전사에 생략할 수 없는 중요한 징검다리 시대였다. 이승만 시대에서 박정희 시대로 넘어가는 길목에서 몇 가지 중요한 일들이 장면 정권 시대에 벌어졌던 것이다. 장면 시대의 경제환경과 경제정책을 정확히 짚어내지 않고서는 다음 정권 박정희의 경제정책을 제대로 이해할 수 없다고 해도 과언이 아니다. '경제민주화'라는 말은 장면 정권 때 처음 나왔다는 것도 기억해둬야 한다. 경제정책도 이승만 시대처럼 대통령의 지시에 의존하는 권위주의적 의사결정이 아니라, 서로 상의해서 민주적 논의 절차를 통해 결정해나가자는 것이었다.

시대 환경도 그랬지만, 장면이라는 리더 또한 권위주의하고는 거리가 먼 민주형 정치인이었다. 이승만 정권에서는 상상도 할 수 없던 토론식 회의가 자주 열렸다. 대표적인 것이 종합경제회의라는 것이었다. 1960년 12월 15일부터 5일간 계속된 종합경제회의에는 윤보선 대통령, 장면 국무총리를 비롯한 정부고위인사, 학계 경제계 언론계 인사 등 200여 명이 참여했다. 초대형 공청회였다. 다양한 사람들이 모였고, 회의 내용도 민주적이었다. 장면 국무총리는 기조연설에서 어려운 경제의 절박성을 호소했다.

"우리는 4월 혁명을 통해 오랫동안 잃었던 자유와 민주주의를 찾았습니다. … 그러나 4월 혁명의 진정한 과업은 민생안정을 바탕으로 한 줄기찬 경제발전 없이는 그 실효를 거둘 수 없습니다. 그래서 신정부는 경제 제일주의를 표방하고 나섰습니다. … 신정부 수립 후 4개월 동안 해온 일이 국민의 기대에 미치지 못하고 있음을 자성합니다. 새해부터는 국토건설 사업 등으로 실업과 민생문제에 적극 대응해나가겠습니다."

장면 총리에 이어 재무장관 김영선은 뜻밖에도 북한과의 격차를 고백하면서 국민의 심기일전을 요청했다.

"대한민국이 이북보다 경제발전에 있어서 3~5년 뒤지고 있습니다. … 발전시설, 제강시설, 비료, 시멘트 등 기간산업의 기존 시설에 있어 9 대 1의 비참한 현실에 있습니다. 이북과의 경제전쟁에 이같이 뒤떨어진 현실을 어떻게 극복할 것인지가 문제입니다. … 무엇보다 땀과 피, 희생과 인내, 또한 상당한 시간이 필요합니다. 허리띠를 졸라매고 외국 원조와 도입된 외자를 효율적으로 이용하면 … 우리도 독립국가로서 경제적인 모든 체제를 거의 갖추게 되고 북한 괴뢰집단의 경제성장에 따라갈 수 있는 것입니다. 더 나아가서는 북한을 능가할 수 있으리라 보고 있습니다. …"

(김입삼, 『초근목피에서 선진국으로의 증언』)

북한의 경제적 우위는 어제오늘 일이 아니었다. 자원이 풍부하고, 동력(전기)이 충분하고, 일제강점기 시대부터 공업화 인력과 공장이 많았던 까닭에 북한경제가 남한경제를 앞서고 있는 것이 별로 이상할 게 없었다. 오히려 6·25전쟁 중에 비행기 폭격으로 산업 피해를 상대적으로 더 많이 입은 쪽은 북한이었다. 그럼에도 불구하고 당시의 북한 경제발전 속도는 남한은 물론이고 중국에도 훨씬 앞서고 있었다. 이런 맥락에서 민주당 정권의 경제총수라 할 수 있는 재무장관이 북한과의 경제전쟁에서 현저한 열세에 처해 있음을 절박하게 거론했던 것이다.

사회 분위기로는 4·19혁명의 흥분 속에서 경제재건 정책이 국민적 이슈가 될 수 없었다. 이승만의 부패 독재정권을 도왔던 기업인들에

1961년 경제심의회에서 연설하는 장면 총리.

대한 처벌 문제가 더 관심 있는 현안이었다. 국회에서 만들어진 부정축재 처리법안에 따르면 처벌 대상이 5만 명을 넘었다. 그러나 재계 대표들의 설득과 로비로 3·15부정선거와 직접 관련된 부분으로 처벌 대상을 줄였다. 우여곡절 끝에 50여 개 회사에 대해 200억 환의 추징금을 부과하는 선에서 매듭지었다. 용두사미라는 비난이 쏟아졌으나 재계의 협조 없이는 경제회복이 불가능하다는 현실 인식이 정부-재계의 타협을 만들어낸 것이다. 이병철의 회고록이 당시 현실을 설명해준다.

> "김영선 재무장관은 임명장을 받은 그날 저녁 나의 집으로 돌연 찾아왔다. 그는 내가 비료공장을 짓기 위해 서독과 이탈리아에서 들여오는 5천만 달러 차관 교섭을 바로 얼마 전에 성사시킨 것을 알고 있었다. 그는 비료공장 건설이 국가적 차원에서 중대한 사업이니 반드시 완성시켜야 한다고 했다. 나는 현재 부정축재자의 낙인이 찍힌 몸이라 그럴 재력도 기력도 없다고 말했다. 김 장관은 '부정축재 문제는 재무장관이 자리를 걸고 3개월 안에 기필코 해결할 테니 …'"

사실 손바닥만 한 경제에서 주요 기업과 기업인들을 무더기로 형사처벌한다는 것은 매우 어려운 일이었다. 더구나 1950년대 말부터 비로소 물꼬를 트기 시작한 수출을 본격적으로 키워나가야 하는 판인데, 이들의 협조 없이는 아무것도 할 수 없었다. 장면 정부의 부정축재자 처벌은 솜방망이였고, 오히려 재계의 협조를 적극적으로 희망했다. 재계의 지위가 이처럼 격상된 적이 없었다. 준엄한 형사처벌을 받도록 되어 있었던 재계 인사들이 하루아침에 정부의 중요한 정책운영 파트너 자리로 올라선 것이다.

기업이
정부의 파트너로

대통령중심제가 내각책임제로 바뀌고, 따라서 국정운영 시스템이 달라지면서 정부의 독주 독선은 완전히 없어졌다. 주요 경제정책을 결정하기 위해 총리를 비롯한 장관들과 국회 실력자, 그리고 기업인 대표가 마주 앉아 국사를 논하고 정책을 상의한다는 것은 건국 이래 처음 있는 일이었다. 이래저래 세상 변화를 실감케 했다. 경제민주화로 치면 장면 정권이 원조였던 셈이다. 이런 가운데 경제 제일주의가 등장했다.

1961년 3월 24일 오후 7시. 서울 반도호텔 장면 총리 집무실에서 최초의 정부-재계 연석회의가 열렸다. 정부 측에서는 장면 총리를 비롯해 김영선 재무장관, 주요한 부흥부장관 겸 상공부장관, 그리고 이태용 민주당 정책위의장, 김용주 참의원 원내총무가 참석했고, 재계에서는 김연수 한국경제협의회 회장(삼양사 회장)과 이한원 부회장(대한제분 사장) 등이 참석했다. 경제난을 극복하기 위한 정부 재계 합동의 긴급 비상대책회의였던 셈이다.

"민주당 정부는 경제 제일주의를 표방합니다. 정치 사회 혼란을 잠재우기 위해서는 무엇보다 경제가 잘돼야 합니다. 잠재 실업률을 포함하면 지금의 실업률은 15%가 넘습니다. 구직자들에게 일자리를 주고 이북을 앞지르기 위해서라도 경제 제일주의를 반드시 실현시켜야 합니다. 실업인의 적극적인 지원을 바랍니다."(장면 총리)

"춘궁기를 맞아 절량농가가 크게 늘고 실업률이 급등하는 것을 막기 위해 기업들이 우선 구호양곡을 긴급 지원하겠습니다. 또 예산 염출이 어려운 시국안정 자금도 거출할 용의가 있습니다. 아무쪼록 총리께서는 정치와 사회 안정에 총력을 기울여주시기 바랍니다."(김연수 회장)

장면 총리가 솔직하게 재계의 적극적인 협조를 당부하자, 이에 재계 대표는 필요한 물자와 정치자금을 지원하겠다고 화답한 것이다. 부족한 구호물자를 기업들이 자기들 돈으로 감당해주고, 시국안정 자금이라는 이름으로 정치자금까지 지원해주겠다고 하니 정부 여당으로서는 더할 수 없는 반응을 재계로부터 얻어낸 셈이었다. 저녁 7시부터 마주한 이들은 밤 11시가 넘어서야 일어났다. 회의 내용이 어떠했는지는 둘째치고, 국가 최고권력자가 주요 장관들을 배석시키고 재계대표들과 대등한 입장에서 장시간 회의를 했다는 것 자체가 당시로서는 큰 뉴스였다.

세상에 공짜가 어디 있겠는가. '성의 표시'에 대한 대가로 재계는 부정축재 처리 대상을 크게 줄일 수 있었고, 정책에도 영향력을 키울 수 있었다. 그러나 정부로서는 유착의 차원을 넘어서 실제로 재계의 도움이 필요했다. 마침 재무부장관 김영선이나 상공부장관 주요한 등이 평소 재계 인사들과 두터운 교분을 쌓고 있었다. 집권 이후 새 정책을 세울 때 재계의 아이디어나 조언을 적극적으로 활용했다. 예컨대 수출하는 기업에 수입권을 부여하는 수입링크제는 김영선 장관이 정책화한 것인데, 그 아이디어는 원래 전택보 천우사 사장과 박흥식 화신 사장한테서 나온 것이었다. 보세가공이라는 용어 자체를 아무도 몰랐을 때, 이 말을 처음 한국에 소개한 것도 전택보 사장이었고, 태백산 종합개발 계획이라는 석탄개발 계획도 강원산업 정인욱 사장 개인의 구상이었다.

외자가 필요해도 관료들은 어디 가서 누굴 만나야 하는지 잘 알지 못했다. 삼성, 동양시멘트 등 기업들이 필요한 투자자금을 마련하기 위해 외국 은행이나 기업들을 직접 접촉하기 시작한 것부터가 이승만 정권 말기인 1959년 안팎이었다. 따라서 정부 차원에서 외국 가서 돈 빌려 오는 일이 매우 중요했다. 김영선 재무장관이 취임 후 바로 미국에 간 것도 발전소 건설을 위한 차관 도입 때문이었다.

그러나 장면은 자신의 정책을 펼칠 겨를도 없이 시간과의 싸움에서 졌다. 불과 9개월 만에 무너졌으니 말이다. 박정희 시대에서 시작됐던 제1차 5개년계획도 장면 시대에서 그 오리지널이 만들어졌었다. 이승만 시대의 산업개발위원회가 시작했던 것을 민주당 정권에 들어와서 서둘러 완성시켜 인쇄 넘긴 상태에서 군사혁명을 만났던 것이다. 결국 부흥부 등사실의 휴지통에 폐기되었던 것이 박정희 시대가 열리면서 손질을 거쳐 부활한 것이다.

경제정책에 대한 열성이나 노력으로 따지자면 장면은 이승만, 박정희 등 어떤 정권에도 뒤지지 않았다. 경제난 타개를 위한 갖가지 공청회 토론회를 주재했고, 미국의 경제원조 증액 요청에도 직접 나섰다. 그야말로 절차상의 민주화 노력에 충실했다. 이때는 경제민주화라는 말이 굳이 필요 없었다. 그러나 거듭되는 혼란 속에 되는 일이 없었다. 경제개발 5개년계획 수립도 시작은 잘했으나 실천력이 받쳐주지 못했다. 집권 9개월 동안 아무 결실을 맺지 못한 무기력한 정권이었다.

그럼에도 불구하고 이승만 시대에서 박정희 시대로 넘어가는 과도기 또는 징검다리로서의 역할을 지나칠 수는 없다. 특히 장면 정권

제1차 경제5개년 계획서.

이 기업과 대등한 관계로 손을 잡았다는 점에 유의할 필요가 있다. 시기적으로 국내기업들이 빠른 속도로 커나갈 때였을 뿐 아니라, 이들의 영향력이 정부 정책에까지 깊이 파고들기 시작한 것은 뒤이은 박정희 시대가 수출 중심 공업화 정책을 기본방향으로 삼는 데 결정적인 계기가 됐다.

돌이켜보면 농지개혁과 6·25전쟁으로 지주계급의 몰락뿐 아니라, 토지자본의 산업자본화라는 정책목표도 완전히 실패했던 상황 속에서 기업의 이 같은 부상은 대단히 중요한 일이었다. 더욱이 사농공상(士農工商)의 오랜 유교 전통에도 불구하고 맨 꼴찌 계급인 장사꾼이 정부의 정책 파트너로까지 대우받고 올라섰다는 것은 의외였다. 이러한 정부와 기업의 파트너 관계가 군인들이 정권을 잡은 후에 더 깊숙하게 발전되어갔던 것은 신기한 일이기도 했다.

4부

한국의 산업혁명
'박정희 시대'

1장 '잘살아보세'

쿠데타로 집권,
경제혁명을 일으키다

한국경제에서 박정희는 누구인가. 박정희와 한국경제를 논하는 것은 매우 조심스럽고 어렵다. 그만큼 그의 존재감이 워낙 크기 때문이다. 박정희 시대를 다른 대통령과 단순 비교하는 것 자체가 무리다. 집권 기간(18년)도 훨씬 길고, 수많은 일들이 일어났다. 경제뿐만 아니라 한국사회 근대화의 기본 인프라가 그의 손에 의해 깔렸다고 할 수 있을 것이다.

박정희 개인은 어떤 사람이었는가. 그의 개인적 과거는 결코 내놓을 만한 게 못 된다는 지적도 일부 있다. 살아온 경력을 봐도 오히려 흠이 적지 않았다. 식민지 시대에 일본군 장교였으며, 사상적으로는 현역 군 장교 시절 남로당 비밀 당원임이 적발되어 사형선고까지 받았었다. 그런 그가 쿠데타로 정권을 잡아 18년 장기집권을 통해 한국경제의 기반을 구축한 주역으로 평가될 줄 누가 알았겠는가. 아무튼 박정희는 장기집권과 탄압정치에 대한 비난에도 불구하고 경제업적에 관해서는 어떤 평가나 여론조사에서도 역대 대통령 중에 단연 1위를 차지하고 있다.

그는 어떤 배경 속에 그런 평판을 얻게 됐을까. 1960~1970년대 '잘살아보자'는 거국적 소망을 끝내 구현해낸 박정희의 경제철학은 무엇인가. 누구한테 영향을 받았는가. 리더십의 비결은 무엇인가. 박정희 개인에 대해서도 궁금한 점들이 많다. 역설이지만 분명한 것은 박정희가 경제 관련 전문지식이나 경험 없이 정권을 잡았다는 점이다. 경제 지식은 70대 중반의 노인 대통령 이승만보다도 못했다고 할 수 있다. 비록 경제개발에 대한 정치적 집념은 대단했다 해도 경제에 대한 전문적 안목이나 식견이 높았던 인물은 결코 아니었다.

그가 경제정책에 구체적으로 관심을 갖게 된 것은 정권을 잡은 이후부터였다. 혁명에 성공하기 전의 육군 소장 박정희는 경제성장이라는 단어보다는 부정부패 척결 문제에 관심이 더 많았다. 다만 장면 정권 때부터 대두되기 시작했던 북한과의 경제력 차이를 심각하게 걱정했다. 전투력뿐 아니라 경제수준도 크게 뒤진다는 사실에 대해 군에서도 우려의 목소리가 높았다. 어떻든 군인이 쿠데타로 집권했으니 정치적 정통성 차원에서라도 경제 살리는 데 전력투구할 수밖에 없었다. 쿠데타 직후 정부의 모든 장관들을 군인으로 바꿔치웠으나, 재무장관은 예외적으로 1개월 만에 군인을 빼고 민간인 전문가로 교체했다.

혁명군들도 경제는 전문가 손에 맡겨야겠다고 생각한 것이다. 경제 문외한이었던 박정희는 그러나 하루가 다르게 달라져 갔다. 각 분야의 전문가들을 찾아서 믿고 맡겼고, 모르는 것은 물어가며 열심히 배웠다. 감옥살이에 직면한 재벌 총수들에게조차 머리를 숙이고 조언을 구하며 경제 선생으로 삼았다.

박정희가 처음부터 수출 지상주의나 불균형 성장정책에 관심을 쏟았던 것은 물론 아니다. 집권 초기에 솔깃했던 것은 오히려 자립경제, 균형성장 쪽이었다. 그러나 국가경영을 1~2년 경험해가면서 겪은 시행착오가 학습효과를 발휘했다. 미국의 협조, 특히 외국자본 없이는 아무것도 할 수 없음을 실감했다. 기업과 시장이 어떤 존재인지를 깨닫게 됐고, 지속성장을 위해서는 국가가 무슨 사업을 어떻게 추진해야 하는지도 알게 됐다.

특히 박정희는 후진국이 경제개발정책을 추진하는 데 있어 대통령이 할 일이 무엇인지를 터득했고, 그것은 그의 사후에도 상당기간 한국경제를 끌어가는 공인된 패러다임으로 간주되었다. 그러나 박정희의 치적에 대한 평가가 긍정적으로 자리매김한 것은 그리 오래되지 않는다. 집권 말기의 심각한 위기상황은 오히려 박정희 패러다임의 비참한 말로처럼 여겨졌던 때도 있었다. 집권 기간 동안 한국경제를 획기적으로 발전시켰다고는 하나, 그가 암살당했던 1979년의 1인당 국민소득은 1,700달러 수준에 불과했다. 더구나 극심한 불황과 인플레이션으로 한국경제 자체에 심각한 위기론이 제기되는 상황이었으며, 박정희 자신도 막판에는 한국경제의 미래에 현저히 자신감을 잃어가고 있었다.

전두환 정권에 와서도 박정희 시대의 경제정책에 대한 평가는 결코 곱지 않았다. 잘한 점도 있지만 잘못한 점도 많았다는 식이었다. 전임 정권이 벌여놓은 중화학공업 과잉투자의 부실화 문제와 만성적인 인플레이션 문제를 감당하느라 겨를이 없었다. 그러나 후임 정권의 안

1960년대 경상남도 도청 앞에 내걸린 '꼭 잘살아야겠다' 구호. 박정희 시대의 시대정신을 보여준다.

정화 정책이 성공하고, 1980년 중반에 찾아온 소위 3저 호황을 잘 활용하면서 박정희 시대에 대한 재발견 움직임이 일기 시작했다. 전두환 정권에서 이룩된 도약의 발판이 박정희 시대에 만들어졌음을 새삼 깨닫게 된 것이다.

　장기집권하의 독재정치에 대한 비난을 뒤로하고, 거꾸로 박정희 시대에 대한 평가가 긍정적으로 바뀌는 현상은 그가 뿌린 경제개발의 씨앗들이 시간을 두고 진통 끝에 결실로 나타나면서부터 비로소 시작된 일이다. 또 한 차례 박정희 업적에 후한 평가를 보태기 시작한 계기는 1997년 국가부도 위기를 맞으면서였다. 3저 호황이 가져다준 긍정적인 평가는 경제가 잘된 이유를 거슬러 올라가다 보니까 박정희의 공적이 기반이 되었더라는 식이었던 반면, 이번에는 국가부도 위기가 초래된 중대한 원인이 박정희 같은 강력한 리더십이 없었기 때문이라는 쪽으로 여론이 돌아섰던 까닭이다. 민주화 바람 이후 10년 동안의 한국경제의 방황이 리더십 부재에 기인한 바가 컸다고 느꼈던 것이다.

　평생 박정희 경제를 비판해온 김대중의 생각이 어떻게 변화해왔는지를 관찰하는 것도 박정희 경제를 이해하는 데 도움이 된다. 그는 1970년대 초부터 박정희의 수출주도 경제를 격렬하게 공격해왔으나 시간이 지나면서 상당 부분 박정희의 공적을 인정하는 쪽으로 바뀌었기 때문이다. 그의 저서 『대중경제론』에서는 박정희에 대해 "하면 된다는 자신감을 국민들에게 심어준 강력한 리더십을 발휘했다"고 높이 평가했던 것이다.

　박정희 시대 18년은 변화에 변화를 거듭했다. 경제정책의 큰 갈래는 1972년 유신을 기준으로 나눠진다고 볼 수 있다. 전반기에는 군사정부 2년 반 동안의 갖가지 시행착오와 학습을 거쳐 박정희식 경제개발 모델에 확신을 갖게 되면서 수출과 공업화 전략 등의 경제정책들을 대통령이 직접 나서서 지휘 감독했던 시기였으며, 이어서 유신이라는 특수한 정치환경 속에 추진되었던 중화학공업 육성 과정과 부가가치세 도입, 그리고 안정화 정책선회의 진통 등을 중심으로 후반기를 정리할 수 있을 것이다.

박정희에 대한 정치적 평가는 접어놓고, 경제적 측면에서는 그를 제외하고 지금의 한국경제를 논할 수 없을 정도로 절대적인 역할을 해낸 인물이었음을 부인할 수 없다. 그의 업적을 산업화라는 한마디로 담아내기는 부적절하다. 공장만 지은 것이 아니라, 다수확 품종을 개발해서 쌀의 자급을 이룩했고, KAIST를 만들어 오늘날의 기술입국에 초석을 마련했다. 국세청을 만들어 세금 걷는 제도를 만들었고, 복지정책으로는 의료보험제도를 처음 시작했다.

박정희가 무엇을 했는가도 중요하지만 어떻게 했는가 또한 주목거리다. 그는 모든 일을 빠르게 해나갔다. 쿠데타로 집권한 혁명군 사령관답게 속도전으로 밀어붙였다. 판단과 집행이 빨랐고, 수많은 비판과 반대, 부작용에도 아랑곳하지 않고 혁명적으로 부수고 바꿔나갔다. 과거의 것들을 들어내고 새로운 시스템과 인프라를 구축해나갔다. 초기의 박정희는 공장 건설에 몰두한 프로젝트 매니저 같았다. 외국차관을 들여다가 시멘트공장, 비료공장, 정유공장, 제철공장을 어떻게 서둘러 지을 것인가에 전력투구했다. 기업 총수를 수시로 불러서 담판을 지었고, 말단 공무원이라도 아이디어만 좋으면 직접 상대했다. 공장을 지어야 먹을 것이 생기고 일자리가 늘어난다고 믿었다. 경제개발 이외에는 관심이 없었다. 필요한 공장만 계획대로 지을 수 있다면 웬만한 허물은 괘념치 않았다.

그러나 자신의 판단에 반대를 허용치 않았고, 따라서 반대를 물리치는 독단적 정책결정 과정은 많은 논란을 불렀다. 반대를 무릅쓰고 추진한 포항제철이나 경부고속도로 건설처럼 박정희의 용기와 결단에 찬사를 보낼 수밖에 없었던가 하면, 또 다른 한편에서는 정치적 탄압으로 반대세력을 억압했던 부정적인 측면 역시 엄연한 사실이었기 때문이다.

군인들의 시행착오

박정희도 처음부터 잘한 게 아니었다. 무수한 시행착오를 겪어야 했다. 쿠데타로 집권한 군사정부는 입법 사법 행정의 모든 권한을 몰아쥔 국가재건최고회의를 정점으로 모든 개혁작업을 총망라해서 신속히 밀어붙였다. 과감한 결단과 실행력으로 민심을 얻는 것이 급선무라고 판단했다. 민주화 혼란 속에 아무것도 못한 무기력한 장면 정부와는 다르다는 점을 보여주고자 했다. 무인(武人)정치가 시작된 것이다.

혁명공약에 적혀 있듯이 절망과 기아선상에서 허덕이는 민생고를 시급히 해결하겠다는 개혁 의지는 충천했다. 그러나 집권 초기에 실시한 크고 중요한 정책은 졸속이거나 실패한 것들이 적지 않았다. 통화개혁을 비롯해 이불(伊佛)어업차관 도입, 인천제철소 투자, 그리고 제1차 5개년계획의 졸속 추진에 이르기까지 쓰라린 시행착오들이 숱했다.

사실 군인들이 목숨 걸고 군사혁명을 일으키는 과정에서 경제정책까지 사전에 치밀하게 준비했을 리 없다. 쿠데타에 성공하자 군인들은 민주당 정부가 이미 만들었거나 만들고 있었던 정책자료들을 닥치는 대로 끌어모았다. 정책방향을 논의하는 자리에서도 혁명군들은 권총을 차고 회의를 주재했다. 정권을 잡은 '혁명군'의 서슬이 퍼랬다. 중요한 자리는 군인들이 다 차지했다. 제1차 경제개발 5개년계획을 최종 확정하는 책임자 또한 해병대 소장(김동하 국가재건최고회의 재경위원장)이었다. 그러나 문제는 경제 쪽이었다. 최고회의 법사위원장을 맡앉던 이석제의 회고가 당시 분위기를 짐작하게 한다.

> "혁명 전에 우리는 민주당 정부가 구상했다는 경제개발계획 문건을 구해보려고 무척 노력했으나 실패했다. 우리 혁명주체들의 가장 큰 약점은 경제를 모른다는 점이었다. 막상 혁명을 성공시키고 나니 초조했다."
>
> (조갑제, 『한강의 새벽』, 547쪽)

초기 실패의 상징적 케이스는 통화개혁이었다. 그야말로 사람, 계획, 의도, 실천방법 등 모두가 잘못됐었다. 이것의 추진과정을 살펴보면 집권 초기 박정희와 그 주변의 경제정책에 대한 생각이 어떠했는지를 짐작할 수 있다. 박정희 군사정부는 기본적으로 통화개혁에 대한 기본 이해가 없었다. 그것이 얼마나 충격적인 정책이라는 것을 몰랐다. 혁명정부로서는 서둘러 국민들에게 제시한 제1차 경제개발 5개년계획을 성공적으로 추진하기 위해서는 돈이 필요했고, 그 돈을 마련하기 위한 재원조달 차원에서 통화개혁이라는 극단적인 정책을 충분한 논의 없이 덜컥 결정했던 것이다.

결국 혁명정부가 독자적으로 취한 첫 번째 대작이었던 통화개혁은 무참하게 실패했다. 군사정권이 끝나고 민정 이양으로 가는 시점인 1963년 말 『경향신문』은 특집 기사를 통해 통화개혁에 대한 회고를 다음과 같이 실었다.

> "1962년 6월 9일, 매사에 용감무쌍한 군사정부는 마침내 통화개혁을 단행하고 말았다. … 이 거창한 정책은 불과 한 달이 못 돼서 완전무결하게 실패하고 말았다. 아마 군사정부가 저지른 정책 중에 이보다 더 큰 해독을 끼친 정책이 없으리라. … 불경기다 하면 돈을 멋대로 찍어대고 인플레이션이다 하면 통화개혁이나 하면 되는 줄 안다면 도대체 그따위 정책을 누

가 못할 것이며 경제정책이 그보다 쉬운 게 어디 있겠는가."

　언론자유가 상당히 통제되던 때였음을 감안하면, 매우 거침없는 혹평이었다. 통화개혁의 시도가 너무도 무모했으며, 그에 따른 부작용이 워낙 심각했으므로 위축됐던 언론도 이처럼 심한 비난을 쏟아부은 것이다. 통화개혁을 둘러싼 일들을 좀 더 자세히 들여다보면 당시 군사정권의 경제에 대한 안목이나 생각이 어떤 수준이었는지를 짐작할 수 있다.

　혁명 초기의 경제정책을 실제로 주도한 인물은 박정희가 아니라 유원식 대령이었다. 통화개혁도 그의 작품이었다. 유원식은 자신의 회고록을 통해 "5·16 후 육군본부에서 3일을 지내고 베이스캠프를 국회의사당으로 옮긴 1961년 5월 20일, 박정희 장군에게 모든 권력과 지위와 명예는 박정희 장군이 차지하시고 경제는 내게 맡겨주십시오"라고 말했다고 적고 있다. 그의 요청대로 집권 초기 얼마 동안 박정희는 유원식에게 경제 쪽을 거의 맡기다시피 했다. 유원식은 김입삼(전경련 부회장)에게 쿠데타 다음 날인 5월 17일 한국은행을 접수했던 장면을 자랑스레 말했다.

　"한국은행에서 브리핑을 받을 때 우리 외환보유고가 2억 7,000만 달러가 넘는다는 사실을 알고 놀랐습니다. 은행 지하실 두 칸에 꽉 찬 눈부신 금괴를 보고는 눈이 뒤집힐 지경이었어요. 자유당과 민주당이 분탕질해 나라를 거덜 낸 줄 알았는데 … 상상을 넘는 부(富)였지 뭡니까. 외화가 근 3억 달러나 되는데 도대체 어디다 써야 하나 걱정할 정도였어요. … 그런데 채 1년도 안 돼서 외환보유액이 9,000만 달러로 떨어졌다는 보고가 올라옵디다. 자세히 보고를 들어보니 큰일이 났더라고요. 국내부담금, 만기 상환금 등 확정부채를 빼고 나면 쓸 수 있는 외화가 전혀 없다지 뭡니까.

자세히 조사를 시켜봤더니 새나라 자동차 등 나중에 4대 의혹사건으로 불거진 프로젝트와 관련해서 힘 있는 군인들이 달려들어 물 쓰듯 다 써버렸다는 것이었소. …"

(김입삼, 『초근목피에서 선진국으로의 증언』, 143쪽)

이 같은 생각을 했던 유원식이 혼자서 모든 것을 틀어쥐고 극비리에 통화개혁을 추진했으니 결과는 뻔한 노릇이었다. 기본적으로 그가 추진했던 통화개혁의 목적은 인플레이션을 잡기 위한 것이 아니었다. 정부 주도의 강력한 경제개발계획을 추진하려면 막대한 돈이 필요한데, 통화개혁을 통해 시중에 돌고 있는 화교 자금과 그 밖의 검은 돈을 끌어들이면 여기에 필요한 자금을 충당할 수 있다고 판단했던 것이다. 유원식은 전체 통화량의 3분의 1을 화교들이 지니고 있고 그 규모가 1,000억 환에 이를 것이라고 박정희 의장에게 보고했었다. 군인 몇 사람끼리 합의하고 박희범 서울대 교수가 비밀리에 참여했다.

박정희는 자기 의견이 없었다. 원조나 차관 얻기가 얼마나 힘든지를 실감하고 있는 판이었으므로 통화개혁을 통해 산업자금을 마련할 수 있다면 그보다 좋은 일은 없었다. 1953년의 첫 통화개혁에서 이승만이 사유재산권 침해를 이유로 재산동결을 반대했던 것과는 전혀 딴판이었다. 뒤늦게 실무작업에 불려온 김정렴 등 한국은행 실무팀은 산업자금 조달을 위해서라면 통화개혁을 할 것이 아니라 전통적인 재정금융수단 동원이 바람직하다며 반대 입장을 분명히 밝혔으나 혁명정부는 아랑곳하지 않았다. 최소한 미국과의 사전협의는 꼭 거쳐야 한다고 강조했지만 유원식은 이마저 무시했다.

1962년 6월 9일, 혁명정부는 드디어 통화개혁 조치를 확정 공포했고, 미국은 한국정부에 크게 화를 냈다. 혁명주체들이 일머리를 몰라도 너무 몰랐던 것이다. 미국 원조에 의존하고 있는 나라 형편에서는 주요 경제정책을 결정할 때 미국의 협조 없이는 아무것도 할 수 없다는 점을 군사정부는 알지 못했다. 쿠데타 정권이 가뜩이나 미운털이 박혀 있는 참에 통화개혁 같은 비상조치를 자기네와 한마디 사전협의 없이 밀어붙였으니 미국으로선 그냥 넘어갈 리가 없었다.

미국은 식량원조로 부산과 인천항에 이미 들어온 잉여농산물의 하역을 거부했다. 통화개혁을 즉각 철회하지 않으면 식량원조를 중단하겠다고 으름장을 놓은 것이다. 결국 엄청난 부작용만 초래한 채, 한 달여를 버티다가 동결예금을 해제하는 등 통화개혁의 전면 백지화를 선언했다. 백지화를 결심할 당시 "박정희 의장이 눈물을 글썽거리는 것을 보았다"고 김정렴은 증언하고 있다.

쿠데타로 정권을 잡는 것은 미국의 사전양해 없이도 성공시킬 수 있었으나, 통화개혁이라는 경제정책은 사전양해 없이 했다가 실패의 쓴맛을 보고 큰 망신을 당해야 했던 것이다. 이들은 미국 몰래 통화개혁을 추진하느라 새 화폐의 인쇄도 미국이 아닌 영국에서 했으며, 서둘러 돈을 찍느라 조폐공사를 '조페공사'로 잘못 인쇄하는 어처구니없는 실수를 저지르기도 했다.

박정희의 경제관은 이때만 해도 어설프기 짝이 없었다. 시장경제의 본질이라든가, 경제개발에 대한 방법론도 제대로 정리된 것이 없었다. 오히려 박희범 교수가 주장하는 자주적 공업전략 등을 귀담아들었고, 민족이나 자립, 균형발전 같은 단어에 더 솔깃해 있었다. 어떻든 박정희가 마음먹고 내놓은 첫 작품인 통화개혁은 이처럼 어처구니없는 실패작으로 끝나고 말았다. 비록 그가 직접 구상하고 지휘하지 않았다 해도 실정 모르는 소영웅주의자 유원식에게 전적으로 일임하고 추진시켰다는 것 자체가 자신의 책임이었다. 박정희는 경제가 군사작전 하듯 하는 것이 아니라는 점을 비싼 대가를 치르면서 배웠다.(유원식은 자신을 경질한 박정희에 대해 후일 회고록에서 혁명의지를 포기한 배

신자라고 비난했다.)

혁명군은 과거 정부, 과거의 정치인들과는 다르다는 점을 보여주기 위해 모든 것을 서둘렀다. 장면 정권에서 국회 시비로 차일피일 미뤄 왔던 경제기획원의 신설을 혁명한 지 단 2개월 만에 해치웠다. 서둘렀으나 서툴기도 했다. 초기 3년 동안 장관이 7명이나 바뀐 것이 당시 상황을 말해준다. 초대 김유택의 9개월을 시작으로 내각수반 송요찬이 겸직한 3개월, 김현철 22일, 다시 김유택 8개월, 유창순 2개월, 원용석 8개월, 세 번째로 다시 돌아온 김유택이 5개월. 정상적인 행정을 기대할 수 없는 시행착오의 연속이었다. 물론 이 같은 일의 최종 결재권자는 박정희였다.

막강했지만 무지했던 최고회의가 빚어낸 터무니없는 해프닝도 있었다. 차관 얻기가 한참 어려웠던 1962년, 최고회의는 이탈리아와 프랑스 수산회사로부터 1억 2,000만 달러 차관 공여 제안을 받고서 내용도 제대로 검토하지 않고 이게 웬 떡이냐면서 덜컥 차관협정에 서명을 해버렸다. 중고 배 수백 척을 한국에 팔기 위한 말도 안 되는 차관 제공 제의였다. 최고회의로부터 차관도입 지시를 받은 경제기획원 관료들은 장관 이하 목을 걸고 반대했다. 막무가내인 군인들을 설득시켜 천신만고 끝에 3,500만 달러 수준으로 깎았는데, 그나마 사업도 실패로 돌아갔다.

군사정권이 마지막으로 겪었던 시련은 정권을 민간에게 넘기고 군에 복귀하겠다는 미국과의 약속을 어기고, 박정희가 1963년 10월 대통령선거에 출마하겠다고 발표한 것 때문이었다. 그동안 속아왔다고 여긴 미국은 1963년에 예정되어 있던 농산물 원조를 중단해버렸다. 미국이 정치적 약속을 어긴 박정희에게 일종의 경제제재 조치를 취한 것이다.

그해 여름 심각한 흉년으로 곡물 값이 폭등하는 판에 선거까지 앞둔 군사정권은 여간 낭패가 아니었다. 결국 장기영을 일본에 밀사로 보내 미쓰이 물산으로부터 640만 달러 상당의 캐나다산 밀 10만 톤을 미국 몰래 들여와서 위기를 넘긴 일도 있었다. 결국 미국의 '경제봉쇄' 작전은 실효를 거두지 못한 셈이었다.(지동욱, 『대한민국 재벌』, 94~95쪽)

의욕만 앞섰던
제1차 5개년계획

통화개혁을 주도했던 유원식은 제1차 5개년계획을 수립하는 일도 맡았다. 혁명주체 중에서는 그가 비교적 경제지식을 갖춘 인물이었다. 아무튼 혁명주체 세력은 경제 청사진 마련이 시급했고, 기존의 것들을 토대로 제1차 경제개발 5개년계획을 서둘러 만들었다. 그렇다고 해서 제1차 5개년계획이 '장면 정권이 만든 것에 표지만 갈아 끼웠다'는 것은 지나치게 폄하하는 것이다. 장면 시대의 안을 토대로 급조한 것은 사실이지만 중요한 부분을 달리했다. 예컨대 목표 성장률 면에서 전자는 5.6%였던 데 비해 후자는 7.1%로 크게 높였다. 장면 정부안에 비해 성장 쪽에 무게를 실었고, 그것도 불균형 성장론을 지향했던 것이다.(이완범, 『박정희와 한강의 기적』, 114쪽) 또한 후자에 와서는 '지도받는 자본주의'라는 신조어를 천명해 보다 적극적인 정부 개입을 시사했다.

제1차 경제개발 5개년계획은 우리 손으로 만든 첫 자주적 계획이었다. 미국 전문가들의 조언은 받았으나 이승만 시대처럼 협의나 지시를 받아서 만든 게 아니었다. 객관적 경제 분석에 의존하기보다는 혁명군의 의욕이 많이 작용했다. 그 결과 23개 부문에 220개 사업을 망라했다. 혁명정부의 경제정책은 한마디로 말해 미국의 지지도 확보하지 못한 상태에서 욕심을 부렸고, 성급하게 추진됐다. 박정희는 집권 6개월 만의 워싱턴 방문을 통해 미국의 자금 지원을 간절하게 요청했다. 이것 때문에도 제1차 5개년계획을 서둘러 만들었는데, 미국정부의 반응은 냉담했다. 혁명정부의 과욕을 총망라했을 뿐이며 경제개발계획이라기보다는 "쇼핑 리스트에 불과하다"고 비판했다.

> "세계은행에 가서 5개년계획에 대해서 설명해야 한다는 지시를 받고 방미했다. 그들은 돈도 없는데 어떻게 그러한 사업을 할 것이냐고 반문하면서 세세한 설명을 요구했다. 최종 반응은 자금 지원이 어렵다는 것이었다. 미국정부도 마찬가지였다. 사실상 거절당한 것이다."

송정범 당시 경제기획원 부원장의 증언대로 미국은 애당초 한국의 독자적인 경제계획에 부정적이었다. 성장률 7.1%는 군사정부의 실천 불가능한 과욕이 낳은 비현실적인 숫자이며, 무리한 성장정책이 아니라 물가안정이 먼저라고 판단했다. 세계은행도 같은 생각이었다.

이 같은 외자조달의 시련 속에서 묘안이랍시고 비밀리에 추진한 것이 '통화개혁을 통한 산업자금 조달'이었다. 통화개혁은 허망하게 실패했다. 결국 이도 저도 안 됐고 부작용만 잔뜩 떠안았다. 1차년도(1962년)부터 농사의 흉작까지 겹쳐 2.2%의 성장률을 기록하자 박정희의 좌절은 이만저만이 아니었다. 경제 살리기를 쿠데타의 명분으로 삼았는데, 초장부터 대실패를 면치 못했으니 군사정부의 체면이 안팎으로 엉망이 된 것이다. 그는 제1차 5개년계획 추진에 집요하게 매달렸다. 브리핑 차트를 집무실에 걸어놓고 밤낮 없이 군사작전 하듯 챙겼지만, 그런다고 될 일이 아니었다. 엉성하게 짜인 계획에 돈도 없었으니 제대로 되는 일이 없었다. 결국 미국의 종용을 받아들여 성장률을 5%로 낮추는 내용을 골자로 실시 1년 만에 나머지 계획을 수정해야 했다.

그러나 지내놓고 보니 1962~1966년의 5년 평균 성장률은 8.5%(기준년도 개편으로 7.8%)를 기록했다. 하향 수정한 5%는 물론이고 당초 목표치 7.1%보다도 높은 초과달성을 이룩한 셈이었다. 이를 놓고 제1차 5개년계획이 성공했다고 박정희 정부는 홍보를 했고, 지금도 여러 책에 그렇게 기록돼 있다. 하지만 제1차 5개년계획은 명백한 실패였다. 예상보다 성장률이 높게 잡힌 것은 뜻하지 않은 베트남 특수와 재일동포들의 재산반입이 막판에 있었기 때문이었다. 특히 재산반입이 성장률 상승에 큰 영향을 끼쳤는데, 1963~1964년 사이에 일본에서 못쓰게 된 노후 공장시설을 뜯어다가 관세도 안 물리고 한국에 들여왔던 것이 2,000만 달러 이상 경제성장률 계산에 잡힌 덕분이었다.

제1차 5개년계획의 소득은 실패로 얻은 쓰라린 경험이었다. 특히 박정희는 혁명주체의 최고 권력자로서, 또한 장차 대통령이 될 인물로서 경제개발 전략의 요체가 무엇이어야 하는지를 수많은 좌절을 통해 학습했고, 나름대로 해법을 찾기 위한 모색에 골몰했다. 제1차 5개년계획은 성공이 아니라 실패로써 박정희에게 귀중한 교훈을 안겨준 셈이었다. 특히 무슨 사업이든 자금 없이 되는 일이 없음을 절실히 깨달았다. 투철한 혁명정신과 사명감으로 치밀한 계획 아래 목숨을 걸고 추진하면 안 될 일이 없을 줄 알았는데, 아니었다. 그 어떤 계획이나 사업도 자본이 없으면 불가능하다는 평범한 경제 원리를 절감했던 것이다.

박정희 경제모델의 시동

박정희는 학습과 시행착오를 통해 나름대로 자신의 생각을 정리해나갔다. 이른바 박정희 경제모델의 윤곽을 잡아나갔던 셈이다. 첫째, 계획이 있어야 한다고 생각했다. 혁명사령관 박정희에게는 5개년계획이 경제개혁을 실천해나갈 일정표이자 지침서 같은 존재였다. 엉성했던 제1차 5개년계획의 시행착오를 거울삼아 제2차 5개년계획부터는 훨씬 치밀하고 용의주도한 것이어야 한다고 판단했다. 꼭 5개년계획이 아니라 해도 박정희는 매사를 미리 연구하고 계획해서 일을 추진했고, 일단 시작하면 끝장을 봐야 했다.

둘째, 어떻게 해서든 수출을 늘려가야 하고, 그러려면 공업화에 집중 투자해야 하며, 이 같은 수출 주도형 공업화는 민간에게 맡겨둘 일이 아니라 정부가 앞장서서 주도해야 한다고 믿었다. 이렇게 해서 소위 '정부-기업의 협력체제', 일종의 파트너 관계가 생겨났다.

셋째, 가장 어려운 문제인 외자조달은 미국 일본 서독으로부터 들여와야 하는데, 미국 원조가 감축(당시 1965년 무상원조 종료 예정)되는 것을 전제로 국민들의 반일 감정에도 불구하고 일본으로부터의 차관을 늘릴 수밖에 없다고 생각했다.

여기에 마지막 한 가지 더 추가할 것이 중화학공업 육성이다. 이것은 경제정책 차원이라기보다는 안보, 국방 차원에서 방위산업에 집중적으로 투자한 정책이었는데, 훗날 한국경제의 국제경쟁력 업그레이드에 결정적인 역할을 하게 된다.

그러나 이 같은 도식적인 요점 정리는 별 의미가 없다. 문제는 그러한 시나리오를 어떻게 실천하고 성공시켰는가에 있기 때문이다. 소위 박정희식을 작동시킨 소프트웨어가 관심의 초점이다. 결국 박정희 경제모델의 핵심은 하드웨어 측면의 계획 그 자체가 아니라, 이를 실천해나간 박정희의 안목과 리더십이었다.

그런 차원에서 보면 박정희의 통치철학 형성의 근저에 깔려 있는 청년 시절의 경험과 이력에 주목해야 할 필요가 있다. 예컨대 만주군관

학교 2년 동안 일본의 만주국 건설 과정을 지켜볼 수 있었고, 일본육군사관학교에서도 일본의 국가 운영을 배웠던 것이 두고두고 그의 통치관을 형성하는 데 큰 영향을 줬기 때문이다. 일본이 어찌해서 군사강국이 됐으며, 특히 제2차 세계대전의 패전국이었음에도 불구하고 어떻게 다시 경제대국으로 부상했는지에 대해 관심이 많았다. 이러한 경험은 일본을 벤치마킹하는 데 영향을 미쳤음이 틀림없고, 더구나 주위의 많은 반대에도 불구하고 중화학공업 추진을 고집하는 결정적인 배경이 됐다.

박정희는 미국에서 서구식 시장경제를 공부한 전문가 학자들을 임기 내내 중용했던 반면, 자신의 경제철학 근저에는 일본경제 발전에 대한 통찰이 늘 한가운데 자리 잡고 있었다.(쿠데타를 도모했던 것 자체도 일본군 시절에 직간접으로 경험했던 일본에서의 군부 봉기나 쿠데타에 영향을 받은 것이라는 견해도 있다.) 박정희 모델의 중심에는 역시 정부가 자리하고 있었다. 기업을 동반자로 삼았으나, 정부가 어떤 권한과 기능을 발휘해서 경제개발을 주도할 것인가에 매뉴얼을 정립하고 이것을 효율적으로 실천해나갔다. 직업 관료와 학자, 전문가 중심으로 경제 행정의 판을 짰고, 반면에 의회의 입법과정이나 민주적 합의 절차 등을 중요하게 생각지 않았다.

반대가 심하면 독재의 힘으로 밀어붙였고, 관료들이 소신을 발휘하도록 대통령 자신이 정치적 바람에 방패막이 노릇을 자임했다. 논란이 심하거나 시간을 끌며 결론이 나지 않을 때는 자신이 결단했다. 바로 이런 점이 박정희 특유의 리더십이었는데, 이론적으로 설명하기가 참 어려운 부분이다. 합리적, 민주적 논의 절차를 무시하면 결과가 나빠야 하는데, 그렇지 않은 경우가 더 많았기 때문이다.

박정희의 첫 결단으로는 혁명 직후 부정축재 처벌 대상이었던 대기업 총수들을 처벌은커녕 경제개발의 선봉장으로 내세웠던 것을 꼽을 수 있다. 거기에 더해 1년 뒤에는 정부 지불보증제도를 도입했다. 민간기업이 외국 빚을 얻어 오는 데 정부가 빚보증까지 섰던 것이다. 보통의 경제 상식으로는 있을 수 없는 특혜 조치였다.

박정희로서는 한국기업의 자체 신용으로는 차관도입이 도저히 불가능하다는 현실적인 판단에서 재계의 요청을 과감하게 수용한 것이다. 물론 측근의 조언과 재계의 요청을 받아들인 것이지만 전례 없는 결단은 그의 몫이었다. 1960년대 초반, 수많은 곡절을 겪었던 한국경제의 외자도입 체제는 이렇게 만들어진 것이다.

정부가 외국 빚보증을 서줘 가면서까지 기업들에게 투자를 독려한 것은 위험부담이 컸다. 군부의 힘을 바탕으로 정권을 잡은 독재자가 기업과 짝이 돼서 경제개발을 성공시킨다는 시나리오는 상식적으로는 생각하기 어려운 일이기 때문이다. 더구나 대부분의 개발도상국의 경우, 정부와 기업 간의 파트너십 구축은 이른바 정경유착으로 인한 부패 정권의 불행한 말로로 접어들기 십상이었으니 말이다.

그럼에도 불구하고 박정희가 리더로서 높은 점수를 받는 것은 반대를 무릅쓴 주요 정책들, 그리고 다른 나라에서 전례를 찾아볼 수 없는 위험스러운 정책들을 많이 썼는데도 불구하고, 그것들의 대부분이 성공했기 때문이다. 대일청구권 협상을 비롯해서 종합제철사업, 경부고속도로 건설, 중화학공업 육성, 부가가치세 도입 등 모두가 격렬한 반대나 논란을 무릅쓰고 태어난 정책들이었다. 그러했기에 박정희를 더 특별히 주목하는 것이다. 이처럼 박정희 경제는 1960년 초반의 시행착오를 거쳐 중반에 접어들면서부터는 특유의 리더십을 발휘해가면서 한국경제의 산업혁명에 본격적으로 시동을 걸었고, 또 성공시켰다.

기업을
성장엔진으로 삼다

혁명군으로서는 경제를 살리겠다고 국민들에게 큰소리를 쳤는데, 시작부터 부정축재자로 낙인찍힌 기업인들을 어떻게 처리해야 하는가로 딜레마에 빠졌다. 생각 같아서는 이승만 때부터 사회적 평판이 좋지 않았던 기업인들을 몽땅 잡아넣고 싶었다. 단 그것이 경제에 미칠 영향을 생각하면 결코 간단한 일이 아니었다.

민주당 정권이 들어섰을 때도 똑같이 부정축재 처벌 문제가 요란스럽게 제기되다가 흐지부지되고 말았었다. 하지만 서슬 퍼런 군사정권은 결코 장면 정부처럼 어물쩍 넘어가지 않을 것처럼 보였다. 예상대로 대기업 오너들을 부정축재 혐의로 무더기 체포해서 일단 유치장에 잡아넣었다. 마침 도쿄에 머물고 있던 삼성의 이병철 혼자 체포를 면했지만, 현지에서 '모든 재산을 국가에 헌납한다'는 성명을 발표하지 않을 수 없었다. 기업활동은 하루아침에 얼어붙었다.

처음에는 정말 살벌했다. 장면 정권 때는 언론을 통해서 기업들이 변명할 여지라도 있었지만, 쿠데타 정권 아래서는 공포 분위기 속에 입도 벙긋 못했고, 어디 가서 하소연할 곳도 없었다. 그러나 혁명군의 실권자 박정희는 주변의 예상과는 달리 하루아침에 태도를 바꿨다. 일본에서 귀국한 삼성의 이병철을 즉각 유치장에 집어넣고 겁부터 주고 볼 일이었다. 그런데 박정희는 공항에서 곧바로 연행된 이병철을 정중히 대접했고, 그 자리에서 "기업인들을 부정축재로 처벌하기보다는 경제재건에 활용해달라"는 이병철의 요청을 순순히 받아들인 것이다.

혁명군은 이른바 부정축재자들의 재력과 지식, 사업경험들을 국가 경제개발에 활용하는 방향으로 방침을 정하고 구속했던 기업 오너들을 전원 석방했다. 괘씸한 기업인들을 감옥살이시키는 일만이 능사가 아니고, 그들에게 사업 기회를 주고 필요한 공장을 짓게 해서, 나라에 바치게 하는 것이 더 낫지 않겠느냐는 이병철의 설득이 통한 것이다. 어쨌든 박정희의 결단은 뜻밖이었다.

이날 이후로 기업인들은 혁명정부의 적극적인 협력 파트너로 자리 매김했다. '경제재건촉진회'를 급조해서 시멘트, 제철, 비료, 나일론 등 주요 기간산업 건설을 정부에 건의하는가 하면, 자산 몰수 대신 각자 공장을 지어서 국가에 헌납하는 방안도 추진되었다. 혁명정권과 대기업의 밀월이 시작된 것이다. 최고회의 의장 박정희는 김용완, 전택보, 정인욱, 이병철 등 재계의 대표적 인물들에게 대접도 정중했고, 중요 정책결정에 그들의 의견을 경청했다.

그러나 무작정 대기업이 하자는 대로 한 것은 아니었다. 기업이 보유한 은행주식을 몽땅 몰수해서 정부에 귀속시켜버린 것이 좋은 예다. 은행에 대한 박정희의 생각은 집권 내내 좋지 않았으며 금융업을 개인기업에게 주는 것은 마땅치 않다고 생각했다. 이 점에 있어서 이승만과 달랐다. 금융질서가 더 엉망이었을 때였는데도 불구하고 이승만은 정부가 보유하고 있던 일본인 보유주식을 일반 기업에 팔아넘겨서 일찍이 은행의 민영화 방침을 실현시켰으나, 박정희는 거꾸로 전임 대통령이 민영화했던 기업 소유 은행주식을 정부가 다시 거둬들임으로써 하루아침에 정부소유 은행으로 바꿔버렸다.

아무튼 박정희가 대기업 중심의 경제개발 전략을 펼쳐나가는 연원을 따지자면 집권 직후부터다.

이병철   정주영

이때만 해도 재벌이라 할 것도 없었다. 국민소득 100달러 수준의 보잘것없는 냄비 경제에서, 열 손가락이면 충분한, 몇몇 기업들이 산업 전체를 좌지우지할 때였다. 박정희는 시간이 지날수록 대기업 총수들과 만나는 기회가 잦아졌고, 심지어는 중요한 정책을 결정할 때 재계의 대표적 인물들의 의견을 먼저 경청하고 아이디어를 구하는 경우가 적지 않았다. 예컨대 김용완이나 이병철, 정주영 같은 인물들과 자주 독대를 했으며, 이들 또한 박정희에게 격의 없이 직언을 서슴지 않았다. 혁명 초기 최고회의 의장 시절에는 거의 매주 한 번 이상 만나는 동업자 같은 관계였다.

박정희는 어떤 경우 프로젝트 매니저 같은 역할도 했는데, 이런 때는 마음에 두고 있는 대기업의 총수를 불러 직접 담판을 벌이기도 했다. 경부고속도로 건설을 염두에 두고 현대건설의 정주영 회장을 불러서 사업성과 건설비용 등을 따져 물었던 것이 그러한 예다. 박정희는 결국 정부가 뜻하는 대로 경제개발을 서둘러 끌고 나갈 기관차 역할을 대기업에 맡길 수밖에 없다는 결론에 일찌감치 도달했다. 장기집권에 욕심이 생김에 따라, 그들로부터 필요한 집권비용, 즉 정치자금을 수월하게 해결할 수 있었던 것은 자연스런 부수 효과였다.

초장부터 시작된 대통령과 재계의 관계는 시간이 지나면서 여러모로 변화해가긴 했어도 기본적인 면에서는 집권 내내 같은 맥락 안에서 지속되었다. 박정희의 전폭적인 지지 없는 한국의 기업을 생각할 수 없듯이, 박정희 경제 또한 기업의 활약 없이는 생각할 수 없었다. 아무튼 정부와 기업이 한 발을 묶고 뛰도록 한 파트너십은 개발연대의 한국경제를 도약시킨 박정희 경제모델에 있어서 가장 중요한 성장엔진이었다고 할 수 있을 것이다.

하늘이
검은 연기로 뒤덮이기를…

　전경련(전국경제인연합회)의 전신 한국경제인협회가 출범한 것은 5·16쿠데타 꼭 3개월 뒤인 1961년 8월 16일이었다. 순수 경제인단체임에도 엄밀히 말하자면 정부의 요청이 작용해서 만들어진 것이었다. 초대 회장은 이병철이었고, 창립회원은 부정축재 혐의로 구속되었던 이정림, 설경동, 박흥식, 최태섭, 구인회 등 당시 한국 재계를 대표하던 12명이었다.

　이병철은 자신의 회고록을 통해 "한국경제인협회는 제1차 경제개발 5개년계획에 대응하기 위한 경제인의 조직체로서, 경제계의 대정부 창구역할을 담당하였다"고 그 성격을 정의했다. 단순한 재계의 친목단체가 아니라, 정부의 요청에 따라 만들어진 준(準)공공기관 같은 역할이었음을 알 수 있다. 부정축재 처벌 대신 건설한 공장을 국가에 헌납하는 프로그램 추진도 이 한국경제인협회를 통해 진행됐다. 그렇다고 해서 경제인협회가 꼭 정부 지시에 따라 움직인 것만은 아니었다. 거꾸로 정부를 리드해간 측면도 있었다. 민간기업의 해외차관 도입에 정부가 지급보증제도를 실시하게 된 것도 경제인협회의 건의에서 비롯된 일이었다. 그중에서도 울산공업단지 조성은 장소를 정하는 일부터 시작해서 구체적인 계획을 입안하는 과정에 이르기까지 결정적인 역할을 해냈다.

> "경제인협회 회장 재임 중에 산업계의 총의로써 다룬 가장 큰 일은 울산공업단지를 건설하여 기간산업 공장들을 그곳에 유치하자는 것과 그 소요자금의 확보를 위해서 과감하게 외자를 도입해야 한다는 건의였다."
>
> (이병철, 『호암자전』)

1962년 2월 3일 기공식을 거행한 울산공업단지의 조성계획은 재계의 건의가 정책으로 결실을 맺은 대표적인 예다. 당시만 해도 공업단지라는 용어 자체가 생소했다. 국내 어디서나 공장 세울 땅은 널려 있는데, 굳이 번거롭게 단지를 별도로 조성할 필요가 있느냐는 반론이 정부 안에서도 만만치 않았다. 더 근본적으로는 공업화 우선 정책이냐, 아니면 농업을 비롯한 균형발전을 모색하는 정책을 펼 것이냐가 시빗거리였다. 공업화 우선 정책의 선봉에는 물론 재계가 있었다.

제1차 5개년계획 확정과정에서 이미 공업화 우선이 기본방향으로 결정됐으나 이것의 실제 추진은 관료들이 아니라 기업인들의 몫이었다. 그 첫 번째 구체적인 노력이 공업단지 조성이었다. 공장을 효과적으로 돌리려면 전기, 용수, 수송, 노동력 동원 등을 감안할 때 각종 공장을 유기적으로 한군데 모아서 건설 운영하는 것이 필요하고, 더구나 외국기업의 투자를 유치하는 데 매우 유리하다는 점을 군부 실세들을 상대로 설득해나갔다. 유력한 후보 지역으로 물금, 삼천포, 울산

재계의 건의를 받아들여 결실을 맺은 1962년 2월 울산공업단지 기공식.

등 세 군데가 검토되었는데, 1961년 12월 이병철, 이정림, 남궁련, 정재호 등이 직접 답사한 것을 토대로 울산으로 최종 결정한 뒤 최고회의에 건의한 것이다.

무슨 공장을 지을 것인지는 이미 기업들끼리 논의해서 정유, 제당, 제철, 시멘트, 비료, 나일론, 합성수지, 전기기기, 케이블 등의 산업으로 정했었다. 이 같은 내용은 부정축재자로 지목된 기업인들이 처벌 대신 공장을 지어 경제건설에 참여한다는 혁명정부와의 약속대로였다. 물론 이 약속은 제대로 지켜지지 않았으나, 기업 중심의 공업화 전략이 본격화되는 중요한 계기가 되었다. 재계의 주장은 공장을 지어서 수출로 살길을 찾아야 하고, 그 자금과 기술은 밖에서 빌려와야 한다는 것이었는데, 군사정권은 이것을 그대로 받아들였다. 1962년 2월 울산공업단지 기공식에 참석한 최고회의 의장 박정희의 연설 한 줄이 울산시내 한가운데 위치한 로터리 기념탑에 이렇게 새겨졌다.

"황량한 벌판이 기계음으로 가득 차고, 이 하늘이 검은 연기로 뒤덮일 때 우리는 가난에서 벗어날 것입니다."

맑은 공기가 아니라 검은 연기로 뒤덮인 하늘이 되길 기원했던 것이다. 서독이나 영국의 공업지역을 견학하고 돌아온 사람들이 그곳의 하늘이 대기오염으로 거무튀튀해진 것을 보고 와서는, 울산의 하늘도 그래야 일류 공업단지가 되는 줄로 알았던 것이다. 경제개발이나 환경문제에 대한 우리의 인식이 당시 상황에서는 그럴 수밖에 없었던 것이고, 산업화가 그때는 그만큼 절박했다.

수출 지상주의

박정희 시대에 한 해 중 가장 중요한 날은 11월 30일 '수출의 날'이었다. 1964년 수출 1억 달러 달성을 기념해서 만든 기념일로, 이날은 박정희 시대의 모든 에너지가 집중되는 날이었다. 수출 지상주의는 박정희의 발명품인가. 그런 건 아니다. 1960년 전후만 해도 나라를 통틀어 외국에 물건을 내다 파는 비즈니스에 대해 잘 아는 사람을 찾기 힘들었다. 김입삼(전 전경련 부회장)의 증언에 따르면 보세가공무역이라는 용어를 한국에 처음 소개한 사람이 천우사의 전택보 사장이었으며, 장면 정권 때나 박정희 정권 때나 수출 촉진의 절박성에 대해서는 기업인들이 앞장서서 관료들을 교육시켰다는 것이다. 외국여행이 지극히 제한되어 있을 때였지만 그래도 기업인들은 사업 목적으로 바깥 세상이 어떻게 돌아가는지를 가장 민감하게 파악하고 있었다. 전택보 사장도 홍콩이 하고 있는 보세가공무역을 보고서 한국도 해보자는 제의를 한 것이었다.

오리지널 아이디어가 누구한테서 나왔든, 실제로 수출을 어떻게 늘릴 것인가가 중요했다. 미국은 한국의 수출 드라이브 정책에 회의적이었다. 이승만 정권이 수입대체를 위해 공장을 짓겠다고 한 것이 과욕이었듯이, 박정희 정권이 수출산업 육성에 맹렬히 매달리는 것 또한 한국경제의 역량을 넘어서는 것이라 판단했다.

박정희도 처음부터 수출에 올인할 생각은 아니었다. 오히려 농업투자 확충 등을 통한 자립경제 쪽에 신경을 많이 썼다. 그러나 제1차 5개년계획의 시행착오를 통해 생각을 고쳐 정한 박정희는 대통령 취임 이후 본격적인 수출진흥대책을 쓰기 시작했다. 수출에 도움이 된다면, 가리지 않고 동원했다. 1964년 환율을 달러당 130원에서 255원으로 올리고, 달러당 융자비율도 기존 110원에서 최고 200원까지 높였다. 금리는 내리고 수출용 원자재는 세금을 면제해주고, 수출 잘하는 기업한테는 장려금도 지급했다.

수출 지상주의는 정권 말기를 제외하고는 집권 내내 경제정책의 핵심이요, 중추 역할을 했다. 장관도 그런 추진력을 감안해서 앉혔다. 심복이었던 초대 국세청장 이낙선을 상공부장관으로 보낸 것도 그런 맥락에서다. 수단 방법을 가리지 않는 수출 드라이브를 기대했던 인사였다. 정책금융, 관치금융의 대표선수가 수출금융이었다. 수출이라는 이름만 붙으면 대출도 자동적으로 얻어 쓸 수 있고, 시중 금리가 30%인데 수출 금리는 절반 이하 수준으로 해줬다. 그 이면에서는 금융제도의 심각한 왜곡 현상을 빚어냈었지만 전혀 개의치 않았다. 한국의 은행들은 수출 지원을 위해 존재한다고 해도 과언이 아니었다. 그렇다고 은행이 수출 뒷바라지만 했던 희생봉사 기관은 아니었다. 은행 돈으로 수출 자금을 충당하기도 했지만 반대로 수출로 벌어들인 돈이 곧 은행 예금의 핵심이었으니 말이다.

이처럼 한국의 수출이 급속한 성장을 계속할 수 있었던 것은 앞서 말한 정책목표들, 다시 말해 공업화, 외자도입, 정부 주도, 대기업 중심, 자원배분의 선택과 집중 등을 모두 아우른 끝에 가능했다. 수출은 곧 성장이요, 선(善)이었다. 수출을 많이 하는 기업이 곧 훌륭한 기업이었다. 1970년에 대망의 수출 10억 달러를 기록했다. 무역회사에 취직하면 장가도 잘 갔다. 재벌의 급부상도 수출을 통해 가능했던 것이고, 대부분의 일자리 창출도 수출을 통해 가능했다.

수출 지상주의는 정권의 몰락 직전까지 지속됐다. 폐단도 많았다. 수출금융의 싼 금리를 악용해서 실제 수출은 뒷전이고, 그 돈을 빼돌려서 돈놀이하거나 부동산 투기를 일삼는 기업들도 적지 않았다. 수출은 한국경제의 먹고사는 문제를 해결해주는 돌파구였던 동시에, 다른 한편으로는 인플레이션과 집값 폭등 등 심각한 부작용들의 생산 공장이기도 했다. 결국 제2차 오일쇼크와 세계적인 경기불황 속에, 박정희 정권의 붕괴 1년 전쯤부터 수출 지상주의에 수정이 가해지기 시작했다. 16년 동안이나 계속됐던 수출금융 특혜를 대폭 줄여나가는 것을 골자로 하는 안정화 정책으로의 전환이 그것이었다.

경제개발 주식회사

박정희가 만들어낸 정부의 성격을 규정하라면 '경제개발 주식회사'나 다름없었다. 정부의 조직이나 운영 등, 모든 것이 경제개발을 위해서 존재했다 해도 과언이 아니었다. 우여곡절 끝에 선거를 통해 제3공화국 대통령이 된 박정희는 정부의 모든 직제를 경제개발에 초점을 맞춰서 전면적으로 개조해나갔다. 그 으뜸이 쿠데타 직후(1961년 7월 12일) 급조한 경제기획원을 업그레이드하는 일이었다. 소련의 전체 계획경제를 총괄한 '국가계획위원회(고스플란)'에는 못 미친다 해도, 경제개발정책의 사령탑이자, 기관차 역할로 강력히 자리매김해나갔다.

예산, 기획, 외자도입, 심사평가 등의 핵심 권한을 몰아 쥔 부총리 겸 경제기획원장관은 사실상 국무총리보다 더 큰 영향력을 발휘했다. 박정희는 경제부총리에게 직제상의 권한만 준 것이 아니라 경제장관들의 통솔권과 심지어 인사권도 부여했다. 장관이 누구였느냐에 따라 차이는 있었으나 박정희 시대 경제기획원의 힘은 참으로 막강했다. 장기영 부총리는 재임 중에 재무장관 4명을 갈아치웠을 정도로 권한도 강했고, 대통령의 신임도 두터웠다. 외자를 도입하고 신규사업을 심사하는 기능까지 거머쥐고 있었으므로 기업은 물론이고, 정치자금을 염출하는 문제까지도 개입해야 했다. 포항제철을 세울 때도 김학렬 부총리의 총괄지휘로 경제기획원이 중심이 되어 일사불란하게 이뤄졌다.

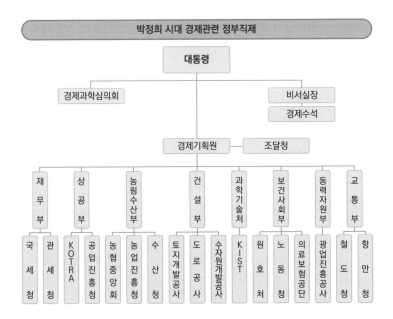

박정희 시대 경제관련 정부직제

대통령

경제과학심의회

비서실장
경제수석

경제기획원 ── 조달청

재무부 │ 상공부 │ 농림수산부 │ 건설부 │ 과학기술처 │ 보건사회부 │ 동력자원부 │ 교통부

국세청 │ 관세청 │ KOTRA │ 공업진흥청 │ 농협중앙회 │ 농업진흥청 │ 수산청 │ 토지개발공사 │ 도로공사 │ 수자원개발공사 │ KIST │ 원호처 │ 노동청 │ 의료보험공단 │ 광업진흥공사 │ 철도청 │ 항만청

박정희 시대에 비로소 오늘날 경제부처 정부조직의 기본 틀을 갖추게 된다. 이러한 변화는
이승만 시대(124쪽)와 비교하면 더욱 두드러져 보인다.

1970년대 들어서는 한국개발연구원(KDI)까지 설립해서 경제기획원의 싱크탱크로 붙여줬다. 5개년계획의 추진에 차질이 없도록 국무총리실 직속으로 평가교수단을 설치해 현안문제들을 연구시켰으며, 경제과학심의회도 따로 설치 운용했다. 경제기획원에 힘을 몰아주기도 했지만 이를 여러 방면에서 견제하는 장치도 만들었던 것이다. 특히 중화학공업 육성에 반대하자 박정희는 아예 경제기획원을 빼고 청와대에 따로 전담반을 차려서 밀어붙이기도 했다.

금융과 세제, 국고 업무는 재무부에 맡겼다. 원래 대부분의 나라에서는 재무부가 세출(예산)과 세입(세제)을 함께 하지만, 박정희는 재무부에 세제와 국고 그리고 은행 등을 통제하는 강력한 금융규제 권한을 부여했다. 기업에 대한 통제와 외국차관 문제는 경제기획원을 통해서, 국내 금융은 재무부를 통해서 좌지우지했다.

국세청을 일찌감치 설립(1966년 3월)한 것도 특기할 만한 일이었다. 정치 노선 여부를 떠나 세금을 제대로 걷는다는 것은 자본주의 정부의 가장 중요한 기본이기 때문이다. 실제로 재무부의 국(사세국) 단위에 불과했던 세정업무가 국세청 설립을 계기로 완연히 달라졌다. 또한 기업을 단속하는 데도 국세청의 역할은 결정적이었다. 직제상으로만 재무장관 산하였을 뿐 창립 때부터 국세청장은 정보기관장에 못지않은 정치적 요직이었으며, 대통령과 수시로 독대하는 자리였다. 때로는 그 권한과 역할이 지나쳐서 탈이었다.

수출 목표 달성은 지상과제였다. 여기에 더해 수입 기별공고를 통해 수입 여부를 결정하는 권한까지 행사하는 상공부는 기업의 생사여탈권을 쥐고 있는 것이나 다름없었다. 수출 제일주의 경제를 실현시켜나가는 중심축 역할을 했다. 새로 만들어진 건설부는 도로와 주택 건설을 직접 챙겼다. 크게는 국토개발계획, 댐, 고속도로 건설 등으로 시작해서 작게는 강가의 자갈 채취에 이르기까지 건설부가 관장했다. 중동 해외건설업 진출로 건설부 역할은 한층 중요해졌다.

그 밖에도 과학기술 분야를 강화하기 위해 과학기술처를 신설하는가 하면 다수확 품종 벼 개발을 위한 농업진흥청 설립, 그리고 산림녹화를 위해 산림청을 내무부로 이관시키는 등 여러 면에 걸쳐서 정부의 강력한 행정체제를 확립해나갔다. 지금까지 역대 대통령들이 저마다 크고 작은 정부직제 개편을 해왔으나 기본적인 정부 골격은 박정희 시

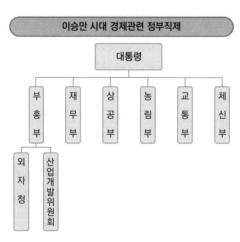

이승만 시대 경제관련 정부직제

대통령

부흥부 / 재무부 / 상공부 / 농림부 / 교통부 / 체신부

외자청 / 산업개발위원회

대에 짜였던 것이다.

'박정희 정부'의 특징은 하드웨어적인 정부직제도 중요하지만, 어떻게 운영하느냐 하는 소프트웨어가 더 중요했다. 박정희는 최고회의 의장 직함으로 수습 기간을 거친 다음 마침내 대통령에 취임할 때쯤부터는 직접 나서서 진두지휘를 하기 시작했다. 대통령 자신이 곧 수출추진 사령관이었다. 취임 첫해를 보내고 나서부터 주요 회의를 직접 주재했다.

1965년 1월부터 본격화된 월간 경제동향보고는 대통령 주재로 매달 열렸다. 그다음 달부터 시작된 수출진흥확대회의도 마찬가지였다. 이 두 회의는 박정희가 불행한 최후를 맞을 때까지 14년 동안 매월 직접 참석해서 주재했던 가장 비중 있는 회의였다. 모든 주요 경제 현안들이 대통령 앞에서 직접 보고 논의되었고, 난관에 봉착한 문제는 즉석에서 대통령의 판단과 결심으로 결론이 났다. 부처 간의 의견이 달라서 결정이 유보되거나 시간이 지체되는 경우는 거의 없었다. 문제 해결의 장이었다.

경제정책에 관한 한 박정희는 철저하게 행정부 우위원칙을 지켜나갔다. 관료들이 최선을 다해서 검토한 정책은 정부안으로 대통령 결재를 받으면 그것으로 끝이었다. 의회의 심의과정은 형식에 불과했다.

박정희는 기본적으로 한국의 민주주의에 회의적이었고, 의회정치의 비효율에 부정적이었다. 의회에서의 토론 절차는 자신의 경제개발 노력에 걸림돌이 되는 경우가 대부분이라 여겼다. 오히려 정치인들의 부당한 개입을 차단시켜, 직업 관료들이 소신껏 정책을 펴도록 하는 것이 바람직하다고 믿었다. 이 같은 그의 정책 태도는 유신체제로 접어들면서 그 정도를 더해갔다.

외채 흥국론

해방 이후 막대한 원조를 통해 '대한민국 만들기'에 결정적인 역할을 했던 미국은 한국이 원조시대를 끝내고 차관시대로 접어들면서는 오히려 인색한 나라가 됐다. 한국정부가 여러 가지 사업계획을 들고 대출(차관)을 부탁하러 다녔으나 미국정부나 관련 금융기관에서는 야박하게 퇴짜를 놓기 일쑤였다. '무상원조를 주는 나라에 대해서는 따로 차관을 주지 않는다'는 원칙을 내세웠다. 미국 다음은 일본이었는데, 일본은 그들대로 '국교가 없는 나라한테는 차관을 줄 수 없다'는 입장이었다. 그러다 보니 서독으로부터 들여온 4,000만 달러가 제1호 상업차관(1962년)이 됐던 것이다.

미국의 태도가 그처럼 깐깐했던 것은 군사정권에 대한 불신도 작용했으나 그들이 한국을 너무 속속들이 잘 알고 있어서 그랬던 측면도 있었다. 합리적인 기준으로 보면 한국이 제시하는 사업계획들이 대부분 무리해 보이는 것이 많았기 때문이다. 국내 여론도 외자도입에 대해 좋지 않았다. 외국인투자 유치를 매판(買辦)자본으로 몰아붙이는 정서가 강했다.

이런 마당에 박정희가 1962년 기업들의 상업차관 도입에 정부가 지급보증을 서는 정책을 결정한 것은 합리적 판단이라기보다는 일종의 도박이었다. '사업은 기업이 벌여라. 책임은 정부가 진다'는 식이었다. 개인기업 신용으로는 사업자금을 마련할 수 없으니 정부라도 빚보증을 서기로 한 것이다. 차관은 다다익선(多多益善)이었다. 박정희는 그 선봉장으로 불도저라는 별명을 지닌 장기영 부총리 겸 경제기획원장관을 내세웠다.

장기영은 차관 망국론이 아니라 차관 흥국론의 주창자였다. 차관도 자산이라면서 차관은 많을수록 좋다며 독려했다. 이 같은 뱃심 강한 차관정책은 당연히 대통령 박정희의 기본 지침 아래 추진된 것이다. 제1차 5개년계획의 차질이 자금조달의 실패에서 비롯된 것임을 체험한 박정희로서는 제2차 5개년계획에는 무슨 수를 쓰든 자금 확보부터 해야 한다는 확신을 갖게 되었던 것이다.

이런 상황 속에서 한일 국교정상화가 수많은 우여곡절을 겪으면서 추진됐고, 결국 유·무상 청구권 자금 5억 달러를 받기로 하고 매듭지어졌던 것이다. 외교적 정치적인 평가는 따로 하고, 5억 달러의 청구권 자금이 갖는 경제적 의미는 당시의 한국 수출 규모가 1~2억 달러 수준이었고 일본의 외환보유고가 14억 달러였음을 감안하면 상당한 것이었음을 알 수 있다.

장기영은 "나의 정책 기조는 한일 국교정상화를 통해 일본 자본을 도입해서 그것을 밑천으로 고도성장을 이룩하자는 것"이라고 말했었다. 그의 말대로 일본 자금이 들어오면서 차관도입 환경은 신속하게 개선되어갔던 것이 사실이다. 때마침 베트남 참전까지 가세해 국제금융시장에서의 한국 신인도가 현저하게 개선되었다.

차관 규모는 급격히 늘어났다. 1959~1966년까지 8년 동안의 외자도입 금액을 모두 합쳐 3억 2,500만 달러에 불과했던 것이 1967년 한 해

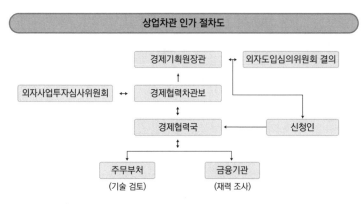

출처: 최동규, 『성장시대의 정부』, 한국경제신문

에 2억 3,000만 달러, 1968년 3억 3,860만 달러, 1969년 5억 5,000만 달러로 급증했다. 한편에서는 외국자본이 들어간 공장 건설이 왕성했고, 다른 한편에서는 외채 망국론이 비등했다.

정부가 기업한테 빚보증까지 서주면서 후견인 노릇을 했으니 관치의 힘 또한 막강할 수밖에 없었다. 특히 경제기획원과 재무부, 상공부 등의 입김은 대단했다. 정부추진 사업뿐 아니라 민간사업까지도 일일이 개입했다. 수입을 해라, 사업자금을 줘라, 신용대출로 줘라, 세금을 깎아줘라 등등…. 재원조달에 자신이 생긴 경제기획원은 1967년부터 시작하는 제2차 5개년계획의 성장률 목표를 연 7%로 잡았는데, 세계은행 측에서는 과도한 목표라고 고개를 내저었다. 그러나 실적치는 연평균 10.0%를 기록했다. 베트남 특수까지 불어와 수출은 폭발적으로 확대되어갔다.

아무리 취지가 좋아도 무리한 정책추진의 부작용이 왜 없었겠는가. 외국자본이 들어와서 공장이 지어지고 수출이 늘면서 경제가 눈에 띄게 달라져 갔다. 그러나 세계경기가 불황이 되면서 차관기업들은 무더기로 부실사태를 빚었다. 환율과 금리 부담 속에 기업은 빚더미에 올라앉았다. 기업의 부실은 이들한테 물린 은행들까지 연쇄도산 위기로 몰고 갔고, 결국은 정부가 직접 나서는 상황으로 번져나갔다. 1969년 재부무는 83개 차관업체 중에서 45%가 부실기업이라고 발표하기에 이른다. 결국 청와대에 부실기업정리반이 조직돼 30개 기업을 도산시켜야 했다. 한국 수출 산업의 선구자로 존경받던 전택보의 천우사도 이때 문을 닫았다.

한편 차관 경제의 과속 추진은 정경유착과 부패 비리를 수반했다. 외자도입심의회의에서 모든 차관도입 여부를 결정하게 되어 있었으나 요식행위에 불과한 경우가 많았다. 심지어 김형욱 중앙정보부장이 경제기획원 담당국장에게 전화로 호통을 치면서 차관도입 승인을 재촉하는 경우도 있었다. 사실 당시의 차관도입 결정은 장기영 부총리, 이후락 청와대 비서실장, 김성곤 공화당 재정위원장, 김형욱 중앙정보부장 등의 실력자들에 의해 좌지우지되는 경우가 많았다. 대통령 박정희가 외국차관을 둘러싼 이 같은 정치적 개입과 비리가 횡행하고 있음을 모를 리 없었다. 다만 박정희의 주된 관심은 부정부패 여부보다는 빌려 쓰는 외국 빚으로 공장을 제대로 짓고 있느냐의 여부에 쏠려 있었다.

베트남 참전이
가져다준 국제화

나라에도 국운(國運)이라는 것이 정말 있는 것일까. 베트남전쟁의 참전이 한국경제, 특히 수출에 물꼬를 트는 데 결정적인 역할을 할 줄을 누가 알았겠는가. 한국경제에 있어서 베트남전쟁은, 일본경제에 있어서 6·25전쟁 같은 것이었다. 베트남 참전은 미국의 요청으로 1965년부터 이뤄졌으나 원래는 한국이 먼저 제의한 것이다. 1961년 11월 박정희 국가재건최고회의 의장이 케네디 대통령과의 워싱턴 회담에서 미국 측의 환심을 사기 위해 먼저 파병 용의를 밝혔었다. 한국의 일방적인 프러포즈에 케네디 대통령 때는 별 반응이 없었다가, 그 이후 후임 존슨 대통령이 정식으로 파병을 요청해 성사된 것이다.

물론 베트남 파병은 정치 사회적으로 심한 반대에 부딪혔다. 4,600여 명의 장병이 전사하는 등 상당한 희생이 있었다. 군부독재가 젊은 이의 피를 판 대가로 권력을 유지하려 한다는 비판도 있었다. 명분을 앞세우는 지식인들은 파병에 부정적인 시각이었다. 그러나 현실적으로는 시간이 지날수록 군인이든, 민간인이든, 경쟁적으로 베트남행

비행기에 올랐다. 목돈을 거머쥘 수 있었기 때문이다. 아무튼 베트남 파병으로 인한 경제적 효과는 한국경제가 소생하는 데 결정적인 역할을 했다.

우선 베트남 참전 이전과 이후를 나눠볼 때 기본적으로 비행기 타고 외국 가는 한국 사람들의 숫자가 확 달라졌다. 파병되는 군인은 말할 것도 없고, 직종이나 직무에 상관없이 일반 한국인이 남의 나라에서 일자리를 집단으로 얻어서 들락거리는 것이 처음이었다. 파격적인 국제화였다. 인력진출이 최고에 달했던 1969년에는 1만 5,500명이 넘었고, 베트남 진출 기업도 최고 79개 업체에 달했다. 획기적인 변화였다.

한진그룹은 베트남 참전이 아니었다면 오늘이 없다. 수송업 진출 등으로 한밑천 잡은 한진은 항공산업에 뛰어들어서 오늘의 대한항공으로 발전한 것이다. 훗날 중동으로 뻗어나갔던 해외건설 진출의 기초도 베트남 전쟁터에서 닦았다. 가장 확실한 소득은 한국군의 현대화였다. 그동안에도 국방예산을 미국 원조에 크게 의존해왔지만, 제2차 세계대전 수준의 구식무기 체제였으며 화력 면에서도 북한에 크게 뒤지고 있었다. 그랬던 것이 베트남 참전을 계기로 무기체계와 병참 일체가 미국 군대 기준으로 단번에 개선되었다. 파병 조건 자체가 한국군의 봉급부터 복장, 무기, 병참 등 모든 비용을 미국정부가 부담하기로 되어 있었다. 참전하는 한국군에게만 신무기를 주는 게 아니라, 휴전선을 지키는 한국군에게도 마찬가지로 지원했다. 엄청난 규모의 국방예산을 간접적으로 절약한 것이다.

보잘것없던 수출은 내용이나 규모 등 가릴 것 없이 차원이 달라졌다. 한국군대의 군수물자를 국내에서 만들어서 대량 수출하는 것은 물론이고, 현지의 도로 건설 참여 등을 포함해 그 전 같으면 생각도 못했던 전쟁 특수를 한국경제에 가져다줬다. 수출과 군인 및 노무자들의 봉급과, 기업들의 사업 수익 등을 모두 합치면 베트남으로부터 벌어들인 돈은 10억 달러 이상이었다. 아마도 비공식 또는 현금으로 가지고 들어온 돈, 그리고 군수품이나 무기, 탄약 등을 편법으로 반입한 것 등을 모두 합치면 베트남전쟁에서 획득했던 한국의 경제적 소득은 훨씬 더 컸다.

이것은 제2차, 제3차 5개년계획을 추진하는 데 있어 주요 재원 노릇을 했다. 또 다른 소득은 베트남 참전을 계기로 껄끄러웠던 미국과의 관계도 대폭 개선됐다는 점이다. 미국이 박정희 정권에 대해 호의적으로 바뀌었고, 수출 또한 잘되는 바람에 한국의 국제 신인도가 부쩍 올라갔으며, 이에 따라 차관 얻어오는 일도 쉬워지고 금리부담도 낮아졌다. 실제로 1967년의 상업차관이 2억 3,000만 달러에 달했다.

덕분에 정치판의 선거자금 문제도 자동 해결됐다. 그 당시 차관금액의 최소 10% 이상을 정치자금으로 내놓는 것이 기업들 사이에는 관례로 통했다. 거부하는 예외적인 기업인도 있었다. 정인욱 강원산업 회장은 이 같은 부조리를 받아들일 수 없다 해서, 정부의 권유에도 불

베트남전쟁 참전은 수출 한국의 물꼬를 트는 데 결정적이었다. 사진은 맹호부대 환송식.

구하고 결국 차관사업을 단 한 건도 벌이지 않았다. 아무튼 집권 여당, 공화당으로서는 이때부터 차관사업에서 챙기는 정치자금으로 대통령 선거와 국회의원 선거 등에서 결정적인 덕을 보게 된다. 물론 일부 자금은 야당으로도 흘러가는 것이 당시의 정치풍토였다.

포항제철과 경부고속도로 건설

박정희의 산업혁명 업적 중에서 대표적인 성공작을 꼽으라면 단연 포항제철(오늘의 포스코)과 경부고속도로 건설일 것이다. 두 가지 사업은 박정희 산업화의 양대 축에 해당하는 상징이다. 모두 그럴 만한 특별한 의미를 지닌다. 첫째는 산업구조 면으로나, 경제발전 단계 면에서나 종합제철공장과 경부고속도로는 가장 중요한 기초산업이요, 사회간접자본이기 때문이다. 한국경제의 제조업과 물류의 기본 틀을 완전히 바꿔놓은 것이다.

둘째로는 두 가지 모두 대내외적으로 전문가들이 한사코 반대했던 사업이었다는 점이다. 전문가들이 등을 돌렸고, 여론에서도 줄기차게 반대하고 비판했음에도 불구하고 오로지 박정희가 집념으로 초지일관해서 성공시켰다. 정부 안에서도 반대가 적지 않았다.

두 사업을 성사시키기 위해 박정희는 말 그대로 물불을 가리지 않았고, 가능한 한 모든 수단과 방법을 가리지 않았다. 과연 그는 어떤 생각으로 그 많은 반대와 난관을 극복하고 끝내 자신의 집념을 관철시켰던 것일까. 정치적 고려도 분명 있었을 것이다. 무력으로 정권을 잡은 군인 출신 대통령으로서, 정치적 정통성을 확보하기 위해서는 큰 승부를 걸어야 한다는 부담감이 난관을 무릅쓴 강력한 추진의 원동력이 됐을 수도 있을 것이다. 특히 경부고속도로를 계획하고 결심했던 때는 박정희가 정치적으로 매우 어려웠다는 점을 감안하자면 그런 해석도 충분히 가능하다.

그러나 아무리 정치적 동기가 작동했다 해도, 두 사업의 경제적 의미는 너무도 크다. 더구나 포항제철을 건설하고 경부고속도로를 개통함으로써 비로소 해방 이후 남한이 북한의 공업능력을 추월하기 시작했다는 점 역시 매우 중요하다. 종합제철과 경부고속도로 건설에 대한 박정희의 집념이 과연 그것들이 가져올 경제적 파급효과를 어느 정도 예측한 데서 비롯된 것인지는 알 수 없다. 막연하게나마 한국경제의 지속성장을 위해서는 어떤 일이 있어도 해내야 하는 전제(前提)라는 점을 그가 확신했던 것은 분명했다.

역사에서 가정이란 성립되지 않는다고 하지만, 만약 이 두 사업이 그 당시의 반대에 굴복해서 무산됐다면 지금의 한국경제는 어떻게 됐을까. 또한 박정희가 아니었다고 해도 과연 그런 사업이 추진될 수 있었을까. 두 사업의 추진과정을 구체적으로 살펴보자.

포항제철

포항에 종합제철소를 짓는 일이 본격화된 것은 1967년부터였으나 박정희의 제철소 건설 꿈은 그보다도 훨씬 전부터였다. 전쟁을 경험했던 군인으로서, 철을 생산할 수 있는 나라와 그렇지 못한 나라의 차이를 그는 일찍이 알고 있었다. 두 차례의 좌절을 딛고 세 번째 만에 결국 해냈다. 박정희는 집권 직후부터 기업인들에게 제철사업을 촉구했고, 그 결과 혁명 바로 이듬해인 1962년 4월, 재계 핵심 인물 중의 하나였던 이정림으로 하여금 한국종합제철주식회사라는 이름의 제철회사를 설립토록 했으나 미국의 반대로 무산됐었다. 첫 번째 실패였다.

그러나 그는 제철회사의 꿈을 접지 않았다. 두 번째 시도는 1965년이었다. 그동안의 좌절을 통해 종합제철소를 지으려면 기술도 중요하지만 막대한 자금소요를 감당하는 일이 관건임을 깨달은 박정희는 경제기획원으로 하여금 자금 조달방안부터 강구할 것을 지시했다. 어렵사리 1967년 미국 영국 서독 이탈리아 등 4개국 18개사로 구성된 KISA(Korea International Steel Associates)라는 대한(對韓)국제제철차관단이 구성되었고, 이 KISA가 한국정부를 대신해서 60만 톤 규모의 종합제철소 건설을 위한 투자 유치작전을 펴나가도록 했다.

하지만 정부의 외환보유고에서 70만 달러를 써가면서까지 종합제철공장 건설사업계획서를 만들어서 백방으로 뛰어다녔으나 소득이 없었다. 세계은행을 비롯해 미국의 수출입은행, 그리고 영국 서독 프랑스 이탈리아 등과 차관 교섭을 벌였으나 모두 실패했다. 기본적으로 한국정부의 제철소 사업계획에 부정적이었다. 한마디로 말해서 한국경제가 종합제철사업을 감당할 능력이 없다는 것이 국제 전문가들의 일치된 견해였다. 제2차 세계대전 이후 이미 인도 터키 멕시코 브라질 등이 100만 톤 규모의 제철사업을 시작했으나 성공하지 못했다는 점도 불리하게 작용했다.

세계은행 유진 블랙 총재는 당시 연차총회 석상에서 "개발도상국들의 고속도로 건설이나 종합제철사업 추진은 국가원수의 기념비 건립이나 다름없다"며 비아냥조로 비판했다. 그만큼 경제성이 떨어지고 낭비적이라는 것이다. 1969년 대한국제경제협의체(IECOK) 회의에서 세계은행은 정식으로 한국의 종합제철사업을 반대했고, 한 달 뒤 미국의 수출입은행도 경제성이 충분치 않다는 이유로 차관공여를 거부했다.

박정희는 크게 낙담했다. 서방세계에서 제철사업자금을 마련하는 것을 포기하고 일본과의 교섭에 마지막 희망을 걸었다. 1968년 한일정기각료회담을 통해 도움을 요청했으나 일본 측도 반대했다. 오히려 마사요시 통산성장관은 "한국경제를 위해서라도 일본에서 철을 국제가격으로 수입해 쓰는 것이 바람직하다"며 한국정부의 제철소 사업계획에 반대했다. 세 번째 시도 역시 실패한 셈이었다. 외자로 종합제철소를 건설하는 방안은 실현 불가능으로 결론이 난 것이었다. 이제 정부보유 달러를 헐어서 쓰거나, 아니면 국교정상화 때 일본한테서 받기로 한 청구권 자금밖에 없었다.

결국 박정희는 난관 돌파를 위해 총사령관 역할을 자신이 가장 신임하는 관료인 김학렬에게 맡긴다. 경제수석에서 부총리 겸 경제기획원장관으로 승진한 김학렬은 대통령의 각별한 신임 아래 출중한 능력을 발휘했다. 일본의 청구권 자금을 끌어 쓰는 것도 쉬운 일이 아니었다. 원래 일본과 약속하기를 무상자금은 농업용수 개발이나 농업 기계화 등으로 사용처를 명기했으며, 유상자금도 다리 놓고 길 닦는 데 쓰기로 했기 때문이다. 김학렬은 일본을 오가며 어렵사리 설득한 끝에 모두 1억 1,948만 달러의 청구권 자금을 종합제철사업에 동원할 수 있었다. 전체 유무상 자금 5억 달러의 24%로서, 단일 사업에 청구권 자금을 가장 많이 쓴 케이스였다.

1970년 4월 착공된 103만 톤 규모의 본 공장은 1973년 7월 준공됐다. 초기자본금 140억 원은 정부와 대한중석이 3 대 1의 비율로 출자했다. 정부 돈이 들어간 것은 그것만이 아니었다. 공장단지를 조성하는 비용에서부터 공단진입로, 철도, 항만, 공업용수 등에 이르기까지 일체의 사업간접자본을 모두 정부 예산으로 해줬다.

어디 그뿐인가. 시중은행이 빌려준 대출을 얼마 후 주식으로 전환시켜 이자부담을 탕감해줬으며, 이자를 못 받게 된 대신 주주가 된 은행들에게 마땅히 줘야 할 배당금을 1982년까지 한 푼도 주지 않도록 했다. 이익이 남는데도 불구하고 배당하는 돈까지 새 투자를 위해 모두 보유금으로 돌린 것이다. 당시 기준으로 최소 300만 톤은 돼야 규모의 경제를 이룰 수 있는 종합제철사업을, 박정희는 이렇게 밀어붙여 오늘의 포스코를 이뤄낸 것이다. 그는 포스코의 실질적인 창업자이자 CEO였던 셈이다.

경부고속도로

경부고속도로 건설이 한국경제 발전과정에서 얼마나 큰 의미를 지니고 있는지는 따로 설명이 필요치 않을 것이다. 원래 이것은 어떤 계획서에도 없었던 것이었다. 박정희 작품이었다. 1965년 정부가 의뢰했던 IBRD 용역보고서에서도 서울-부산 간의 고속도로 건설을 건의한 내용이 없었다. '향후 10년 동안의 교통대책 건의'에도 마찬가지였다. 경제성장으로 물동량이 늘어날 것에 대비해 기존의 철도 중심의 수송망을 국도 확충 등 도로 중심으로 바꿔나가도록 하는 정도였다.

정부의 경부고속도로 건설 구상이 밝혀지자, 포항제철 건설 때와 마찬가지로 국내 언론과 국제기구나 전문가들이 강력히 반대하고 나섰다. 김대중을 비롯한 야당은 "자가용족 부자들의 전용도로 건설을 위해 쌀농사를 둘러엎어버리고, 혈세를 낭비하려 한다"고 박정희를 비난했다. 심지어 경제기획원 내부에서조차 반대했다. 정부 예산이 1,500억 원 규모인 상황에서 전체 예산의 3분의 1이 드는 고속도로 건설사업은 무모한 공상으로 비쳐졌다. 더욱이 박정희 대통령이 3선 개헌과 연계시켜 '한 건' 하려 한다는 정치적 해석 또한 상당한 설득력을 지녔었다.(김흥기, 『영욕의 한국경제』, 174쪽)

국제기구 전문가들은 설계나 기술적인 지원은 몰라도 자금 지원은 할 수 없다는 것이 공통된 입장이었다. 이런 반대에 부딪혀 경부고속도로뿐 아니라 대전-전주 간 호남고속도로, 신갈-새말 간 영동고속도로 또한 IBRD 차관은 한 푼도 얻지 못했다. 세계은행의 자매기구인 국제개발협회(IDA)는 경부고속도로와 같은 남북 종단도로보다는 횡단도로가 더 시급하다며 반대했다. 대한국제경제협의체(IECOK)도 마찬가지로 냉담한 반응이었다.(경제기획원, 『개발연대의 경제정책』, 1982)

일단 박정희의 결심이 서자 계획은 거침없이 밀어붙여졌다. 청와대 경제수석으로서 대통령의 의중을 꿰뚫고 있던 김학렬이 마침 경제부총리가 되자 꿈지럭거리던 경제기획원 예산실을 몰아치며 신속한 예산 배정을 지휘해나갔다. 예산 신청이 들어오면 즉각 돈이 나갔다. 모든 항목에 우선해서 고속도로 건설 예산이 집행돼야 했다. 심지어 정부 예산안이 국회에 제출된 상태에서 "전 부처의 예산을 일괄적으로 5%씩 깎아서 고속도로 예산을 지원하라"는 대통령의 지시가 떨어졌다. 박정희의 고속도로 건설 집념 앞에서는 국회의 권위나 행정 절차 따위는 안중에도 없었다.(재경회, 『한국의 재정 60년』, 97쪽)

건설부 실무자들도 경부고속도로(1968년 2월 1일~1970년 7월 7일) 428킬로미터가 이처럼 번개처럼 뚫릴 줄은 몰랐다. 건설부 내부에서조차 무리한 계획이라며 반대가 적지 않았다. 그런 뜻에서 경부고속도로는 대통령 박정희의 판단과 집념이 가능케 한 사업이었다. 원래 박정희의 고속도로 구상은 1964년 12월 뤼프케 서독 대통령 초청으로 서독을 방문했을 때 세계최초의 고속도로인 아우토반을 달렸던 경험

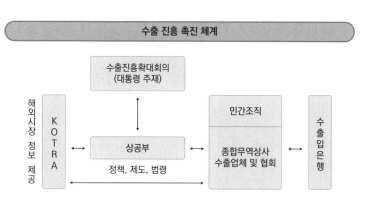

출처: 최동규, 『성장시대의 정부』, 한국경제신문

경부고속도로 건설은 박정희 산업혁명의 대표적 성공사례로 꼽힌다.
사진은 1970년 7월 경부고속도로 준공식 장면.

에서부터 출발했다. 그 당시 박 대통령은 서독 측 관계자에게 아우토
반의 건설과 관리방법, 소요비용과 건설기간, 건설장비 등을 자세히
물었다. 그러나 막대한 자금을 조달할 방도가 없어서 엄두를 내지 못
하고 있었다.

뜸을 들이던 박정희는 결국 일본 청구권 자금 일부(690만 달러)를 포
함해 정부 예산으로 충당해서라도 실천에 옮겨야겠다는 결심을 굳힌
다. 1967년 11월 7일, 박 대통령은 청와대 회의에서 건설부장관에게 경
부고속도로 건설을 지시한 이후 직접 진두지휘에 나섰다. 계산서 뽑
는 일이 무엇보다 중요했다. 박정희는 건설부, 재무부, 서울시, 육군공
병감실, 현대건설 등 5군데로부터 각기 추정건설비를 제출 받아서 최
종 건설비 330억 원을 확정했다.

박정희에게는 일종의 군사작전이었다. 공사는 현대건설을 비롯한
민간 건설업체에게 맡겼으나 공사현장의 총괄 사무소장에는 공병 출
신 토목전문가 허필은 예비역 육군소장을 앉혔다. 구간별 감독요원을

공병 장교로 충원하기도 했다. 난공사 구간일수록 육군 공병들이 실제로 투입됐다.

포병 출신이라 독도법에 능한 박정희는 혼자서 지도를 봐가면서 노선 결정을 비롯해 용지매입 문제에까지 지휘봉을 잡았다. 심지어 시중 은행장들을 비밀리에 소집해서 수용할 용지의 시가 감정을 보고받는가 하면, 용지매입 가격까지 지시했다. 정주영 현대회장의 증언이다.

"박정희 대통령은 침실 머리맡에 공사 진척 상황표를 붙여놓고 매일 전화로 체크해가면서 헬기로, 자동차로, 경호원 없이 혼자서 현장을 돌아보았다. … 대통령은 고속도로에 관한 이야기를 하고자 시도 때도 없이 밤중이건 새벽이건 나를 불렀다. 식사도 함께 많이 했고, 막걸리도 많이 마셨다. …"

이렇게 해서 2년 5개월 만에 서울-부산 간의 경부고속도로가 준공됐고, 소요비용은 총 429억 원으로 킬로미터당 약 1억 원이 들었다. 이는 일본의 도메이(東名) 고속도로 건설비의 8분의 1에 지나지 않았다. 물론 날림공사도 많았다. 야당에서는 "고속도로가 누워 있길 다행이지, 아파트처럼 세워졌더라면 벌써 무너져 내렸을 것"이라고 비아냥댔다. 선 개통 후 보수 원칙으로 밀어붙였던 당연한 결과였다. 서둘러서 개통을 시키는 것이 우선 목표였으니 애당초부터 하자 발생을 전제로 하고 밀어붙였던 것이다. 어쨌든 IBRD는 한국에 대한 생각을 바꿨고, 그 결과 전주-순천 간 호남고속도로, 남해고속도로, 새말-강릉 간 영동고속도로 등의 건설에는 뒤늦게나마 적극적으로 차관을 제공했다.

8·3사채동결조치

수단과 방법을 가리지 않았던 1960년대의 기업지원은 결국 탈이 나게 돼 있었다. 차관은 많을수록 좋다는 정책을 노골적으로 밀어붙였고, 수출을 한다면 물불을 가리지 않고 정부가 지원해줬으니 기업들은 저마다 확장투자에 경쟁적이었다. 앞서의 언급처럼 청와대가 직접 나서서 부실 차관업체를 무더기로 정리했음에도 기업들은 연리 40~50%의 고리사채에 목이 졸려가고 있었다. 여기서 나온 정책이 8·3사채동결조치였다.

명색이 시장경제를 하겠다는 나라에서 기업 부채를 동결 또는 탕감해준다는 것은 생각조차 어려운 극약처방이었다. 전경련 김용완 회장은 여러 차례 대통령을 직접 만나서 기업들의 빚더미 현실을 토로하고 특단의 구제조치를 요청했다. 자금 지원이나 부채상환 연기를 요청한 것이 아니라, 빚더미에 깔려 있는 기업들의 사채를 아예 동결시켜달라는 것이었다.

청와대 내부 검토에서도 심각한 지경에 이르렀다는 결론을 내리고 있었으나 과연 어떠한 정책수단을 동원할 것인가를 놓고 고민했다. 남덕우 재무장관은 고리사채를 은행대출로 전환시켜주면서 단계적으로 기업들의 빚 부담을 줄여주자는 입장이었고, 다른 한편에서는 그것으로는 미흡하니 재계 요구대로 아예 사채를 동결시켜주자는 안이 맞섰다.

대통령은 고심 끝에 사채동결로 결심했다. 재계 총수 김용완의 요청으로 비롯된 것이었고, 여러 의견을 청취한 끝에 내린 박정희의 최종 결정이었다. 1971년 9월 김용환(외자관리비서관)을 팀장으로 하는 실무반이 편성됐고, 이듬해 8월 3일 대통령 긴급명령으로 사채동결조치를 발표하게 된다. 통화개혁 못지않은 철통 보안 속에 꼬박 1년 동안 사전 준비 작업을 거쳤다.

1주일 동안 신고받은 사채규모는 3,500억 원 수준이었다. 이것을 금리 월 1.35%에 3년 거치 5년 분할 상환하는 것이 8·3조치의 기본 골간이다. 해당기업에는 엄청난 혜택이요, 반면에 사채를 빌려준 쪽에서는 청천벽력이었다. 그 결과 기업들의 부채비율은 1971년 394%에서 1972년 288.8%로 크게 떨어졌다. 성장률은 1972년의 6.5%에서 1973년은 14.8%로 껑충 뛰었다. 경제원칙은 크게 훼손시켰으나 비싼 대가로 경제는 위기를 넘긴 셈이었다. 야당과 학계에서는 8·3조치가 국민들의 자유와 권리를 박탈한 위헌, 위법적인 망동이라며 맹렬히 비판했다.

8·3조치는 사채동결만이 아니었다. 기왕 지하경제에 대한 충격적 조치를 동원한 마당이니 이참에 사금융 제도화를 위한 신용금고와 단자회사 등의 설립도 여기에 포함돼 있었다. 이 같은 사채동결조치는 워낙 충격적인 조치였던 만큼, 오랫동안 논란이 꼬리를 물었다. 긍정론자들은 기업들의 연쇄 도산 사태에 대해 정부가 선제적으로 움직였기 때문에 더 큰 위기를 막았을 뿐 아니라 그 뒤에 몰아닥친 제1차 오일쇼크도 견뎌냈으며 중화학공업 투자로까지 이어질 수 있었다고 말한다.

반면에 비판론자들은 가장 극단적인 대기업 살리기 정책이었으며, 시장원칙을 정면으로 위배한 부작용이 두고두고 심각했고 사채 수입에 의존했던 중산층의 붕괴현상도 상당했다는 점을 지적했다. 어쨌거나 8·3조치의 최대 수혜자는 대기업들이었다. 시장원칙을 크게 손상시키면서까지 사채동결을 통해 정부가 집단 도산을 노골적으로 막아줬던 것이다. 따라서 정부로서는 혜택을 입은 기업들의 상응하는 조치를 기대했다. 기업의 빚 부담을 덜어줘서 위기를 넘기고 사업이 잘되면 기업공개를 통해 그 이익을 신세 진 사회에 환원하겠다는 약속을 했던 것이다. 전경련 이름으로 주식공개로 사회에 보답하겠다는 성명서까지 발표했다.

그러나 정작 중요한 것은 증권시장 상장을 통해 기업의 조달방법을 근본적으로 업그레이드시키자는 것이 정부의 기대였다. 기업이 투자를 하는 데 집안 돈, 아니면 은행대출, 그게 안 되면 고리사채를 빌려 쓰는 식의 종래 관행을 버리고 앞으로는 증권시장에서 타인자본을 마련하도록 하자는 것이었다. 1972년 12월 30일 제정된 기업공개촉진법이 바로 그것이다. 8·3조치를 계기로 기업의 소유구조와 지배구조를 개혁하고 동시에 자본시장을 활성화시킬 수 있는 좋은 기회라고 판단했던 것이다. 공개하는 주식의 10%까지를 종업원들에게 우선 배정하는 우리사주제도도 이때 도입된 것이다.

그런데 기업들은 기업공개에 소극적이었다. 1972년 기준 상장기업은 41개에 불과했다. 박정희는 화가 났고, 김용환 재무장관은 대통령의 의중을 반영해 '대통령 특별지시(5·29조치)'를 만들어 기업들의 공개를 강력히 촉구했다. 족벌경영에 대해 정부가 처음으로 본격적인 규제를 가하기 시작한 것이었다. 공개기업에는 금융세제상의 혜택을 주는 반면, 금융뿐 아니라 세무관리와 외부감사를 까다롭게 만들었다. 주식을 공개하라는 정부의 강제적 요구에 대해 기업들은 불안감이 컸다.

기업을 공개하면 소유권을 빼앗기는 것으로 여기는 오너들이 많았다. 심지어 현대건설이 공개 압력을 계속 받자 정주영은 기업공개를 해서 알지도 못하는 사람들한테 회사 주식을 넘겨주느니, 차라리 복지재단을 만들어 기증하고 싶다고 정부에 의중을 타진해오기도 했다. 그렇게 해서 만들어진 것이 아산병원 등이다. 당시 기업공개에 대한 일반의 인식이 그러했었다.

이 같은 재계에 대해 재무부는 당근과 채찍으로써 기업공개를 늘려나갔다. 공개기업은 선이요, 비공개기업은 악이라는 이분법적인 왜곡된 인식이 생겨난 것도 이런 과정에서 연유된 것이다. 정부와 재계는 한동안 실랑이를 벌였고, 은행감독원이 나서서 계열기업군에 대한 여신관리협정을 만들어 본격적인 재벌규제와 감시체제를 만들어나가기 시작했다. 그러나 이후에 전개되었던 정부의 중화학공업 육성 과정에서 대기업들에게 할당식의 참여를 강제하는 바람에 대통령 특별지시(5·29조치)의 정통성을 정부 스스로 소실시켜버리고 말았다.

돌이켜보면 8·3사채동결은 차관경제가 빚어낸 부실에 대한 박정희식 처리의 결정판이었다. 외국 빚을 끌어들여서 여기저기 공장 지어 수출을 일으키는 데는 웬만큼 성공했으나, 그 과정에서 발생한 수많은 문제들을 한두 번의 땜질로 해결할 수 없었기 때문이다. 차관 빚은 차관으로 끝나지 않았다. 기업 입장에서는 공장을 지으면서 정치자금도 내야 했고, 전체 사회적 측면에서는 비리와 부패의 온상이 되기도 했다. 신고된 사채 3,456억 원의 3분의 1에 해당하는 1,137억 원이 자기 기업에 사채놀이를 한 기업주의 사채였다는 사실이 당시의 기업 윤리와 사회상을 단적으로 말해준다.

그러나 저질러진 문제는 과거이고, 앞으로 닥칠 더 큰 재앙을 막기 위한 선제적 조치를 취하는 것이 옳다고 본 것이다. 그게 바로 박정희식 조치였고, 그걸 가능케 한 강제력이 뒷받침하고 있었다. 사실 원론적으로 보면 사채동결은 끔찍한 조치였다. 돈을 빌려준 사채업자의 소득을 돈을 빌려 쓴 기업한테 이전해준 것이나 다름없었다. 국가 공권력이 개인 간의 사계약을 파기하고 수정시킨 강압조치였다. 사유재산권을 강조해 마지않았던 이승만이 대통령이었다면 같은 상황에서 어떤 선택을 했었을까.

새마을사업

박정희의 농업정책은 어떠했는가. 공업화가 그의 트레이드마크처럼 각인돼버렸으나 사실 박정희는 빈농의 아들이었고, 태생적으로 도시형 인간이 아니었다. 그런 면에서 전임 대통령 이승만과 달랐고, 한때 그의 후계자로 지목됐던 김종필과도 구분됐다. 공업 우선주의 정책은 불가피한 선택이었으나 농촌문제를 외면한 것은 결코 아니었다. 1970년대부터는 추곡수매가격을 파격적으로 높여주는 이중가격제를 실시했는가 하면, 농업진흥청을 통해 다수확 신품종 쌀인 통일벼를 개발하는 사업에 심혈을 기울였다.

그러나 가장 대표적인 농업농촌정책은 역시 새마을사업이었다. 박정희 시대를 관통하는 또 하나의 핵심 과제이기도 했다. 수출도 수출이지만 외국의 후발 개발도상국들이 한국경제를 벤치마킹하면서 가장 배우고 싶어 하는 것이 농촌을 중심으로 한 새마을운동이다. 1970년에 시작한 새마을운동은 요즘으로 말하면 동반성장 정책이었다. 박정희 경제는 한마디로 수출을 중심축으로 하는 공업화 정책이라 할 수 있으나, 이 과정에서 소홀해질 수밖에 없는 농업농촌대책이 바로 새마을운동이었다.

새마을운동에 대한 국내 평가는 오랫동안 매우 인색했다. 지식인들은 독재자 박정희가 농촌 표를 다지기 위해 보인 정치적 행보의 일환이라 치부했다. 그럴 만도 했던 것이 정부가 어느 날(1970년 10월) 갑자기 '새마을 가꾸기 운동'이라는 이름 아래 마침 재고처리가 고민이었던 시멘트를 마을마다 일시에 내려보냈으니 정치 목적의 선심정책으로 보일 만도 했다. 전국 농어촌 3만 4,665개 부락에 300~350부대씩의 시멘트를 무료로 배급했다. 내놓고 말을 하지 않았을 뿐이지, 대부분의 공무원들도 정치사업으로 여겼다.

원래 박정희 정권은 1961년 군사혁명 초기부터 국민재건운동이라 해서 농촌 중심의 의식개혁 운동을 시도했으나 이내 흐지부지됐다. 실패 원인은 기본적으로 취지와 당위성만으로 준비 없이 밀어붙였기 때문이었다. 새마을운동을 둘러싼 박정희의 정치적 의도는 여기서 논의할 바가 아니다. 정치적으로 무엇을 노렸던가에 관계없이, 당시의 경제상황으로만 보면 그동안 몰두해온 수출 독려와 공장 건설에서 어느 정도 한숨을 돌린 박정희가 상대적으로 소홀했던 농촌문제에 눈을 돌릴 만한 때가 됐던 것이다. 야당의 정치공세에도 영향을 받지 않을 수 없었다.

처음에는 매우 단순한 구조로 출발했다. 그야말로 농촌 자조사업이었다. 정부는 시멘트를 나눠 주면서 농촌 주민들이 자금과 노동력을 제공해서 마을공동사업을 벌이도록 했다. 첫해의 새마을사업은 기대 이상의 성과를 거뒀다. 박정희는 내무부로 하여금 1차년도의 마을별 사업내용을 면밀히 평가토록 했고, 그 결과 1만 6,000여 마을이 좋은 평가를 받았다.

여기서 박정희는 뜻밖의 결단을 내렸다. 제2차 새마을운동(1972년)에는 좋은 평가를 받은 마을에만 추가로 시멘트 500부대와 철근 1톤씩을 지원토록 지시한 것이다. 이는 곧 나머지 1만 8,000개 농촌마을에 대해서는 전혀 지원하지 말라는 뜻이었다. 요컨대 자조 노력을 제대로 하는 농촌에 대해서만 지원하겠다는 가혹한 차별화 정책을 펼쳤던 것이다.(김정렴, 『최빈국에서 선진국 문턱까지』, 225쪽)

당시 여당인 공화당은 이 같은 정책에 강력히 반발했으나 박정희는 꿈쩍도 안 했다. '다가올 선거에서 공화당이 망할 수도 있다'면서 공화당 수뇌부가 들고 일어나서 재검토를 요청했는데도 박정희는 고개를 내저었다. 국무총리가 주재한 국무회의조차 새마을사업 2차년도 지원에 대해 균등지원을 의결했으나 대통령이 최종 결재과정에서 이를 다시 차등지원으로 뒤집었다. 김정렴(당시 비서실장)의 증언에 따르면

"설령 선거 때 표를 얻지 못해 정권을 내놓는 한이 있어도 신상필벌의 원칙만은 바꾸지 않겠다"고 강조했다는 것이다.

원안대로 계획은 하달됐는데, 다행히 지원 대상에서 빠진 마을 중에서 자력으로 새마을운동에 참여한 마을이 3분의 1 이상인 6,100개를 넘었다. 이를 계기로 전국 3만 5,000개 마을을 기초마을, 자조마을, 자립마을 등 세 가지로 나누고 정부 지원물자는 자조마을과 자립마을에만 배급했다. 새마을운동이 추구한 농촌소득 증대 사업은 1981년 목표 소득액 호당 140만 원을 1977년에 앞당겨 달성하게 된다.

대통령 박정희가 새마을운동에 대해 이처럼 정치적 배려를 정면으로 배척한 것은 주목할 만한 일이었다. 새마을운동이 한창 전국적으로 확대되는 1970년대 초반 여당인 공화당은 새마을운동 지도자들에게 당원 가입증을 나눠 주는 방안을 추진했으나 박 대통령은 "단 한 사람이라도 새마을 지도자를 신입 당원으로 가입시켜서는 안 된다"고 말하면서 정치적 개입을 철저하게 막았다고 김정렴은 회고록에서 말하고 있다.

새마을운동은 박정희에게 매우 특별한 의미를 지닌다. 그 자신이 발제해서 시작했을 뿐 아니라, 스스로가 새마을 지도자를 자처하면서 일종의 계몽군주적 자부심을 지녔었다. 새마을정신을 고취하는 노래까지 직접 작사 작곡했다. 그는 자신이 경제적 번영만 주도한 것이 아니라 정신세계까지 아우르는, 근면, 자조, 협동이라는 전 국민적 박정희 판 도덕재무장 정신운동의 한가운데 서 있다고 믿었다. 그 자신이 빈농 출신이라는 태생적 배경 또한 새마을운동을 통한 농촌 근대화의 열망을 더욱 강하게 만든 요인이었다. 그러나 새마을운동은 시간이 지나면서 당초의 성격이 급속히 변질되어갔다. 그 성패를 떠나 새마을운동이 박정희의 말대로 순수한 비정치적 자발적 국민 자조운동이라고 믿는 사람은 거의 없었다.

여당의 정치적 이용을 막았다고는 하나, 유신체제의 철저한 탄압과 통제 속에 여, 야를 막론하고 정치행위 여부를 따지는 것 자체가 별 의미가 없었기 때문이다. 심지어는 정부의 장차관들까지도 새마을교육에 의무적으로 소집되는 상황까지 빚어졌고, 환갑이 넘은 재계 원로들도 연수원 마당에 불려나가서 새벽 체조를 해야 했다. 정권의 핵심 인물들까지도 불만이 많았으나 입 밖에 내지 못했다.

미국도 새마을운동(New Village Campaign)에 대해 순수하게 보지 않았다. 박정희 정권이 새마을운동을 전국적으로 확산시켜나가는 데는 필히 정치 공작적인 숨겨진 의도가 있을 것으로 판단하고, 대사관을 통해 미국정부의 우려를 전달하기까지 했다. 이에 대해 박정희는 사람을 시켜 세계은행을 움직였다. 한국정부는 나서지 않은 채 세계은행으로 하여금 새마을운동은 한국 농촌개발정책에 아주 유용한 캠페인이라는 연구보고서를 내게 한 것이다. 미국은 새마을운동의 전개과정을 지켜보면서 박정희가 이미 유신 같은 거사를 염두에 두고 있는 것 같다는 낌새를 눈치채고 있었던 것일까.

아무튼 1972년 10월, 박정희가 계엄을 선포하고 국회를 해산하는 유신시대가 열리면서부터 새마을운동은 기존의 것과 전혀 차원을 달리하게 된다. 유신 이후의 정치 사회적 상황은 새마을운동의 대상을 농촌뿐 아니라 도시지역을 포함해 전국화해나갔고, 학교와 직장, 군대까지 확대해나갔다. 이 같은 현상이 아래서부터의 자발적인 참여와 건의에 따른 것으로 많은 책이나 자료에 기록되어 있으나 이는 사실과 다르다. 언론자유가 철저히 통제된 상황에서 위로부터의 일방통행식 개혁운동이었으며, 정부의 홍보와 강제력에 의해서 강력히 밀어붙여진 것이었다.

다시 말해 유신 이후의 새마을운동은 더 이상 순수한 차원에서의 농촌 잘살기 운동이 아니었다. 자조운동임에는 틀림없었으나 자발적이 아니라, 강제된 필수 의무 프로그램이었다. 박정희 자신도 공식 연설을 통해 "새마을운동은 곧 유신이요, 유신이 곧 새마을운동"이라고 했다. 새마을운동은 유신을 정당화시켜나가기 위한 민중동원 캠페인이자, 범국민 조직으로 성격도 바뀌었고 규모도 급속도로 확대 재생산되어갔다. 1976년부터 시작된 반상회 조직이 그 기본 단위였다. 이때 생긴 반상회는 1968년에 창설된 250만 향토예비군과 함께 유신시대 국민 조직의 양축을 이루게 된다.

결국 농촌개발운동에서 시작되었던 새마을운동은 시간이 지나면서 최고 통치자가 펼쳐나갔던 고도의 정치행위로 변해간 셈이다. 분명한 것은 새마을운동이 유신체제와 결합하면서 단순한 경제논리를 벗어나기 시작했고, 사회 전반에 걸친 국민 재교육 프로그램으로 전개되어갔다는 점이다. 물론 반대나 비판이 원천 봉쇄된 가운데였다. 어떤 의미에서는 새마을운동의 정치적 의도나 실행방식 등은 김일성이 북한에서 1960년 초부터 인민동원 캠페인으로 추진했던 천리마운동의

농촌 자조사업에서 출발해 유신을 위한 프로그램으로 발전한 새마을운동.

남한판이었다고 말할 수도 있을 것이다. 김일성이 말한 주체에 대비되는 단어가 박정희에게는 자주나 민족중흥이었다는 것이다.(김형아, 『박정희의 양날의 선택』, 249쪽)

아무튼 새마을운동은 비록 강압이 동원되긴 했어도 1970년대 내내 국민들의 자신감을 고취시키고 한국사회 전반을 변화시켜나가는 가장 중요한 개혁작업이었다. 그러나 그것의 추진과정에서 유신정권이 빚어냈던 비민주성이나 강압성, 과도한 전횡 등으로 인해 추구했던 당초의 정당성이나 순수성이 크게 훼손된 것도 부인할 수 없는 사실이다. 특히 새마을운동이 외국으로부터의 높은 평가에도 불구하고 국내에서 폄하되는 또 하나의 이유가 있다. 후임 대통령 전두환의 잘못이다. 새마을운동이 그렇지 않아도 유신체제와 맞물려 변질된데다가 후임자 전두환 시대에 이르러서는 동생 전경환이 기능적으로나 도덕적으로 완전히 망쳐놓은 것이다. 전두환 시대의 새마을운동본부는 본연의 모습은 온데간데없이 사라진 채, 전경환의 개인적 놀이마당이자 친인척 비리의 온상으로 전락해버렸기 때문이다. 물론 당시의 사회 분위기로는 새마을운동은 유신 잔재의 하나로 과거청산의 대상으로 전락했었다. 아무리 그렇다 해도 전두환이 동생 전경환에게 새마을운동본부를 맡긴 것 자체가 어처구니없는 과오였다. 전두환은 기본적으로 새마을운동이 한국사회와 경제에 어떤 역할을 했는지에 대한 기본 이해조차 없었다. 그저 점퍼 차림에 사람 만나면서 여기저기 돌아다니는 것이 새마을운동인 줄 알고 아무 생각 없이 친동생에게 한자리 준 것이었다.

2장 유신 시대

북한의 위협 그리고 유신

북한 변수는 한국경제에 플러스였는가, 아니면 마이너스였는가? 남북 분단 현실은 한국경제에 여러모로 큰 영향을 미쳤고, 계속 그래 왔다. 없는 살림에 힘겨운 국방비를 감당하느라 자원배분에 심각한 왜곡을 일으켜온 측면도 있으나 한편으로는 한국경제로 하여금 끊임없는 긴장과 도전의 끈을 늦출 수 없게 만든 긍정적인 측면도 있었다. 이승만의 농지개혁 정책이 실현되는 과정에서 북한의 공산화 위협이 결정적 역할을 했듯이, 박정희 경제에도 다방면에 걸쳐 큰 영향을 줬다. 경제개발계획이나 중화학공업 육성 등도 그러한 예다.

사실 북한경제는 오랫동안 한국경제보다 우위에 있었다. 해방 이후의 북한경제는 압도적으로 남한을 앞섰으며, 전쟁 파괴 이후에도 빠른 복구능력을 보였다. 이른바 계획경제도 한국보다 한발 앞섰으며 중화학공업 육성, 특히 무기제조 능력은 소련 등의 적극적인 도움으로 남한과 비교도 안 될 정도로 우위를 유지했다. 앞서 살폈듯이 장면 정권은 공개적으로 북한과의 경제격차를 국민들에게 호소하면서 분발을 촉구했을 정도였다. 1960년대만 해도 공업화 측면에서나 국민소득 면에서 남한이 북한을 따라잡기 어려운 형편이었다.

이 같은 북한의 존재가 군인 출신 박정희 대통령에게 어떤 영향을 줬을까. 박정희에게는 두 가지 피가 흐르고 있었다. 하나는 경제개발에 대한 집념의 피요, 또 다른 하나는 자나 깨나 북한 위협을 생각하는 군인의 피였다고 할 수 있다. 쿠데타 이후 1960년대는 기업의 창업자 CEO처럼 사업을 구상하고 벌이고 일일이 챙기는 것에 에너지의 대부분을 집중시켰던 기간이었다. 그러나 1960년대 말부터 1970년대 초에 걸쳐 북한의 무력 도발이 심해지면서 박정희는 경제개발뿐 아니라 군사력 증강 쪽으로, 다시 말해 군 출신 대통령으로서의 특성을 여실히 드러낸다. 소위 '싸우면서 건설하자'는 슬로건이 1970년대 전반을 지배하게 된다. 엄밀히 말하자면 경제개발 노력도 박정희에게는 북한 공산체제로부터의 자구책이었다고 볼 수 있다. '반공을 국시의 제1로 삼는다'는 혁명공약의 시작이 바로 그러한 증거다.

그러나 박정희 정권이 북한 변수를 정권 유지 차원에서 자주 활용했던 것은 사실이다. 특히 중앙정보부나 보안사령부 등을 중심으로 정치적 반대세력과 민주화 세력들을 북한 지지세력으로 몰아 탄압을 가했다든지, 북한으로부터의 위협 요인을 정치적 목적으로 확대 선전하기도 했다. 반공을 위한 개발독재가 아니라, 반공이 개발독재를 위한 도구로 쓰이기도 했다는 것이다.

그럼에도 불구하고 부인할 수 없는 것은 박정희 정권의 정치적 의도와 관계없이 북한의 위협이 엄연히 존재했다는 사실이다. 북한 도발은 1960년대 후반부터 부쩍 심해졌다. 청와대를 습격했던 무장공비사건(1968년 1월)을 비롯해 미 푸에블로호 납치사건이 잇따라 터졌고, 1970년에는 서해안 연평도에서 북한 고속정이 남한 경비정을 납치해 갔고, 울진 삼척에 100여 명의 공비 침투사건 등이 잇따랐다. 걸핏하면 무장공비가 여기저기서 출몰했다. 반면에 미국은 닉슨 독트린 선언과 함께 미군 제7사단을 철수시켰고 베트남전쟁은 날로 패색이 짙어져 가고 있는 상황이었으며, 당시 남한 군사력은 북한의 절반 수준이라 했다.

박정희에게 자주국방 문제가 화급한 정책과제로 부상한 결정적인 계기는 "대통령 목을 따러 왔수다"라며 자신을 살해하려 했던 청와대 공비 침투사건이었다. 국가원수를 죽이기 위해서 33명의 특공대가 서울 핵심을 기습하는 일이 벌어졌으니 하마터면 전쟁이 촉발될 수도 있는 상황이었다. 미국이 한국에 특사를 보내 군사차관을 중단할 수도 있다며 남한의 보복 조치를 막았다.(남한 대통령 암살기도는 6년 뒤 또 한 차례 시도됐다. 1974년 박정희의 부인 육영수 여사가 살해된 사건이 바로 그것이다.)

공비출몰의 불안 속에 250만 향토예비군이 창설됐다. 전 국민들에게 일련번호를 부여하는 주민등록번호제도가 그해 말부터 시작됐다. 1968년은 매우 중요한 해였다. 이 같은 북한 변수가 박정희의 경제정책에도 영향을 줄 수밖에 없었다. 단적인 사례가 고속도로를 비행기 활주로 겸용으로 건설하는 것이었다. 경부고속도로를 건설하면서 서울-수원 간 상당 거리에 중앙분리대를 없앴는데, 이것은 유사시 전투기 활주로로 사용코자 하는 군사적 목적에 의한 것이었다. 박정희의 산업혁명 방향은 알게 모르게 무기 생산능력을 갖추는 쪽으로 옮겨가고 있었다. 중화학공업 육성 선언은 1973년 1월이었으나 북한 위협에 대처하기 위한 무기공장 건설 추진은 훨씬 전부터였다.

북한 변수가 가장 결정적인 역할을 한 것은 뭐니 뭐니 해도 헌정을 중단시킨 1972년 '10월 유신'이었다. 1969년의 3선개헌에도 불구하고 영구집권이나 다름없는 유신을 도모한 유일한 명분은 북한으로부터의 위협이었다. 물론 아무리 북한 위협이 심각해도 국내 정치기반이 탄탄했다면 유신 같은 비상수단을 동원하지 않았을 것이다. 3선개헌 추진과정에서 정치기반이 심하게 손상된데다가, 1971년 선거에서 김대중을 간신히 이긴 것이 박정희를 더 불안하게 만들었다. 그 같은 국내 정치 불안이 유신을 부른 가장 직접적인 근인이라고도 할 수 있을 것이다.

어쨌든 유신은 기존의 새마을운동과 결합하고, 유신체제를 토대로 중화학공업 육성 정책이 많은 반대와 부작용을 헤치고 일사불란하게 추진될 수 있었다. 유신은 언론규제를 포함한 어떠한 정치탄압도 정당화시키는 비상조치였으므로 경제 쪽에서는 숨소리도 내지 못했다. 더구나 불과 2개월 전 8·3사채동결이라는 메가톤급 충격조치가 있었기에 재계는 정부의 지시나 방침에 절대적 순응만 보일 뿐이었다.

결국 새마을운동이나 유신의 원천이 어떻든 간에, 현실적으로 중요한 것은 그것들 모두가 북한의 위협 속에서 태어났고, 서로가 결합해가면서 1970년대 한국의 정치, 경제, 사회를 이끌어갔다는 점이다.

경제 쪽에서는 중화학공업의 육성정책이 그 대표적인 사례라 할 수 있다. 중화학공업의 중심 역할을 했던 청와대 경제 제2수석 오원철에 따르면 "중화학공업화가 유신이고, 유신이 중화학공업화라는 것이 쓰라린 진실"이라고까지 말하고 있다. 중화학공업이 성공할 수 있었던 전제조건은 강력한 권위주의였으며, 정치적 간섭이나 반대 없이 정부의 테크노크라트들이 합의된 계획을 자유롭게 실행할 수 있었기 때문이라는 것이다.(김형아, 『박정희의 양날의 선택』, 294쪽) 이처럼 중화학공업 추진과 유신을 한 묶음으로 봐야 한다는 견해는 상당한 설득력을 지닌다. 민주적 토의절차나 의견수렴 절차를 정상적으로 밟아나갔더라면 도저히 추진될 수 없는 정책이었기 때문이다.

그러나 오늘의 중화학공업 발전을 꼭 유신체제의 공로로 말하는 것은 지나친 비약이다. 우선 기업 스스로의 역할에 대한 검토가 전혀 반영되지 않았기 때문이다. 별도의 연구나 분석도 없었고, 모든 공과를 관료 중심의 일방적 판단에 의존해왔다. 그것이 과연 정당한가? 정부의 지원이 지대했던 것은 사실이나 사업의 주체는 어디까지나 기업이었음을 감안해야 한다. 더구나 절치부심으로 과잉투자의 부실과 무리를 극복해나간 과정은 기업 스스로의 노력과 주도로 이뤄졌기 때문이다.

물론 유신체제가 아니었다면 짧은 시간 안에 그 같은 대규모의 투자는 불가능했을 것이 틀림없다. 그러나 극심한 정치적 저항을 초래했다든지, 무리한 과잉투자로 엄청난 부작용을 유발했다는 점에서 보면 오히려 유신체제를 바탕으로 빚어진 부정적 측면 또한 심각했음을 부인할 수 없다. 따라서 중화학공업의 성공여부와 유신이라는 정치적 환경 사이의 상관관계를 계량화해서 증명해내기란 불가능한 일이다.

만약 유신이 없었다면 어떻게 되었을까. 유신이 아니어도 박정희는 3선개헌으로 1975년까지 대통령을 하게 돼 있었다. 그랬으면 그의 집권은 1961년부터 따져서 14년간이 되었을 것이며, 비록 중화학공업의 진척이 다소 늦어졌다 해도 경제정책뿐 아니라 전반적인 국정운영이 훨씬 합리적으로 균형 있게 전개됐을 가능성이 컸다고 볼 수도 있지 않겠는가. 더욱이 박정희에 대한 부정적인 평가가 주로 유신체제 중의 지나친 억압정치의 폐해에 쏠려 있는 점을 감안하면, 3연임을 마지막으로 평화적 정권 교체를 실현했더라면 박정희에 대한 평가는 지금보다도 훨씬 긍정적이었을 것이다. 물론 가정을 전제로 하고 하는 이야기다.

중화학공업 육성은
안보정책

중화학공업 육성정책처럼 논란이 심했던 경제정책도 드물 것이다. 대통령 박정희는 많은 반대를 무릅쓰고 질풍노도처럼 밀어붙였고, 한때는 그것 때문에 나라경제가 망한다는 비난이 팽배했었다. 박정희 정권에서 재무부장관과 부총리 겸 경제기획원장관을 9년 동안 역임했던 남덕우는 회고록 『경제개발의 길목에서』에서 이렇게 말하고 있다.

"국내외 경제학자들과 언론들은 중화학공업에 대한 과잉투자 때문에 한국경제가 망할지도 모른다고 떠들어댔다. … 그러나 지금 와서 돌이켜 보면 과잉투자를 조정하느라 정부가 크게 고심했지만 만약 그때 중화학공업을 추진하지 않았으면 오늘의 한국경제가 어떻게 됐을까 하는 생각이 든다. … 중화학공업 건설은 경제적 타산만으로 되는 일은 아닌 것 같다. 일본정부도 중화학공업을 집중적으로 지원했던 1950년대 초 중앙은행과 경제전문가들로부터 심한 공격을 당했다."

비판도 많았고 어려움도 많았으나 지금 와서 보면 중화학공업 육성이 잘한 정책이었다는 점을 남덕우는 말하고 있는 것이다. 동기야 어떠했든 간에 결과만 놓고 지금에 와서 보면 박정희의 중화학공업 정책 추진은 한국경제 미래를 위한 기막힌 선택이었다. 신발, 섬유산업 등 경공업 분야를 비롯해 웬만한 제조업은 거의가 중국을 위시한 개발도상국들에 넘겨주고 있는 현재의 한국경제 상황을 생각할 때 1970년대의 중화학공업 육성은 대단한 선지적(先知的) 정책 선택이었던 셈이다.

무리를 무릅쓰고 그때부터 제철, 기계, 석유화학, 전자산업 등을 밀어붙이지 않았다면 지금의 한국경제를 무엇으로 지탱해나가고 있을까. 박정희의 중화학공업 육성은 전반과 후반으로 구별해서 봐야 한다. 흔히 말하는 중화학공업 육성은 1973년 1월 대통령 특별선언 이후의 정책을 가리키는데, 그렇다면 그 전에는 중화학공업이 없었다는 말인가. 물론 그렇지 않다. 중화학공업 육성은 이미 오래된 이야기다. 혁명 초기의 울산공업단지 건설을 비롯해 비료공장이나 포항제철소 건설 같은 사업들이 중화학공업이 아니고 무엇이었겠는가. 다만 역량이 부족해서 섬유나 신발 등 경공업이 산업구조의 주류를 이뤄왔고, 중화학공업의 비중이 상대적으로 매우 낮았다. 따라서 경제가 발전함에 따라 우리의 산업구조도 하루빨리 부가가치가 높고 기술 집약도가 높은 중화학공업 쪽으로 전향시켜야 한다는 담론들이 많았다.

실제로 경제기획원 차원에서 관료들이 1970년 중화학공업 육성책이라는 것을 만들어 발표했었다. 그러나 이것은 후일 박정희 대통령이 터뜨린 폭탄선언과는 전혀 다른 성격의 것이었다. 불황 타개의 일환으로서 노동집약적인 기존 산업구조를 업그레이드시켜 중화학공업 쪽으로 점진적으로 옮겨가야 한다는 지극히 온건한 내용이었다.

하지만 1973년 1월의 대통령 특별담화 내용은 그게 아니었다. 마치 통화개혁이나 긴급조치 발표를 방불케 했다. 준비과정 자체가 실제로 박정희 대통령의 특명사항으로 김정렴 비서실장, 오원철 경제 제2수석을 중심으로 철저한 보안 속에 이뤄졌다. 남덕우 재무장관도 전체 윤곽이 성안된 다음에야 알았다. 도대체 박정희는 무슨 생각에 이 같은 일을 꾸몄던 것일까. 경제적 관점에서도 물론 설명이 가능하다. 그는 원래부터 일본경제의 산업구조 진화과정에 관심이 많았다. 기존의 경공업 중심 수출만으로는 지속성장에 한계가 있다는 문제의식으로 늘 고민하던 박정희에게 일본은 좋은 선생님이었다. 1960년대 중반부터 국내외적인 반대를 무릅쓰고 종합제철사업을 벌여나갔고, 비료공장을 비롯한 석유화학단지를 만들어나갔던 것도 앞서가는 일본을 지켜보면서 영향을 받은 바가 컸다.

그러나 1970년대에 들어오면서 추진한 박정희의 중화학공업화 육성정책은 단순히 경제정책 차원의 문제가 아니었다. 엄밀히 말하자면 중화학공업 육성이 아니라, 방위산업 또는 군수산업 육성이었고, 무기공장을 만드는 것이었다. 따라서 단순한 경제정책이라기보다는 국가안보정책이요, 군사대책 쪽에 더 무게가 실린 정책이었다. 북한의 위협은 갈수록 심각해지고, 미국이 빠른 속도로 한국의 방위 부담을 줄여가는 상황 속에서 취한 박정희 나름의 고육지책이었다. 한쪽은 10월 유신을 통한 집권 연장이었고, 다른 한쪽은 중화학공업 육성이었다.

당시만 해도 한국군의 기본 화기는 제2차 세계대전 때 미군이 쓰던 M-1소총이었다. 박정희는 청와대 기습사건을 계기로 미국으로부터 M-16자동소총 생산공장을 한국에 세워준다는 약속을 어렵사리 받아냈다. 그것도 3년여의 실랑이를 벌인 끝에 1971년에 건설을 시작해 1972년에야 완공했다. 무기산업의 어려움을 절감했다. 박정희는 본격적인 무기 국산화를 진두지휘하며 박차를 가했다. 1970년 8월 무기개발을 전문적으로 연구할 국방과학연구소를 창설하고, 부총리 김학렬에게 특수강 공장을 비롯해 무기생산에 필요한 공장 건설을 계획하고 그에 필요한 소요자금 조달 방안을 마련하라고 지시했다. 그의 생각은 확실했다.

"자주국방만이 우리가 살길이다. 미국 측 방침에 일희일비하는 처지를 빨리 벗어나야 한다. 자주국방에는 막대한 내외자가 소요되므로 경제가 잘돼야 한다. 첨단 정밀무기는 비싸기 때문에 외화는 신종 고성능 무기 도입에만 쓰고 전통적 기본 무기는 하루빨리 국산화해야 한다. 비서실장은 이 점을 각별히 유의해서 추진해주기 바란다."

(김정렴 회고록, 387쪽)

1972년 국산 병기 시험 발사장에서 시제품을 살펴보고 있는 박정희 대통령.

김학렬 부총리를 중심으로 '4대 핵공장 사업단'이라는 TF가 구성되었는데, 그 내용은 종합기계·조선·주물선(鑄物銑)·특수강 등 4개 분야를 말하는 것이었다. 이들 4개 분야 사업이란 선박·탱크·장갑차·대포 등을 말하며, 이들 전쟁무기를 자체 생산토록 하자는 것이었다. 탄피와 총알을 만드는 구리공장 건설도 비밀리에 함께 추진되었다. 그러나 중소기업 수준의 주물공장이나 주방용기 만드는 구리공장을 가지고 하루아침에 고도의 정밀기술과 특수강재들을 전제로 하는 무기생산이 어찌 가능했겠는가. 각 분야의 기술과 기술자, 경험 그리고 기본설비가 있어야 했다. 한국이 가지고 있는 것은 의욕뿐이었다.

우선 사업으로서의 비즈니스 모델이 나와야 하는데, 그게 없었다. 사업모델도 없는 막대한 투자에 누가 돈을 대겠는가. 특히 외자를 빌려오는 것은 불가능했다. 아무리 국가적으로 필요한 방위산업이라 해도 경제 부담을 가급적 줄일 수 있는 방안, 손해를 덜 보는 방안이 마련되어야 했다. 경제기획원이 1년 동안 애를 썼으나 아무런 성과를 올리지 못했다. 오원철 상공부차관보가 여기서 결정적인 비즈니스 모델을 대통령에게 제시했다. '모든 무기는 부품으로 조립된다'는 점에 착안했다. 처음부터 완제품 무기생산 공장을 건설한다는 고정관념을 버리고, 평소에는 일반 시장에서 팔릴 수 있는 관련 부품을 생산토록 하다가 유사시에 그 부품들을 무기로 조립하면 되지 않겠느냐는 것이었다.

방위산업을 정부가 실질적으로 육성할 수 있는 명분과 꾀를 오원철이 제공한 셈이었다. 1971년 11월 박정희는 오원철을 경제 제2수석으로 청와대로 불러들여 본격적인 작업을 시작하게 했다. 경제적으로는 부품소재산업부터 육성하는 것이 기업부담도 덜 되고 기술 습득이나 제조 역량을 높여나가기 위해서도 바람직한 방법론이었다.

그러나 박정희는 급했다. 1972년 신년사에서 "북한의 위협에 대응하기 위해서는 우리의 손으로 총을 만들고 국군의 장비를 현대화해야 한다"는 점을 강조했고, 국방부는 이 뜻을 받드느라 독자적으로 민간 업체를 지정해서 주요 무기 생산에 착수했다. 하지만 이내 실패를 인정할 수밖에 없었다. 애써서 만든 총은 총이 아니었다. 시험사격에서 총알은 과녁과는 전혀 다른 엉뚱한 방향으로 날아갔다.

1973년 박정희 대통령이 연두기자회견에서 밝힌 중화학공업화 선언은 이런 시행착오를 거쳐서 탄생한 것이다. 당장의 무기생산이 불가능함을 깨닫고, 차선책으로 다소 기간이 걸려도 돌아가기로 한 것이다. 철강·비철금속·조선·전자·기계·화학 등 6개 중화학공업을 선정했고, 업종별로 특화된 공단들을 전국에 지정했다. 이 같은 웅대한 계획들은 수출 100억 달러, 1인당 국민소득 1,000달러라는 캐치프레이즈로 멋지게 포장됐다. 창원기계공업단지의 경우는 아예 방위산업 건설 추진을 전제로 만들어졌다. 방위산업체로 지정되면 평상시 작업량의 80%는 민수용, 나머지 20%는 방산용의 비율을 원칙으로 삼았다. 조선소도 물론 전쟁 때 쓰일 것을 전제로 독(dock)을 건설했다.

일련의 계획 추진은 오원철 경제 제2수석을 중심으로 한 청와대 조직에 의해 돌아갔고, 애당초 소극적이었던 경제기획원은 도와주기는 커녕 뒷다리를 잡는다는 이유로 추진과정에 끼워주지도 않았다. 대통령의 뜻을 받드는 비서실장 김정렴은 오원철을 편들었다. 마침 시작된 유신체제는 정부의 중화학공업 정책에 대해 반대와 비판을 허용치 않았다. 추진계획에는 재원 조달책조차 전혀 마련되어 있지 않았다. 첫 공식회의에서 재무장관 남덕우가 재원조달 문제를 제기했으나 그것은 재무장관이 해결해야 할 과제임을 확인받았을 따름이었다.

남덕우 재무장관은 궁리 끝에 일본정부가 운용하고 있는 자금운용계정이라는 것에서 힌트를 얻어 국민투자기금이라는 중화학공업 전용 호주머니(정책금융)를 별도로 만들었다. 은행의 저축성 예금의 연간 증가액의 일정 비율만큼을 채권으로 인수케 하는 방법으로 중화학공업 재원을 마련토록 하는 것이었다.(국민투자기금은 30년간 23조 원을 동원하고 폐지됐다.) 남덕우는 내키지 않은 이런 자금조달 방법에 대해 다음과 같이 증언하고 있다.

"이렇게 함으로써 각 부처들이 해당 기업이나 산업을 지원하기 위해 별도로 은행에 대출압력을 가할 필요가 없고 또 할 수도 없게 됐다. 은행을 과도한 외부 간섭으로부터 보호하자는 것이 나의 숨은 의도였다. 후일 경제학 교수들이 국민투자기금을 금융 탄압의 본보기처럼 매도했는데, 내 딴에는 오히려 금융기관을 폭풍으로부터 보호하기 위한 방어 수단이었다."

세월이 흐르고 지금에 와서 보니 그러길 잘했다는 것이지, 정통 경제학자 출신인 남덕우 역시 재무장관으로서 당시 박정희의 중화학공업 육성에 대해서 적극 찬성했을 리 없었다. 대통령의 결심을 소화하는 차원에서 대책을 마련했던 것이다. 경제기획원의 반대는 더 노골적이었다. 『비사(祕史) 경제기획원 33년』(김흥기 편)은 이렇게 적고 있다.

"기획원 관료 입장에서는 청와대의 중화학공업 추진방식에 전적으로 찬동하기가 어려웠다. … 추진방식도 독특했다. 우선 육성해야 할 산업분야를 제시하고 이를 담당할 개별기업을 선정한 다음, 해당 분야의 수익성이 높으면 수익성이 낮은 다른 분야를 끼워서 맡기는 식이었다. 예컨대 전자산업에 석유화학 산업을 끼워서 사업을 시키는 것이었다. 또한 투자 위험을 감수하는 기업을 보호하기 위해 외국기업이나 다른 한국기업들의 투자를 금지시켰고, 대출금리도 물가상승률보다 훨씬 싸게 낮춰줬다."

정부가 투자할 분야와 규모, 기업, 자금 지원까지 모두 지정하고 지시했다는 이야기다. 관료들 중에는 이 같은 분위기 속에서 내놓고 말은 못해도 자금탱크로 만들어진 국민투자기금에 대해 내심 못마땅해 하는 사람들이 많았다. 시장금리가 17%가 넘는 가운데 10% 이하의 금리로 지원하면 결국 다른 산업 부문의 희생으로 중화학공업을 보조하는 것 아니냐는 반론이었다. 뿐만 아니었다. 중화학 투자집중에 따른 통화증발, 대기업 위주 산업구조 가속화, 나아가서는 정경유착의 심화 등 많은 부정적 측면들을 지적할 수 있을 것이다.

그럼에도 불구하고 밀어붙여진 중화학공업 육성은 엄청난 도전이자, 그 시대로서는 위험부담이 높은 벤처사업이었다. 부하의 암살로 정권이 종말을 맞자, 중화학공업 추진은 하루아침에 천덕꾸러기 신세로 전락했고, 실무 총책이었던 오원철은 신군부로부터 경제를 망쳤다는 죄목으로 심한 고초를 겪어야 했다. 박정희 정권이 졸지에 막을 내렸을 당시, 그의 경제개발 공적은 막판의 중화학공업 투자 실패로 몽땅 날아갔다는 분석이 정설처럼 여겨졌었다. 그만큼 중화학공업 육성의 부작용이 심각했던 것이다. 그랬던 것이 시간이 지나고 구조조정을 거쳐, 한국경제가 1980년대 중반에 들어서면서 새롭게 도약하는 데 결정적인 역할을 하게 될 줄 아무도 예측하지 못했다.

부가가치세 도입

어느 시대든 백성들의 원성을 사지 않고 세금을 잘 걷는 지도자는 드물었다. 그만큼 세금정책이 가장 어렵다는 말이기도 하다.

"세금을 내지 않고 살아온 우리의 국민성과 이에 편승해온 세무관리들 그리고 일반 국민의 조세에 대한 무관심 등에 비추어 한국에서 세수를 통해 경제발전의 투자재원을 마련한다는 것은 거의 불가능에 가까운 일이라고 낙담하기까지 했다."

이승만 정권 때 재무장관으로서 세금제도 구축을 주도했던 송인상은 뒷날 당시의 어려움을 이렇게 밝혔었다. 돌이켜보면 세금제도는 건국 이후 한 해가 멀다 하고 개혁이라는 이름 아래 수없이 손질해왔다. 나라 살림을 미국 원조에 절대적으로 의존해왔으며, 일반 국민이나 기업들이 세금 낼 능력도 없었고, 정부 스스로도 세금 걷는 제도를 제대로 갖추고 있지도 못했다. 악순환의 연속이었다. 미국 원조가 줄어들기 시작하면서 사정이 달라졌다. 경제개발 5개년계획 추진으로 정부 씀씀이는 급속히 커지는 마당에 원조의 돈줄은 줄어들고 있었으므로, 이를 뒷받침하기 위한 세금제도가 박정희 시대에 들어오면서 비로소 만들어지기 시작했던 것이다.

그러나 세금은, 매기는 정책이나 걷는 정책 모두가 어렵다. 세금 걷는 제도를 만들고 고치는 일은 워낙 전문적이고 복잡한 일인 반면, 세금 걷는 일은 그 사회의 수준이나 부정부패와 직결되어 있는 문제다. 박정희 대통령도 공장이나 고속도로 건설을 지휘하고 수출을 독려하는 것은 직접 나섰지만 세금정책에는 끼어들 수가 없었다. 부정부패 등의 비리사건이 터져 나올 때 호통치고 엄단을 지시하는 것이 고작이었다.

이런 풍토에서 세금제도를 구축하는 데 길잡이 역할을 했던 인물은 비서실장 김정렴, 그리고 재무장관 남덕우 콤비였다. 김정렴은 깊은 신뢰를 바탕으로 장기적 안목에서의 합리적 세제 구축 필요성을 박 대통령 머릿속에 깊이 심어줬고, 남덕우는 학자 출신답게 원리 원칙에 입각해서 기존 세제의 틀을 실제로 고쳐나갔다.

그 첫 시작이 1971년 만들어진 장기세제의 방향이라는 것이었는데, 장차 직접세 부문은 소득세를 완전히 종합소득세제로 전환하는 한편, 간접세는 부가가치세제를 도입한다는 것이 핵심 내용이었다. 그중에서 박정희 시대가 넘었던 가장 높은 산은 부가가치세제 도입이었다. 도입 검토에서 실시까지 무려 6년 반이 걸렸으며, 이 세금으로 인한 조세저항이 박정희 정권의 종말을 고하는 도화선의 하나였다는 평가가 있을 정도로, 경제뿐 아니라 정치적 의미까지 상당했던 세금이었다. 부가가치세의 도입은 지극히 실무적인 데서 출발했었다. 박정희 대통령도 몰랐었고, 재무부 안에서도 이것에 대해 제대로 아는 사람이 없었다. 이것의 첫 시작은 남덕우 재무장관에 의해서다.

> "재무장관이 되고 나서 보니까 여러 간접세들이, 세금의 종류에 따라 세금 매기는 기준이 너무 복잡하기 짝이 없었다. 특히 회계장부나 거래기록을 제대로 갖추지 못한 중소기업이나 영세업자의 경우에는 영업세를 세무공무원이 자기 주관적인 판단대로 결정하는 게 현실이었다. 자연히 부작용이 따를 수밖에 없었다. 근거과세가 아닌 인정과세는 조세마찰의 원인이 될 수밖에 없었고, 국회에 나갈 때마다 정치공세의 표적이 되어왔다. 나는 유럽 국가에서 모든 간접세를 부가가치세로 통합했다는 것을 어떤 잡지에서 읽은 적이 있으나 구체적인 내용은 모르고 있었다. 어느 날 청와대에서 파견 근무하고 있던 김재익 박사에게 물었더니 소상하게 설명해줬다. 모든 거래 단계마다 부가가치가 발생하므로 그 일정률을 세금으로 흡수하는 제도라는 것이며 가장 과학적이고 합리적인 세제로서 유럽 선진국들이 이 세제를 채용하고 있다는 것이었다."
>
> (남덕우 회고록, 『경제개발의 길목에서』, 122쪽)

남덕우는 본격적인 부가가치세 도입 추진을 위해 1974년 최진배 세제국장과 김재익 박사, 김종인 교수 등을 유럽에 파견했고, 이들의 의견을 토대로 1976년부터 시행토록 실시 시간표를 짰다. 남덕우가 부총리 겸 경제기획원장관으로 옮겨감에 따라 후임 재무장관 김용환이 바

통을 이어받아 본격적으로 실무작업을 완성하고 어렵사리 1977년 7월
1일부터 실시하기에 이른다.

> "남덕우 재무장관으로부터 1976년까지 완전한 종합소득세 실시와 부가
> 가치세를 도입하겠다는 정책에 대한 협의를 받은 나는 전적으로 동의하
> 고 필요한 협조를 약속했으며 별도로 부가가치세를 연구한 한국은행의
> 김재익 박사, 서강대 김종인 박사의 건의도 각각 들어 부가가치세 도입을
> 적극 지원할 것을 내심 다짐한 바 있다."
>
> (김정렴 회고록, 『최빈국에서 선진국 문턱까지』)

부가가치세의 행정적인 추진은 재무부 세제국에 의해서 진행되었
으나 원래 진원지는 한국은행에서 청와대 비서실에 파견 나가 있던 김
재익이었다. 그가 남덕우를 비롯해 재무부 세제국 실무자들을 집요하
게 설득했으며 청와대의 김정렴 비서실장과 김용환 경제수석 등에게
부가가치세 도입의 필요성을 주입시키고 이론적으로 무장시켰던 장
본인이었다.

아무튼 부가가치세 도입을 둘러싸고 정부 안에서나 국회 입법 과정
에서도 수많은 우여곡절이 있었는데, 분명한 것 한 가지는 대통령 박
정희는 전혀 간섭하지 않았다는 점, 어디까지나 장관이 책임지고 실
무적으로 장단점을 잘 따져서 검토하도록 자유토론 분위기를 보장해
줬다는 점이다. 특히 부가가치세라는 새로운 이름의 중요한 세금이 탄
생하는 과정에서 정치 쪽과는 상의도 없었고, 국회 또한 이런 정부의
일방적 독주에 대해 '너무하지 않느냐'는 시비도 걸지 않았다. 세금에
대한 국회의 기본적 소임이 무엇인지에 대해 정부는 물론이고 국회의
원들 자신들도 관심이 없었던 시대였다.

그러나 원래 법이 정했던 실시 시기인 1977년 7월 1일이 막상 다가

오면서 사방에서 연기론이 제기되기 시작했다. 정부 안에서조차 경제기획원 물가정책국 실무자들이 물가상승 자극을 이유로 7월 1일 실시에 이의를 달았다. 과정이야 어떻게 되든 간에 최종소비자에게 부가가치세가 물려지는 만큼, 가뜩이나 불안한 물가에 치명적인 영향을 줄 것이라는 주장이었다.

여기서 주목할 것은 이 문제에 대한 중앙정보부의 입장이다. 박정희 시대의 중앙정보부 역할은 원래 무불간섭(無不干涉)이었으나 그래도 경제정책에 직접 끼어드는 경우는 드물었다. 부가가치세제는 달랐다. 중앙정보부의 여론 수집에 따른 정세 판단으로는 부가가치세 도입이 무리이며 조세저항이 심각할 것이라 봤다. 세금 문제는 다른 경제정책과 달리 조세저항이 심각할 경우 정권 차원에서도 문제가 생길 수 있다고 판단했던 것이다.

이 같은 중앙정보부의 판단은 당연히 어떤 경로든 대통령에게 전달되었고, 경제부처에도 영향을 미쳤다. 당시 KDI(한국개발연구원)는 물가 문제를 우려해 실시 연기론을 폈었다. 중앙정보부는 자기들의 여론수집 결과에 경제전문기관인 KDI의 이 같은 견해를 더해 정부 쪽에 반대 입장을 전달하기도 했다. 당시 KDI 원장 김만제는 당시를 이렇게 회고했다.

"당시 물가불안이 워낙 심각했던 때였고, 부가가치세의 실시가 물가를 자극할 가능성이 컸기 때문에 KDI로서는 실시 시기를 연기하는 것이 맞는다고 판단했다. 그래서 KDI 이름으로 언론에 실시 시기 연기론 보도자료를 내는 안을 검토하기까지 했었다. 중앙정보부 쪽에서 우리 의견을 물어왔던 것도 사실이다. 아무튼 부가가치세 실시 연기 여부를 최종 결정하는 대통령 주재 회의 직전에 남덕우 부총리를 만나서 '꼭 실시 연기를 주장해야 한다'고 당부했었다."

남덕우 부총리는 원래 부가가치세 도입 추진작업을 시작했던 장본인이 아닌가. 그러나 물가안정의 책임을 맡은 부총리 입장에서는 아무래도 부가가치세 실시에 따른 물가불안을 더 걱정해 오히려 실시 연기 쪽으로 생각이 기울었고, 막상 대통령 주재 최종 회의석상에서도 연기론을 폈다.

"박 대통령은 1977년 6월 13일 청와대에서 이 문제에 대한 당정협의를 가졌다. 연기 여부를 둘러싸고 열띤 토론이 벌어졌다. 박 대통령은 사안의 중대성에 비추어 이례적으로 참석자 모두에게 한 사람 한 사람 소신을 개진토록 했다. 장예준 상공부장관은 반대, 최각규 농수산장관은 찬성, 남덕우 부총리 겸 경제기획원장관은 6년 전 재무부장관 때 장기세제 방향을 발표하면서 부가가치세 도입을 주장해 비로소 부가가치세 도입에 대한 연구 검토가 시작됐는데 연기를 주장했고, 최규하 국무총리도 연기를 주장했다. 연기를 지지하는 의견이 다수를 차지했고, 대세는 바야흐로 연기 쪽으로 기우는 듯했다. 나는 막판에 다음과 같은 요지의 의견을 진술했다. … 나의 마지막 진술이 끝나자 박 대통령은 당초 방침대로 1977년 7월 1일부터 시행키로 단안을 내리고 세율은 10%로 결정짓고 회의를 끝냈다."(김정렴 회고록)

부가가치세의 실시 시기를 결정하는 최종회의는 대체로 연기 쪽으로 기울었으나 비서실장 김정렴의 막판 뒤집기로 '예정대로 실시'로 결판난 것이었다. 남덕우는 후일 자신의 회고록에서 "부가가치세의 도입은 어려움도 많았지만 과세의 투명화와 공평성을 위해 불가피한 시책이었다. 오늘날 이것이 정부 조세수입의 주축이 됐다"고 기록하고 있다.

어찌 됐건 이듬해 1978년 선거에서 여당이 패배하면서 대폭적인 개각이 단행됐는데, 이때 경제팀의 경질이 실시된다. 비서실장 자리에서 9년 3개월 동안 경제를 총지휘해온 김정렴을 비롯해서 부총리 겸 경제기획원장관 남덕우, 재무장관 김용환 등…. 이런 일이 없었다. 모두 박정희 경제를 오랫동안 이끌어왔던 핵심 인물들이다. 두 가지 의미를 끄집어낼 수 있을 것이다. 성장 일변도의 정책을 안정화 쪽으로 선회하는 마당에 정책 주역들을 대폭적으로 물갈이한다는 측면과, 또 한편으로는 부가가치세 실시가 초래한 조세저항이 여당에게 정치적 패배를 안겨줬다는 문책성 인사의 성격도 배제할 수 없었다는 점이다.

과연 박정희 대통령 시해사건의 도화선이 됐던 부마사태가 발생하는 과정에서, 그 전해에 실시됐던 부가가치세로 인한 조세저항이 영향을 미쳤던 것일까? 누구도 자신 있게 답할 사람은 없을 것이다. 그러나 조세저항은 부가가치세 도입 찬성론자들의 예상보다 훨씬 심했던 것이 사실이었다. 대세를 탔던 연기론을 막판에 뒤엎는 결정적인 역할을 했던 김정렴조차 이 점을 시인하고 있다.

"부가가치세를 회상할 때 떠오르는 것은 나의 상상을 훨씬 뛰어넘는 조세저항이었다. 부가가치세 과세대상자 83만 명 중에서 종전의 영업세와 똑같이 취급되는 소규모 특례과세자 67만 명을 제외한 16만 명에게만 적용되는 것이므로 저항은 어느 정도 있겠지만 그다지 크지 않을 것으로 안이하게 생각했다. 그러나 막상 시행하려니 이 16만 명의 반대가 이만저만이 아니었다."(김정렴 회고록)

분명한 것은 부가가치세 도입과정이 몰고 왔던 파란이 경제뿐 아니라 정치적으로도 엄청났다는 점, 그리고 부가가치세 실시를 결단한 박정희 대통령은 이것이 초래할 조세저항의 심각성을 대수롭지 않게 여겼을 것이라는 점이다. 부가가치세 도입의 경제적 타당성에 높은 점수를 준 측면도 있었겠으나, 그보다는 새로운 세금이 정권에 치명적인 타격을 안겨줄 수도 있다는 걱정은 조금도 하지 않았던 것이다. 근본적으로 절대군주와 같은 당시의 박정희로서는 새로운 세금 하나가 감당 못할 민심 이반현상을 빚어낼 가능성 따위에는 신경도 쓰지 않았을지 모른다.

그러나 분명한 것은 부가가치세 도입이 박정희의 주요 경제정책 중에서 가장 비정치적으로 내려진 결정이었으며, 실무 전문가들의 의견을 주축으로 오랜 토론과 검토를 통해 결정된 정책이었다는 점이다. 5년 임기의 대통령 재임기간보다도 더 긴 세월을 통해 만들어진 세제였던 셈이다. 이때 만들어진 부가가치세 세율 10%는 35년이 지나도록 지금까지 그대로다.

경제 내비게이터,
5개년계획

5개년계획은 박정희의 전매특허품처럼 알려져 있다. 그가 시작했을 뿐 아니라, 7차에 걸쳐 35년 동안 계속되다가 김영삼 정부에서 막을 내린 5개년계획의 진가는 역시 박정희 시대에 꽃을 피웠기 때문이다. 정부 주도 경제개발의 지침서이자 내비게이터 같은 존재였다. 그러나 박정희가 5개년계획을 세워놓고서 모든 것을 그것에 입각해서 한 것은 아니었다. 바로 그런 점이 소련을 위시한 사회주의 나라들이 추진했던 계획경제와의 두드러진 차이였다.

초기의 박정희는 "국민들에게 약속한 5개년계획을 실천하지 못하면 어떻게 하나" 하는 일종의 강박관념이 심했었다. 엉성하기 짝이 없었던 제1차 계획 때는 밤잠을 못 자며 매달렸다. 그러나 경제에 눈을 떠가면서 계획은 계획이고, 실제 운용은 상황에 맞게 자신의 판단에 따라 융통성 있게 해나갔다.

예컨대 경부고속도로나 종합제철소 건설 같은 거대한 국책사업의 경우는 애당초 제2차 5개년계획에는 없었다. 5개년계획은 경제기획원 실무자들이 2년 동안 애써서 만들어 대통령한테 보고하고 결재까지 받아서 확정된 것이었건만, 그와는 전혀 별도로 박정희 대통령 자신이 구상한 초대형 사업들을 그때그때 추가시켜 임기응변으로 추진되었던 것이다. 계획은 거창하고 실천은 계획을 못 따라가는 게 보통인데, 박정희 시대의 5개년계획은 그렇지 않았다. 번번이 초과달성·조기달성이었고, 그럴 때마저 계획 자체를 고쳐야 했다. 그 배경에는 박정희의 의욕, 공무원들의 열정, 그리고 더러는 졸속과 날림도 있었다.

어떤 계획이든지 항목마다 예산 뒷받침이 있어야 제대로 추진되는 것인데, 대통령의 이 같은 발상과 정책 추진 탓에 실무자들은 애를 먹었다. 포항제철소를 짓기로 하면서 대일청구권 자금을 쓸 생각을 미리 했던 것도 아니었고, 경부고속도로를 놓는 데 소요되는 비용 계산도 대통령이 직접 챙기면서 결론을 냈다. 경제 관료들은 5개년계획을 수시로 수정하면서 뒤치다꺼리하느라 바빴다.

가장 심하게 혼선을 빚은 것이 중화학공업 육성이었다. 돈이 한두 푼 드는 것이 아닌데 재무장관에게도 사전협의 없이 1973년 신년벽두에 터뜨렸으니 기존의 제3차 5개년계획은 체면이 말이 아니었다. '100억 달러 수출, 1만 달러 소득'이라는 목표도 원래는 없던 것이었는데, 그해 연말 수정작업을 통해 3차 계획에 추가된 것이었다. 중화학공업 추진은 아예 경제기획원의 손을 떠나서 청와대 안에다 '중화학공업추진단'이라는 사령탑을 따로 설치해서 전담 수석비서관이 추진토록 했다. 5개년계획을 붙들고 있던 경제기획원 실무자들은 뒷전이었다.

박정희는 집권 초기에는 5개년계획 집행을 꼼꼼히 따졌으나, 시간이 지나면서 주로 실무 보고를 듣기만 하고 큰 것들만 챙겼다. 5개년계획을 확정 짓는 최종 보고를 받을 때도 오전 9시에 시작해서 점심시간 전에 끝냈다.(전두환이 5개년계획을 확정하는 보고를 열흘씩이나 하루 종일 받았던 것과 매우 대조적이었다.)

당시의 한국경제 규모가 작기도 했지만 웬만한 것은 대통령 머릿속에 다 입력되어 있는 거나 마찬가지였다. 객관적 여건이나 환경보다는 최고 통치자의 의지가 결정적으로 작용하던 시절이었다. 5개년계획을 만들도록 한 것도 박정희인 동시에, 계획에 구애됨이 없이 뜻밖의 거대한 사업을 벌여나갔던 것도 박정희였다. 그럼에도 불구하고 5개년계획의 의미를 결코 낮춰 볼 순 없다. 비계획 사업이 얼마나 추가되었든 애당초 목표에서 얼마나 빗나갔든, 박정희 경제에서 5개년계획은 여전히 중요한 의미를 지닌다. 5년을 주기로 범정부적인 계획을 수립하는 것 자체가 경제개발이 국정 우선순위의 첫 번째임을 분명히 하는 것이었다.

아무튼 5개년계획도 연륜이 쌓이고 경제환경이나 수준이 변화해감에 따라 진화의 경로를 밟았다. 특히 박정희 시대의 마지막이었던 제4차(1977~1981년) 5개년계획부터 이름 자체가 달라진다. 종래의 명칭에다 사회라는 단어를 추가해서 경제사회개발 5개년계획이라는 새 이름으로 불리게 된다. 그 전에 없던 교육·의료 등 사회개발 부문을 처음으로 포함시킨 것이다. 추진 목표는 성장·능률·형평이었는데, 형평이라는 단어가 5개년계획 목표에 등장한 것은 4차 계획이 처음이었다. 의료보험제도의 도입이 추진되는 것도 같은 맥락이었다. 이때(1977년) 시작된 의료보험제도가 직장보험을 거쳐 1989년부터 전 국민 대상으로까지 확대 실시된 것이다.

결과적으로 제4차 5개년계획은 대통령 시해사건과 제2차 오일쇼크 등으로 제 역할을 못했으나, 전두환 정권에 들어가서는 더 짜임새 있는 계획기법으로 예산기능과 연계해서 전체 경제운영을 끌어나갔다. 계획 자체로만 보면 전두환 시대에 제5차 5개년계획의 역할이 절정이었다고 할 수 있을 것이다. 그러다가 노태우 시대의 제6차 5개년계획을 거쳐 김영삼 시대로 접어들어서 제7차 계획은 제대로 실천해보지도 못하고 폐기처분당하고 만다.

정권 종말의 징조는
경제부터

박정희 경제는 막판에 일대 위기에 직면하게 되는데, 희한하게도 위기 도래 직전인 1977년에 대통령 자신도 믿기 어려운 국제수지 흑자와 함께 대호황을 맞게 된다. 하지만 그것은 일장춘몽이었다. 이내 극심한 인플레이션과 부동산 투기 그리고 국제수지 악화라는 악순환 구조에 빠져들기 시작한데다가 제2차 오일쇼크까지 겪게 된다. 그러나 이것은 어느 날 갑자기 찾아온 재앙이 아니었다. 무리를 무릅쓴 성장 일변도 정책들의 해묵은 부작용들이 마침내 터져 나오기 시작한 것이었다. 1974년 9월 재무장관에서 부총리 겸 경제기획원장관으로 자리를 옮겨 앉아 경제정책의 사령탑을 맡은 직후 남덕우는 당시의 상황 인식을 자신의 회고록에서 이렇게 돌이켰다.

"나는 경제운영의 기본방향에 관해 깊은 고민에 빠져 있었다. 저성장, 고물가, 국제수지 악화의 삼중고를 어떻게 돌파할 것인가? 물가안정에 우선순위를 두면 무자비한 통화긴축을 해야 하는데 … 대통령이 그런 정책 방향을 이해하고 적극적으로 밀어줄 것 같지도 않았다. … 그렇다면 성장 기조만이라도 유지해야 하는 것 아닌가."

1973~1974년 사이에 기름값이 4배로 오르는 제1차 오일쇼크를 겪으면서 남덕우 부총리는 한국경제의 한계를 절감했고, 따라서 이를 대처하는 새로운 처방에 고심했다. 금융을 전공했던 교수 출신 남덕우는 재무장관을 하면서도 성장우선 정책에 대한 한계를 일찍이 우려해 왔었다. 그러나 세 마리 토끼 중에서 한 마리도 잡기 어려운 복합 난국을 맞아 경제 총수 자리에 앉은 남덕우도 별수 없이 대통령의 의중을 가장 우선적으로 살펴야 했고, 따라서 성장 대신 물가안정 쪽으로 정책을 전환시키는 일은 거의 불가능하다고 판단했다. 더구나 세계경제가 얼마 안 있어 풀리면서 뜻하지 않았던 중동 해외건설이 새로운 달러 박스로 등장하면서 그런 걱정은 쏙 들어갔다. 오히려 1977년에는 수출 100억 달러 돌파에 경상수지 흑자까지 기록하는 가운데 한때나마 온 나라가 축제의 분위기였다.

당시의 몇 가지 경제지표를 짚어보자. 1976년과 1977년 사이에 수출은 75억 달러이던 것이 대망의 100억 달러를 돌파했고, 중동 해외건설 수주는 25억 달러에서 35억 달러로 뛰었다. 국내투자율은 15%에서 27%로, 경제성장률은 각각 14%, 13%를 기록했으며 냉장고 판매증가율은 89%에서 148%로 커졌다. 흑백텔레비전은 31%에서 46%로, 자동차는 65%에서 111%로 각각 늘어났다.

호황을 반영해 돈이 시중에 흘러넘치고 여기저기서 새 공장을 짓고 고층빌딩이 올라갔다. 인플레이션이 문제였다. 정부가 발표한 1977년의 소비자 물가상승률은 10%였으나 이걸 믿는 사람은 없었다. 물가에 잡히는 시멘트의 공장도가격은 1포대에 810원, 대리점 고시가격은 900원이었으나 시장에서는 1,900원~2,000원을 주고도 사기가 어려워서 줄을 서야 했다.

부동산 투기라는 말이 본격화되기 시작한 것도 이때부터였다. 강남 압구정동의 현대아파트는 완공 이후 미분양이 걱정이었다. 그러나

1976년부터 중동건설 특수가 늘어나는 실수요에 기름을 끼얹어 극심한 부동산 투기 열풍을 몰고 왔다. 당시의 '현대아파트 분양 특혜사건'도 미분양일 때는 아무 문제가 되지 않다가 투기열풍 속에 값이 폭등하면서 특혜사건으로 불거졌던 것이다. 당시 서울의 주택 부족비율은 45%에 달했으나 대다수의 건설업체들이 중동 진출에 열을 올리고 있을 때여서 서울에 집 짓는 일에는 별 관심이 없었다. 돈이 풀리고 소득이 늘어나면서 새집 수요는 늘어나는 판에 공급 능력은 오히려 부족했던 것이다. 더구나 투자는 여전히 중화학공업 쪽에 집중되고 있었다.

해외에서 달러가 쏟아져 들어오는 것을 걱정하는 사람은 없었다. 한마디로 흑자 관리에 실패하고 있었다. 엄밀히 말하자면 흑자 관리가 무엇인지도 몰랐다. 경제가 잘돼서 일어나는 무서운 부작용을 전혀 경험해보지 못한 사람들이 그런 대책을 제때에 강구하기란 쉽지 않은 일이었다. 무엇보다 시중에 돈이 많이 풀려 있는 것이 가장 큰 고민이었는데 이는 하루아침에 생긴 문제가 아니었다. 첫째 수출금융은 수출이 잘되면 자동적으로 늘어나게 돼 있으며, 둘째 중동건설이 새로운 달러 박스로 등장했으며, 셋째 중화학 투자에 뭉칫돈이 들어가고, 넷째 이중 곡가제도로 양특 적자가 계속 쌓여가고 있었기 때문이다.

부총리 남덕우는 비록 대통령의 뜻을 거역하지 못하고 성장정책을 이어나갔으나 불안감을 금치 못했다. 우연히 김재익이라는 탁월한 이코노미스트를 발탁해 경제기획국장(1976년)에 앉힌 데 이어서 1977년 12월 강경식을 기획차관보에 기용했다. 아이러니하게도 남덕우는 자신의 성장 위주 정책 기조를 송두리째 뜯어고쳐야 한다는 인물 두 명을 자기 손으로 요직에 앉힌 셈이었다. 이 두 사람이 한국경제의 진로를 바꿔나가는 기관차 역할을 할 것으로는 남덕우도 예상치 못했을 것이다.

강경식은 기획차관보에 취임하자마자, 기존의 성장 기조를 완전히 뒤엎는 요지의 보고서를 만들어 부총리에게 설명하고 이를 대통령의 결심을 통해 정책에 반영해주도록 분주히 뛰어다녔다. 남덕우는 한국 경제가 당면한 한계를 충분히 공감하면서도 정작 강경식의 파격적인 방향전환을 담은 보고서를 박정희 대통령에게 가지고 갈 결단을 내리지는 못했다.

강경식은 성장 우선 대신 물가안정을 최우선 과제로 해야 하고, 정부 주도를 줄이고 시장기능으로 과감히 대체해나가야 하며, 무역정책도 억제 일변도의 수입을 자유화로 늘려나가야 하고, 통화정책은 돈줄을 강력히 조이고 인상률을 낮추며 정책금융도 대폭 줄여야 한다고 주장했다. 지금까지는 아무도 입에 담지 못했던 정책들을 마구 쏟아냈다. 그러나 누구도 선뜻 그의 손을 잡아주지 않았다. 고양이 목에 방울을 달 수 있는 사람은 어디에도 없었다.

이즈음 박정희로서는 경제가 그 전같이 자신이 뜻한 대로 돌아가지 않고 있음을 감지하고 여러 채널을 통해 경제를 챙겼다. 개중에는 기존의 수출중심 성장정책에 제동을 걸어야 한다는 보고도 있었다. 그러나 대통령으로서 자신이 주도해온 중화학 투자나 수출 주도, 새마을사업 등을 근본적으로 재검토한다는 생각은 하지 않았다.

결과적으로 1977년의 반짝 호황은 오히려 박정희 정권에 독화살이 되어 돌아온 셈이었다. 호황의 끝이 바로 코앞인 줄도 모르고 기업들은 과잉투자에 더욱 열을 올렸고, 제2차 오일쇼크가 터지면서 수출은 급속히 추락했고, 이에 따라 수출로 먹고살던 국내기업들의 도산이 줄을 이었다. 부동산 투기는 물론이고 불황 속에도 물가는 폭등이었다. 여기에 부가가치세 도입에 대한 조세저항으로 민심도 어느 때보다도 흉흉하게 돌아갔다. 정치는 차치하고, 경제 쪽에서만도 이처럼 시커먼 먹구름이 몰려오면서 박정희 정권의 종말을 예고하고 있었던 것이다.

성장을 버리고 물가를 택하다

안정화 정책으로의 선회는 뜻밖에도 정치 쪽에서 물꼬가 터졌다. 1978년 12월 총선에서 여당이 득표율에서 패배하자, 박정희는 11개 부처 장관에 대한 대폭적인 개각을 실시했는데, 여기에 김정렴 청와대 비서실장, 남덕우 부총리 겸 경제기획원장관, 김용환 재무장관 등 박정희 경제의 트로이카 세 명 모두가 포함됐다. 부가가치세 도입 탓에 민심이 돌아서 선거 패배를 가져왔다는 정치공세의 영향이 컸다. 이들 세 사람의 퇴진은 기존 경제정책에 일대 전환을 가져왔다.

그중에서도 새 경제사령탑 신현확의 등장은 매우 중요한 의미를 지닌 것이었다. 젊었을 때는 이승만 정권에서 부흥부장관을 지냈고, 당시에는 보사부장관으로 의료보험제도 도입의 주무장관이었다. 소위 말하는 TK의 대부요, 선이 굵고 소신이 강한 인물로서 취임 전에 강경식 차관보로부터 안정화정책의 당위성에 충분히 공감하고 있었던 차였다.

그는 업무보고를 받는 자리에서 토론 없이 곧바로 물가안정을 최우선으로 하는 정책전환 방침을 확정하고, 이를 1979년 새해 업무보고를 통해 박정희 대통령에게 설명했다. 이날의 대통령 업무보고는 사상 처음으로 장밋빛 청사진이 아닌, 우울한 경고와 고통스런 시련을 담은 내용이었다. 박정희도 그간의 성장정책으로는 뭔가 벽에 부딪히고 있음을 느끼고 있었기에 신현확을 안정화 정책 경제사령탑에 앉혔던 것이다. 그는 불안하고 때로는 불쾌하기 짝이 없었다. 안정화를 꼭 실현하겠다는 신현확의 거침없는 행보에 안심은커녕, 여태까지 자신이 해온 정책 기조가 뿌리째 흔들리는 데서 오는 불안감이 더 깊어갔다.

"안정화 정책은 박정희 대통령이 확신을 가지고 추진해온 그동안의 정책 모두를 180도 바꿔야 한다는 내용이었다. … 처음부터 실현되기 매우 어려운 정책이었다. 최고 권력자의 역린을 건드리는 것이기에 상당한 위험이 따르는 일이었다."

(강경식, 『국가가 해야 할 일, 하지 말아야 할 일』)

안정화 주도 그룹의 논리는 '안정화 시책이 필요한 이유는 바로 그동안 우리 경제가 크게 성공한 때문이며, 성공한 정책은 이제 버려야 한다'는 것이었다. 그러나 안정화 시책은 즉각 고통을 몰고 왔다. 신현확은 우선 강제적인 물가통제부터 풀었다. 강압적인 행정지도와 조작된 것이나 다름없는 엉터리 물가통계로는 진짜 안정화 정책을 펼 수 없기 때문이었다. 고삐 풀린 물가는 '현실화'라는 이름 아래 눌려 있던 용수철처럼 튀어 올랐다.

대통령은 "물가안정을 포기하자는 건가"라고 불만을 터뜨렸고, 수출금융 축소정책을 겨냥해서 "요즘 공무원 중에는 수출을 줄여야 한다는 정신 나간 소리를 하는 사람도 있다"며 불편한 심기를 드러냈다. 신현확은 아랑곳하지 않았다. 시멘트 수급 때문에 농촌주택개량사업 계획목표량을 7만 5,000호(1979년)에서 3만 호 수준으로 축소 건의했는데, 박 대통령의 반응은 한마디로 절대 안 된다였다. 신현확이 뜻을 굽히지 않고 다시 건의하자, 농촌주택은 내 통치철학이라며 노골적으로 불쾌해했다. 신현확은 끝내 3만 5,000호로 사업규모를 축소하는 대통령의 결재를 얻어냈다. 절대 권력자 박정희를 상대로 그처럼 담대하게 소신을 관철시켰던 장관은 일찍이 없었다.

정부 안에서도 안정화 시책에 반대가 많았다. 수출과 중공업의 주무부서인 상공부는 노골적으로 반대 입장을 고수했다. 10대 전략육성 사업을 보고하면서 중화학 투자를 더 확대해나가야 한다고 보고했고, 모처럼 입맛에 맞는 보고에 대통령은 크게 칭찬했다.

언론과 학자들이 기존의 성장정책 궤도를 수정하는 안정화 정책을 지지하고 나섰는데, 이것이 오히려 신현확을 더 난처하게 만들었다. 갈수록 신현확에게 불신이 쌓여가자 박정희 대통령은 급기야 청와대에서 경제기획원장관인 신현확 부총리를 제외한 이상한 회의를 소집했다. 한국은행 총재, KDI 원장, 경제과학심의회의 의장을 소집해서 안정화 정책에 대한 의견을 물어본 것이다. 다행히 이들도 한목소리로 지지함으로써 연초에 보고됐던 대로 정부방침이 확정됐고, 그것이 곧 4·17안정화 시책이었다.

　4·17안정화 시책은 사실 연초에 밝혔던 경제운용계획과 다를 바 없었으나 그것은 경제기획원의 입장을 표명한 것일 뿐, 비로소 대통령의 결재를 받은 정부의 공식 입장으로 인준받은 것이었다. 대통령은 급기야 "강한 집념으로 불태워온 중화학공업 건설, 수출확대 촉진, 농촌주택 개량사업 등을 조정해서라도 민생안정을 위한 종합대책을 세우라"고 지시한 것이다. 하지만 박정희는 수출지원을 없애고 수입규제를 풀고, 물가가 다락같이 올라도 그냥 내버려두자는 안정화 정책에 마음이 편할 수가 없었다. 경제기획원 혼자서 안정화를 외쳤지, 다른 경제부처들은 대부분 반대했다.

　재무부는 금융자율화의 추진이 시기상조라고 반대했고, 상공부는 수출금융지원 축소를 비난했고, 농림수산부는 농어민 편에 서서 살농정책(殺農政策)이라고 반발했다. 4·17안정화 시책이 취해진 후 얼마 안 돼서 신현확 부총리가 국제회의 참석차 서울을 비웠는데, 그 사이에 상공부 주도로 대통령의 재가를 받아 수출금융 축소조치를 환원시키는 해프닝도 있었다.

　설상가상으로 제2차 오일쇼크까지 터지자 박정희는 더욱 불안했다. 그 전 같으면 비서실장 김정렴의 조언이 큰 힘이 되었을 텐데, 그도 옆에 없었다. 박정희는 물러난 재무장관 김용환을 개인적으로 불러 재기용의 언질을 주면서 준비를 지시했다. 해가 바뀌면 다시 성장론자들을 불러들일 참이었다. 안정화의 선봉 신현확의 경질은 시간문제였다. 대통령은 막판에는 신현확 부총리의 면담 요청 자체를 받아주지 않았다.

그러나 한순간에 세상이 바뀌었다. 박정희 대통령은 암살당했고, 신현확은 총리가 되었다. 임시정부 성격의 최규하 정권에서 정치는 심각한 혼돈상태로 빠져들었음에도 불구하고 경제 쪽에서의 안정화 정책은 신현확 총리를 중심으로 오히려 본격적으로 날개를 달았다. 기획차관보 강경식은 총리의 절대 신임 속에 평소 품어왔던 개혁의지를 펼쳐나갈 수 있었다. 더구나 경제기획국장으로 안정화 정책의 그림을 그려나갔던 김재익이 전두환의 경제 선생이 되면서 반인플레이션 정책을 지휘해나갈 줄 어느 누가 상상이나 했겠는가.

박정희
키즈(Kids)의 반란

박정희 정권 말기의 경제 안정화 정책으로의 변화는 가히 코페르니쿠스적 전환이라고 할 만큼 획기적이었다. 누가 고양이 목에 방울을 달았던 것일까. 이런 전환이 전적으로 직업 관료들에 의해 시작, 추진되었다는 점이 주목거리다. 박정희 경제에 앞장서왔던 그들이 박정희 정책의 문제점을 지적하고 그에 대한 대안 제시와 새로운 처방을 주장하고 나섰던 것이다. 도대체 어찌해서 시키는 대로 하는 것에 익숙한 관료집단이 상당한 위험부담을 무릅쓰고 고양이 목에 방울 달기와 같은 반정부적(?)인 일을 주도했던 것일까.

한마디로 박정희 키즈(Kids)의 반란이었다. 박정희 시대가 키워냈다고 할 수 있는 경제기획원 핵심 관료들 사이에는 바로 박정희식 경제정책에 대한 위기의식이 확산되어가고 있었다. 1976년 이후 1977년, 1978년에 불어닥친 호황 국면은 박정희 경제체제의 문제와 한계가 오히려 더 극명하게 드러나는 계기가 됐다. 극심한 인플레이션과 과잉투자의 부작용 등이 그랬다. 돈이 흘러넘치고 부동산 투기가 극성을 부리는가 하면 기업들은 은행 빚으로 채산도 맞지 않는 과잉투자 속에 통화긴축은 시늉만 내고 있었다. 강경식은 다음과 같이 회고했다.

"1978년 당시 경제 관료들의 염원은 어떻게 하면 물가안정을 이루면서 국제수지가 흑자를 내는 경제를 만들 수 있는가였다. … 독일 일본 대만이 성공사례로 늘 공부거리였다. 1차 석유파동 때 우리는 물가안정보다는 부양에 더 역점을 뒀는데, 일본 대만은 물가안정에 우선순위를 뒀다. 그래서 우리도 1979년 2차 석유파동 때는 불황을 감수하더라도 물가안정 위주의 정책을 펴자고 했던 것이다."

경제학자나 연구기관, 언론 등에서도 박정희 대통령의 심기를 거슬리는 정책 건의나 비판을 내놓고 하기 어려운 때였다. 이런 상황에서 경제기획원은 기획차관보 강경식, 기획국장 김재익 등을 중심으로 1978년부터 안정화 정책으로의 전환에 시동을 걸기 시작했다. 실무 관료들의 사고 전환, 계획 전환을 지원하고 방어해준 최후의 보루는 뒤늦게 부총리가 된 신현확뿐이었다.

기획원이 중심이 돼서 안정화 계획에 불을 지피고 KDI의 경제학자들이 가세해서 본격화하는 과정에는 세계은행을 비롯한 국제 경제기구들의 어떠한 건의나 경고도 없었다. 선진국의 전문가들이 한국경제에 대한 경고등을 켜기 전에 한국의 경제 관료가 스스로 빨간불을 켜고 비상을 건 셈이었다. 후임 대통령 전두환이 안정화 정책의 절대적인 신봉자가 된 것도 경제 관료들이 처음부터 교육시킨 결과였다. 강력한 정치 지도자가 주도한 성장 일변도 경제정책이 한계에 부딪힌 상황에서 정작 안정화 정책이라는 박정희 경제모델의 뒤집기는 경제 관료들의 손에 의해 이뤄졌던 셈이다.

민심의 동향은 어떠했을까. 중앙정보부가 안정화 시책을 지지했다는 사실이 흥미롭다. 정보부로서야 당연히 정권 안보 여부가 모든 판단의 기준이었다. 그럼에도 불구하고 정치적으로 비인기 정책일 수밖에 없는 강력한 긴축정책을 지지했다는 것은 당시의 경제상황이 그만큼 정치적으로도 매우 심각했음을 말해주는 것이다. 중앙정보부가 부가가치세 실시를 반대했던 것도 마찬가지 이유에서였다.

아무튼 안정화 시책의 구체적 성과가 당시에는 별것이 없었다. 경제기획원이 쥐고 있는 물가 통제권을 포기한 것 정도가 가장 내놓을 만한 변화였을 뿐, 재무부의 정책금융 완화나 상공부의 기업 구조조정 등 주요 사안들은 좀체 달라지지 않았다. 재계는 물론이고 정부 안에서도 안정화 시책에 대해 총론 찬성, 각론 반대가 많았다. 1979년 5·25 투자조정조치가 발전설비를 비롯해 건설 중장비, 조선산업, 제2 석유화학 단지 등에 대해 기업들 간의 통폐합, 완공 연기, 투자 축소 등 광범위한 내용을 담고 있었으나 논란만 거듭할 뿐이었다. 결국 신군부의 국보위 시대로 넘어가서야 손보게 된다. 의문은 남는다. 만약 박정희 대통령이 계속 집권했다 해도 관료 중심의 안정화 선회정책이 그처럼 강력히 추진될 수 있었을까.

박정희의 용인술

박정희 경제모델을 성공적으로 끌어갔던 가장 핵심적인 소프트웨어는 용병술이었다. 초반기의 혼란을 거치고 나름대로 경제정책의 틀을 어떻게 가져갈 것인가 감을 잡게 되자, 특유의 인사를 통해 사람을 키우고 또 적재적소에 활용해나갔다. 박정희는 상대가 누구든 늘 듣는 입장을 취했다. 보고를 듣는 것은 박정희로 하여금 관련 지식을 다양하게 습득하는 기회이기도 했고, 동시에 보고자들의 사람 됨됨이를 살필 수 있는 기회이기도 했다.

집권 초기에는 군인들끼리 요직을 나눠 가졌으나 이내 한계를 깨닫고 직업 관료들과 학자들을 과감하게 영입했다. 경제정책의 방향을 결정하는 과정에서는 이병철을 비롯한 부정축재 처벌 대상자들인 재벌 총수들한테 한 수 지도를 받는 것도 서슴지 않았다. 현안이 생길 때마다 전담 TF를 만들고 여기서 내린 결론을 중심으로 문제를 풀어나갔고, 여기에 기용되는 사람들은 거의 예외 없이 큰 역할을 맡았다. 신문에 게재되는 칼럼이나 기고를 유심히 읽고 발탁 인사에 참고했다. 남덕우를 재무장관에, 김만제를 KDI 원장에 발탁할 때도 그들이 쓴 신문 칼럼을 읽고 주목해왔었다.

물론 군 출신 중에서 신뢰가 깊은 사람들은 요직에 기용했다. 자신의 명운을 걸고 추진했던 포항제철 건설을 박태준에게 일임한 것을 비롯해, 박충훈을 상공부장관을 거쳐 부총리에, 이낙선을 초대 국세청장과 상공부장관에 앉혔던 것이 그러한 사례다. 박정희는 중요한 일에 조언을 듣는 사부(師父) 그룹, 개인적으로 터놓고 회포를 푸는 친구 그룹, 그리고 공무를 집행하고 감당할 관료 그룹 등 그 구분이 확실했다. 특히 자신의 친인척이 이권이나 인사에 개입하는 것은 철저하게 막았다.

집권 초기에는 파격적인 인사도 많았다. 최고회의 의장 시절, 자신의 경제특별보좌관에 한국은행 조사부 조사역 곽상수를 발탁했는데, 비록 직급은 낮았으나 미국 위스콘신대학에서 경제학 박사 학위를 받은 점을 높이 샀던 것이다. 대통령이 돼서도 유능하다 싶으면 실무 과장과도 맞상대했다. 경제기획원에서 차관업무를 담당하던 황병태가 대표적인 사례다. 장관 차관을 제치고 중요 현안마다 그를 청와대로 직접 불러서 오랫동안 중용했다. 황병태는 과장 국장 신분으로 장관급 영향력을 행사했다.

박정희의 집권 기간 18년이 워낙 긴 세월이었기 때문에 장관들의 평균 재임기간을 5년 단임제의 다른 대통령들과 수평 비교할 순 없다. 그렇다 해도 박정희의 믿고 맡기는 신임 인사의 특징은 다른 어떤 대통령들도 흉내 낼 수 없다. 경제 쪽이 더 그러했다. 경제 특유의 전문성 여부를 면밀히 살폈고, 경제상황에 따라 요구되는 추진력이나 리더십을 갖추고 있는지를 중요한 기준으로 삼았다. 그는 사람 보는 눈이 있었고, 발탁한 사람들 하나하나가 박정희 경제의 기둥 역할을 해냈다. 그들이 없었더라도 박정희 경제가 성공할 수 있었을까 할 정도다. 장기영, 김학렬, 김정렴, 남덕우, 김용환, 김만제 등이 그들이다.

장기영   김학렬   김정렴   신현확

남덕우   김용환   오원철   김만제

박정희가 장기영을 부총리 겸 경제기획원장관에 발탁한 것은 1964년 무엇 하나 제대로 돌아가는 것이 없던 때였다. 한국은행 부총재를 거쳐 언론인으로 변신했던 인물에게 경제정책의 총지휘권을 부여했다. 당시 폭등하는 물가(소비자 물가상승률 29.6%)를 잡고 사방에서 반대하는 차관도입을 밀어붙이려면 그가 최적임자라고 판단했던 것이다. 장기영은 박정희의 신임 아래 소신 행정으로 드라마 같은 숱한 일화를 남겼다. 자신의 3년여 재임 기간 중에 재무장관이 네 명 바뀌었는데, 박정희의 결정이 아니었다. 장기영이 결정하고 대통령이 임명장을 준 것이라 해도 과언이 아니었다.

　경제 분야의 사실상 인사권자는 부총리였다. 장기영도 대단한 배짱이지만, 이를 모두 들어준 박정희라는 인사권자의 큰 그릇이 아니고서는 있을 수 없는 일이었다. 박정희는 장기영의 강력한 추진력과 돌파력, 뛰어난 정치감각을 높이 평가했기에 믿고 일임했다. 그러나 지나친 전횡은 차곡차곡 기록되고 있었다. 그것이 너무 심해지고 급기야는 자신의 지시까지도 무시하는 일이 벌어지자 단호히 잘라버렸다. 경질하는 과정은 비정했다.

　또 한 명의 스타플레이어 김학렬은 전문 경제 관료 1호로서 박정희의 총애를 한 몸에 받았다. 장기영이 벌이고 보는 공격 일변도의 경영자였다면 김학렬은 철저하게 따지고 챙기는 컴퓨터형의 경영자였다. 포항제철 건설과 경부고속도로 건설 등 박정희 산업화의 두 상징 사업을 완성하는 데 없어서는 안 될 중심 역할을 해냈다. 그는 기본적으로 안정론자였으나 박정희의 의중을 읽는 재주가 비상했으며, 위에서 벌이는 일이 무엇이든 간에 탁월한 정책 추진능력을 발휘했다. 대통령의 정치자금까지 관리했을 정도로 관료의 한계를 벗어나기도 했으나 깐깐한 성품에 청렴했다. 박정희는 총리를 세 번이나 바꾸면서도 부총리 김학렬은 계속 유임시켰다.

이다음으로 등장한 인물이 대학 교수 남덕우였다. 재무장관을 거쳐 경제 총수가 된 남덕우는 앞의 장기영이나 김학렬과는 전혀 다른 종류의 학자 출신이었다. 정부 평가교수단의 일원으로서 활약하던 그를 눈여겨봤던 박정희는 1970년대 경제가 그 전 10년과는 어떻게 달라져야 하고, 그런 변화에 따라 경제사령탑도 어떤 인물에게 맡겨야 하는지를 나름대로 간파했던 것이다. 경제학자 남덕우는 처세는 온화하고 얌전했으나 정연한 이론과 소신으로 최고 통치자의 통치철학을 훌륭히 소화해냈다. 막히면 돌아갔고 무슨 일이든 소리 안 나게 조용히 해냈다.

김정렴의 중용은 박정희 용병술의 결정판이랄 수 있다. 1970년대의 경제정책에 있어서 그는 대통령 박정희의 대리인이었다 해도 과언이 아니다. 재무장관, 상공장관을 두루 거치는 동안 김정렴은 박정희 머릿속에 이미 점지되어 있었다. 국세청이라는 조직도 그의 손에 의해 만들어졌다. 박정희는 그런 그를 비서실장에 앉히고 정부직제와 관계없이 경제의 총괄적인 관리를 전적으로 맡겼다.

"박 대통령은 청와대로 불러 비서실장 발령을 하루 전에 통보하면서 6·25전쟁동란 이후 처음 맞이하는 국가안보상의 비상시임을 강조하면서 자신은 국방과 안보외교에 치중하지 않을 수 없어 경제를 들여다볼 여유가 없으니 경제 분야는 비서실장이 대신 잘 챙겨달라는 것이었다."(김정렴 회고록)

박정희는 안보에 전념해야겠다는 판단을 하고서 비서실장 김정렴에게 경제 분야의 통수권을 말뿐이 아니고 실제로 넘겨줬다. 김정렴은 조선시대의 도승지가 임금에게 하듯 박정희를 모셨다. 자신도 비서실장을 하면서 그 자리에서 9년 넘게 장수할 줄은 꿈에도 생각지 않았을 것이다. 대통령이 많은 것을 일임했으나 그는 나서는 법이 없었다. 항상 모든 일을 장관 위주로 했고 뒤에서 챙겼다. 그러나 결정적인 때는 소신을 굽히지 않았고, 박정희는 그럴 때마다 예외 없이 김정렴의 손을 들어줬다. 부가가치세 도입 결정이 그런 경우였다. 그는 인사정책에 깊이 개입했는데, '일관성 있는 정책을 제대로 펴기 위해서는 자주 장관을 바꿔서는 안 된다'고 생각했다.

> "1969년 10월 비서실장에 임명된 후 대통령한테 여러 건의를 했는데, 특히 강조했던 것이 재무장관만은 가급적 장기 근무할 수 있도록 해서 우리나라 세제를 충분한 시간여유를 가지고 장기적 관점에서 근본적으로 개혁하도록 하는 것이 급하다는 점이었다."(김정렴 회고록)

인사권자인 대통령도 같은 생각이었으므로 박정희 시대의 장관 수명은 오래갈 수밖에 없었다. 특히 남덕우의 경우 재무장관을 4년 11개월, 부총리 겸 경제기획원장관을 4년 3개월이나 했다. 김만제 또한 KDI 초대 원장으로서 박 대통령이 최후의 순간을 맞을 때까지 11년간 그 자리를 지켰다. 37세의 젊은 나이에 그를 원장에 발탁한 것도 박정희 자신의 선택이었지만, 한 번 믿고 일을 맡긴 사람은 지속적으로 중용했던 것이다.

박정희는 출신을 가리지 않고 능력 위주로 인사를 했고, 특별한 일이 없는 한 차관 인사도 장관에게 일임했다. 정치적 요직이나 권력의 역학관계가 예민한 인사에 대해서는 세력 견제나 균형 차원에서 박정희 특유의 제왕적 용인술을 구사했으나, 경제 쪽은 별정지역으로 간주하고 이들의 특성을 보호해주려 했다. 박정희에게 경제는 전문기술자의 영역이었고, 정치인들이나 권력자들이 이쪽을 넘보지 못하도록 막아주는 역할이 대통령이 해야 할 일이라 생각했던 것이다. 이 같은 생각의 근저에는 경제개발에 대한 집념이나 경제전문가들에 대한 신뢰도 작용했겠지만, 그 못지않게 기존 정치와 정치인에 대한 불신이 더 뿌리 깊게 깔려 있었다.

그는 비리와 관련된 문제에 있어서도 사람을 쓸 때 나름대로 원칙이 있었다. 기업들의 특혜가 제도화돼 있었고 정치자금이 공공연히 이들로부터 조달되는 마당에, 장관이든 실무자든 털어서 먼지 안 날 사람 없던 시절이었다. 투서도 많았고, 정보기관의 감시도 일상화됐던 때였다. 그러나 박정희에게는 뇌물을 먹었느냐 안 먹었느냐는 둘째고, 계획한 공장이 제대로 지어졌는가의 여부가 첫째였다. 뇌물 투서 같은 것이 수도 없이 올라왔지만, 박정희는 문제의 인물이 얼마나 일을 잘하고 있는가를 먼저 보고 조치를 하거나 아니면 휴지통에 버렸다.

그러나 믿고 맡기는 것도 경제가 대통령의 의도대로 잘 돌아갈 때 이야기다. 정권 말기에 해당하는 1978년 전후로 제2차 석유파동을 겪으면서 수출은 벽에 부딪히고 물가가 폭등하면서 신현확을 필두로 안정화 정책을 주장하는 새로운 팀에게 맡기는 상황에 와서는 전혀 달라진다. 수출 드라이브 정책에 제동을 걸고 새마을사업과 중화학공업 투자를 대폭 축소시키는 등, 그동안 추진해온 정책을 정부 스스로 비판하고 축소하는 작업을 주도하는 장관을 계속 신임하는 일은 박정희 역시 감당하기 어려웠다.

1978년 선거 패배를 계기로 김정렴, 남덕우, 김용환 팀을 모두 경질하고 신현확 신임 부총리 겸 경제기획원장관에게 지휘봉을 맡기고 나서, 박정희는 그 전 같은 평정심을 유지하지 못했다. 인사를 믿고 맡기는 것도 정책방향이 자신의 철학이나 추구하는 바와 같거나 통해야 가능한 것 아니겠는가. 아무리 용인술이 뛰어나고 통이 큰 리더라 해도, 자신이 주도해온 것을 뿌리째 부인하고 뒤집는데 어찌 마음 편히 믿고 맡길 수 있겠는가.

박정희는 신현확 부총리의 보고에 자주 짜증을 냈고, 막판에는 아예 그의 청와대 보고 자체를 기피했다. 결국 신현확을 경질하고 역시 자신의 종래 철학을 잘 소화해냈던 김용환 전 재무장관을 다시 기용할 생각도 했다. 자신이 선택한 경제사령탑을 믿지 못하고 1년 만에 바꿀 생각을 했을 정도로 말기에 이른 박정희의 총기는 빛을 바래가고 있었다.

"박정희 대통령의 용병술은 감히 누가 흉내를 낼 수 없을 정도로 탁월했다. 그야말로 적재적소에 사람을 썼고, 기용한 사람은 믿고 맡겼다. 그러나 막판에 와서는 안타깝게도 인사 면에서 그런 총기가 흐려졌던 게 사실이다." 남덕우의 회고다. 정권 말기에 이르러서 박정희의 총기가 흐려지고, 용병술이 정상궤도를 벗어나 흔들렸던 것은 비단 경제 분야뿐이 아니었다. 기본적으로 경호실장 차지철, 비서실장 김계원, 중앙정보부장 김재규로 3인방 측근을 짤 때부터 심각한 사달이 나기 시작했던 것이다. 인사의 달인이 결국 인사를 잘못하는 바람에 불행한 종말을 자초한 셈이었다. 왜 그런 일이 일어났을까?

"결국 아무리 위대한 인물도 너무 오래 권좌에 있으면 긴장이 풀어지고 자만해지는 것이 아니겠는가. 박정희 대통령도 결국 예외일 순 없었던 것 같다"는 것이 이어지는 남덕우의 조심스러운 회고다.

5부

40년 인플레이션을 잡다
'전두환 시대'

성장, 물가, 국제수지라는
세 마리 토끼를 잡다

박정희의 뒤를 이은 전두환 경제에 대한 평가는 지금도 엇갈린다. 전두환은 과거 개발경제의 패러다임을 그대로 전수한 박정희 아류에 불과하다는 혹평이 있는가 하면, 반대로 박정희 경제의 완성은 후임자 전두환의 적절한 보완과 수습이 없었으면 불가능했을 것이라고 치켜세우는 관점도 있다. 양쪽 모두 일리가 있다. 기본적으로 국가경제를 끌어가는 리더십이나, 군인 출신 대통령이 발휘한 추진력 면에서 보면, 전두환 경제는 분명 박정희 경제의 연속선상에 있었다. 전두환 개인도 군인 선배인 박정희 밑에서 컸고, 가까이에서 박정희를 보고 배웠다.

그러나 집권 이후 박정희 경제 말기의 심각한 위기 상황을 극복해나가는 과정에서 보인 그의 리더십은 결코 과소평가될 수 없다. 더구나 성장 우선이 빚어낸 40년 만성 인플레이션을 걷어내기 위해 동원한 안정화 정책은 박정희가 취한 정책을 정반대로 완전히 뒤집어놓는 고통스런 작업이었다는 점에서 그의 공적은 충분히 평가될 만하다. 박정희를 존경하고 추종하면서도, 다른 한편으로는 박정희 뒤집기를 이룩한 장본인이 바로 전두환이었던 것이다.

그렇다고 해서 박정희는 성장, 전두환은 안정이라는 식의 단순화 비교는 적절치 않다. 박정희가 무(無)에서 유(有)를 만들어낸 오너 급 창업자였다고 한다면, 전두환은 그 전통을 계승하면서 성장과정에서 빚어진 부작용들을 개선하고 업그레이드시켰던 추진력 강한 CEO 사장에 비유될 수 있을 것이다. 사실 박정희 정권 말기의 한국경제는 풍전등화였었다. 그런 위기 상황에서 두 번째 군사정권을 주도한 전두환이 박정희 경제의 구원투수 역할을 해낸 셈이다.

광주사태를 비롯해 집권과정의 폭력성이나 재임 중에 일어났던 본인의 축재와 친인척 비리 스캔들 등으로 인해 전두환에 대한 국민 호감도는 결코 좋을 수 없다. 하지만 경제 분야의 업적을 따지고 들면 전두환의 치적은 결코 과소평가될 수 없다. 전두환은 한마디로 성장, 물가, 국제수지라는 소위 세 마리 토끼를 잡았다. 한국경제에서 불가능한 것으로 치부됐던 꿈을 실현해 보인 것이다. 그것도 단순히 국제경제 여건의 호전 덕분이 아니라, 박정희 시대로부터 물려받은 부실기업과 만성적인 인플레이션을 퇴치시키는 데 성공했고, 이를 토대로 연출된 3저 호황이었다. 단군 이래 최대 호황이라는 표현이 과장이 아니었으며, 만년 적자였던 국제수지가 연속 흑자행진을 거듭했던 것은 상상도 못했던 현실이었다. 과연 전두환은 어떤 인물이었고, 그 시대의 경제적 업적을 어떻게 봐야 할 것인가.

전두환 정권이 세 마리 토끼를 잡을 것으로 기대한 사람은 없었다. 전두환 자신도 사실 세 마리 토끼가 무얼 뜻하는지도 잘 몰랐던 인물이다. 하지만 그는 집권 초기부터 비판과 저항을 봉쇄한 가운데 물가안정 정책에 총력을 기울였고, 유능한 전문 인력을 발탁해서 믿고 맡겼으며, 본인 스스로 열심히 경제공부를 해나갔다. 그는 두뇌 회전이 빠르고, 부하 장악력이 탁월한 통 큰 군인이었다.

그는 전임자 박정희로부터 닮을 것은 닮고, 결과가 좋지 않았던 것은 정반대로 하기도 했다. 강력한 정부 주도의 경제운영 기본 틀은 그대로 따라 했다. 중요한 일은 대통령이 직접 나서서 결심하고 독려했으며, 한 번 발탁한 사람은 믿고 오래 썼다. 경제정책이 정치논리에 흔들리지 않도록 경제 관료들의 방패 역할을 해줬고, 국회 역할에 대한 강한 불신은 전임자로부터 그대로 물려받았다.

그리하여 전두환은 박정희 패러다임을 쫓으면서도 물가안정 기반을 굳건히 했고, 수입개방을 추진하면서도 국제수지 흑자를 구가했으며, 성장은 성장대로 두 자리 숫자를 만들어나갔다. 누가 뭐라 해도 한국경제가 전두환 시대를 통해 한 계단 올라섰음을 부인할 수 없다. 역대 대통령 중에서 가장 운이 좋기도 했다. 재임 중반에 국제 기름값 인하를 비롯한 3저 현상이 그를 결정적으로 도왔다. 고성장, 물가안정, 국제수지 흑자를 이룩한 것도 대외여건이 그처럼 좋지 않았다면 불가능했다. 그러나 대외여건의 호전으로 전두환 경제치적을 폄하할 순 없다. 물가안정의 경우에도 국제 기름값의 인하로 큰 도움을 받긴 했으나, 강력한 긴축정책 등 지독한 자체 노력이 전제된 것이었다. 개방정책이나 시장기능 확대정책 또한 전두환 정권 스스로의 정책 진화로 높은 평가를 받을 만했다. 특히 예산동결 같은 파격적인 조치를 통해 재정 건전화를 이룩한 공적 또한 매우 중요한 업적이다. 지금까지도 한국의 재정상태가 다른 나라에 비해 양호한 것은 당시의 재정혁신 덕택이라 할 수 있다. 공정거래제도의 도입 또한 기업들이 반대 로비를 할 겨를도 없이 초장에 후다닥 결정한 것이다. 산업 쪽에서는 전임 정권에서 넘어온 중화학공업 과잉투자 문제를 힘으로 해결했으며, 전자교환기 도입 등으로 오늘의 통신혁명 기틀을 마련했다. 인터넷 고속도로 건설에서 세계적으로 앞설 수 있는 인프라가 이때 건설되었던 것이다. 반면 기억해둬야 할 점은 노동정책인데, 한마디로 최악이었다. 노동청을 노동부로 승격은 시켰으나 노동조합에 대한 탄압은 더 강화되었다. 3저 호황을 맞으면서 노동탄압을 정상화할 수 있는 호기를 맞았으나 전두환은 아예 그런 문제에는 관심이 없었다. 오히려 시대의 흐름을 거꾸로 탔다. 무엇보다도 그가 씻을 수 없는 과오는 대통령으로서의 도덕성 문제였다. 집권과정에 대한 정통성 시비에도 불구하고, 만약 본인의 축재와 친인척 비리문제가 아니었다면 전두환이 이룩한 경제치적은 훨씬 긍정적인 점수를 받았을 것이다.

최규하 과도정부의
경제정책

10·26사태가 박정희 시대의 정치적 종말이었다면, 아이러니하게도 경제정책 면에서는 안정화 정책이 본격화되는 시발점이었다. '서울의 봄'이 오나 했더니, 전두환 등이 주도한 12·12사태가 터져 다시 권력은 군부의 손에 들어갔다. 10대 대통령 최규하는 권한대행 기간까지 합쳐서 10개월 동안 대통령 직무를 수행했으나 그야말로 허수아비 대통령이었다. 그것이 오히려 안정화 시책 전환에 결정적으로 도움이 됐다. 최규하 과도정부의 권력 진공 기간이 오히려 정책 선회를 주장하는 경제 관료들의 입지를 상대적으로 더 강화시켜준 것이다.

경제정책은 부총리에서 국무총리가 된 신현확을 중심으로 굴러갔다. 정치적 풍랑에도 불구하고 경제정책은 관료들 중심으로 진행됐다. 안정화 시책을 한층 강화하는 내용을 담은 1·21조치(1980년)가 그 대표적인 케이스였다. 최규하 대통령 주재로 청와대에서 5시간 30분 동안 각부 장관들이 격론을 벌인 끝에 나온 결정이었다. '박정희의 부재'가 만들어낸 변화였다. 결정된 주요 내용은 1974년 이후 고수해온 고정환율 달러당 484원을 580원으로 19.8% 올리고, 예금금리는 18.6%에서 24%로 인상했다. 수출금융 금리도 9%에서 15%로 대폭 올렸다. 박정희 시대 같으면 꿈도 못 꿨을 정책결정의 방식이요, 결과였다. 기업들은 죽는다고 아우성을 쳤다.

1980년 사실상 제2의 군부 쿠데타나 마찬가지였던 5·17사태로 신현확 내각이 물러나고 전두환을 중심으로 한 국보위 시대가 시작되는데, 마침 국내외 경제상황은 극도로 악화되고 있었다. 당장 외환부족 사태가 발등의 불이었다. 이승윤 신임 재무장관은 달러 확보를 위해 국내 외국은행 지점장들까지 직접 찾아다니며 하소연을 해야 했다. "창피했으나 어쩌겠나. 나라가 부도나게 생겼는데…" 이승윤의 회고다.

외환사정의 심각성을 전두환 국보위 상임위원장에게 재무장관이 긴급보고 해봤자, "난 모르니 재무장관이 잘 알아서 해주시오"라는 식이었다. 최악의 상황은 어디가 끝인지 알 수 없었다. 대통령 암살사건 이후의 군부의 재집권, 김대중 김영삼 김종필 등 이른바 3김의 체포와 구금, 해외 신용 실추, 제2차 오일쇼크, 공교롭게 겹친 쌀농사의 대흉작, 기업 줄도산 위기, 30~40%의 인플레이션, 숙정의 회오리…. 정말 앞이 안 보였다.

그런 가운데에서도 정부는 그해 경제성장률 전망치를 3~4%로 발표했다. 경제기획원 기획국 실무자들이 당초 예상했던 1980년의 경제성장률은 원래 -4%였으나 최종 결재과정에서 둔갑한 것이다. 실무자들은 -4%로 발표하는 것은 아무래도 정부 체면상 곤란하다는 판단아래, +1% 성장으로 5%포인트나 올려서 대통령 결재를 올렸다. 그런데 임시 대통령 최규하가 "무슨 소리냐"면서 결정한 숫자가 +4%였던것이다.(실제 성장률은 -3.7%였으니 당초의 기획원 전망이 맞았던 것이다.) 이런 정도의 정책 간여도 초기에 잠시뿐이었다. 시간이 갈수록 최규하를 대통령으로 여기는 분위기는 어느 곳에서도 찾아보기 어려웠다. 국보위원장 전두환의 부상과 함께 경제정책도 자연스럽게 군인들 손에 넘어갔다.

국보위의
국민 환심 사기 작전

국가보위비상대책위원회(1980년 5월 30일)가 만들어지면서 정부 관료들은 모든 정책의 지침과 결재를 여기서 받아야 했다. 신군부의 정치적 중심체 역할로서 급조된 국보위는 한마디로 1961년 박정희가 만든 국가재건최고회의의 복사판이었다. 5·16쿠데타는 그래도 박정희 김종필을 비롯한 혁명주체들이 상당 기간 사전 도모했었던 데 반해, 전두환 정권은 전혀 그렇지 못했기에 두서가 없었다. 사실 당시 정권을 장악한 신군부는 혁명군이랄 수도 없었다. 기존 정치권이 웬만하기만 했어도 12·12사태 같은 일은 일어날 수 없었던 것이다.

아무튼 전두환을 중심으로 한 신군부는 정권을 잡은 이상 개혁을 천명하지 않을 수 없었다. 그러나 무엇을 어떻게 해야 할지 몰랐기에, 국민들의 불만과 희망사항이 무엇인지를 파악하기 위해 사방에 사람을 풀어 정보를 수집하고 다녔다. 정권을 거머쥘 사전준비를 했던 세력들이 아니었기에, 굴러들어온 호박을 낚아챈 입장이었기에, 어떻게 해서라도 국민들로부터 환심을 살 수 있는 정책집행이 절실했다.

통행금지가 해제됐고, 학생들의 교복이 자율화됐다. 사교육비 부담 가중을 해결한다는 명분으로 과외를 금지시키는가 하면 미국처럼 하겠다며 졸업정원제를 도입했다. 사회정화 차원에서 공직자들에 대한 대대적인 숙청이 진행됐고, 조직폭력배들을 소탕해서 삼청교육대에 보냈으며, 사이비 언론을 때려잡기 위해 언론사에 대한 대규모 통폐합조치를 감행했다. 전임 정권의 집권이 18년이나 되었으니 그에 대한 뒤치다꺼리도 만만치 않았지만, 국보위를 중심으로 한 당시 신군부의 위세는 헌정의 중단상태, 그 이상도 이하도 아니었다.

경제 쪽에서도 각 부처별로 해묵은 미결과제들이 먼지를 털어내고 국보위 책상 위에 올려졌다. 국보위가 가장 역점을 뒀던 것은 역시 발등의 불이었던 부실기업들의 투자조정이었다. 해당기업들로서는 생사가 걸려 있는 문제인데다가 정부 안에서도 의견이 맞섰다. 유명기업의 하나였던 동명목재가 자금난에 빠져 구제금융을 신청했으나, 이를 거부하고 거래은행이 부도 처리토록 한 것이 국보위의 첫 작품이었다.

무슨 특별한 기준이나 지침으로 부도 처리한 것이 아니었다. 우리는 전임 정권처럼 대기업을 적당히 봐주지 않는다는 것을 과시한 조치였다. 하지만 얼마 가지 않아 신군부의 짧은 밑천은 금세 드러났다. 경제 문제에 관한 한 전문가에게 의존하지 않을 수 없었다. 통행금지 해제나 교복자율화 같은 것이야 결정만 하면 즉시 시행할 수 있는 것이었으나, 이해관계가 복잡하게 얽혀 있는 경제정책은 관료들의 손에 맡길 수밖에 없었다. 신군부 세력은 각 부문의 전문가들을 소집해놓고서 "당신네들이 좋은 아이디어만 가져와봐라. 밀어붙이는 것은 우리가 해낼 테니까"라고 공공연히 말했다.

박정희 정권에서부터 시도됐던 발전설비와 자동차산업 통폐합 등 여러 문제들이 논란을 거듭했고, 그 과정에서 국보위가 나서서 우격다짐으로 기업들끼리 강제 합의를 끌어내기도 했다. 발전설비와 자동차산업 통폐합은 시비 끝에 국보위가 해체되면서 다시 원점으로 돌아갔다.

한국의 자동차산업은 하마터면 없어질 뻔했다. 적자에 허덕이는 자동차회사들에 대해 전두환의 경제 선생으로 등장한 김재익이 비교우위론을 내세우며 "자동차산업은 한국에 맞지 않으니 외국의 큰 회사에 넘기자"고 전두환 상임위원장을 설득하는 데 성공했던 것이다. 따라서 정부 차원에서 현대자동차를 미국 GM에 넘기기로 결론이 났는데, 정주영 회장이 '배 째라'는 식으로 버티는 바람에 무산됐었다. 김재익의 최대 실책으로 꼽히는 대목이다. '500만 호 주택 건설 계획'은 국보위가 국민들의 환심을 사기 위한 첫 번째 선물이었다. 1980년 9월 23일 국내 신문과 방송은 대대적으로 보도해야 했고, 물론 어떤 비판 기사도 금지됐다.(전두환 정권 내내 지어진 주택은 모두 176만 호였다.)

국보위의 가장 두드러진 업적은 공정거래제도의 도입이다. 재벌에 대한 특혜와 시장의 독과점을 본격적으로 규제 감시하는 제도적 장치가 비로소 만들어진 것이다. 재벌을 본격적으로 규제하게 되는 공정거래위원회제도가 군인들 힘으로 탄생될 줄은 아무도 몰랐다. 경제 관료들이 오래전부터 말만 꺼냈을 뿐, 엄두를 못 내던 일이었다. 그나마 경제기획원 물가정책국 안에 과장급 공정거래담당관을 두어서 기업들의 독과점이나 지나친 가격담합 문제 등을 형식적으로 다루고 있었다.

사실 물가안정 정책 차원에서도 공정거래제도 도입은 꼭 필요한 시점이었다. 기업한테 공정한 경쟁을 촉구하려면 정부부터 약점이 없어야 하는데, 지나친 물가통제를 통해 정부 스스로가 시장경쟁 원리를 무시하는 자가당착에 빠져 있었다. 그럼에도 정부가 품목별로 기업별로 일일이 가격을 결정하는 터무니없는 행정지도를 계속하고 있었다. 심지어 도매상들의 전화를 불법 도청해서 벌과금을 매기는 일도 있었다. 결국 정부의 물가통제를 풀기 위해서는 기업들의 불공정 행위를 규제하는 시스템이 필요한 때가 됐던 셈이다. 그러나 아무도 엄두를 내지 못했다. 안정화의 기수 신현확 부총리마저도 "당사자 간의 마찰이 심한데다가 재벌들의 사기를 감안해 일단 안정화 시책이 성과를 거두면 그때 검토하자"며 공정거래 도입 자체에 소극적이었다.

그랬던 것이 어느 날 갑자기 이뤄졌던 것이다. 국보위 경과위원장 김재익이 경제기획원의 실무책임자를 불러서 시작한 것이 일사천리로 밀어붙여져서 독점규제 및 공정거래에 관한 법률이 탄생하게 된다. 전경련을 비롯한 재벌들은 제대로 손쓸 겨를도 없었다. 정상적으로 법안이 만들어져서 국회심의를 거치는 식으로 했더라면 턱도 없을 일이었다. 금융자율화 차원에서는 재무부로부터의 한국은행 독립이 강력히 추진됐었는데, 한은법 개정안의 최종 확정 일보 직전에 유야무야되고 말았다.

국보위 시대에 첫 단추를 잘못 끼운 노동정책은 한국경제에 두고두고 부담을 주게 된다. 박정희 시대 18년을 지나면서 괄목할 성장과 소득수준 향상이 진행되는 동안 노동환경에 대한 제도적인 개선을 도모할 필요성이 여기저기서 제기되고 있었다. 정권 말기 정치문제로까지 비화되었던 YH 사건(YH무역 여성노동자들이 생존권 보장을 요구하며 야당당사 강당에서 농성을 벌였던 사건)이나 사북 사태 같은 경우가 대표적인 사례였다. 노동조합 결성 자체를 불가능하게 했던 박정희 경제의 노동관계법을 시급히 고쳐야 했다.

그러나 입법, 사법, 행정권 모두를 쥐고 있던 신군부는 노동법을 개선해야 할 시점에서 개악의 선택을 했다. 노조활동을 활성화시키는 쪽이 아니라, 사회불안 세력으로 몰아 탄압의 대상으로 규정지었던 것이다. 전두환 정권이 새 출발하는 기회로 활용하기는커녕, 자기들이 이룩한 여러 공적들을 모두 무색하게 할 정도의 결정적인 오판을 국보위 시절에 저지른 셈이 되고 말았다.

부가가치세가 하루아침에 폐지될 뻔한 일도 있었다. 10·26시해사건이 일어나기 전부터 부가가치세에 대한 부정적인 견해가 있어왔던 만큼, 국보위로서는 기존의 잘못된 제도를 골라내는 과정에서 부가가치세가 당연히 도마에 올랐던 것이다. 박정희 정권이 부가가치세 탓에 무너졌다는 이야기가 나오는데다가, 국민들이 원치 않는 세금은 없애야 한다는 것이 국보위 내의 분위기였다. 재무부 실무자들은 강력히 반대했다. 이미 상당한 비용을 치르고 정착되어가는 마당에 없앤다는 것은 부당하다고 반발했다. 결국 국보위 전체회의까지 열어가면서 부가가치세 폐지를 논의한 끝에 가까스로 폐지 방침을 백지화시켰다.

경제는
당신이 대통령이야

　육군 소장 전두환의 경제에 대한 식견은 어떤 것이었을까. 그의 군 경력으로 봐서 경제에 대한 안목을 갖출 기회가 따로 있었을 리 없다. 국보위 통치 기간은 그런 점에서 전두환 상임위원장에게는 좋은 경제 공부 기회였다. 이때만 해도 박정희 혁명정부 시절과는 달리 정부 안팎에 우수한 경제전문가들이 많았고, 이들이 심도 깊은 토론을 하는 것을 들으면서 전두환은 집중적으로 경제공부를 할 수 있었다. 박정희가 최고회의 의장으로서 경제공부를 했던 것과 유사했다. 그러나 전두환이 박정희와 달랐던 점은 훨씬 체계적으로 배웠고, 별도로 선생님을 불러서 과외공부까지 했다는 점이다.

　사실 전두환의 경제공부는 집권하기 얼마 전부터였다. 보안사령관 시절, 재무부 출신으로 경제과학심의회 상임위원으로 있던 박봉환을 가정교사로 모시고 경제공부를 시작했었다. 그 당시 박정희의 죽음을 예상했을 리도 없었고, 더구나 자신이 대통령이 될 것이라는 생각은 꿈에도 했을 리 만무한데, 묘하게도 보안사령관 시절에 했던 과외공부가 훗날 그의 경제정책에 결정적인 영향을 끼치게 된다.

　전두환이 박봉환을 첫 과외선생님으로 만난 것은 큰 행운이었다. 박봉환은 철저한 안정론자였다. 한국경제의 현실을 일깨워주면서 물가안정이 얼마나 절실한가를 쉽고 인상적인 방식으로 주입시켰다. "히틀러보다 더 나쁜 놈이 인플레이션"이라고 가르쳤다. 국보위 상임위원장이 되고 나서 그는 여러 명으로부터 경제공부를 했는데, 결국 첫 과외선생인 박봉환이 소개한 김재익을 전담선생님으로 정했다. 그는 대통령에 취임하고 나서도 얼마간은 대학시험을 앞두고 족집게 과외 선생한테 과외 공부하듯이 집중적으로 파고들었다.

김재익이라는 탁월한 이코노미스트는 잡티 하나 없는 하얀 백지에 그림을 그려나가듯이 소신껏 자신의 그랜드 디자인을 펼쳐나갔다. 전두환은 경제에 문외한이었으나 학습 소화능력이 뛰어났다. 소위 세 마리 토끼라고 하는 성장, 물가, 국제수지가 무엇을 의미하는지, 상호 어떤 관계에 있는지를 확실히 깨우쳤다. 물가안정이 최우선 과제이고, 시간이 걸리고 어렵더라도 금융을 자율화시키고 개방정책을 펴나가야 한다고 가르쳤다.

전두환의 과외선생이 되기 전의 김재익은 실패한 관료였다. 1976년 부총리 남덕우의 예외적인 발탁으로 경제기획원 기획국장 자리에 앉아서 여러모로 자신의 참신한 아이디어를 정책으로 만들어보려고 애를 썼으나 실패와 좌절의 연속이었다. 직업 관료들의 집단 따돌림 속에 그는 외로운 백로 같은 존재였다. 결국 공무원 청산을 결심하고 KDI에 가서 연구나 할 작정을 했었다. 그런 처지에 세상이 와장창 뒤바뀌고 새 실력자의 가정교사가 된 것이다.

탁월한 이코노미스트 김재익은 전두환의 경제 과외교사였다. 사진은 대통령 결재를 받는 김재익.

신군부로부터 부름을 받은 김재익은 처음에는 몹시 망설였다. 총칼로 정권을 거머쥔 신군부 독재에 협조한다는 것이 썩 내키지 않았기 때문이다. 고심 끝에 국보위행을 결심한다. 시장경제를 실현시키면 민주주의는 자동적으로 오게 된다는 논리로 스스로의 신군부 협조 명분을 찾았다. 대학 시절 그의 전공은 정치학이었다.

김재익은 국보위 경제과학 분과위원장을 거쳐 제5공화국 출범에 첫 경제수석이 된다. "경제는 당신이 대통령이야"라는 말을 했을 정도로 전두환은 김재익을 절대 신임했다. 그는 순수한 성품에 정연한 논리를 갖춘 개혁의지가 강한 인물이었고, 꿈을 실현시키는 데는 누구 못지않게 야심적이었다. 김재익의 기본 구상은 박정희 정권 말기에 어렵사리 시작한 안정화 시책을 본격적으로 실천해나가는 데서 출발했다. 그는 무엇보다도 설득력이 뛰어났다. 아무리 어렵고 복잡한 일도 그는 알기 쉽게 설명하고 풀어내는 특출한 능력을 지녔었다. 전두환은 그의 가르침을 거의 통째로 외우다시피 했다. 군부의 여러 사람들이 모함했으나 전두환은 김재익을 절대적으로 신임했다.

전두환은 선생님 김재익한테 배운 경제논리를 익혀서 개인 강의록을 만들어 다른 장관들한테나 모임에서 강의도 했다. 여름휴가 중에 출입기자들을 모아놓고 화폐교환방정식 'MV=PT'를 강의했다. 비록 시중에 돈이 많이 풀린다 해도, 풀린 돈이 도는 속도가 느리면 물가에 미치는 영향이 크지 않다는 경제현상을 설명한 것이다. 그는 습득한 새 지식을 주위 사람들에게 자랑하지 않고는 못 배겼다.

박정희 시대에 비해 전두환 시대의 경제정책 스타일은 한층 더 교조적이었다. 전두환 스스로가 전문가로부터 집중적인 공부를 통해 습득한 지식을 토대로 경제를 이해하게 됐고, 그것을 정책화시키는 순서를 밟아갔기 때문에 다른 관료들이나 국민들, 심지어는 기업인들까지도 자신처럼 경제를 이해할 것을 강요했다.

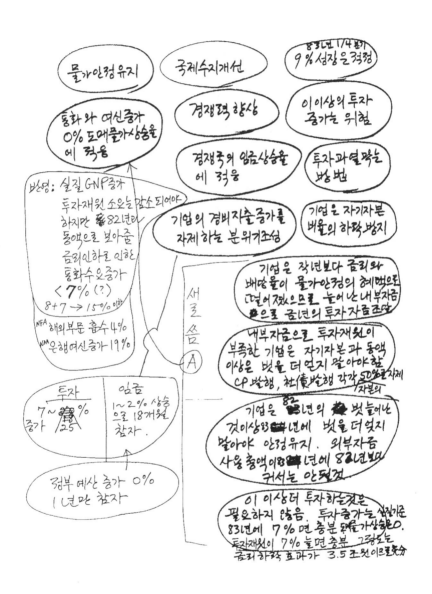

김재익 경제수석이 자필로 만든 경제강의록 메모. 그는 전 대통령을 비롯해 누구에게든지 자신의 구상을 설득할 필요가 있을 때는 즉석에서 모든 구성요소들의 상관관계를 그려가면서 알기 쉽게 설명해나갔다.

그래서 탄생한 것이 경제교육이었다. TV의 골든타임에 경제교육 프로그램이 등장했고, 학교에서도 물가안정 정책의 당위성을 강조하는 경제과목 시간이 대폭 강화됐다. 물가불안 심리를 다스리기 위해서 한때는 '물가는 심리다'라는 주제로 하는 경제교육이 유행했던 일도 있었다. 군부대가 가장 적극적이었다. 사병들은 부대 안에서 실시되는 경제교육 평가에서 합격을 해야 정기 휴가를 갈 수 있었다. 비록 강제교육이었으나 국가적으로 경제에 관한 합의를 도출해나가는 데 기여를 했던 것도 사실이다. 그러나 경직화된 경제교육의 부작용도 적지 않았다. 긴축은 곧 선이라는 고정관념 때문에 재정정책을 펴는 데 정부 스스로가 발목을 묶이기도 했다.

물가를 안정시킨
'독재자'

물가안정은 누가 뭐라 해도 전두환의 업적이다. 결코 쉽지 않은 일이었고, 그런 목표가 달성되리라 예상했던 사람들은 거의 없었다. 독재자가 인플레이션을 일으킨 경우는 많아도 잡은 경우는 역사적으로도 드물다. 박정희 시대에서 시동은 걸렸으나 제대로 진척되지 못하던 안정화 정책은 국보위 시대를 거쳐 전두환 시대로 넘어오면서 변질의 우려를 씻고 한층 더 강화돼나갔다. 경제수석 김재익은 대통령을 확실하게 세뇌시켰고, 첫 부총리 신병현은 한은총재 출신의 철저한 안정론자였다. 시작이 중요한 법인데, 전두환이 제1호 가정교사인 박봉환으로부터 물가안정이 최우선이라는 교육을 받은 것이 두고두고 힘을 발휘했던 셈이다.

전두환은 집권 초기부터 강력한 금융긴축 정책을 펴는 한편 정부 스스로 예산을 쥐어짰고, 기업들한테는 임금 억제를 강요했다. 임금이 오르고 물가가 더 오르는 악순환을 끊어야 한다는 경제교육을 전 국민이 귀가 따갑게 들어야 했다. 1980년의 도매물가 상승률은 제2차 오일쇼크까지 겹쳐 무려 42.3%였다. 경제기획원 물가정책국 실무자들은 1981년의 물가억제 목표를 잘해야 20% 선 정도로 보고 있었다. 다음은 김인호 당시 물가총괄과장의 회고다.

"어느 날 김재익 경제수석이 회의를 소집해서 예산실장, 물가국장을 모시고 청와대로 갔다. 요컨대 1981년 물가를 한 자리 숫자로 안정시키라는 것이었다. … 그가 화를 내는 것은 처음 보았다."

이때부터 정부가 최우선 정책으로 강조한 슬로건은 "한 자릿수 물가"였다. 언론도 꿈같은 소리 한다며 유치한 정권 홍보쯤으로 치부했었다. 그러나 그해(1981년)의 물가는 결과적으로 도매 11.3%, 소비자 13.8%였다. 거기서 그치지 않았다. 소비자 물가 기준으로 이듬해인 1982년 2.4%, 1983년 -0.8%였다. 상상도 못하던 일이 현실로 벌어진 것이다. 전두환 정권의 물가안정이 높은 평가를 받는 것은, 비록 반대와 비판을 억누르는 가운데 밀어붙였다 해도 정부 스스로가 고통을 감내하는 비인기 정책을 장기간 일관되게 추진한 끝에 맺은 결실이라는 점에서다.

총지휘자 김재익은 마약 같은 30년 인플레이션으로부터 탈출하기 위해서는 어느 한 시점에서 악순환의 고리를 끊어버리는 특단의 전기가 있어야 한다고 확신했으며, 힘과 기회를 얻은 그는 소신대로 대통령의 이름으로 이를 실현시켜나갔던 것이다. 물가 잡는 데 겪었던 가장 큰 어려움은 쌀값을 억제하는 일이었다. 1981년 가을의 추곡수매가격 인상률을 놓고 벌어진 정부와 국회의 대결을 돌이켜보자. 야당인

민한당은 정부가 농민들로부터 사들이는 쌀값을 전년보다 45.6% 인상 토록 요구한 상태였고, 정부 안에서도 농림수산부는 최소한 24% 정도 는 돼야 한다는 입장이었다.

반면에 경제기획원 안은 10%였다. 국회에 불려나간 신병현 부총리는 의원들의 온갖 비난과 야유 속에 "물가를 잡기 위해서는 농민들도 고통을 분담해야 한다"는 말만 앵무새처럼 반복했다. 여당의원들까지 살농정책이라 몰아세웠다. 결국 14%에서 타결됐는데, 당시로서는 파격적으로 수매가격을 억제한 것이었다. 운도 따랐다. 물가가 한때 마이너스로까지 갔던 것은 정부 정책의 효과도 있었지만 더 근본적인 요인은 국제 원자재값 하락 덕분이었다. 치솟기만 하던 원유 도입단가가 1982년 들어 4.5%나 떨어졌고 다른 원자재값도 함께 떨어지는 바람에 힘으로 틀어막았던 공공요금 인상요인들이 저절로 사라져 버렸던 것이다.

이 같은 대외 환경도 부인할 수 없지만 가장 중요한 것은 소위 말하는 물가 오름세심리(인플레이션 마인드)라는 오랜 콤플렉스에서 해방될 수 있었다는 점이다. 실제로 만성적인 물가불안 심리가 사라지고 물가안정에 대한 자신감이 붙기 시작했다. 전두환은 내친김에 한술 더 떴다. 급기야 정부의 예산동결 조치까지 설마 했던 일이 현실로 벌어졌던 것이다.

예산동결은 정상적인 경제정책이라기보다는 하나의 사건이었다. 매년 늘어날 수밖에 없는 정부의 지출 예산을 어느 날 갑자기 한 푼도 늘리지 않고 동결시킨다는 것이니, 제아무리 독재정권이라 해도, 특히 선거가 있고 의회가 있는 나라에서는 생각할 수 없는 일이었다. 그런 일을 전두환 정권이 밀어붙였다. 지난 정부가 넘겨준 또 하나의 짐은 고질적 재정적자였다. 경제성장의 뒷바라지를 하느라 상습적으로 수입(세입)보다 지출(세출)이 많았다. 오랫동안 계속되다 보니 부족한 돈을 한국은행이 찍어서 충당하는 정부차입이 버릇이 됐고, 이것이 만성적 인플레이션을 초래해온 주요 원인 중의 하나였다.

특히 정부 빚을 늘리는 가장 큰 요인은 추곡수매에 따른 양곡특별회계의 적자였다. 정부가 농민들에게 시세보다 비싼 값으로 쌀을 사주는 이중곡가제도를 계속 실시해왔으니 그 차이만큼씩 매년 정부 빚이 늘어나고 통화증발을 초래해왔다. 쌀 생산 농가의 소득을 보전해주기 위해 한국은행이 그만큼 더 돈을 찍어내는 정책을 펴왔던 것이다.

김재익은 정부 씀씀이부터 나쁜 버릇을 고쳐야 진정한 물가안정을 기할 수 있다고 믿었다. 그래서 국보위 시절, 아예 정부의 한은 차입 금지를 헌법조항에 삽입하는 방안을 추진하기도 했었다. 정부가 중앙은행에서 돈을 빌려서 발생되는 통화증발 현상을 원천적으로 봉쇄하자는 혁명적 발상이었다. 사방에서 반대하는 바람에 중도에 포기하고 말았는데, 김재익이 그때부터 차선책으로 구상했던 것이 예산동결이었다. 세출을 한 푼도 늘리지 않고 전년도 수준으로 동결하면 늘어나는 세수만큼의 흑자를 낼 테고, 그 흑자로 정부가 한국은행에서 빌려 쓰는 차입금을 갚아나가도록 하겠다는 것이다. 돈키호테 같은 엉뚱한 발상이라고 정부 안에서도 비웃는 사람들이 많았다.

김재익은 조용하고 온화한 성품이었으나 일에는 집요했다. 당초 1982년부터 예산동결을 시작할 생각이었으나 예산실의 반대로 여의치 않았다. 한발 물러서나 싶었던 그는 마침내 이듬해 대통령의 결심을 얻어내는 데 성공했다. 그다음 해인 1984년 예산편성에 세출 예산을 동결하기로 한 것이다.

예산동결을 추진하는 과정에서 경제기획원 예산실이 팔짱 끼고 가만히 있었을 리 만무했다. 당연히 반발했다. 예산실 사람들은 김재익을 정부 예산이 뭔지도 모르는 백면서생쯤으로 여겼다. 예산실장 조경식은 1983년 예산부터 동결을 주장한 김재익과 청와대 회의에서 심하게 다투기까지 했다. 미국과의 약속에 의해 GNP의 6%를 국방비로 배정해야 하는데, 경상 GNP가 매년 20% 넘게 성장하는 것을 감안하면 예산을 동결할 경우 국방비 이외의 예산은 동결이 아니라 오히려 대폭 깎아야 하는 사태가 벌어진다는 것이었다. 일리 있는 지적이었다. 더구나 정부 예산이 지니는 정치적 성격을 감안하면 세출 예산의 동결은 정부 여당으로서는 정치적 자살행위나 마찬가지였다.

그러나 김재익에게 설득당한 전두환은 예산실장 조경식을 다른 자리로 내보내고 개혁파 문희갑을 기용한다. 문희갑은 예산실 내부의 반발부터 잠재우며 재정개혁의 선봉에 나섰다. 예산동결 조치는 김재익 각본, 문희갑 연출로 진행됐다. 1983년의 예산동결 작업은 1984년에 적용되는 것이었고, 이는 국회의원 선거(1985년) 바로 전해였다. 여당인 민정당의 반발은 거셌다. 그러나 전두환은 "물가안정을 위해 정부가 앞장서서 허리띠를 졸라매는데, 민정당이 반대하면 어떻게 하는가. 예산동결 탓에 선거에 진다면 그런 선거는 져도 좋다"며 언성을 높였다.

1984년도 동결예산은 결국 5,500억 원의 흑자를 내도록 편성했고 그 흑자는 한은 차입금을 갚는 데 쓰도록 했다. 국방예산은 건국 이후 처음으로 전해에 비해 309억 원이 삭감됐다. 그 과정에서 군의 저항이 심각했다. 어느 날 합참 소속 육군 준장 두 명이 문희갑 예산실장 방에 들이닥쳐 한바탕 멱살잡이 직전까지 가는 소동이 벌어졌다. 예산실 관료들은 북한 공산당을 돕는 이적행위자들이라는 비난에 군인들만 애국하는가라며 맞고함이 터져 나왔다. 이 사실이 청와대에 보고됐고, 며칠 뒤 두 장군은 지방으로 좌천당했다. 대통령은 예산실장을 따로 불러 위축되지 말라며 격려하기까지 했다.

정부의 물가안정 의지를 안팎으로 다지는 데 예산동결 이상의 것은 없었다. 공무원 임금동결은 당연한 것이었다. 이는 일반 기업의 임금인상 억제로 자연스럽게 연결되었고 추곡수매가 인상률 억제에도 큰 영향을 미쳤다. 그러나 무리한 예산동결이 물가안정에는 큰 도움을 줬던 반면, 이로 인해 1980년대 후반에 가서 철도, 도로, 항만, 전력 등 사회간접자본의 심각한 부족 사태를 유발한 부정적인 측면도 컸다.

부작용은 나중 이야기이고, 김재익에게는 물가안정이 최우선이었다. 당장은 모든 정책을 총동원해야 한다고 판단했다. 금리정책도 예금금리를 1983년 6월 한꺼번에 4%포인트를 내려 은행의 1년 만기 정기예금 금리를 12%에서 8%로 내렸다. 인플레이션이 심할 때는 실질금리 보장을 이유로 금리를 24%까지 올리는 데 앞장섰던 김재익이 이번에는 사방의 반대를 무릅쓰고 한꺼번에 왕창 내려버린 것이다.

금리도 한 자리 숫자로 해야 한다는 논리였다. 주무부서인 재무부와 시장이 모처럼 한편이 돼서 크게 반발했다. 금융을 전공하는 학자들도 경제수석이 금융을 모른다며 공격했다. 상당 기간 공금리와 실세금리의 심한 격차 탓에 신종사채가 등장하는 등, 크고 작은 금융사고들이 연속적으로 터져 나왔다. 그러나 금리정책 또한 김재익이 그려놓았던 물가안정 방정식의 일부였다. 초과수요가 물가불안의 요인이라고 봤을 때는 돈줄을 조이고 금리를 대폭 올리는 긴축정책에 앞장섰지만, 이젠 코스트 쪽에서 금리 부담을 줄여주고, 저금리를 통해 인플레이션 기대심리를 확실히 꺾어놓아야 한다는 것이 김재익의 논리였다. 물론 이것도 대통령의 절대적인 신임과 지지를 기반으로 밀어붙인 정책이었다.

돌이켜보면 연간 물가상승률 목표 2~3%는 당시로서는 일종의 몽상이었다. 어쩌면 대통령 전두환이 김재익의 몽상을 신뢰한 유일한 인물이었는지도 모르겠다. 1960~1970년대 초반까지의 박정희 경제는 대통령 자신의 확고한 경제관에서 추진됐던 반면, 전두환은 자신의 경제 선생이자 참모인 김재익에 대한 절대 신뢰에 의해 소기의 목적을 극적으로 달성할 수 있었던 셈이다. 그러나 사람을 믿고 맡기는 것 또한 리더로서의 중요한 덕목이자 능력이 아니겠는가.

이리해서 1983년의 물가가 마이너스로까지 갔는데, 김재익은 여기에 만족하지 않고 한술 더 떠서 예산동결 카드까지 빼들고 나선 것이다. 예산동결 정책은 안정화 정책의 결정판이었다. 인플레이션 주범의 하나였던 해묵은 적자재정 버릇을 송두리째 뿌리 뽑은 것이다. 훗날 두고두고 한국경제의 재정상태가 다른 나라보다 양호하다는 국제적 평판을 받는 것도 여기서부터 비롯된 것이다.

애를 태운 불황 탈출

전두환 정권은 물가안정에만 집착한 나머지, 경기부양에는 아예 관심이 없었던 것일까. 물론 그렇지 않다. 물가안정을 정책의 최우선으로 삼았던 것은 사실이나 계속되는 불황을 극복하기 위해 애를 태웠다. 경제성장률이 마이너스 상태에서 집권한 이후 전두환 정권은 4년 넘도록 불황 속에서 헤매야 했다. 아무리 물가안정이 중요하다 해도 불황의 수렁 속에서 계속 버텨낼 정권이 어디 있겠는가. 나름대로 경기부양책을 다 동원했다.

경제성장률 숫자로 보면 1980년의 -1.9%를 시작으로 해서 7.4%(1981년), 8.3%(1982년), 12.2%(1983년)까지 상승세를 보였음에도 불구하고 애당초 마이너스까지 떨어졌던 데서 증가한 통계치이므로 실제 경기회복과는 여전히 거리가 있었다. 더구나 1984년 1/4분기에 12.5%까지 올라갔던 성장률이 4/4분기 들어서 4.1%까지 떨어졌다. 기업들의 투자 위축이 여전한데다가 선진국들의 경제 침체가 겹쳤던 탓이었다. 경제팀장인 부총리 겸 경제기획원장관 자리가 신병현에서 김준성, 서석준으로 바뀌어가는 과정도 전두환 스스로가 물가안정만으로는 안 되겠다는 초조감의 반영이었다.

특히 박정희 시대에 성장정책의 선봉에 섰던 장본인이요, 경제기획원 시절 김재익의 상관이기도 했던 서석준을 선택한 것은 전두환으로서는 중대한 결심이었다.(1983년 아웅산 사건으로 모두 타계했다.) 물가안정은 이쯤하고, 이제부턴 경기부양에 신경을 더 쓰겠다는 신호탄이었다. 실제로 여러 부양책을 펴나갔다. 박정희 시대에는 위화감 조성을 이유로 금지되었던 컬러TV 방영이 드디어 허용되었고, 공무원들의 자가운전 금지가 풀렸다. 양도세 완화를 비롯한 부동산경기 부양책이 거듭됐다.

계엄령이 오래전에 해제되었음에도 불구하고 언론보도는 여전히 통제를 받았다. '경제는 심리이므로 안 된다, 안 된다 하면 더 안 된다. 그러니 나쁜 기사는 쓰지 말라'는 보도지침이 언론사에 내려져 있었고, 정부가 배포하는 보도자료는 주로 잘되는 쪽에 관한 것들 일색이었다. 그중 하나가 1983년 하반기부터 증가하기 시작한 건축허가 면적이었다. 경기회복 조짐은 건설경기 위주였고, 그것도 소위 향락산업 쪽으로 뭉칫돈이 흘러들어 가고 있었던 것이다.(서울 지역에서 1982~1983년 사이 여관 32개, 안마시술소 100개, 사우나탕 81개가 늘었다.)

여러 요인들이 복합적으로 작용했다. 기업들의 투자심리 위축으로 시중 부동자금이 부동산 쪽으로 몰리기 시작한데다가, 금융실명제 실시 방침으로 돈이 숨을 곳을 찾아서 소위 향락산업 쪽으로 쏠렸던 것이다. 결국 정부가 배포한 '경기회복 조짐'의 보도자료는 기업의 시설투자나 수출의 호전 등과는 아무 관계 없는 향락산업의 번성을 알리는 것이었다.

수출도 걱정이었다. 1983년의 수출 목표가 300억 달러였는데, 과연 이것을 달성할 수 있겠느냐로 노심초사였다. 그해 초가을 전두환 대통령은 금진호 상공장관에게 "올해 수출 목표 300억 달러는 차질이 없겠지요?"라고 다짐했고, 이에 금진호는 "물론입니다"라고 안심시켰다. 하지만 실제 사정은 전혀 달랐다. 30~40억 달러의 차질이 불가피할 전망이었다. 하는 수 없이 실무자들은 편법을 써서 목표치를 달성했다. 수리하고 돌아가는 외국 선박의 경우 수리비에다 선박 가격까지 합쳐서 수출실적에 계상했다. 실적 부풀리기라고 해서 시정했던 수법을 다시 동원했던 것이다. 전두환 정권이 계속되는 불황에 속을 태운 방증이기도 하다.

그럼에도 불구하고 전두환의 경제정책 우선순위를 놓고 단답형으로 묻는다면 그 답은 '물가안정이 우선'이다. 그의 집권 기간 내내 보였던 환율정책이 대표적인 사례다. 수출이 죽을 쑤고 수입개방을 추진함에 따라 국제수지 차원에서도 당연히 환율 인상(원화의 평가절하) 정책을 구사할 만도 했고, 실무 관료들이나 학자들이 그런 건의도 많이 했었다. 그러나 전두환은 완강했다. 마치 1950년대의 이승만 대통령처럼 환율 인상 이야기는 꺼내지도 못하게 했다. 물론 이유는 달랐다. "환율이 올라서 수출에 당장은 도움이 될지 모르지만 얼마 못 가서 물가상승을 부추긴다"는 생각이 확고했다.

KDI가 환율 인상을 건의했다가 대통령에게 잘못된 생각이라고 꾸지람만 듣고 말았다. 경제 선생님 김재익이 한 번 입력해넣은 공식은 여간해서 수정되지 않았다. 그처럼 애를 태워왔던 경기회복은 정부의 인위적 경기호전 홍보와는 무관하게 해외여건에서부터 실마리를 찾고 있었다. 국제적 호황의 훈풍이 한국경제에 불어닥치기 시작했던 것이다.

단군 이래 최대 호황

어떻든 1984년에 접어들자, 물가안정은 굳히기 작전에 들어갔고 비아냥거리던 언론이나 학자들도 고개를 끄덕이지 않을 수 없었다. 물가 다음의 근심은 성장이나 실업이 아니라, 국제수지와 외채였다. 외채 과다에 대한 불안감과 울렁증은 한국경제의 고질병이었다. 한국경제는 언제쯤이면 적자에서 벗어나고, 외채 부담에서 해방될 수 있을까.

그해 하반기부터 정부 당국은 슬슬 자신이 붙기 시작했다. 당시 경제를 끌고 나가던 경제수석 사공일, 부총리 신병현, 재무장관 김만제 등은 하나같이 낙관론을 폈다. 이때만 해도 언론은 정부의 홍보성 낙관론을 경계하는 입장을 견지했다. 그러나 경제상황은 빠른 속도로 호전되어갔다. 물가안정 기반이 착실히 다져진데다가 1985년 9월 G5 정상회담을 계기로 국제금리와 달러, 기름값이 함께 떨어지기 시작한 소위 3저시대가 시작되고 있던 것이다.

배럴당 40달러를 넘나들던 국제 기름값이 1986년 7월에는 5달러까지 폭락했고, 국제금리 역시 20% 선에서 한 자리 숫자로 내렸다. 갖가지 경제전망치는 기분 좋게 틀려나갔다. 국제수지고 성장목표고 간에 과연 가능할까 싶었던 정부의 정책목표치들은 그해 상반기가 채 지나기도 전에 죄다 초과하는 쪽으로 빗나갔다.

외채로 나가는 금리 부담과 기름값 부담이 내리니까 외채나 국제수지 적자 걱정은 크게 줄어들 것이 뻔했고, 국제적인 경기회복으로 수출도 활기를 띨 게 분명했다. 달러 값이 떨어져서 외채상환 부담도 앞아서 덕을 보게 됐다. 사공일 경제수석과 김만제 부총리는 이참에 물가안정에 함몰된 정책 방향을 수정해서 투자를 늘려나갈 타이밍이라고 판단했다. 수출관련 설비투자에 자금 지원을 늘리고 원화 절하, 즉 환율을 올리는 작업이 이들의 합작품이었다. 세계경제의 회복 국면 파도를 올라탈 준비였다.

마침 김재익 후임으로 경제수석에 앉힌 사공일과 김만제 경제부총리 팀이 안정 일변도의 경제정책에서 벗어나서 성장 쪽으로 정책의 축을 옮겨나가고 있었던 것이 맞아떨어졌다. 투자세액공제 확대실시 등 기업투자 지원의 폭을 늘려갔다. 다른 한편으로는 과잉투자로 그동안 속을 썩여온 중화학공업 분야에 비로소 빛이 들기 시작한 것이다. 30~40%에 불과했던 공장 가동률이 70~80% 선으로 쑥 올라갔고, 분야에 따라서는 증설을 해야 하는 경우도 생겨났다. 불효자에 대한 홀대가 어느 날부터 갑자기 역전됐다.

1986, 1987, 1988년의 연평균 성장률이 12%를 기록했고, 3년간의 경상수지 흑자가 무려 286억 달러에 달했다. 더구나 그 사이에 걱정했던 아시안게임과 올림픽도 성공적으로 치러낼 수 있었다. 이처럼 전두환 정권 말기의 한국경제는 그야말로 단군 이래의 최대 호황을 구가했던 셈이다. 경제가 좋아지면서 외채망국론도 1985년을 고비로 자취를 감추기 시작했다. 1985년 말 기준 한국의 총외채는 467억 달러. 흑자로 외채를 갚기 시작하면서 1989년에는 1980년 수준인 293억 달러로까지 떨어졌다. "지금 이 순간에 태어나는 갓난아이가 짊어져야 하는 외채가 얼마인 줄 아는가"라는 식으로 한창 유행했던 외채망국론은 언제부터인가 사라져버렸다. 필명을 날리던 이 분야 유명교수들의 비판적 신문 칼럼도 자취를 감췄다.

1987년에 접어들면서 경제는 더 탄력을 받았다. 물가야 원래 안정된 것이고, 수출의 호조로 성장과 국제수지 문제가 한꺼번에 풀리는 바람에 그야말로 한국경제의 모든 숙원이 풀렸다고 생각했다. 드디어 세 마리 토끼를 모두 잡은 것이다. 정부는 신바람이 났고, 비판적인 학자들도 입을 다물었다. 물론 이 같은 경제호전이 정부 정책만으로 이뤄진 것은 결코 아니었다. 큰 틀에서 정부가 정책방향을 제대로 잡았

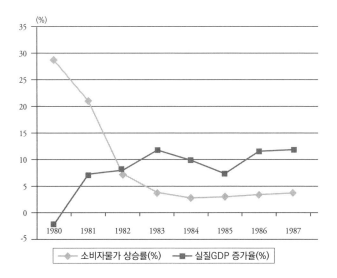

전두환 정부 시대 연도별 실질GDP·소비자물가

(%)

소비자물가 상승률(%)   실질GDP 증가율(%)

자료: 한국은행

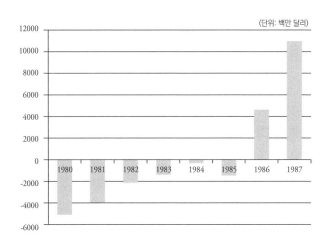

전두환 정부 시대 경상수지 연도별 실적

(단위: 백만 달러)

자료: 한국은행

던 것은 사실이지만, 실제 경제를 일으킨 주역은 기업과 근로자, 일반 국민들의 분발이었다.

오히려 정부의 흠을 잡자면, 앞서도 언급했지만 정부가 하자는 대로 했으면 지금의 자동차산업은 없다. 국보위 시절 현대가 자동차산업을 일원화하되, 합작을 통해 미국 GM의 품 안으로 들어갈 것을 정부가 강요했다. 이를 정주영 혼자서 막아낸 것이다. 절대권력을 상대로 무모해 보이기만 했던 정주영의 버티기는 그야말로 한국 특유의 기업가 정신으로밖에 설명할 수 없는 대목이다. 삼성의 반도체사업도 한때는 정부가 무모한 투자라며 반대하는 바람에 고전했었다.

그럼에도 불구하고 경기호전 과정에서의 정부 역할을 과소평가할 순 없다. 3저 현상은 어느 나라에나 적용되었던 국제적 사건이었고, 준비된 한국은 다른 나라에 비해서 현저하게 이 기회를 성공적으로 활용했던 것이다. 아무튼 전두환은 정권을 내놓는 순간까지 '한국경제는 내가 살렸다'는 확신에 차 있었다. 박종철 고문치사 사건이 터지고, 6·29민주화 선언을 계기로 정치적으로는 엄청난 어려움에 처하면서도 경제정책 면에서는 전혀 위축됨이 없었다. 전두환은 다음 정권에 가서도 자신의 정책이 그대로 이어질 것으로 믿어 의심치 않았다. 더구나 친구한테 정권을 넘겨줬으니 당연히 그럴 것으로 기대했다.

수입도 선(善)이다

한국경제 수십 년 동안 수출은 선이요, 수입은 악으로 통했다. 모든 정책은 궁극적으로 수출을 늘리고 수입을 억제하는 데 초점을 맞춰왔다. 이승만, 박정희 시대를 거쳐오면서 가장 흔들림 없는 명제였다. 그럼에도 불구하고 국제수지 적자는 쌓여갔고, 외채를 들여다 이를 메워

왔다. 전두환 시대에 들어오면서 분위기가 바뀌기 시작한다. 국제수지에 상관없이 수입에 채웠던 재갈을 풀어야 한다는 소리가 나오기 시작한 것이다. 김재익을 비롯해, 강경식, 김기환, 양수길 등이 욕을 먹어가며 줄기차게 수입개방의 필요성을 역설했던 인물들이었다.

집권 초기에는 경제가 워낙 어려웠고 물가 잡는 일에 총력을 기울였던 터라서 수입개방에 신경 쓸 겨를이 없었다. 그러나 한국경제가 커지고 수출이 늘어남에 따라 대외적으로도 이미 개방압력이 여기저기서 생겨나고 있었다. 다행히 개방문제에 대한 전두환의 생각은 비교적 개방적이었다. 경제공부 초기에 개방에 대한 교육을 충실히 받았던 덕분이었다.

"정권이 바뀌면서 가장 걱정됐던 것은 혹시 신군부가 미얀마처럼 문을 걸어 잠그는 쪽의 정책을 펴나가면 어쩌나 하는 점이었다. 정권 초기 김재익 강경식과 함께 쇄국정책은 절대 안 된다는 점을 누누이 강조했다. 다행히 전두환은 흔쾌히 개방정책에 동의했고, 오히려 개방 반대 압력을 단호히 막아줬다."(김기환 회고)

개방 논쟁에 불은 지른 것은 재무장관 강경식이었다. 박정희 시대 말기 수출 지상주의에 반기를 들며 물가안정 최우선을 외쳤던 그가 이젠 개방정책에 앞장선 것이다. 국제수지가 여전히 적자였던 1983년 2월, 그는 KDI의 연구용역을 통해 수입을 과감하게 트고 관세율을 대폭 내려 8% 단일세율로 하자며 언론으로 선제공격을 했다. 그러자 반대 입장인 상공부장관 김동휘가 산하 연구기관인 산업연구원을 통해 "국제수지가 적자인 상황에서 수입개방을 서둘면 안 된다"고 반박하며 일이 커졌다.

부처는 부처끼리, 산하 연구소는 연구소끼리 싸움이 붙었다. 급기야 경제기획원이 중재에 나서서 양쪽 부처 과장급 이상이 3일간 합숙하며 대토론회를 벌였다. 결과에 상관없이 특정 주제로 정부 안에서 이런 자유토론을 벌인 것은 처음이었다. 당시만 해도 수입개방에 반대하는 의견이 다수였다. 학자들뿐 아니라 국회와 언론도 반대했다. 수입개방을 찬성하면 미국이나 일본의 앞잡이쯤으로 매도당하기 일쑤였다. 일찍부터 수입개방을 주장해왔던 KDI 양수길 박사는 이 분야의 전도사였다. 그는 수입을 늘려야 수출도 늘어난다고 주장했고, 반대론자는 궤변이라며 매도했다. 양수길은 정부 관료들, 심지어는 KDI 내부에서조차 빈축을 샀다. 어느 날은 농산물 개방 세미나에 토론자로 참석했다가 농민들로부터 똥바가지를 뒤집어쓰는 봉변을 당하기도 했다.

개방정책은 우여곡절을 겪으면서도 한걸음씩 나아갔다. 초기 밑그림은 김재익, 불을 지핀 것은 강경식이었다. 수입개방을 본격적으로 추진하는 사령탑 역할은 김재익의 후임 경제수석 사공일이 해냈다. 대통령을 설득해 소문난 개방론자 김기환을 수입규제의 본산인 상공부에 차관으로 투입하면서 가속 페달을 밟았다. 상공부 터줏대감들은 완강하게 수입개방에 저항했다. 그러나 신임 차관 김기환은 실무자들이 말을 듣지 않자 수입규제 품목 하나하나의 개방시기를 직접 결정해나갔다. 본인의 소신도 완고했지만, 청와대의 확고한 개방 지침 덕분이었다.

개방이 대세가 된 것은 3저 호황 덕분이기도 했다. 막대한 국제수지 흑자를 경험하면서 이젠 싫어도 수입 증대 정책을 써야 하는 상황으로 세상이 달라진 것이다. 그럼에도 수입을 죄악시하는 인식은 쉽사리 고쳐지지 않았다. 양담배처럼 국민감정에 민감한 품목은 수입규모에 상관없이 개방 불가품목으로 간주되었다. 이 일을 추진하던 상공부 고위간부는 심한 고역을 치르기도 했다. 1986년 경상수지가 흑자로 돌아설 무렵 박운서 상공부 통상진흥국장은 해외공관장을 대상으로 한 특강에서 "국산담배만 피울 게 아니라 이젠 양담배도 피워야 한다. 컴퓨터나 전자산업은 당분간 더 보호해야 하지만, 양담배 같은 소비재 쪽은 개방해서 외국의 통상압력에 대처해야 한다"고 했다가 큰 봉변을 당했다.

수강자들 중에는 군 장성 출신 대사들이 많았는데 이들이 들고일어났다. "저런 한심한 국가관을 가진 관료는 당장 목을 쳐야 한다"는 주장이 정보기관에 전달됐고, 곧바로 박운서는 보안사로 호출당해 고역을 치렀다. 기업한테 술대접이나 받았거나, 용돈 몇 푼이라도 받아 썼더라면 그 자리에서 옷을 벗어야 했다. 수입담배가 일상화된 지금의 기준으로 보면 상상도 할 수 없는 일이 매우 가까운 과거의 현실이었던 셈이다.

탄압 일변도의 노동정책

전두환 시대 최악의 정책을 꼽는다면 노동정책이다. 앞서도 언급했듯이 국보위 시절 수많은 개혁 과제들을 추진하면서 적지 않은 성과를 거두기도 했으나 유독 노동정책만은 거꾸로 갔다. 국보위는 노동법 개정문제를 다루기는 했으나 노동청을 노동부로 기구를 승격시켰을 뿐, 오히려 노동권을 억압하는 쪽으로 갔다. 집권의 정통성이 허약했던 신군부는 기본적으로 노동운동이 조직화, 세력화하는 것에 강한 거부감을 갖고 있었기에 노동조합은 어디까지나 정치적 경계 대상 내지는 탄압 대상이었다. 강력한 탄압은 노동운동의 지하화, 과격화를 불렀다.

신군부는 시작부터 노동운동을 곱게 보지 않았다. 첫 조치는 1980년 8월 국보위가 노동청을 통해 노총에 내린 '노동조합 정화조치'라는 것이었다. 이 지침에 따라 전국 노총지부 107곳이 폐쇄되고 산별노조 13

명이 물러났다. 블랙리스트에 오른 노조간부 200여 명이 자진사퇴 형식으로 해고됐고, 상당수가 삼청교육대에 끌려가 고역을 치렀다. 여의도 노동청 앞 광장에서 늘 볼 수 있었던 노동자들의 항의 농성 장면도 이때부터 완전히 사라졌다.

비록 잠깐 동안의 '서울의 봄'이었으나 당시 노동운동은 독재정권의 붕괴와 함께 단숨에 해방의 시대를 맞는 줄 알았다. 마치 탄압받던 양김(김영삼 김대중) 세력이 드디어 민주화 세상을 만났다고 착각했듯이. 1979년 8월의 YH 사건이 박정희 정권 붕괴에 기폭제 역할을 했다는 점에서도 누가 정권을 잡든 간에 노동탄압의 시대는 분명히 끝났다고 여겼다.

그러나 시계 바늘은 거꾸로 돌았다. 양김을 밀어내고 신군부가 정권을 장악하면서 노조탄압은 더 고삐를 당기게 된다. 신군부는 노동운동에 새바람을 불어넣기는커녕 노동계 내부의 부패 척결을 명분 삼아 사회정화의 칼날로 노동운동을 단죄했다. 복잡할 게 없었다. 경제가 나락으로 떨어지고 있는 마당에 집단시위를 일삼는 노동세력은 사회불안을 조성하는 악성 불순분자라는 것이다. 사북사태와 같은 대형 분규들이 신군부의 탄압정책을 더 부추겼다.

개정된 노동법은 박정희 때보다 한술 더 떴다. 제3자 개입금지 조항이 생겨 노총이나 산별노조조차 단위 기업 노조의 노조활동에 일절 관여하지 못하게 되었다. 국영기업뿐 아니라 방위산업체까지도 쟁의행위가 금지되었고, 냉각기간도 유신 시대보다 늘어나 사실상 쟁의행위가 불가능해졌다.

"노조의 부패가 심각했던 것은 사실이었다. 하지만 기존 법에 따라 업무검사권을 발동해서 정부가 부패문제를 처리하면 됐다. 그런데 신군부는 죄가 확실한데 무슨 조사가 필요한가라며 잡아들였다. 신군부는 기본적으로 노동운동이 조직화, 세력화하는 것에 엄청난 거부감을 가지고 있었다. 심각한 정권 도전 세력이자 사회혼란 세력이 조직화하는 것은 철저하게 봉쇄해야 한다고 판단했던 것이다. 다만 조직화는 막되, 노동자 개인의 권익신장에는 정부가 적극 지원한다는 쪽으로 방향을 정했던 것이다."(국보위 핵심 라인의 노동부 파견 실무 당국자)

요컨대 노조가 정치 사회적으로 시끄럽게 하지만 않으면 노동자 개인의 근로조건은 최대한 잘해주겠다는 것이었는데, 이 점에 있어서는 박정희 정권이나 전두환 정권이나 전혀 다를 바 없었다. 아무튼 노동조합 결성 자체가 현실적으로 쉽지 않았을 정도로 탄압이 심했고, 이에 따라 노조 조직률은 점점 떨어졌다. 그러나 다른 한편으로는 코너에 몰린 노동운동 세력이 민주화운동을 주도했던 학생 세력들과 강력한 연대를 형성해나갔다. 탄압은 결국 노동운동의 지하화를 불러왔으며, 이 문제에 관한 한 언론도 모른 체하는 게 관례로 통했다.

기자들은 노동분규 현장에 취재하러 가도 노동자들로부터 "기사를 쓰지도 못하는 주제에 뭘 하러 취재하느냐"고 봉변을 당하기 일쑤였다. 탄압과 감시를 강화하면 할수록 지하화 현상은 더 넓고 깊게 번져나갔다. 노동운동이 노동자들의 순수한 권익보호 차원을 벗어나 이데올로기적 투쟁 양상을 띠기 시작한 것은 박정희 시대 말기인 1970년대 후반부터였지만, 전두환 정권에 들어오면서 탄압이라는 자양분을 토대로 더 본격화하기 시작했다. 정부 일각에서는 노동부를 중심으로 경제가 호전되고 하니 노동조합 정책도 완화해나가야 한다는 주장이 제기되기도 했으나 청와대의 검찰 출신, 군 출신 강경파들에 의해 번번이 묵살당했다.

그러나 전두환 시대의 잘못된 노동정책 탓을 신군부에게만 돌릴 순 없다. 물가안정을 지상과제로 삼았던 만큼, 정부의 중요한 기본 정책

중의 하나가 임금억제를 뜻하는 이른바 소득정책을 강력히 펴왔던 점에도 상당한 책임이 있었다. 김재익을 비롯한 정부 이코노미스트들은 만성적인 인플레이션의 악순환 고리를 끊기 위해서 강력한 임금억제 정책을 구사했고, 따라서 당연히 노동자들의 임금인상 요구와 대립할 수밖에 없었다. 물론 이 같은 임금억제가 물가안정에는 큰 역할을 했지만 다른 한편으로는 노동운동의 탄압을 초래했던 점을 부인할 수 없다.

1986년 들어오면서 경제기획원을 중심으로 강봉균 기획국장 등 실무자들 사이에서 노동법에 대한 최소한의 개정 필요성이 제기되었으나 역시 청와대의 냉담한 반응으로 한 발자국도 못 나갔다. 속으로 곪아들고 있는 노동문제의 심각성을 아무도 챙기지 않았다. 결국 그것들이 쌓이고 쌓이면서 1987년 6·29선언(민주정의당 노태우 대표가 민주화와 대통령 직선제 개헌 요구 수용을 발표한 특별선언) 이후 엄청난 노사 분규 사태를 불러오게 되는 것이다.

"노동문제를 제대로 대처하지 못했던 것은 솔직히 아쉬운 점이 많았다. 기본적으로 경제 쪽에서 노동문제를 적극적으로 챙기기 어려웠다. 정치 사회적 관점에서 다뤄졌었다." 당시 경제수석이었던 사공일의 회고다.

친인척 관리만 잘했어도…

"… 획기적인 물가안정을 이룩하고 흑자 기조를 정착시켰으며, 1인당 GNP를 3,000달러 수준으로 끌어올렸고 …."

1987년 12월 10일, '5공 경제치적 평가회의'가 청와대에서 전두환 대통령 주재로 열렸다. 전두환 경제의 자축연이었다. 대통령 전두환을 중심으로 이룩해낸 괄목할 만한 성과임에 틀림없었다. 오르기만 하던 기름값이 내릴 때 대통령을 했으니 운도 좋았다. 하지만 3저의 대세를 잘 탈 수 있던 것은 전두환 정권이 준비를 잘했던 덕분이라 해도 과언이 아니다. 예산동결까지 해가면서 물가안정 기반을 미리 구축해놓았고, 또한 때를 맞춰서 안정 기조에서 성장 기조로 전환시켜 투자를 막 늘리는 과정에서 3저 현상이 터지는 바람에 그 과실을 충분히 수확할 수 있었던 것이다.

전두환은 경제 위주로 사람을 썼다. 자신은 미래에 관한 통찰력이나 가치관이 미흡했다고 해도, 분야 분야의 전문가들을 기용해서 믿고 맡기는 재주가 있었다. 전두환이 아니었으면 김재익 같은 이상주의자를 결코 성공적으로 활용하지 못했을 것이다. 집권 초기 금융실명제 등을 둘러싸고 신군부의 중심세력인 허화평, 허삼수 등이 여러 차례 그를 거세하려고 했는데, 전두환이 감싸서 겨우 살아남을 수 있었다. 끝내 화합이 불가능해지자 그는 백면서생 김재익을 택하고, 거사를 함께 도모했던 허 씨들을 버렸다.

불의의 참사로 김재익을 잃고 나서 후임에 앉힌 사공일에게도 새로운 경제환경을 이끌고 나갈 주도권을 전적으로 맡겼다. 전두환 용인술은 박정희에 비해서는 상대적으로 단순했다. 경제정책도 철저하게 경제수석 위주로 했다. 경제수석은 경제부총리 위의 '경제총리'였다. 전반기는 김재익에 크게 의존했고, 중반기 이후는 그 후임 사공일이 중심 역할을 해냈다. 사공일은 3년 8개월이라는 오랜 재임기간이 말해주듯이 김재익에 버금가는 신임을 대통령으로부터 받았다. 정권 말기에 경제수석에서 재무장관으로 자리를 옮긴 그는 정권교체에도 불구하고 계속 유임됐다. 전두환 경제정책의 계승을 말해주는 상징적 인사이기도 했다.

경제사령탑인 부총리 겸 경제기획원장관도 경제상황에 따라 안정론자와 성장론자를 번갈아 기용했다. 초기에는 신병현과 같은 철저한 안정론자를, 경기부양 쪽으로 선회할 필요를 느끼면서는 김준성, 서석준 등을 기용했다. 개혁의 추진력이 필요한 일에는 문희갑을 중용했고, 개인적으로 신뢰가 깊은 안무혁을 5년간이나 국세청장에 앉혔다. 이른바 보스 기질이 탁월했다. 그는 정책의 일관성을 중요시했고, 인사도 그것에 준해서 했다. 경제를 최우선으로 했던 만큼 경제부처 차관보급 이상에 대해서는 직접 인사카드를 챙기면서 가부를 결정했다. 박정희와는 달랐다.

아무튼 제5공화국의 경제 성적표는 상당한 점수를 받을 만했다. 전두환은 정권의 심각한 정통성 콤플렉스에도 불구하고 박정희로부터 인수받은 한국경제를 한 단계 끌어올려 발전시켰음을 부인할 수 없다. 그럼에도 전두환에 대한 평가는 여전히 인색하다. 박정희의 경제업적 평가에서도 장기집권과 유신독재의 폐해가 주요한 감점 요인으로 작용하지만, 전두환은 독재에 더해 개인축재와 친인척 비리까지 그의 업적을 깎아내리고 있기 때문이다.

박정희는 18년이나 집권했으나, 개인적인 축재가 문제된 일이 없었다. 그는 실제로 검소했다. 정치자금을 부정한 방법으로 동원해서 독재체제 유지비용으로 쓰긴 했어도 개인이 챙긴 돈은 없었다. 특히 친인척 비리에는 매우 엄격했다. 집안의 누구도 말썽을 빚은 적이 없었다. 그러나 전두환은 그렇지 못했다. 퇴임 후에 드러났듯이 본인의 축재가 수천억 원에 달했으니 대통령으로서의 도덕성이나 윤리성에 치명타를 입었던 것이다. 그렇다면 박정희는 그런 일이 없었는데, 전두환은 왜 그토록 엄청난 돈을 대통령 자리에 앉아서 챙겼을까. 더구나 그 많은 돈을 받았는데, 어디에다 숨겨두고 있는 것일까 하는 궁금증이 남는다.

돈 문제와 관련해 박정희와 전두환을 수평 비교할 순 없다. 우선 공통점은 두 시대 모두 기업으로부터의 정치자금 염출이 당연시되는 풍토였고, 두 대통령 모두 정부 예산 이외의 큰돈을 통치자금으로 썼다. 다만 박정희는 정치자금을 직접 받지 않았다. 공화당 또는 장관이나 측근들이 받았고, 필요할 때 가져다 썼다. 박정희의 '봉투정치'는 리더십 노하우의 중요한 부분이었다. 그 봉투 재원이 어디서 나왔겠는가.

그런데 전두환은 달랐다. 전임자 박정희의 그런 정치자금 조달방식이 배달사고나 중간 착복 등 부패를 키우고 있다고 보고, 자신이 대통령이 돼서는 일체의 정치자금을 본인이 직접 받았던 것이다. 여기서부터 근본적으로 문제가 생겼다. 기업 총수들이 직접 돈을 들고 청와대를 찾았다. 부패 대통령이 되는 길을 자초한 셈이었다. 후임 대통령 노태우도 그걸 그대로 배운 것이다.

더 문제는 친인척 관리였다. 박정희는 18년 장기집권에 친인척 비리로 문제된 적이 없다. 실제로 매우 엄격하게 대했다. 그러나 전두환은 친인척 비리가 임기 중에도 끊이지 않았다. 형제들을 비롯해서 처갓집 식구들까지 나서서 갖가지 이권에 개입해서 말썽을 빚어냈다. 그런 면에서 전두환은 개념이 없는 사람이었다. 어렵게 살아온 친인척들을 대통령이 좀 봐주는 것이 뭐 그리 흠이 되느냐는 생각이었다. 동생 전경환을 새마을운동 본부장에 앉힌 것이 바로 그런 생각을 반영한 예다. 전경환이 빚어낸 호가호위(狐假虎威)가 얼마나 심각한 것이었는지 알지도 못했다. 그는 어려움을 무릅쓰고 소신껏 정책을 펴나간 경제대통령이긴 했어도, 대통령으로서의 기본적인 도덕성 차원에서 치명적 오점을 남겼음을 부인할 수 없다.

6부

경제가 민주화를 만났을 때
'노태우 시대'

민주화의 회오리

세상은 완전히 달라졌다. 1987년의 6·29선언은 민주화 시대의 개막을 뜻하는 것이었다. 1972년 10월 유신 이후 15년간 지속된 대통령 간선제가 막을 내리고 직선제로 바뀐 것이다. 민주화 열풍 속에 실시된 13대 대통령선거에서 야당 분열에 힘입어 노태우 민정당 후보가 당선됐다. 전임 대통령 전두환의 친구이자 같은 군인 출신이요, 사실상 후계자였던 그가 민주화 회오리에도 불구하고 다음 대통령이 된 것이다.

하지만 군인출신이냐 민주투사 출신이냐보다 더 중요한 것은 국민이 선거를 통해 직접 뽑은 대통령이냐 그렇지 못한 대통령이냐 하는 점이었다.

더구나 노태우 정권 출범 2개월 후에 치러진 총선에서 여당이 참패하면서 변화의 불길에 기름이 부어졌다. 여소야대 국회는 민주화 열풍을 한층 거세게 몰아갔다. 비록 선거에 의한 평화적 정권교체가 이뤄졌다고는 해도, 전임 대통령이자 자신의 친구인 전두환을 백담사로 귀양 보내야 하는 노태우였다.

전두환은 어떤 생각을 했을까. 전두환은 정권이 바뀌고 민주화가 된다 해도 자신이 일궈놓은 경제 분야는 그대로 계승 발전될 것으로 믿었다. 그러나 그것은 허망한 착각이었다. 그 조짐은 사실 선거판에서부터 감지됐다. 선거가 본격적으로 불이 붙으면서 여당인 민정당부터 청와대가 제시했던 경제 관련 공약사항들을 외면하기 시작했던 것이다.

모든 사람의 화두는 민주화였으며, 경제에도 민주화라는 말이 붙었다. 새 헌법(119조 2항)에도 경제민주화라는 단어가 들어갔다. 경제민주화는 과연 무얼 뜻하는가. 대체로 당시 언론이 말하는 바를 종합하면 '정부 주도 경제체제가 민간 주도로 전환돼야 하며, 성장 일변도에서 벗어나 형평과 분배에 정책의 초점이 맞춰져야 한다'는 것이었다.

사실 경제민주화라는 단어의 원조는 장면 정권으로 거슬러 올라간다. 임금 같은 이승만 대통령의 권위주의 통치제제가 4·19학생혁명에 의해 무너지고, 민주화 열망 속에 탄생한 장면 정권이 경제 제일주의를 내걸면서 추진했던 것이 바로 경제민주화였다. 그랬던 것이 9개월의 단명 정권으로 막을 내리고 박정희 주도의 이른바 '개발 독재' 시대가 전개되었던 것이다.

세상이 달라지면서 경제 분야에서 가장 두드러진 변화는 노동 분야였다. 잔뜩 눌려 있던 용수철이 튕겨 나오듯이 노동계는 정권이 출범도 하기 전부터, 6·29선언을 기점으로 봇물처럼 터져 나왔다. 1987년들어 8개월 사이의 노사분규가 3,000건이 넘었는데, 이는 그 전해에 비해 무려 15배에 달하는 수치였다. 정부 정책도 기업의 사업도 노동계의 요구를 수용하지 않고서는 아무것도 할 수 없었다. 민정당 대표로서 차기 대권을 약속받고 있던 노태우는 "현재의 노사분규는 경제를 파괴해서 기업 자체를 없애자는 것이 아니라 더 발전시키자는 것으로 생각한다"(1987년 8월)고 말해, 일찌감치 노동정책의 선회를 예고했다.

정부도 즉각 이에 부응해 맞장구를 쳤다. 당시 전두환 정권의 마지막 경제부총리 정인용은 "당사자들이 노사분규를 자율적으로 해결토록 하는 것이 정부 원칙이다. 공권력 발동을 위주로 하는 미봉책은 안쓰겠다"고 즉각 화답했다. 경제정책 운용 방식도 민주화돼갔다. 우선 청와대 기구와 기능이 전체적으로 줄어들면서 경제부처 실무자들이 청와대로 불려 들어가는 일이 현저하게 줄었다. 박정희, 전두환 시대와 확실히 달랐다. 대통령부터 말이나 행동을 삼갔고 청와대는 결코 전면에 나서지 않는 것을 원칙으로 삼았다. 대통령이 장관을 제쳐놓고 측근인 경제수석을 더 중용하는 것은 독재 시대의 유물로 치부하는 분위기였다.

노태우 대통령 스스로도 "경제정책은 부총리인 경제기획원장관을 중심으로 하라"거나 "경제수석은 행정부 일에 간여하지 말라"고 지시했다. 첫 번째 경제수석 박승은 노태우와 일면식도 없는 인물이었다. 그 전 같으면 있을 수 없는 일이었다. 정부회의 방법부터 확 바뀌었다. 공식회의인 경제차관회의에 기자들의 배석이 허용됐다. 정부 정책결정 과정을 언론에 공개하는 것도 민주화의 일환이라는 것이다. 자신들도 "아무리 민주화 세상이라지만 이럴 수가 있나" 하며 의아해했다. 결국 얼마 못 가서 기자들의 배석 취재 허용방침은 취소됐다.

가장 중요한 환경 변화는 국회였다. 여소야대 속에 박정희 시대 이후 중요 결정을 주도해왔던 정부-여당 당정회의가 완전히 힘을 잃었다. 여당과 정부가 합의해봤자, 거대 야당 앞에 전혀 맥을 추지 못했다. 정부 관료들은 의회를 장악하고 있는 야당 눈치 살피기에 급급했다. 정책 결정의 핵이 청와대를 떠나 여의도 국회의사당으로 옮겨갔다. 정부 주도의 개발연대를 거쳐오면서 처음 겪게 된 일이었다.

13대 국회는 권력의 중심에 섰고, 경제 관련 입법도 정부 관료 중심에서 야당의원들 주도로 바뀌었다. 1988년 한 해 동안 국회에 제출된 법안은 모두 396건. 12대 국회 4년간의 제출법안 모두(379건)를 합친 것보다 많았다. 그중 의원발의가 81.3%였다. 이때 통과된 경제 법안들은 양적으로나 질적으로나 특별한 의미를 지닌다. 첫째 야당들이 주도했던 정치논리를 대거 반영한 법들이 만들어졌으며, 둘째 주요 개혁 법안들이 관료들의 주도에 의해 만들어졌다는 점이다. 전자의 대표적인 예가 농어촌 부채탕감 관련법이었고 후자의 경우가 토지공개념 관련법이었다.

권력의 새로운 축이 청와대에서 국회로 옮겨왔음을 가장 상징적으로 말해주는 것이 국회의 추곡수매 동의제였다. 과거 관료집단이 경제적 효율 위주로 정책을 입안하고 여당의 지원 아래 일사천리로 수매가격을 결정해왔던 행태에 급제동이 걸렸고, 이젠 정치인들이 좌지우지하는 결정구조로 바뀐 것이다.

1988년 추곡수매가격 인상폭은 16%였다. 수매량은 농민들이 희망하는 전부를 정부가 사도록 했다. 낮아지긴 했으나 1989년에도 14% 인상을 결정했다. 1982~1986년 사이의 추곡수매가격 연평균 인상률이 4.3%에 불과했던 것과는 너무도 대조적이었다. 모든 것은 전두환 시대에서 하던 것과 거꾸로 해야 정답이었다.

한국경제
무한 낙관론

전두환의 제5공화국 정부가 지옥의 경제에서 출발했다면 노태우의 제6공화국 정부는 천국의 경제에서 출발했다고 해야 할 것이다. 전두환은 최악의 경제상황이 가장 시급한 현안이었기에 경제회복에 총력을 기울였던 것이 당연했다면, 단군 이래 최고라는 호황 국면에서 정권을 넘겨받은 노태우가 경제에 소홀했던 것 또한 별로 이상할 게 없었다.

한국경제에 대한 무한 낙관주의는 노태우에게만 해당되는 것이 아니었다. 경제는 아무도 걱정하지 않았다. 그럴 만도 했다. 1987년의 주요 경제지표를 보면 경제성장 11.1%, 소비자물가 3.1%, 국제수지 흑자 100억 달러를 기록했으니 말이다. 전두환 정권 중후반부터 시작된 호황 국면이 계속되는 가운데 두 자릿수의 경제성장률에 2~3%대의 안정된 물가, 거기에 국제수지는 계속 흑자 규모를 불려나갔다.

경제는 저절로 쑥쑥 커져 갔고, 수출보다는 수입을 늘리는 방책을 서둘러 강구해야 한다는 이야기가 정책 당국자들 사이에서 나오기 시작했다. 한국경제는 그냥 놓아두기만 해도 잘될 것처럼 보였다. 보수적인 경제 관료들조차 들떠 있었다. 최근 2~3년간 경제전망치가 목표 초과달성으로 틀려나갔으니, 행복에 겨운 고민뿐이었다. 부동산 투기 바람이 불고 노사분규가 극심해지기 시작했는데, 이를 문제 삼는 사람은 없었다.

이제 한국경제는 선진국 대열에 드는 것으로 모두가 확신했다. 대통령도 경제수석도 장관을 비롯한 경제 관료들도, 학자, 언론도 한국경제의 장래를 낙관했다. 더구나 역사적인 서울올림픽까지 눈앞에 있지 않은가.

전두환과 노태우는 친구 사이고 같은 군 출신이었으나 여러모로 달랐다. 대통령 자리를 실질적으로 물려주고 물려받은 사이였음에도 정책의 스타일이나 내용 면에서는 큰 차이를 보였다. 사실 두 사람은 군인 출신 대통령이었다는 점을 빼고는 외모부터 성격, 대인관계, 취미, 일하는 방법, 인생철학까지 매우 달랐다. 대통령으로서 가장 달랐던 점은 역시 대통령 권좌에 앉았을 당시의 시대적 상황이라 해야 할 것이다. 권위주의 시대 대통령과 민주화 시대 대통령이 어찌 같을 수 있겠는가.

그럼에도 불구하고 경제정책 쪽에서는 상대적으로 변화의 조짐이 어중간했다. 정치민주화는 이론의 여지가 없는 일이지만, 경제는 전두환이 쓴 성공 스토리를 그대로만 하면 된다는 생각이 여전히 상존했다. 특히 정권교체를 하면서 새 술은 새 부대에 담아야 한다는 생각도 있었던 반면에 정책의 일관성 차원에서 그 전 사람을 계속 써야 한다는 주장도 만만치 않았다. 특히 경제에 관한 한 전임 대통령 전두환이 마치 상왕(上王) 같은 존재였기에 첫 조각에 있어 그의 의견을 무시할 수 없었다. 그 결과로 전 정권에서 상공부장관을 지냈던 나웅배를 경제부총리에 앉히고, 사공일을 재무장관에 유임시키는 인사를 했던 것이다. 민주화 열풍이 몰고 올 변화를 전혀 읽어내지 못했음을 말해 주는 대목이다.

물대통령의 경제민주화

'물대통령'은 노태우의 별명이다. 소신 없는 대통령, 아무 특징 없는 물맛 같은 대통령, 심지어는 무능한 대통령 등의 좋지 않은 뜻이 함축된 별명이었다. 노태우 자신도 이런 별명이 자신에게 붙여진 사실을 알고 있었으며, 불쾌해하기보다는 '물처럼 유연하게 대처하는 대통령이 필요한 시대'라는 반응을 보였다는 점도 흥미롭다. 아무튼 노태우는 역대 대통령 중에서 가장 존재감이 미약한 대통령이라 할 수 있으며, 지금도 많은 사람들에게 노태우 시대는 마치 잃어버린 5년처럼 여겨지고 있다.

그러나 이 시기야말로 한국 역사에서 매우 중요한 일들이 집중적으로 일어난, 변화무쌍한 격변의 시기였다. 박정희 전두환으로 이어지는 26년간의 군사독재 시대가 드디어 막을 내리고, 민주화의 향연 속에 각종 개혁이 홍수를 이뤘다. 서울올림픽이 치러졌고, 소련과 중국 등 공산국가들과 처음 국교를 맺었으며, 북한과 유엔에 동시 가입하는 역사적 사건도 바로 노태우 집권 시대에 일어난 일이다. 게다가 정치적으로는 민주화 회오리 속에 야당이 국회를 장악하는 여소야대 세상이 전개됐다. 정보기관의 실질적인 언론통제가 사라진 것도 이때부터였다.

정치민주화는 물론이고 경제 쪽에서도 민주화 쓰나미가 밀어닥쳤다. 기존의 경제개발 패러다임이 완전히 바뀌었고, 분배와 복지가 모든 정책의 화두였다. 이승만은 건국, 박정희는 산업화, 전두환은 물가안정이 각 시대의 키워드라고 한다면 노태우 시대의 그것은 역시 민주화였다. 민주화 열풍은 대통령의 리더십 변화에서부터 시작해, 의회의 역할 그리고 기업과 노조, 일반 국민들의 일상생활에 이르기까지 개발경제 시대의 기존 인식들을 뿌리째 흔들었다.

누가 봐도 노태우는 총명한 지도자도, 강력한 카리스마의 지도자도 아니다. 자신의 주장을 내세우기보다는 남의 말을 따랐다. 성격적으로도 우유부단형에 가까웠다. 그러나 바로 이런 타입이 민주화 시대에 알맞은 리더십이었을지도 모른다. 전두환 같은 리더십이었다면 민주화의 열망이 몰고 왔던 혼란을 결코 수용치 않았을 것이다. 그런 면에서 물대통령 노태우의 우유부단은 민주화 시대가 요구하는 가장 적절한 덕목(?)이었을 수도 있었다. 많은 사람들이 전두환 정권과 노태우 정권은 별 차이가 없을 것으로 예견했었다. 두 사람이 육군사관학교 시절부터 평생을 함께 군인으로 살아온 동지이자, 가까운 친구 사이였기 때문이다.

집권과정에서도 노태우는 휴전선을 지키고 있던 9사단을 이끌고 내려와 거사를 주도한 전두환에게 결정적인 도움을 준 사이였다. 전두환이 그런 노태우를 자신의 후계로 정한 것은 옛 신세를 갚는 것이기도 했고, 다른 한편으로는 자신의 업적을 다치지 않고 가장 무난하게 계승할 인물이 친구 노태우라고 판단했던 것이다. 특히 경제정책은 자신이 한 대로만 하면 된다는 식이었다. 그러나 세상의 변화는 그렇지 않았다. 과연 노태우는 대통령으로서 어떤 경제관을 가졌던 것일까. 노태우 대통령의 경제관을 짐작하게 하는 두 사람의 말을 인용해보자.

"대통령으로부터 경제운용 방향에 관해 특별한 주문을 받지 않았고, 경제 현안을 가지고 대통령이 부르는 일도 거의 없었다. 경제는 부총리가 알아서 운용하라는 것이었다."(첫 부총리 겸 경제기획원장관 나웅배)

"노태우 대통령의 지침은 분명했다. 경제는 부총리 중심으로 경제장관들이 협력해서 끌어나가고, 경제수석은 대통령의 자문에 응하거나 행정부와의 가교 역할에 치중하라는 것이었다. 청와대의 간섭과 영향력을 줄이는 것이 시대에 맞는 것이었고 내 생각도 그랬다."(첫 경제수석 박승)

기본적으로 노태우는 경제를 잘 모르기도 했지만 전혀 걱정하지 않았다. 대통령 취임사에서도 "그동안 이룩한 고도성장의 열매가 골고루 미치는, 정직하고 정의로운 분배를 실현하기 위해 정부와 모든 계층의 국민이 합심할 때"라는 대목이 경제 분야에 관련된 유일한 코멘트였다. 정책도 일관성을 찾기 어려웠다. 상황이 어려워 일이 잘 안 풀릴 경우 사람을 자주 바꾸고 정책도 이랬다저랬다 했다. 집권 5년간 27번의 크고 작은 개각을 했고, 124명의 장관을 기용했다. 평균 장관 재임기간은 13개월로 전두환 시대의 17.5개월에 비해 크게 짧았다. 이런 숫자들보다도 더 중요한 것은 주요 인사를 하면서 대통령의 소신이나 판단이 아니라, 친인척 또는 사돈들의 조언에 따라 수시로 사람을 갈아치웠다는 점이다.

노태우도 경제 선생님이 있었다. 여당의 대통령 후보로 내정된 상태에서 그는 교수 출신 국회의원 김종인으로부터 과외공부를 나름대로 시작했었다. 전두환의 김재익, 김영삼의 박재윤 같은 존재였다. 그러나 시작부터 뒤뚱대기 시작했다. 정권 출범 때부터 경제 쪽의 핵심 인물로 중용할 작정이었던 가정교사 김종인을 주변의 반대로 배제시켰다가, 한참 지나서 경제수석으로 불러들이고 뒤늦게 모든 것을 일임했다. 한마디로 노태우는 대통령으로서 국가경제를 어떻게 끌고 가야겠다는 구상이나 주견이 없었다. 그럼에도 불구하고 노태우 대통령 스스로가 매긴 자신의 성적표는 결코 나쁘지 않다. 최근 발간된 회고록에서 이렇게 말하고 있다.

"민주화의 혼란 속에서 일시적으로 성장 동력이 약화됐던 경제도 퇴임할 때는 군살을 빼고 경쟁력이 회복된 흑자구조로 만들어 넘겨주었다. 김영삼 정부는 '한국병'이란 불길한 말을 만들어 한국경제에 대한 자신감을 스스로 약화시키더니 외환위기를 부르고 말았다."

자기는 잘했는데, 후임 대통령 김영삼이 경제를 망쳤다는 이야기다. 비록 측근이 대신 써준 것이겠으나, 회고록 자체의 신뢰성을 떨어뜨리는 대목이다. 비자금 문제에 대한 회고는 한술 더 뜬다.

"비자금 문제로 국민들에게 큰 충격과 실망을 안겼던 점은 이 시간까지 나의 고뇌로 남아 있다. 여기선 내가 퇴임 후 보관하고 있던 돈이 결코 축재용이 아니었다는 사실만은 지적해두고 싶다."

잘못을 뉘우치는 말도 없을뿐더러 받은 돈이 뇌물이 아니었음을 주장하고 있는 것이다. 확고한 소신이나 철학이 박약할수록 숫자에 매달리게 마련이다. 노태우는 자신의 경제업적에 대한 점수를 선거공약 달성률에 연결시켰다. 그 결과 100점 만점에 98점을 획득했다고 자부했다. 주택 건설 200만 호 조기 달성을 비롯해 선거공약 459개 중에 8개를 제외하고는 임기 중에 모두 달성했다는 것이다. 이 같은 공약 달성률이 자신의 업적을 가장 집약적으로 계량화한 것이라고 여겼다. 더구나 정치민주화와 함께 이룩한 경제치적이었으니 분명히 역사는 자신을 훌륭한 대통령으로 기록할 것으로 믿었던 모양이다.

물론 그의 업적으로 기록될 만한 것도 적지 않다. 경부고속전철의 건설이나 영종도 공항 건설, 특히 북방외교를 적극적으로 추진해서 소련, 중국 등과 국교수립을 앞당긴 것은 자랑할 만한 그의 업적이다. 사회간접자본에 대한 대대적인 확충도 특기할 사항인데, 이는 대부분 전두환 시대에 물가안정을 내세운 나머지 미뤄놓았던 것을 정치적 반대를 무릅쓰고 용케 해냈다.

그러나 노태우의 경제업적은 전반적으로 돌이켜보면서 무엇을 했느냐는 데서 찾기보다는, 민주화의 혼란 속에서 어떻게 참고 견뎌냈느냐에서 찾아야 할지도 모른다. 부정적 측면 또한 많았다. 물대통령이라는 별명이 시사하듯이 주견이 부족한 대통령이었다. 사회 기강이 무너지고 국가 공권력의 정당성이 결정적으로 훼손당했던 시대의 무력한 대통령이었다는 점에서 비판을 면키 어려울 것이다. 더구나 전두환에 이어서 수천억 원의 축재가 퇴임 후에 들통 남으로써 물대통령으로서의 이미지는 더욱 실추될 수밖에 없었다.

회장 전두환
사장 노태우

어떤 정권도 집권 초기에는 개혁을 약속하고 시도한다. 노태우 정권도 다르지 않았다. 다만 그냥 개혁이 아니고 안정 속의 개혁을 캐치프레이즈로 내걸었다. 세상이 바뀌었으니 많은 것을 뜯어고치는 것이 당연하지만, 그 과정에서 생겨날 혼란과 부작용을 최소화하겠다는 뜻이다. 그러나 그 속에 담겨 있는 더 구체적인 뜻은 전임 대통령 전두환과 후임 대통령 노태우의 개인적인 관계에서 찾아야 할 것이다.

거슬러 올라가면 제5공화국 내내 전두환 대통령이 과연 7년 단임 약속을 지킬지가 매우 중요한 관심거리였다. 이미 박정희 시대에 그런 약속을 손바닥 뒤집듯이 어겼던 것을 여러 차례 경험했고, 전두환도 마찬가지 아니겠느냐는 관측이 많았다.

그런 점에서 1987년 6·29선언은 단임 약속을 확인한 것일 뿐 아니라,

차기 대통령 선거도 국민들의 직접투표로 뽑는 직선제로 되돌리겠다고 한 것이다. 이것 자체가 한국 민주주의 역사에 소중한 진전이었으며, 이 같은 전두환의 결단은 많은 사람들의 우려를 씻어내고 평화적 정권교체를 실천해 보인 것이었다. 전두환이 친구 노태우를 후임 대통령에 앉히는 시나리오를 짰을 때만 해도 기존의 간선제를 직선제로 바꿀 생각이 아니었다. 그러니 전두환으로서는 자기가 마음먹은 대로 차기 대통령을 만들어낼 수 있었고, 따라서 후임 대통령은 누가 되든 일종의 후계자나 마찬가지였다.

후계자 노태우는 당초 시나리오와는 달리 국민들의 직접선거에 의해 대통령이 되었는데도 전두환은 내가 만들어준 대통령이라 여겼다. 사실 돈이나 조직 등 전두환의 지원 없는 노태우 대통령 만들기는 있을 수 없는 일이기도 했다. 따라서 전두환은 설령 민주화 세상이 되었다 해도 후임 대통령 노태우 뒤에서 상왕 노릇을 계속할 생각이었다. 말하자면 자신은 회장으로 올라앉고, 친구 노태우를 사장에 앉혀 수렴청정(垂簾聽政)을 하겠다는 것이었다. 자신의 호를 따서 만든 일해재단이 대통령 퇴임 후의 활동 공간으로 쓰도록 되어 있었고, 정권 막판에 국회를 통과시킨 국가원로자문회의의 법안은 그의 퇴임 프로그램을 그대로 반영한 것이었다.

이 법에 따라 새로 설립되는 국가원로자문회의 의장은 전임 대통령 전두환이며, 사무총장은 안현태 경호실장으로 내정돼 있었고, 장차관급 3명을 포함해 사무요원만 무려 48명을 쓸 계획이었다. 자문기구가 아니라 정부 행정에 간여할 수 있는 권한까지 보유한 또 하나의 정부 조직이었다.

다행히 이 기구는 설립되기 전에 없던 일로 결말이 났다. 그러나 그 과정이 쉽지 않았다. 정권 출범과 함께 시작된 행정개혁 작업에서 첫 번째 시비로 등장한 것이 바로 이 국가원로자문회의였다. 정부조직을 민주화 시대에 맞게 고치는 작업을 맡은 행정개혁위원회는 당연히 국가원로자문회의 같은 기구 설립은 시대착오적인 발상이라 결론을 냈다. 그러자 전두환 측에서 강력히 반발했고, 노태우 대통령 역시 난색을 표하는 바람에 애를 먹었다. 김용갑 총무처장관이 강력히 폐지를 주장해서 무위로 돌릴 수 있었다.

뿐만 아니었다. 첫 조각을 하는 데도 노태우 측은 장관 후보를 골라놓고서 수시로 전두환 측의 반응을 살피거나 사전에 천거를 받아서 결정하는 일이 적지 않았다. 특히 경제 쪽에서는 이런 현상이 더 심했다. 여러 경제장관들이 새 정권의 첫 조각에 포함된 것도 이런 맥락에서였다. 민주화를 만나서 세상이 어떻게 바뀌어갈지에 대한 감이 전혀 없었던 것이다.

아무튼 회장 전두환은 취임도 제대로 못 해본 채 사장 노태우에 의해 백담사로 귀양을 떠나야 했다. 대통령이 되는 과정에서 아무리 친구 신세를 졌다 해도, 노태우인들 어찌 자존심이 없었겠는가. 전두환이 해온 대로만 하면 될 줄 알았던 경제가 여기저기서 문제가 생기고 비난을 받기 시작하자, 첫해를 못 넘기고 개각을 해야 했다. 이래선 안 되겠다며 뒤늦게 개혁의 기치를 내세웠다. 전두환 시대에 하지 못했던 것을 자신의 주도로 해 보이고 싶었다. 개혁파로 알려진 고향 후배 문희갑을 경제수석에 불러들였고, 문희갑은 금융실명제 실시와 토지공개념이라는 양대 개혁과제를 들고 나섰다. 하지만 그는 역시 개혁적 지도자는 아니었다. 문희갑은 중도에 물러나야 했고, 원래 가정교사였던 김종인이 경제수석에 앉으면서 노태우 경제는 그나마 페이스를 찾기 시작했다. 아무도 엄두를 내지 않았던 북방정책 개척에 자신의 색깔을 불어넣었고, 전임 정권에서 소홀했던 사회간접자본 투자에 괄목할 진전을 보였다.

청와대, 힘을 잃다

전두환은 잘했고, 노태우는 못했다고 잘라 말할 수 있는가. 그렇게 말할 순 없다. 우선 같은 잣대로 비교하는 것은 한계가 있다. 세상 변화와 달라진 여건이 노태우에 대한 평가에 불리하게 작용했다는 측면도 감안해야 한다. 독재 시대에서나 통했던 과감한 정책 선택이나 속도감 있는 추진력은 노태우 아닌 다른 어떤 사람이 대통령이었다 해도 당시의 상황으로는 기대하기 어려웠기 때문이다.

전두환 정부로부터 넘겨받은 과제들이 정권 출범부터 큰 부담이 됐던 점도 그로서는 억울하다 할 만하다. 경제 쪽에서 민주화의 뇌관이 가장 먼저 터진 것은 노동문제였다. 앞선 박정희 전두환 정권에서 진작 유연한 노동정책을 써왔더라면 노태우 정권에 와서 그토록 부작용이 심각하진 않았을 것이다. 전두환이 잘못한 노동정책이 다음 정권을 더 어렵게 만들었던 것이다. 그리하여 경제민주화의 회오리바람은 노동문제로부터 몰아치기 시작했다.

노동 분야의 변화가 세상이 달라지고 있음을 실감케 했다. 박정희 전두환 시대를 이어왔던 탄압 일변도의 노동정책이 드디어 노태우 시대에 와서 종말을 고한다. 그 대가는 무척 비쌌다. 노사문제에 관한 한 무정부 상태가 한참 동안 계속되었다. 공장 안에서 치고받는 난투극이 벌어져도 경찰은 수수방관했다. 공권력 발동은 해당되지 않는 단어였다. 첫 노동부장관 최명헌은 이렇게 회고했다.

"공권력으로 해결될 문제가 아니었다. 공권력 투입은 곧바로 노동자 탄압으로 비칠 것이 뻔했으니까. 검찰, 경찰, 안전기획부도 매일 대책회의만 열었을 뿐 구체적인 안을 내지 못했다. …"

가급적 분규에 개입하지 않겠다는 것이 정부 방침이었다. 실질임금 상승률은 1987년 10.1%, 1988년 15.5%, 1989년 21.2%였다. 심각했던 부동산 투기 또한 노태우 정부가 책임질 일은 아니었다. 원인 제공은 전임 정부가 했다. 전두환 정권이 과도하게 밀어붙였던 동결예산을 포함한 강력한 긴축정책의 부작용이 이월된 것이었다. 소득이 늘어나서 중대형 아파트 수요가 급증하고 있음에도 불구하고 물가 잡는다는 일념으로 집 짓는 투자를 억제하고 긴축 재정, 건전 재정만을 강조한 결과였다. 도로·철도·항만·공항 등 사회간접자본의 심각한 부족으로 물류비용이 크게 올랐던 것 또한 그랬다.

그러나 민주화의 새 시대는 기본적으로 대통령의 강력한 리더십을 더 이상 원치 않았고, 노태우 대통령 자신도 그 점에 동의했다. 원래 자신의 스타일도 '나를 따르라'는 전두환식과 거리가 멀었다. 청와대의 힘은 당연히 떨어졌다. 경제 분야라고 해서 예외일 수 없었다. 직업 관료들은 시류를 저울질하며 청와대와의 간격을 벌려나갔다. 경제

1987년 극렬했던 울산 현대중공업 노사분규. 경제민주화의 회오리는 노동문제로부터 시작됐다.

수석이 불러도 장관들은 지방 출장을 핑계 삼아 빠지기도 했다. 현저한 변화였다.

여소야대의 의회는 더 이상 정부의 일방통행식 행정을 용납하지 않았다. 국회의원들 스스로도 경제 분야만큼은 경제부처의 전문성을 인정해왔으나 이젠 어림없는 분위기로 바뀌었다. 권력의 중심이 완전히 청와대에서 여의도 국회의사당으로 넘어갔다. 이에 대해 노태우는 정면으로 맞설 생각이 없었다. 의회에 대한 대통령의 견제, 즉 거부권 행사에도 노태우는 적극적이지 않았다. 그는 자신의 소신을 내세우기보다는 대세의 흐름을 따라가는 것을 편하게 여겼다.

민주화로 노동계만 달라진 게 아니다. 기업들도 정부를 대하는 태도가 달라졌다. 종래 개발연대에서는 정부와 재계는 어떤 경우에도 늘 한편이었으나 이젠 아니다. 노동계처럼 정부에 큰소리를 땅땅 치는 것은 아니었다 해도 종전처럼 정부에 설설 기기만 했던 종속적 관계에서는 완연하게 벗어났다.

정부로서는 아무리 세상이 민주화되고 정부 힘이 약화되었다 해도 재계는 여전히 정부의 장악하에 있다고 여겼으나 그건 착각이었다. 재계도 할 소리는 했다. 특히 노조의 탈법 시위에 대해 정부가 필요한 공권력 발휘를 제때에 하지 않는 데 대해서는 노골적으로 반발했다. 재계 오너들이 대통령을 대하는 태도부터 여러모로 그 전 같지 않았다. 이에 대해 정부는 정부대로 기업권력이라며 괘씸하게 여기기에 이른다. 이른바 '정부-재계의 전쟁'이 벌어지는데, 전쟁의 승부와 상관없이 박정희 전두환 시대에서는 상상도 못할 일이다. 정부의 부동산 강제 매각조치와 업종 전문화 정책에 기업들이 노골적으로 반발했고, 정부도 칼을 뽑았다.

화가 난 노태우 대통령은 정부에 도전하는 현대그룹에 직접 나서서 목조르기 정책을 지시했고, 이에 대해 정주영 회장은 정치자금 상납 사실을 구체적으로 폭로했는가 하면, 결국 자신이 직접 정당을 만들고 대통령에 출마하는 사태로까지 비화됐다. 세상은 믿어지지 않을 정도로 빠르게 변하고 있었는데, 이 모든 것이 민주화라는 이름 아래 노태우 시대에 집중적으로 일어났던 것이다. 민주화 대세 속에서 정부의 그릇된 권위주의가 도마에 오른 것은 마땅한 일이었으나, 정부의 권위, 공권력의 권위마저 크게 훼손됐던 것이 문제였다.

다시 적자시대로

새 정부가 출범하기도 전에 선거판을 거치면서 물가는 일찌감치 무너졌다. 전임 정권에서 2~3% 선으로 안정시켰던 소비자물가는 노태우 정권 들어서는 7~8%가 보통이었다. 물가 통계에 반영되지 않는 부동산 가격 폭등까지 감안하면 일반 사람들이 느끼는 피부 물가는 훨씬 심각한 상황으로 치달았다.

국제수지 또한 1988년 145억 달러 흑자를 고비로 미국의 압박 속에 원화 절상(1989년 4월 1달러당 666원)이 계속되면서 급기야 1990년부터 적자로 돌아선다.

서울올림픽 이후 경제는 비실대기 시작했다. 경고등은 역시 수출 부진 현상에서 먼저 켜졌다. 가파른 원화 절상이 수출에 큰 타격을 준 것도 사실이지만 환율 때문만이 아니었다. 노사분규의 혼란 속에 임금이 급속히 오른데다가 다시 찾아온 인플레이션으로 수출 경쟁력이 현저하게 약화되고 있었다. 3저 호황(1986~1988년)에도 불구하고 전두환 정권이 항만 도로 등의 사회간접자본 투자를 소홀히 했던 탓에 물류비용은 급속히 오르고 있었다.

밖에서는 일본이 그간의 엔고(高)를 극복하는 구조조정 효과를 발휘하기 시작했다. 특히 일본의 기술과 자본이 동남아의 값싼 노동력, 풍부한 자원과 결합하면서 새로운 국제 협업체제를 구축했고, 이것이 그동안 한국이 주력해온 미국과 유럽의 중저가 시장을 협공하는 데 큰 성과를 올리고 있었다. 국내에서는 이런 세계경제의 새로운 판도 변화에 아랑곳하지 않았다. 정부 당국자들조차 급속히 진행되고 있는 수출 감소의 원인이 무엇인지를 몰랐다. 그저 "이상한데…" 하는 정도였다. 1990년 이후 내리 3년간 국제수지 적자가 계속되는 가운데 수출은 속절없이 줄어갔으나 아무도 손을 쓰지 않았다.

돌이켜보면 한국경제가 3저 호황의 기세를 몰아 민주화 축포 속에 성공적인 88서울올림픽으로 이어지는 과정은 참으로 드라마틱했다. 특히 한국의 치밀한 대회 준비 진행, 그리고 한강을 중심으로 서울의 발전상이 텔레비전 중계를 통해 소개되면서 세계를 놀라게 했었다. 서울올림픽이 가져다준 한국의 국제적 이미지 업그레이드 효과는 숫자로 환산할 수 없는 엄청난 것이었다. 한국은 어느 날 갑자기 선진국이 되는 듯했다.

그랬던 것이 얼마 안 가서 수출이 주저앉는 가운데 물가는 물가대로 치솟는 스태그플레이션 현상이 심각해졌고, 사방에서 총체적 난국, 총체적 위기라는 말이 유행어처럼 번져나갔다. 뒤늦게 물가안정을 위한 긴축 정책을 시작했는데, 마침 국제경기마저 침체로 빠져드는 상황과 맞물려 들어갔다.

1991, 1992년의 경제상황은 속절없이 나빠져 갔다. 수출로 활로를 이어가던 대기업들은 안으로는 노사분규와 반기업정서로 시련을 겪는 한편, 밖으로는 신흥개도국들의 저가 공세에 밀려 급속히 국제경쟁력을 잃어갔다. 사실 이즈음부터 신발, 의류, 가발 등을 중심으로 한국기업들의 해외투자가 시작됐다. 한국에서는 임금이 올라 도저히 수출 경쟁력을 유지할 수 없게 되면서 동남아 쪽으로 살길을 찾아나가는

기업들이 줄을 잇기 시작한 것이다.

이런 상황에서도 정부로서는 뾰족한 수가 없었다. 무엇을 하려 해도 그 전처럼 일사불란하게 되는 일이 없었다. 무슨 회의를 해도 서로 다투기만 했지, 결론이 잘 나지 않았다. 결과적으로 그처럼 힘들게 이룩한 흑자경제가 다시 적자경제로 돌아섰고, 그것의 연장선에서 5년 뒤 초유의 국가 부도위기 사태로까지 이어지게 되는 것이다.

토지공개념과
신도시 건설

세상이 바뀌면서 경제정책의 목표도 달라질 수밖에 없었다. 그토록 소망해왔던 성장, 물가, 국제수지, 이른바 세 마리의 토끼를 잡았건만, 경제민주화라는 명제 앞에서 국민들의 불만은 더 증폭되어갔으니 말이다. 국민들 삶의 질을 구체적으로 향상시키는 새로운 정책목표가 요구됐다. 가장 두드러진 것은 산업화를 통해 먹고사는 문제가 어느 정도 해결되면서 이젠 주거환경을 중심으로 '어떻게 사느냐' 하는 것이 중요한 정책과제로 부상하기 시작한 것이다.

집권 초기 한동안 지배했던 무한 낙관주의는 1년이 채 못 갔다. 걷잡을 수 없는 부동산 투기 열풍에 휘말려들면서 노태우 정권은 이내 코너에 몰리기 시작했다. 정부의 부동산정책은 오히려 투기를 잡는 것은 고사하고 불길을 더 키웠다. 전세 세입자를 보호한답시고 전세기간을 2년 이상으로 늘렸는데, 그 바람에 전세 구하기가 더 어려워지고 전셋값도 올려놓는 결과를 초래한 것이다.

아파트값 폭등은 올 것이 온 것이었다. 앞서도 지적했듯이 소득이 늘어나 중대형 아파트 수요가 크게 늘어났는데도 불구하고 전두환 정부는 정책적으로 중대형 아파트 공급을 줄였다. 공급 부족과 가수요 폭발이라는 최악의 조합이 투기의 불길을 확산일로로 몰아갔다. 중대형 아파트값을 중심으로 서울의 부동산 가격 폭등 현상은 나라 전체를 뒤흔들었다. 해외교포까지 국내 아파트 사재기에 끼어들었다. 공급을 늘리는데도 불구하고 아파트값이 더 올랐다. 계속 오를 것을 예상한 가수요 탓에 공급증대 정책이 가격 진정에 아무 맥을 추지 못한 것이다.

1980~1987년 연평균 10.5%였던 전국 땅값 상승률은 노태우 정권 출범 첫해인 1988년 27.5%, 1989년 32%, 1990년 20.6%로 가파른 상승을 거듭했다. 1988~1991년 사이에 서울지역 아파트는 평균 2.6배나 올랐다. 1억 원으로 40평짜리 아파트를 살 수 있었는데, 3년 후에는 15평짜리도 사기 어렵게 됐다. 이러한 배경에서 나온 정책이 신도시 건설과 토지공개념 정책이었다. 분당, 일산 등의 초대형 신도시 건설을 통해 부족한 공급 물량을 한꺼번에 왕창 늘리는 한편, 강력한 토지공개념 관련 법안을 만들어서 투기수요에 철퇴를 가하자는 것이다.

두 정책 모두 긍정적 효과, 부정적 효과가 함께 있었다. 역시 기본은 공급확대였다. 우여곡절을 겪긴 했어도 결국 파격적인 공급확대 정책을 폈기에 더 이상의 폭등을 잡을 수 있었다. 200만 호 주택건설 계획은 노태우의 선거공약이긴 했지만 모두가 '설마 될까' 했던 사안이었다. 그도 그럴 것이, 전두환 시대에 500만 호를 호언했다가 결국 176만 호로 망신을 당했던 일이 있었지 않았던가. 그러나 노태우는 200만 호 건설을 1년 앞당겨 조기 달성했다.

공급확대 정책의 핵심은 분당, 일산, 산본, 평촌 등의 대규모 신도시 건설이었다. 억제되어왔던 중대형 아파트 물량 공급이 단번에 크게 늘어나면서 효과를 발휘했던 것이다. 신도시라고 해도 과거에는 울산, 창원 등 산업단지 조성을 위한 신도시였는데, 주거단지로서의 신도시 건설은 이때가 처음이었다.

그러나 너무 서둘렀고, 방법도 서툴렀기 때문에 자재파동, 임금상승, 그리고 또 다른 투기 유발 등 심각한 부작용을 초래했었다. 분당, 일산의 신도시 건설을 위해 수용한 토지 대금을 모두 현금으로 지급했는데, 그 막대한 돈이 곧바로 또 다른 부동산 투기로 이어지는 바람에 전국의 땅값을 더 올려놓는 부작용을 초래했던 것이 대표적인 예다. 만약 그 당시 일정기간 돈을 묶어놓는 토지채권 발행 형태로 토지수용을 했더라면 훨씬 그런 부작용을 막을 수 있었을 것이다. 토지채권을 발행할 엄두도 내지 않았지만, 만약 관료들이 그것을 추진했다 하더라도 당시의 정치적 분위기로는 결코 가능하지도 않았을 것이다.

신도시 건설이 공급정책의 핵심이었다면 수요 면에서는 투기수요를 억제하기 위한 토지공개념 정책이 이때부터 본격화됐다. 시중 과잉 유동성이 부동산 투기로 몰리는 것을 차단하기 위해 노태우 정부는 비상수단을 발동하지 않을 수 없었다. 토지공개념이라는 말은 이때 처음 나온 것이 아니다. 1978년 부동산 투기 억제 대책을 세울 때 신형식 건설부장관이 국회답변에서 "토지의 사유개념은 시정돼야 한다. 건설부는 토지의 공개념에 입각한 토지정책을 입안 중이다"라고 밝히면서 처음 사용된 용어다.

이것의 선봉장은 전두환 시대 예산동결을 밀어붙였던 문희갑이었다. 1988년 12월 두 번째 경제수석이 된 문희갑은 "개혁을 놓치면 혁명이 온다"며, 금융실명제와 함께 토지공개념 관련 법안 통과를 강력히 추진했다. 택지소유 상한제(200평 이상), 토지초과 이득세, 개발부담금 등 3대 법안을 우여곡절 끝에 만들어냈다.

이를 뒷받침할 공시지가제도, 종합토지세제, 부동산등기의무제 등도 1989~1990년 사이에 만들어졌다.(이것들은 시간을 두고 더 중요한 역할을 하게 된다.) 토지공개념에 대한 시비는 아직도 진행형이다. 아무튼 그 당시에 제정되었던 3대 핵심 법은 상당한 충격과 파장을 일으켰고, 위헌 시비 속에 효력과 부작용을 함께하면서 얼마 가지 못해 사라졌다. 당시 토지공개념 정책이 부동산 투기를 진정시키는 데 얼마나 효과를 발휘했는지는 단정 지어 말하기 어렵다. 주목해야 할 것은 이때부터 토지공개념이란 용어가 마치 일상어처럼 쓰이기 시작했으며, 토지에 관한 한 사유재산권에 대한 어느 정도의 제한이 불가피하다는 생각이 널리 퍼지게 됐다는 사실이다.

37개 공산권 국가 수교,
새 활로를 열다

공산권 국가들은 오랫동안 적국이었다. 1980년대까지만 해도 공산권 국가에 여행을 한다든지, 그들과 사업을 한다는 것 자체가 금기시된 일이었다. 분단국가의 현실이었다. 그러나 노태우가 소위 북방정책을 통해 이 벽을 허물었다. 공산권 국가들과의 수교는 단순한 외교 문제가 아니라 한국경제의 활로를 열어가는 데 결정적 계기를 마련한 일이기도 했다. 노태우는 북방정책에 관한 한 뽐낼 만하다. 1989년 헝가리를 시작으로 수교한 공산권 국가가 재임기간 중에 무려 37개국이나 됐던 것이다.

북방정책의 시작은 정부 내의 합의절차를 거친 것도, 정상적인 외교채널을 통한 것도 아니었다. 초기에는 노태우 대통령의 밀사 박철언이 직업외교관들 몰래 다니며 비선조직을 통해서 도모한 일로 시작됐다. 노태우의 개인적 신임이 두터웠던 박철언은 정권 출범 직후부터 대통령 정책특보 자격으로 소련과 중국, 동구권을 출입하기 시작했고, 1989년 2월 공산권 국가 최초로 헝가리와의 수교를 만들어냈다. 한국 외교사에 획기적인 일이었으나 주무부서인 외무부는 뒷전이었다.

그러나 이것은 시작에 불과했다. 소련과의 수교문제가 서서히 무르익고 있었고, 이 일은 청와대 김종휘 안보수석과 김종인 경제수석 중심으로 진행되어갔다. 당시 직업 관료들은 외무부든 경제기획원이든 공산국 국가들과의 수교에 소극적이었다. 헝가리 수교 때도 4억~5억 달러의 경제협력지원을 전제로 한 것이었고, 다른 나라들 역시 대동소이한 경제적 부담을 짊어질 것이 뻔했기 때문이다. 돈으로 외교를 산다는 비판도 없지 않았다. 경제부처 쪽이 주로 부정적이었다.

그러나 청와대의 판단은 달랐다. 경제 관료들이 경제적 비용 위주로 따졌던 반면, 청와대는 정무적 입장에서 수교를 추진했다. 그 중심에는 경제수석 김종인이 있었다. 그는 경제적 부담을 해서라도 소련과의 수교는 성사시켜야 한다고 생각했고, 노태우는 전적으로 그에게 일임했다.

소련과의 수교에 성공하면 이것은 헝가리 수교 같은 것에 비할 바가

소련과의 국교정상화는 6공의 치적으로 꼽힌다. 사진은 1990년 노태우 대통령과 고르바초프.

아니었다. 정치적으로도 한 건 하는 것이었다. 하지만 북한과의 관계를 생각할 때 소련이 한국과의 수교 협상에 순순히 응할 것으로 기대하기 어려웠다. 다행히 두 가지 이유에서 소련도 한국과의 수교에 적극적이었다. 첫째 서울올림픽을 통해 한국에 대한 생각이 완전히 달라졌고, 둘째 페레스트로이카 이후 자신들의 어려운 경제 형편에 신흥부자 한국의 도움을 끌어들일 수 있다고 판단했던 것이다.

국내 여론은 엇갈렸다. 노태우 정권이 정치적 목적으로 무리하게 소련과의 수교를 추진하는 것에 반대하는 여론도 만만치 않았다. 그것도 상당액의 돈을 쥐가면서 외교를 튼다는 것은 매우 어려운 선택이었고, 정부 내에서도 이견이 많았다. 따라서 이것이 주저 없이 추진되는 과정에서 노태우의 정치적 선택과 결심이 결정적 역할을 했던 것이다.

소련의 고르바초프는 돈을 빌려달라면서도 대국의 체통을 내세워 다분히 고압적이었다. 처음에는 50억 달러를 요구해왔다. 코리아를 상대로 수교를 해주는 대가로 그 정도는 받아야겠다는 것이었다. 1990년 10월 1일, 우여곡절 끝에 30억 달러의 경제협력을 조건으로 소련과 정식 수교를 맺었다. 6·25전쟁 발발을 뒤에서 조종했던 나라의 대사관 깃발이 서울 한복판에 휘날리게 된 것이다. 소련과의 수교는 이후로 많은 변화의 시발점 역할을 했다.

1991년의 남북한 유엔 동시 가입도 이런 분위기 속에서 성사된 것이다. 소련과의 수교는 외교적으로 중대한 의미를 갖는 것은 물론이고 경제적으로도 매우 특별한 의미를 지닌 일이었다. 소련 수교는 중국과의 수교(1992년 8월)에 속도를 내는 데 결정적인 계기가 됐다. 경제적 관점에서 보면 소련보다 중국과의 외교정상화가 한층 더 중요한 것이었는데, 만약 중국 수교가 2~3년 더 뒤로 미뤄졌었다고 한다면 한국의 중국시장 진출은 지금보다 훨씬 뒤져 있었을 것이다. 한국으로서는 어느새 중국이 미국과 일본을 합친 것보다도 더 큰 수출시장이

돼버렸으니 말이다.

그런 의미에서도 노태우의 북방정책에 큰 의미를 부여하지 않을 수 없는 것이다. 아무튼 노태우의 적극적인 북방정책은 북한문제까지 포함해서 사회주의 국가들에 대한 실질적 관계 변화 측면에서나, 일반 국민들의 인식 전환 차원에서 매우 중요한 의미를 지닌 것이었다.

7부

경제는 실패, 개혁은 성공
'김영삼 시대'

개발연대의 마감

　김영삼은 김대중과 함께 한국정치의 민주화를 일궈낸 대표적인 정치인이다. 26세의 젊은 나이에 국회에 진출, 9선 의원을 지냈다. 그는 자신의 정부를 문민정부라 칭한 데에서 드러나듯 전임 노태우 정권까지를 군사정권으로 규정했다. 노태우가 비록 직선제로 뽑힌 대통령이었다 해도 그의 시대 또한 박정희, 전두환을 잇는 '군인 세상'으로 봤다. 31년간 세 명의 군 출신 대통령들을 뒤로하고 비로소 첫 직업정치인 출신 대통령이 된 것에 대한 자부심이 대단했다. 김영삼은 자신이 대통령이 됨으로써 한국은 비로소 군정이 종식되고, 명실공히 민주화 세상이 되었다고 여겼다.

　또 김영삼은 전임자들과 달리, 대통령이 됐다고 해서 별도로 공부나 준비할 바가 없다고 생각했다. 평생을 야당의 최고 지도자로서 리더십을 발휘해왔으므로 자신의 원래 스타일대로 하면 된다고 여겼다. 청와대에 들어가서도 언제나 점심식사는 상대를 가릴 것 없이 국수를 먹었으며, 사람 쓰는 것도 김영삼 특유의 스타일로 철저한 보안 속에 감쪽같이 해치웠다.

　그는 선거 때의 캐치프레이즈처럼 군정종식(軍政終熄)이 자신의 소명이라 믿었으며 취임 후에도 실천에 옮겨나갔다. 다시는 군인이 정치판에 나오지 못하도록 뿌리를 뽑는다는 차원에서 하나회를 해체시킨 것이 그 첫 번째였다. 정책도 과거의 것은 근본적으로 바꿔나가야 한다고 생각했다. 청산 대상은 하나회만이 아니라, 군인 대통령들이 주도해왔던 개발연대의 제도와 각종 규제들도 해당됐다.

　경제 분야에서도 매우 상징적 의미를 지니는 획을 그었다. 일곱 번째 5개년계획(1992~1996년)이 자신의 정권 임기와 거의 같게 잡혀져 있었으나 이와는 별도로 '신(新)경제5개년계획'(1993~1997년)이라는 이름 아래 제7차 경제사회개발 5개년계획을 2차 연도부터 폐기했다. 과거 30년 동안 지속되어왔던 경제개발정책의 뼈대라 할 수 있는 5개년계획이 김영삼 시대에 와서 종언을 고했던 셈이다. 또 하나는 경제기획원의 해체였다. 1961년 7월 박정희 시대에 출범해서 33년간 한국경제의 고도성장을 주도했던 기획원이 1994년 12월 간판을 내린 것이다. 재무부와 통합되어 재정경제부라는 이름을 거쳐 지금은 기획재정부로 바뀌었으나 이름에 상관없이 왕년의 경제기획원은 완전히 사라졌다. 개발연대의 상징이라 할 수 있는 5개년계획과 이를 추진해온 구심점인 경제기획원이 김영삼 시대에 와서 일거에 폐지된 것이다. 이로써 적어도 외형상으로는 지난 과거의 정권들과 확실한 선을 그은 셈이었다. 김영삼은 경제 분야에 관해서도 강력한 개혁을 다짐했다. 노태우 정권 후반기에 어려워진 경제를 일신해 보이겠다고 장담했다. 첫 경제수석 박재윤은 이렇게 말했다.

"헌정사상, 취임 이후의 장기 플랜을 미리 준비해서 취임한 대통령은 김영삼 대통령이 처음일 것이다. … 신경제는 대통령의 통치철학을 경제정책으로 표현한 것이다. 국민의 참여와 창의를 경제발전의 바탕으로 하는 경제다. …"

사실 대통령의 경제적 식견 여부와 관계없이 그의 집권 기간 동안 경제환경은 급물살을 타고 있었다. 소련을 비롯한 동구권 몰락과 함께 냉전체제가 무너지면서 세계화(Globalization) 바람이 본격화되기 시작했고, 이는 곧 국경 없는 무한경쟁시대의 도래를 의미했다. 우루과이라운드가 체결(1993년 12월)되고, WTO(세계무역기구)체제가 출범했다. 소위 말하는 신자유주의가 한창 유행하기 시작할 때였다.

돌이켜보면 한국경제는 중요하지 않은 시기가 없었다. 앞의 대통령들이 자본주의의 기초를 세우고, 산업화의 기반을 마련했으며, 안정화의 숙제를 풀었고, 민주화까지 비싼 대가를 치르면서 감당해왔다면, 김영삼 시대의 한국경제는 민주화 정권 제2기로서 글로벌리제이션이라는 신자유주의 물결을 헤쳐 나가야 할 또 다른 도전에 직면하고 있었다.

그러나 대통령 김영삼은 이러한 새로운 도전이 한국경제에 무엇을 뜻하는지에 대한 기본적인 통찰이나 이해가 부족했다. 경제에 대한 전문적인 식견이 모자랐던 탓도 있지만, 김영삼에게 가장 중요한 것은 모름지기 군정종식을 핵심으로 하는 정치였다.

전임 대통령 노태우가 민주화 시대를 열었다고는 하지만 김영삼에게 노태우는 '복장만 민간인 옷으로 갈아입은 군인'이었고, 종래의 정경유착 관계나 개발연대의 연장선에서 벗어나지 못했다고 봤기 때문에 자신의 집권으로 과거 청산을 확실히 해 보이겠다는 생각이 앞섰다. 역사 바로 세우기라는 이름 아래, 하나회 해체에 이어 두 사람의 전임 대통령(전두환, 노태우)을 다시 법정에 세우게 된 것도 그러한 연장선에서 전개된 일이었다.

군정종식에 이어서 김영삼에게 대통령으로서 국정의 제1목표 하나를 꼽으라고 한다면 그것은 단연 부패척결이었다. 그동안의 군사독재 정권도 부패집단으로 인식했고, 부패를 척결하는 것이야말로 다시는 군인 정치가 되살아나지 못하도록 하는 지름길이라고 여겼다. 선거공약으로 내세웠던 공직자 재산신고제를 실시하는가 하면, 공무원 사회의 부패를 제도적으로 개선하는 정책도 과감하게 밀어붙였다.

경제정책도 자신의 눈높이에서 추진해나갔다. 첫 번째 그의 실력 발휘는 금융실명제와 부동산실명제 실시였다. 아무도 예상치 못했다. 그야말로 전두환, 노태우가 못한 것을 문민 대통령 김영삼이 해 보인 강력한 개혁 조치였다. 자신의 측근인 경제수석한테까지 비밀에 부친 채

감쪽같이 해치웠다. 실명제 실시는 두 전임 대통령의 비자금 색출은 물론이고 자신의 아들까지 감옥에 집어넣게 했지만, 한국사회 전반에 걸쳐 투명도와 청렴도를 높이는 데 있어서 두고두고 결정적인 역할을 하게 된다. 누가 뭐라 해도 김영삼 최대의 업적이었다.

하지만 김영삼은 기본적으로 국가경제의 거시적 운영이나 이해에는 별로 관심이 없었다. 그는 숫자가 나오면 일단 싫어했다. 대통령 선거 중 경제담당 코치였던 박재윤은 짬짬이 경제교육을 시키느라 고생이 많았다. 보통의 경우 대선후보가 선거 중에 집중적으로 경제 과외 공부를 하면 실력이 많이 느는 법인데, 김영삼은 전혀 그렇지 못했다. 아무리 중요한 이슈라 해도 30분이 넘어가는 보고에는 질색을 했다.

물론 공식적인 정책 표명은 흠잡을 데 없었다. 부정부패를 척결하고, 경제를 살리며, 국가기강을 바로잡겠다는 변화와 개혁의 기본방향을 설득력 있게 제시했고, 특히 경제의 중요성을 여러 차례 강조했다. 취임사 자체가 전임 노태우 때와 많이 달랐다. 한국경제는 심각한 병을 앓고 있다면서 세계적인 경제전쟁, 기술전쟁에서 살아남기 위해서는 도약하지 않으면 낙오가 있을 뿐이라며 국민적인 노력과 각성을 촉구했다.

개혁은 금융실명제만이 아니었다. 집권 직후 신경제라는 이름 아래 여러 방면에 걸쳐 개혁 프로그램을 시도했다. 민간 주도, 개방화, 공기업 민영화, 지방화 등등…. 집권 중반부터는 세계화를 기치로 한 제2기 개혁과제들을 쏟아냈다. 성과는 차치하고 개혁의 판을 벌인 것만 가지고 따지면 김영삼을 따를 대통령이 없었다. 차기 대통령 선거를 앞두고 레임덕에 들어간 상태, 그것도 경제가 급격히 악화되는 정권 말기에서조차 노동개혁, 금융개혁 등 과감한 개혁조치를 계속 추진했다.

그러나 김영삼은 개혁을 결단하는 데는 능했던 반면, 경제정책을 추진하는 일머리 즉, 내용, 방법, 절차를 너무 소홀히 했다. 사건 사고

처리하듯이 경제정책도 우지끈 뚝딱 해치우려 했다. 그러다가 잘 안되고 여론이 좋지 않다 싶으면 이내 사람을 갈아치웠다. 5년 재임기간 중 경제부총리를 7명이나 기용한 것이 바로 그런 증거다. 자신의 좌우명처럼 강조해왔던 '인사(人事)가 만사(萬事)'라는 말을 스스로 무색하게 했다.

OECD에도 가입하고 1인당 국민소득 1만 달러도 달성해 보였으나 결국 정권 중반기를 지나면서 경제는 나락으로 떨어지기 시작했고, 급기야는 국가적 외환 위기로까지 치닫게 되었다. 그 과정을 하나하나 따지고 들면 미연에 막을 수 있는 기회와 방법은 적지 않았으나, 김영삼의 리더십은 절실할 때마다 제대로 발휘되지 못했다. 오히려 위기를 재촉하는 가속 페달을 밟기도 했다. 본인이 직접 능력을 발휘하든가, 아니면 사람을 잘 쓰든가, 그는 두 가지 모두 실패했다.

결국 김영삼은 금융실명제와 같은 매우 중요한 업적을 비롯해 개발연대를 마감하고 새로운 역사를 창조해 나간다는 거창한 청사진을 제시했음에도 불구하고, 한국경제 60년사의 최대 위기 국면으로 몰고 간 대통령이라는 불명예를 떠안게 된 것이다.

경제개발 5개년계획을 버리다

김영삼 정부의 첫 부총리 겸 경제기획원장관 이경식은 취임 직후 (1993년 4월) 외부 특강에서 당시 경제상황을 이렇게 진단했다.

"1980년대 후반 이후 한국경제는 경쟁력의 약화와 함께 성장활력이 크게 떨어졌다. 그 이유로는 첫째 정치민주화에 상응하는 경제윤리가 새롭게 따르지 못했고, 둘째 부동산 투기 등으로 계층 간 갈등이 심화됐으며, 셋째 각종 규제로 기업의 투자의욕이 크게 위축됐고, 넷째 사회 전반에 걸쳐 왕성했던 의욕과 자신감도 상실해가고 있었다. 여기에 더해 대외 여건 또한 중국 동남아 등이 강력한 경쟁 상대국으로 부상하고 있는 등, 1992년 하반기 이후 경기 순환적 요인보다는 구조적 요인에서 어려움이 비롯되고 있다."

경제 총수 스스로 한국경제가 근본적으로 잘못되었음을 솔직하게 토로한 것이다. 적자경제로 돌아선 한국경제를 보는 외국의 시각은 어느새 딴판이었다. "너무 일찍 샴페인을 터뜨렸다"는 냉소적인 보도나 "아시아의 4마리 용 중에서 한국은 더 이상 용이 아니다"라는 비아냥거림이 나돌기 시작한 것도 이 무렵이었다. 김영삼 정부는 이처럼 나쁜 상황에도 불구하고 신경제라는 이름으로 기세 좋게 출발했다. 신경제계획은 김영삼이 대통령 취임사에서도 지적한 이른바 한국병에 대한 종합처방전이었다.

그 설계자는 서울대 교수 출신 경제수석 박재윤이었다. 박재윤은 신경제 5개년계획이 담고 있는 개혁정책을 제대로 추진하기 위해서는 당장 체력보강이 필요하다고 보고 단기 처방으로 '신경제 100일 계획'을 만들어냈다. 경제수석 신분으로 경제장관들을 모아놓고 신경제론의 당위성을 강의했는데, 전에 없던 일이었다.

신경제 5개년계획은 상당한 명분을 지니고 있었다. 신경제계획의 내용도 내용이지만, 종래의 5개년 계획 기간이 대통령의 임기 5년과 이가 맞지 않기 때문에 이런 점을 김영삼 시대부터 바로잡는다는 것은 일리 있는 일이었다. 그래야 단임제 대통령의 소신과 철학을 담은 계획 추진이 가능해지고 그에 대한 평가 기준도 명확해진다는 것이다.

그러나 신경제계획은 그럴듯한 명분과는 달리 시작부터 삐걱댔다.

'목욕탕 수리론'과 '내과 수술론'이 맞섰다. 경기 나쁠 때가 개혁의 적기라는 목욕탕 수리론과 체력보강이 먼저라는 내과수술론이 줄다리기를 벌인 것이다. 박재윤은 후자였다. 신경제계획이 잔뜩 안고 있는 강도 높은 개혁을 성공시키려면 체력보강이 시급하다고 봤던 것이다. 그래서 취한 정책이 예산의 조기집행, 통화공급의 확대 등이었다. 개혁정책의 팡파르를 울리며 내디딘 첫 시작은 냉정한 구조조정이 아니라, 훈훈한 경기부양책이었던 셈이다.

이는 전임 노태우 정권이 후반기 2년 동안 취해온 물가안정 중심의 긴축정책 기조를 반대 방향으로 돌리는 선택이었다. 그러면서도 물가안정을 명분으로 공무원 봉급 동결, 공산품 가격 인상 억제 등 옛날식 행정 지도의 칼을 다시 뽑아 들었다. 그러나 어떤 정책을 선택하든 간에 당시의 경제상황은 '한국병'이라는 유행어가 말해주듯이 민주화 과정에서 제기되기 시작한 심각한 구조적 문제들에 직면해 있었고, 이를 감당할 리더십을 어떤 누구에게도 기대할 수 없었다는 점에 문제의 본질이 있었다.

신경제계획은 애당초 잘될 수가 없었다. 내용을 떠나서 우선 관료들이 방관적이었다. 실력자 박재윤 경제수석이 제아무리 대통령의 신임을 받고 있다 해도 경제 관료들이 팔짱을 낀 채 '잘되나 보자'는 식으로 비협조적인 이상 어떤 개혁 발상도 성공할 수 없었던 것이다.

김영삼 정권의 경제팀 운영은 기본적으로 체계적이지 못했다. 이경식 부총리 겸 경제기획원장관이 명목상 우두머리였으나 제구실을 하지 못했다. 경제수석 박재윤은 신경제의 설계자로서 중심 실세임을 자부했고, 노동부장관 이인제, 공정거래위원장 한이헌, 환경처장관 황산성 등은 저마다 대통령의 사람으로 딴 목소리를 냈다. 경제부처 합동기자회견을 하는 자리에서조차 노동부장관이 부총리를 제치고 소신발언을 하는 일도 벌어졌다. 과거 기준으로 보면 일종의 하극상이었다.

그런가 하면 금융실명제와 같은 중대한 개혁조치의 준비는 최측근 박재윤 경제수석을 완전히 따돌리고 이경식 부총리와 홍재형 재무장관 중심으로 해치웠다. 어이없는 일이었으나 그것이 김영삼식이었다.

이러니 신경제 5개년계획인들 제대로 진행될 리 없었다. 설계자 박재윤은 경제수석에서 1년 7개월 만에 물러나 재무장관과 통상산업부 장관 등의 요직으로 옮겨 앉았으나, 신경제계획이라는 용어 자체가 어디로 갔는지 맥없이 사라지고 말았다. 애당초 기존의 제7차 5개년계획이나 신경제 5개년계획이나 내용 면에서 별로 다를 게 없었다. 공연히 새로운 시작을 강조한답시고 일을 벌이다가 부작용만 초래하고 용두사미가 된 꼴이었다. 특히 신경제 100일 계획이라는 경기부양책을 급조해서 밀어붙이는 과정에서 혼란만 가중시키고 말았다. 계획서가 중요한 것이 아니라, 그 계획서에 적힌 내용을 실천해나가는 일이 얼마나 힘들고 복잡지에 대해 기본적인 이해가 없었던 것이다.

금융실명제의
전격 실시

김영삼은 한 방에 강했다. 정치적 결단을 통해 단번에 해치우는 정책일수록 성공확률이 높았다. 대표적 사례가 금융실명제다.

1993년 8월 12일, 금융실명제가 대통령의 긴급명령으로 전격 실시됐다. 경제정책 과제 중에서 가장 어려운 일로 미뤄져 오던 금융실명제가 아이로니컬하게도 막상 경제를 가장 모른다는 김영삼 대통령에 의해서 실현된 것이다. 만약 경제전문가로 자타가 인정하는 김대중 대통령이었다면 어떻게 했을까. 만약 김대중에게 같은 상황이 주어졌다면 과연 김영삼처럼 금융실명제 실시의 결단을 내렸을까? 아마도 그렇지 못했을 것이다. 경제에 미칠 충격을 비롯해 이 궁리, 저 궁리 하다가 결국 하지 못했을 가능성이 크다. 누구보다 강력한 금융실명제 실시를 주장했던 김대중이었지만 막상 대통령 입장에서 부작용 등을 우려하는 나머지 결국 흐지부지하고 말았을 것이다. 실제 김대중은 김영삼 정권 후반기에 이르러 기존의 금융실명제를 완화해야 한다는 쪽으로 생각이 바뀌었다.

아무튼 금융실명제는 경제뿐 아니라 정치적, 사회적 그리고 역사적으로도 대단히 중요한 의미를 갖는다. 당시의 파장은 물론이고 실시 이후 지금까지도 한국이라는 나라를 여전히 변화시키고 있는 가장 강력한 제도적 에너지원이기 때문이다. 금융실명제가 어느 날 갑자기 하늘에서 떨어진 것은 물론 아니다. 금융실명제는 원래 젊은 관료들 사이에서 간헐적으로 제기됐던 그저 '꿈같은 이야기' 정도였다. 그랬던 것이 1983년 7월 3일 전두환 정권에 의해 첫 시도가 이뤄졌다. 전두환은 1982년의 소위 이철희 장영자 사채파동 스캔들로 인해서 훼손된 '정의사회구현'이라는 5공 정권의 자존심을 회복시키고자 금융실명제 카드를 빼들었던 것이다.

그 당시 전두환 정권은 부정부패를 발본색원하겠다고 큰소리를 펑펑 치고 있던 때였으므로 대통령의 친인척까지 들먹이게 된 금융비리 스캔들이 터져 나오자 체통이 말이 아니었다. 따라서 민심을 수습하기 위해서 초강수 개혁조치가 불가피하다고 판단했고, 그런 차원에서 전두환이 결심한 것이 금융실명제 도입이었다. 그런 비리 스캔들이 없었다면 엄두도 못 낼 일이었다.

동기는 돌발적이고 정치적이었다 해도 그것의 추진은 매우 실무적인 뒷받침이 있어야 했다. 정권적 차원에서는 돈에 꼬리표를 달아서 다시는 대형 금융스캔들이 발생하지 못하도록 하겠다는 심산이었으나 금융실명제 실시는 결코 간단한 일이 아니었다. 궁극적으로 실명제는 세제(稅制)의 문제였다. 금융소득의 실명화를 통해 종합소득으로 과세할 수 있도록 하는 것이 금융실명제의 본질인 것이다. 그런 차원에서는 금융비리가 아니더라도 한국경제가 선진화되어나가는 과정에서 언젠가 꼭 도입해야 할 과제이기도 했다.

재무장관 강경식이 앞장섰고, 경제수석 김재익이 대통령 전두환을 확실하게 설득하여 굳은 결심을 얻어냈다. 전두환은 상당한 부작용을 감수하더라도 금융실명제를 실시할 작정이었다. 실시를 위한 구체적인 일정까지 정해졌다. 그러나 막판에 여당인 민정당이 강력히 반대하고 나섰다. 집권 세력의 핵심 인물들이 나서서 "실명제를 실시할 경우 정치자금 문제로 정권을 유지할 수 없게 된다"면서 노골적으로 반기를 들었다. 정치적 측면에서 보면 금융실명제 실시는 정권을 내놓겠다는 것이나 다름없다는 것이었다.

또 다른 반대 이유는 실무적 내지는 경제적인 것이었다. 당시의 전산 시스템으로는 기술적으로 실명제를 제대로 감당할 수 없으며, 돈의

1993년 여름 대통령 긴급명령 방식으로 금융실명제를 발표하는 김영삼.

흐름에 위축을 초래해서 경제에도 심각한 타격을 주리라는 것이었다. 야당에서는 지하경제의 검은 돈을 척결하고 부정부패를 근절하기 위해서는 금융실명제를 꼭 실시해야 한다고 주장했으나 당시의 정치상황에서는 소수 의견으로 맥을 추지 못했다. 금융실명에 관한 법을 국회에서 만들기까지는 했으나 부칙에서 실시 시기를 정하지 않는 방법을 통해 사실상 무산시키고 말았다.

두 번째는 다음 대통령 노태우에 의해서 시도됐다. 금융실명제를 통해 경제의 투명성을 높이고 세금을 제대로 걷자는 정책에 반대할 명분은 없었기에, 선거 때마다 후보들은 저마다 금융실명제 실시를 공약했었다. 그것에 반대하면 부정부패에 야합하자는 사람으로 치부되는 분위기였다.

노태우도 대통령 선거공약에 분명히 금융실명제 실시를 포함시켰으므로 그냥 지나갈 수 없었다. 첫 경제부총리 나웅배도 88올림픽을 끝내고 나서 "금융실명제를 1991년 1월부터 실시하겠다"고 시기까지 못 박았다. "올림픽 이후 경기는 큰 문제가 없을 것으로 판단했고, 흑자시대에 개혁조치와 제도개선을 서둘러야 한다는 생각도 있었다." (나웅배)

운은 나웅배가 띄웠으나 본격적으로 일을 벌인 주역은 문희갑이었다. 1988년 12월, 두 번째 경제수석에 앉은 문희갑이 주축이 돼서 토지공개념 정책과 금융실명제 실시를 강력히 추진하기 시작했다. 1989년 4월 재무부에 '금융실명제거래 실시준비단'이 발족됐다. 1983년 전두환 정권 때부터 뜸을 들여왔던데다가 세상도 민주화로 바뀌었으니 반대할 핑계가 없었다. 경제단체들조차 실명제 실시는 기정사실로 받아들이고 대응책 마련에 착수했다. 그러나 그해 하반기부터 경기가 나빠지기 시작하면서 그동안 눈치만 살피던 반대 세력들이 다시 힘을 발휘하기 시작했다. 국회도 3당 통합으로 여소야대 시대가 끝나면서 분위기가 우려론 쪽으로 기울기 시작했다. 나라 전체가 온통 부동산 투기에 북새통이었고, 총체적 위기론이 심각하게 거론되고 있었다. 급기야 1990년 3월 개각에서 금융실명제를 추진해온 조순-문희갑 팀이 물러나고 이승윤-김종인 팀이 들어섰다.

"당시 금융실명제의 전산화 준비도 되어 있지 않았고, 극성인 부동산 투기를 방치하고 금융실명제를 한다는 것은 있을 수 없었다. 부동산 투기 억제가 선결문제라고 생각했다."(이승윤)

"정치인 재벌 등 가진 자들이 실명제의 부작용을 지나치게 과장하며 기득권 보호를 위해 총력전을 폈다. 정치인들이 실명제를 하겠다는 의사가 없었으며, 언론 태도 역시 모호한 가운데 기득권의 강렬한 반대로 실명제가 연기된 것이다."(문희갑)

실명제를 무산시키는 데 중심에 섰던 인물은 김종인이었다. 원래 노태우의 경제 가정교사로서 대통령의 각별한 신임을 얻었던 그는 실명제 실시 유보를 총지휘했다. 당시의 정치 경제 현실과 수준에서는 실명제 실시가 불가하다는 것이 그의 지론이었는데, 경제수석에 들어앉으면서 대통령의 결심을 단번에 바꿔놓은 것이다.(1983년 전두환 시대의 금융실명제 시도 때에도 김종인은 여당 내의 반대를 주도했었다.)

이런 배경 속에서 김영삼이 후보 시절에 금융실명제 실시를 선거공약에 포함시킨 것은 지극히 자연스러웠다. 출마한 다른 후보들도 마찬가지였다. 그러나 김영삼인들 대통령이 되고 나면 과연 실시할지 의문을 갖는 사람들이 많았다. 우선 첫 경제수석 박재윤부터 "당장은 경기활성화 정책이 먼저이므로 금융실명제 실시를 하기는 하되, 시기는 늦춰야 한다"는 입장이었다. 결국 김영삼은 소극적인 태도를 취한 경제수석을 제외시키고 부총리 이경식과 재무장관 홍재형을 통해 비밀리에 실명제 실시를 준비해서 어느 날 갑자기 터뜨린다.

> "친애하는 국민 여러분! 드디어 우리는 금융실명제를 실시합니다. …
> 금융실명제가 실시되지 않고는 이 땅의 부정부패를 원천적으로 봉쇄할
> 수가 없습니다."(김영삼 대통령 특별 담화문, 1993년 8월 12일)

김영삼의 실명제는 내용 면에서 전두환이 추진했던 실명제보다도 더 강도가 높았다. 1982년의 실명제 추진 때는 도강세(渡江稅) 제도를 둬서 '과거는 불문에 부친다'는 쪽이었으나 이번에는 그런 것도 고려하지 않았다. 김영삼은 금융실명제 실시가 경제에 미칠 충격 같은 것에는 별 관심이 없었다. 경제수석 박재윤이 실시에 소극적이었던 것은 당시의 경제상황이 좋지 않았기 때문이었는데, 대통령은 경제수석의 우려를 전혀 고려하지 않았던 것이다. 박재윤이 설계한 신경제계획도 선 경기활성화, 후 개혁이었듯이, 대표적인 개혁 과제였던 금융실명제는 당연히 경기가 회복된 다음의 일로 분류되어 있었다.

아마도 신경제론의 설계대로라면 결국 금융실명제는 또다시 좌초되었을 가능성이 컸다. 김영삼이 그걸 무시했기에 가능했던 것이다. 그의 성공비결은 전두환이나 노태우와는 달리 토론에 부치지 않고 비밀작업을 통해, 국회심의 과정도 피해서, 대통령 긴급명령으로 전광석화처럼 해치워버렸다는 점이다.

금융실명제는 혁명이나 마찬가지인데, 혁명을 공개토론에 부쳐서 성공할 수 있는 것이 아니지 않겠는가. 그걸 모르고 충분한 의견 수렴 절차를 거치겠다고 한 것이 과거 두 차례 실패의 원인이었다는 것이다. 결국 금융실명제는 전두환 시대에 처음 거론된 지 11년 만에 김영삼 대통령에 의해 전격적으로 실시됐다. 그간의 행정전산화도 많이 발

전한 덕분에 금융실명제를 현실적으로 소화하는 데 문제가 없는 수준에 이르렀다는 점도 잘 맞아떨어졌던 것이다.

금융실명제 실시에 대해 구체적 수치로 성패를 논할 수는 없다. 실시 1년이 지났을 때 지하경제 양성화 효과가 미흡하고 과표 양성화 등에서도 별 진전이 없다는 비판도 있었다. 또한 시중자금의 흐름에 큰 영향을 주었음이 틀림없다. 그러나 그 내용이 과연 어떠했는지 알 길이 없었다. 하긴 지하경제라는 말 자체가 파악될 수 없는 것 아니겠는가. 어떤 형태로든 돈의 흐름에 충격적 변화가 왔고, 실명제를 피해 해외로 빠져나간 돈도 상당 규모였을 것이라는 막연한 추론만 가능할 뿐이다.

금융실명제에 가려서 제대로 관심을 끌지 못한 것이 부동산실명제다. 1995년 초에 취한 이것 또한 파급효과가 대단한 정책이었다. 부동산실명제를 실시할 때도 김영삼은 감쪽같이 해치웠다. 1994년 늦가을 경제부총리 홍재형에게 지시하고 두어 달 비밀 작업을 거쳐 이듬해 연초의 대통령 기자회견에서 폭탄선언을 한 것이다.

"대통령으로부터 부동산실명제를 실시하는 방안을 검토하라는 지시를 처음 받고 나서, 그건 법무부 소관사항이며 위헌소지도 있다는 식으로 소극적인 입장을 유지했었다. 그럼에도 대통령이 거듭해서 촉구하는 바람에 어쩔 수 없이 비밀 전담팀을 만들어 추진했던 것이다."(홍재형)

금융실명제에 따라서 모든 예금을 남의 이름으로 못하게 했듯이 부동산실명제도 땅이나 집을 다른 사람 이름으로 보유할 수 없게 만든 것이다. 다시 말해 기존의 명의신탁제도를 폐지한 것이 바로 부동산실명제였다.

이로써 예금이든 땅이든 다른 사람 이름으로 숨기는 것이 불가능해졌다. 금융 및 부동산의 실명제를 법으로 의무화한데다가, 국민 모두에게 부여된 주민등록번호 제도, 그리고 급속히 발전해온 컴퓨터화로 인해 누가 무슨 땅을 어디에 가지고 있으며, 어떤 금융자산을 가지고 있는지를 컴퓨터 엔터키 한 번 치면 앉은 자리에서 즉각 알아낼 수 있게 된 것이다.

두 실명제는 시간이 지날수록 시스템의 완성도를 높여나갔고, 정치 경제 사회 모든 면에서 엄청난 힘을 발휘했다. 실명제가 아니었다면 전두환, 노태우 두 전직 대통령의 비자금 수천억 사건도 영원히 묻혔을 것이었고, 김영삼으로서는 자신의 아들이 감옥에 가는 사태도 겪지 않았을 것이다. 만약 실명제의 화살이 자기 아들에게까지 겨눠질 줄 알았다면 실명제를 그처럼 거침없이 밀어붙이지는 못했을 것이다. 야당 총수였던 김대중마저도 금융실명제를 막상 경험하자 당시의 실명제를 완화해야 한다는 쪽으로 입장을 바꾼 것도 실명제 실시가 만들어내는 변화의 충격이 얼마나 대단한 것이었는가를 말해주는 반증이었다.

세계화와 글로벌리제이션의 차이

노태우 정권 마지막 해인 1992년의 성장률은 5.8%였다. 지금 기준으로 보면 괜찮은 성장률이지만 당시로서는 1980년 마이너스 성장을 했던 이후 최저 성장이었다. 흑자기반을 다졌다고 믿었던 국제수지도 3년째 연속 적자 행진을 계속했고, 물가는 노태우 정권 때부터 완전히 고삐가 풀리기 시작했었다. 전두환 정권에서 잡았다고 했던 세 마리 토끼(경제성장, 물가안정, 국제수지 흑자)가 노태우 정권 들어서 모두 달아나고 있는 상황에서 김영삼이 집권한 것이다. 한국경제가 심각한 구조조정의 필요성에 직면하고 있다는 확실한 경고등이 이때부터 켜졌던 셈이다.

이런 상황에서 김영삼의 신경제계획은 경기부양 정책으로 출발했다. 노태우 정권 마지막 해의 4분기 경제성장률이 2% 선까지 떨어졌으므로 경기대책은 당연한 선택이기도 했다. 다행히 엔고 현상과 반도체 특수 덕택에 1994~1995년 경기가 눈에 띄게 풀렸다. 청와대 안에서는 신경제 100일 계획이 적중했다는 자화자찬이 나오기도 했다. 더구나 집권하자마자 금융실명제 같은 대형 개혁을 해치웠으니 김영삼이 자신만만해할 만했다. 이 당시 김영삼 대통령의 여론조사 인기도는 80% 선을 넘나들었다.

그러나 집권 중반기에 접어들면서 경제 기조는 당초의 설계와 따로 놀기 시작했다. 우선 총괄 사령탑이 자주 갈리면서 정책의 일관성을 기대하기 어려웠다. 박재윤이 청와대에서 나오면서 신경제라는 초기 구도는 슬그머니 자취를 감췄고, 정책의 주도권도 대통령이 누굴 더 신임하느냐로 오락가락했다. YS는 기본적으로 경제 관료들의 전문성이나 역할에 대해 별로 알지도 못했고, 관심도 없었다. 실무 관료들이야 누굴 시켜도 비슷비슷한 것이고, 크고 중요한 것은 대통령인 자신이 결단을 내리면 다 해결된다고 믿었다. 금융실명제와 부동산실명제가 그랬고, 쌀 수입개방으로 말썽 많던 우루과이라운드 문제도 자신의 결단으로 해결했다고 자부했다. 사실 개혁 정책 면에서 김영삼의 업적은 어느 대통령에 비교해서도 괄목할 만한 것이었다.

김영삼은 이런 연장선에서 한 걸음 더 나아간다. "고립을 자초할 것인가, 아니면 세계로 나갈 것인가"라며 자신 있게 개방에 앞장섰다. 여기까지는 늘 하는 원론적인 이야기 수준이었다.

김영삼은 어느 날 갑자기 세계화라는 구호를 들고 나섰다. 1994년

김영삼이 내세운 세계화는 대내용 정치구호였다. 사진은 세계화 관련 장관회의.

11월, APEC(아시아태평양경제협력체) 정상회담 참석차 오스트레일리아에 갔다가 시드니의 한 호텔에서 세계화 장기구상이라는 것을 발표한 것이다. 많은 사람들이 세계 냉전체제 붕괴 이후의 소위 글로벌리제이션 흐름에 관심을 쏟고 있을 때였으므로 대통령의 이 같은 언급은 비록 즉흥적이었다 해도 매우 시의적절한 것이었다. 그러나 '김영삼의 세계화'는 그 당시의 화두였던 글로벌리제이션을 말하는 것이 아니었다. 예컨대 대외적인 영어 표기도 'Segyewha'로 쓰도록 했다. 한국의 세계화는 'Globalization'과는 의미가 다르다는 것이었다. 청와대나 정부, 여당 안에서조차 김영삼 대통령이 말하는 세계화의 정의를 놓고 설왕설래했다. 언론은 도무지 무슨 뜻인지 알 수 없다고 비아냥거렸다. 동기가 어찌 되었든 간에 대통령의 작명으로 시작된 '세계화' 정책은 그럴듯한 의미들이 사후적으로 부여됐다. 문민정부가 집권 초에 내세웠던 '신한국 건설'을 1단계 개혁의 캐치프레이즈라고 한다면, 세계 1류 국가로의 도약을 위한 2단계 도약과제로 삼은 것이 '세계화'라는 것이다. 그 구체적 전략으로서 정보통신, 교육, 환경, 문화, 행정 등에 걸쳐 과감한 개혁조치를 실천해나간다는 것이었다.

하지만 세계화는 정치적으로 말만 무성했을 뿐 집권 후반의 개혁 피로현상과 함께 별다른 성과를 내지 못한 채 흐지부지되고 말았다. 아무튼 김영삼 시대에 한국경제는 여러 역사적 이정표를 세웠다. 1995년 수출 1,000억 달러를 돌파했고, 1인당 국민소득 1만 달러를 넘겼고, 종합주가지수 1,000선을 뚫었다. 더구나 그다음 해 1996년 말에는 선진국 그룹인 OECD에 정식으로 가입했다. 이로써 한국은 선진국이 되었다고 생각하는 사람들도 없지 않았다. 한국경제는 어디까지가 진정한 성장이고, 어디서부터가 거품인지, 구별이 가지 않는 상황으로 계속 커져가고 있었다.

하지만 김영삼 경제의 실상은 시간이 갈수록 안정을 찾아가는 것이 아니라, 거꾸로 혼란스러워져 가기만 했다. 집권 초기에 내걸었던 '신경제 건설'의 포부는 자취를 감춘 지 오래였고, 치유를 다짐했던 이른바 '한국병' 증세는 더욱 심해져 갔다. 대통령은 집권 마지막 해까지도 개혁이라는 단어를 입에 달고 지냈으나 시간이 갈수록 제대로 되는 일이 없었다. 급기야 1997년에 접어들면서 대기업들이 한 달에 하나꼴로 줄지어 무너져 내리기 시작했다. 상상도 못했던 일이었다. 정부는 대책을 쏟아냈지만 백약이 무효였다. 건국 이후 이런 일이 없었다. 경제상황은 국내외적으로 엄청난 변화와 시련 속에 빠져들고 있는데, 이를 종합적으로 챙기고 리드해나가는 사람은 누구인지 도무지 알 수 없었다.

고비용, 저생산성의 한국병(病)

한국경제는 겉으로 드러난 공식 통계와 상관없이 속으로는 매우 심각한 병을 앓고 있었다. 김영삼도 대통령 취임사에서 한국경제의 현주소를 한국병이라고 지적했었다. 고비용 저효율이라는 구조적인 딜레마에 빠져 있다는 진단서는 일찍이 나와 있었다. 진단은 제대로 했던 셈이다.

1980년대 중반의 호황 이후에 오는 순환기적인 침체현상도 있었겠지만 근본적으로는 민주화로 세상이 완전히 바뀌었는데, 바뀐 세상에 알맞게 개선된 새로운 제도나 사람들 마음가짐이 준비되지 못한 것이 문제였다. 그전 같으면 국제수지 적자가 커지면 나라 전체가 야단이 났을 일이지만, 이젠 그런 세상이 아니었다. 수출로 먹고사는 나라에서 수출 경쟁력이 떨어져서 연속 흑자를 기록했던 국제수지가 연속 적자로 돌아섰는데도 모두들 태연했다.

1987년 6·29선언 이후 노태우 정권의 기본 인식부터가 '경제는 민주화를 뒷바라지하는 것'으로 인식해왔었다. 기업들은 해외투자라는 이름으로 국내 사업에서 탈출을 시작했고, 일반 국민들은 급속한 소득증대 속에 소비가 미덕임을 실생활로 익혀나갔다. 성장률이 절반으로 꺾이는 가운데 일반 물가가 다시 오르고, 부동산 투기에다가 잦은 파업과 가파른 임금상승 현상이 반복됐다. 반도체 등 일부 효자 수출품목과 일본의 엔고(高) 덕분에 한때 경기가 풀리는 듯했으나 잠시였다. 비용은 상승하고 생산성은 떨어지는, 이른바 고비용-저효율 현상이 구조적으로 자리 잡은 것이 바로 한국병의 실체였다.

정부는 더 이상 개발연대의 과거 정부가 아니었다. 한국경제가 처한 현실에 대해 피상적인 진단은 할 수 있었으나 구체적으로 분석하고 처방하고 치료할 능력을 갖추지 못했다. 세상이 민주화된 탓뿐 아니라,

경제 규모가 과거에 비해 훨씬 커지고 복잡해진 것이다.

1988년 서울올림픽 이후부터 수출이 현저히 줄고 있는데, 정부는 그 원인조차 파악하지 못하고 있었다. 일본의 자본과 경영, 기술 그리고 동남아의 풍부한 자원과 값싼 노동력이 합작해서 '메이드 인 코리아'를 몰아내고 있음을 까맣게 모른 채 뭔가가 이상하다는 소리만 하고 있었다.(이장규 외, 『한국경제 살길이 없다』)

이러한 현상은 노태우 정권에 이어 김영삼 정권에 들어와서도 마찬가지였다. 그래도 기업은 자신들의 생사가 걸려 있는 문제였으므로 상대적으로 대처가 빨랐다. 기업들은 자기네 경쟁력이 급속히 떨어지고 있음을 피부로 느끼고 있었다. 그래도 전자나 자동차 같은 대기업은 상대적으로 덜했다. 신발, 의류, 가죽제품, 가방, 액세서리, 잡제품 등 중소 수출업체나 제조회사들이 집중으로 문을 닫거나 보따리를 싸서 동남아로 나가야 했다. '메이드 인 코리아'가 주름잡던 뉴욕 맨해튼 브로드웨이 32번가 점포들이 방글라데시나 중국 제품한테 밀려나기 시작한 것이 바로 이 시점이었다. 한국산의 가격 경쟁력으로는 당해낼 방법이 없었다.

한국 제품은 살길이 막막했다. 국내적으로는 수출에 대한 혜택이 없어졌고, 해외시장에서는 경쟁력 약화로 진퇴양난이었다. 고급시장은 일본에 못 당하고, 저급시장은 동남아와 중국 제품에 자리를 내줘야 하는 샌드위치 신세가 된 것이다.

그래서 1994~1995년 무렵부터 선택한 시장이 브라질, 인도, 러시아, 중국 등 요즘 말하는 브릭스 국가들이었다. 이들 나라에 진출하게 된 직접적 계기는 일본기업들이 안 가는 곳을 찾다가 보니 그렇게 된 것이다. 이들 나라 시장에서 돈이 잘 벌릴 것 같아서가 아니라, 일본기업들이 외지고 위험부담이 많다는 이유로 철수했거나 사업을 열심히 하지 않고 있다는 점이 한국기업들로 하여금 적극적으로 이들 나라에 진출케 한 것이다. 이 같은 전략 아닌 전략이 2000년대에 들어와서 브릭스 경제의 활성화와 함께 한국 수출에 효자 노릇을 하게 될 줄은 전혀 기대 밖의 일이었다.

해외시장에서 한국기업들이 이처럼 고전을 면치 못하고 있을 때 국내는 전두환, 노태우 두 전직 대통령의 비자금 및 차명계좌 사건 폭로로 시끄러웠다. 결국 1995년의 절반은 두 대통령의 감옥행으로 온 나라가 홍역을 치르고 있었다. 그런 가운데서도 정부의 개혁정책들은 그것들대로 여기저기서 추진됐다. 공기업 민영화를 포함한 정부개혁, 사법개혁, 금융개혁, 노동개혁 등 사방에서 속도를 붙이기 시작했다. 그러나 어느 것 하나 제대로 추진되는 것이 없었다는 점이 문제였다. 의욕은 과잉이었고, 정책 추진은 미숙했다. 정부, 의회, 노조, 시민단체, 재계 등 모두가 따로 놀았다. 1995년 4월 삼성의 이건희 회장이 베이징 특파원들과의 간담회에서 '정치는 4류, 관료는 3류, 기업은 2류'라는 말을 무심코 했다가 크게 혼이 났으나, 당시 상황을 딱 맞게 묘사한 말이었다.

아무튼 한국경제는 그즈음 이상하게 돌아갔다. 해외에서는 반도체를 제외하고는 한국 상품이 급속히 경쟁력을 잃어가며 어두운 그림자가 짙어지고 있는 데 반해, 국내는 정치도 경제도 전혀 그런 기색이 없었다. 경제성장률로 봐도 1995년 9.2%, 1996년 7%를 기록했고, 세계적인 신용평가회사인 S&P의 국가신용등급도 AA-로 호의적이었다.

정부는 자신만만해했다. 더구나 OECD 가입을 계기로 자본시장 개방을 과감하게 해나갔고, 엊그제 생긴 종금사들도 홍콩에 나가서 외자를 끌어다가 한국기업들에게 빌려줬다. 그들은 돈만 빌려오는 게 아니라, 대박을 노리고 싸구려 정크본드를 대량으로 사들이기도 했다.

국내 금리보다 싼 돈이 막 들어오는 마당에 기업들은 석유화학, 철강, 자동차 등의 사업에 경쟁적으로 투자를 벌여나갔다. 부채비율(30

대 재벌 기준)은 350%, 400%로 높아져 갔다. 원화가치가 계속 높게 유지되는 한 기업은 외채를 많이 빌릴수록 좋았다. 재수 좋으면 싼 금리에 환차익까지 볼 수 있었다.

외국투자자들도 설마 한국한테 돈을 떼일까 하는 생각에 적극적으로 빌려줬다. 이처럼 달러가 쏟아져 들어오니, 수출이 안 돼서 국제수지가 적자로 돌아서도 원화가치가 떨어지지 않았던 것이다. 일본의 엔화나 중국의 위안화는 같은 기간 중에 20~30%씩 절하되는 판에 한국의 원화만 3년 내내 평균 환율 800원대를 유지했으니 수출이 죽을 쑬 수밖에 없었다. 그런데도 김영삼 정부는 오불관언(吾不關焉)이었다. 준비 없이 서둘렀던 어설픈 개방정책도 문제였지만 그 뒷감당이 더 문제였다.

수출 부진에다 소비재 수입의 급증과 해외여행 자유화까지 겹쳐 급기야 경상수지 적자는 1996년 237억 달러에 이르렀다. 외환보유고에 육박하는 규모의 적자를 낸 것이다. 마침 금융기관의 해외영업 규제까지 풀리면서 경쟁적으로 외자를 끌어들였다. 그것도 단기외채가 대부분이었다. 총외채는 1993년의 439억 달러에서 1996년 1,047억 달러로 급증했다.

이런 지경인데도 환율이나 금리에 대한 정부 정책의 일관성이나 정리된 방향이 없었다. 재경부와 한국은행은 항상 의견이 엇갈렸고, 바뀌는 장관이나 경제수석마다 이랬다저랬다를 반복했다. 한쪽에서 환율을 올리자고 하면 다른 한쪽에서는 기업들의 상환부담 가중을 들어서 반대했다. 그러나 원화가치 절하 문제를 적극적으로 공론화하지 못했던 또 다른 이유가 있었다. 1달러당 800원대를 유지하고 있는 환율을 900원대로 절하할 경우에는 달러로 표시되는 '국민소득 1만 달러 목표 달성'이 불가능해지기 때문이었다. 이 점에 대해서는 한국은행이든 재정경제원이든 청와대의 눈치를 보며 알아서 하는 분위기였다.

잠시 고개 들어 하늘을 보기만 했어도 시커먼 먹구름이 뒤덮이고 있음을 알았을 텐데, 아무도 그러지 않았다.

침몰로 끌고 간
리더십

올 것이 왔다. 1997년 1월 한보철강 부도를 시작으로 대기업들의 연쇄부도 사태가 벌어졌고, 이는 거액이 물린 은행의 부도 위험으로 바로 이어졌다. 삼미그룹(1997년 3월)이 도산했고 진로그룹(4월)이 뒤를 이었다. 끝을 알 수 없었다. 대농(5월), 한신공영(6월), 기아자동차(7월)까지 줄줄이 손을 들었다. 줄도산을 피하기 위해 부도유예협약이라는 편법까지 동원했지만 소용없었다. 쌍방울, 해태, 뉴코아, 한라그룹 등이 줄을 이었다. 모두 30대 그룹 안에서 떵떵거리던 대기업들이었다.

가뜩이나 불안하던 국제금융시장은 한보를 시작으로 한국경제를 위험 국가로 경계하기 시작했는데, 국내에서는 그런 조짐에 아랑곳도 하지 않았다. 1997년 10월, 드디어 국내 경제에 대한 신용평가가 하향 조정됐다. 그것을 신호탄으로 달러가 썰물처럼 빠져나가고 외환시장이 마비상태에 빠져들면서야 사태의 심각성을 깨달았다. 미국 일본 등에 SOS를 쳤으나 거절당했고, 결국 IMF(국제통화기금)로 달려가 구제금융을 신청하는 코스를 밟게 된 것이다.

"이대로 가면 1980년 위기 때보다 더 심각한 사태를 맞는다. 지도자들이 잘해주면 좋은데 그걸 기대할 수 없으니 국민 각자가 각성하는 수밖에 없다. 부도 늘고 실업률 올라가는 것을 당연한 것으로 받아들이고 뼈를 깎는 구조조정을 해야 한다. 성장률 4%, 실업률 4%를 감수하자. 한보만 부도나는 것 아니다. 국가경영 잘못하면 나라경제도 부도난다."

(이장규, 〈중앙일보〉 칼럼, 1997년 2월 18일)

불길한 징후는 여러모로 드러나고 있었다.

상황이 이렇게 되기까지 정부 안에서 모든 사람이 손 놓고 있었던 것은 아니었다. 한국경제가 이대로 가다간 큰일 난다는 첫 문제 제기는 1995년 12월에 취임한 나웅배 부총리에 의해서였다. 그는 "긴급처방으로 해결할 수 있는 위기가 아니다. 고비용-저효율 구조를 조속히 개선하지 못하면 진짜 경제위기가 온다"고 경고했었다.(주태산, 『경제 못 살리면 감방 간데이』, 318쪽)

나웅배 부총리-구본영 경제수석 팀은 '정부는 금리를 낮춰주고, 기업은 투명성을 높이고, 노조는 정리해고제를 받아들일 것'을 촉구했다. 하지만 어느 쪽으로부터도 지지받지 못하고 7개월 남짓 만에 경질됐다.

'민주투사' 김영삼은 결단을 내려서 난관을 돌파하고 우지끈 뚝딱 해치우는 일에는 능했으나, 시간을 가지고 차분하게 추진해나가는 경제 정책에는 원래 소질이 없었다. 경제가 뜻대로 풀리지 않고 언론 비판이 심해지면, 참고 기다리는 것 아니라 사람부터 바꾸는 식이 거듭됐다. 이번에는 오래전부터 신임하는 한승수 부총리-이석채 경제수석 팀에게 지휘권을 맡겼으나 이들 역시 7개월 만에 갈아치웠고, 그 후임에 강경식 부총리-김인호 경제수석 팀을 기용했다. 그게 마지막이 아니었다. IMF 구제금융을 받기로 한 그 위급한 상황에서 강경식-김인호 팀을 8개월 만에 경질하고 임창렬-김영섭 팀을 앉혔다. 정권교체를 불과 3개월 남겨놓고 있었다. 이런 인사만 봐도 대통령 김영삼의 경제위기 대처 수준이나 인식이 어떠했는지를 짐작하고 남는다.

물론 1997년의 국가부도위기 상황이 꼭 김영삼 혼자의 잘못으로 빚

어진 것은 아니었다. 원인을 따지자면 나쁜 것들이 총집결된 종합선물세트였다. 그 내용을 요약하면,

- 빚더미(부채비율 400% 안팎) 기업들이 겁 없이 단기외채를 빌려다가 무리하게 사업을 벌였고,
- 정부는 OECD 가입을 계기로 준비 없는 개방정책을 무분별하게 밀어붙이는 가운데 금융기관에 대한 규제와 감독을 소홀히 했는가 하면,
- 위기가 코앞에 닥쳤는데도 거창한 개혁과제만 붙들고 시간을 허비했으며,
- 의회는 대통령 선거에 눈이 멀어 구태의연하게 정쟁만 일삼는 가운데 정부정책에 딴죽걸기를 계속했고,
- 노조와 집단이기주의에 사로잡혀 부실기업 정리를 정면으로 막아섰고, 시민단체들은 이들을 응원했다.
- 여기에 더해 해외 금융시장은 국제투기자본이 이 나라 저 나라에 몰려다니면서 심각한 불안요인으로 등장하고 있었는데, 이것이 한국경제에까지 덮쳐올 것을 아무도 몰랐다.

이런 상황 속에서 가장 결정적인 것은 대통령의 리더십 부재였다. 대통령의 탁월한 통찰력까지는 기대하지 않더라도 최소한의 위기수습 능력이라도 있었더라면 국가부도위기로까지 가지는 않았을 것이기 때문이다. 경제 분야에서의 대통령 리더십 부재 문제는 사실 전임 대통령 노태우 시절부터 이미 불거졌던 일이다. 소위 경제가 민주화를 만났을 때 생겨나는 정치적 민주화와 경제적 이해상충 관계를 결합, 조화시켜나가는 과정에서 대통령의 리더십을 새롭게 정립해나가는 문제는 매우 어려운 일이었다. 그런 면에서 노태우는 아예 적극적 리더십 발동을 포기하고 혼란을 그냥 받아들였던 셈이다. 그것을 정면 대응할 역량이 없었으므로 자신이 나서서 일을 벌이는 타입도 아

니었다.

　그러나 김영삼은 달랐다. 그는 자신의 카리스마를 내세워 노태우 시대의 정치적 혼란을 일거에 청산해서 제대로 된 민주화를 해 보이는 것은 물론이고, 경제적으로도 침체를 걷어내고 단호하게 개혁할 수 있다고 믿었기에, 벌집 쑤시듯이 일을 벌였다. 처음에는 잘나갔다. 신경제라는 이름 아래 경기도 좋아졌고, 금융실명제도 해냈다. 뜨거운 감자였던 쌀 수입 개방(우루과이라운드)도 결단을 해 해치웠다. 역시 '물태우'와는 다르다는 칭찬도 들을 만했다.

　매사에 자신만만했던 김영삼은 집권 종반기에 들어서면서야 비로소 경제가 심상찮음을 느끼기 시작했다. 막판 들어 이 사람도 써보고 저 사람도 써보며 나름대로 안간힘을 썼다. 이석채 경제수석 중심으로 10% 생산성 올리기를 주도했다든지, 비난을 무릅쓰고 노동관계법 개정안을 통과(1997년 1월)시켰다든지 하는 노력도 그러한 위기의식 속에서 추진된 것이었다. 하지만 제대로 되는 일이 없었다. 한보 부도 이후 기업들은 사방에서 죽는소리를 하는데, 노조 파업은 전국적으로 확산되어갔다. 강경식을 불러들여 부총리에 앉힌 것도 그가 강력한 리더십을 발휘해서 위기 국면을 돌파해주길 기대해서였다.

　강경식은 종래의 부총리들과는 달랐다. 우선 그는 김영삼이 시키는 대로 하는 보통의 직업 관료가 아니었다. 서슬 퍼렇던 박정희 시대에도 기존의 수출 우선 정책을 뒤엎는 물가안정 혁명을 일궈낸 경험과 내공이 있는 소신파였다. 한보 부도가 권력형 비리로 확대되면서 소통령이라 불리던 김영삼의 아들 김현철이 구속되는 상황에서 취임한 강경식에게 발등의 불은 부실기업 처리문제였다. 기업들이 넘어가면 은행들이 넘어가는 상황이었다. 취임 일주일도 안 돼서 삼미특수강이 부도에 몰렸고, 앞서의 언급처럼 설마 했던 대기업들의 도산사태가 줄을 이었다. 대통령은 신임 부총리에게 "부도를 내지 말고 사태를 해결할 것"을 지시했다. 한보 부도 하나만으로도 혼이 났는데, 또 다른 대기업들의 연쇄부도 충격을 감당할 자신이 없었다. 시장주의를 자처해온 강경식도 대통령 김영삼의 '부도 금지령'을 수용할 수밖에 없어 부도유예협약이라는 편법을 동원했다.

> "김영삼 대통령은 한보를 부도낸 것을 후회하면서 어떻게든 부도만은 내지 말라고 지시했다. … 현직 대통령의 당부를 그냥 무시하고 갈 수는 없었다. 부도내지 말라는 대통령의 거듭된 지시를 어기지 않으면서 실제로는 부도 처리해가는 길을 찾아야 했다. 그 대안이 부도유예협약이라는 것이었다. 사실상 부도처리나 마찬가지지만 형사문제로 신문에 크게 보도되는 것을 막겠다는 묘안이었다."
>
> (강경식, 『국가가 해야 할 일, 하지 말아야 할 일』, 85쪽)

부도유예협약은 묘약이 아니라 독약이었다. 결과적으로 대통령의 부도금지 지시와 강경식의 편법 대처는 한국경제에 대한 국제 신인도를 결정적으로 추락시켰다. 정부 지시에 따라 은행들은 진로를 부도 처리하지 않고 부도유예협약으로 미봉한 데 이어서, 재계순위 7위인 기아자동차까지 여기에 적용시켰다. 부도 충격을 완화하기 위해 부도유예협약이란 편법을 동원한 것까지는 그렇다 쳐도, 기아가 국민기업임을 내세워 채권은행이 요구하는 구조조정을 거부하면서 시간 끌기 전략으로 나간 것이 결정타였다.

노조를 중심으로 버티기 작전을 전개한 부실기업 기아의 응원부대는 의외로 막강했다. 야당과 시민단체들은 기아 살리기 범국민운동연합(기범련)을 조직해 "기아는 국민기업으로 살려야 한다"며 정부의 부실정리 작업을 비난했다. 이 점에 있어서는 김영삼이 대통령 퇴임 후 행한 고려대 강연(2000년 10월 20일)이 귀담아들을 만하다.

"금융위기의 원인은 1년 반 전부터 추진한 노동법 개정과 금융개혁법을 김대중 씨가 반대했기 때문이다. … 기아가 국민기업이라며 기아 노조에 김대중 씨가 세 번을 가서 연설했다. 기아를 경제논리대로 처리하지 못하도록 한 게 바로 김대중 씨였고, … 이것이 IMF를 초래하는 데 결정적 역할을 한 것이다."

야당 탓만 할 일이 아니었다. 여당의 대통령 후보 이회창이 경기도 소하리 소재 기아자동차 생산공장을 방문해서 노조를 격려하는 일도 벌어졌다. 물론 선거에 임박한 시점에서 표를 의식한 언동이었다. 그해 7월에 시작한 기업부도 시비는 10월에 가서야 결국 끝장이 났다.

김선홍 기아회장이 임창렬 통상산업부 장관과의 합의(부도유예협약하의 구조조정)를 일방적으로 깨고 화의를 신청했고, 뒤통수를 맞은 정부는 뒤늦게 법정관리 신청을 하기에 이르렀던 것이다.

강경식은 훗날 국회 청문회에서 "재임 중에 가장 후회스러웠던 것은 기아를 즉각 부도 처리하지 않았던 것"이라고 증언했다. 국민기업이라 큰소리쳤던 기아의 분식회계는 무려 7조 원이 넘었던 것으로 드러났다. 결국 부실정리 과정에서 김선홍 회장은 법의 심판을 받았고, 회사는 빚 탕감과 함께 현대자동차에 넘어갔다. 국민기업이 아니라 국민골탕기업이었던 셈이다.

기아라는 기업 하나만의 문제가 아니었다. 기아의 부실경영을 적시에 투명하게 처리하지 못하고 결과적으로 투자자들을 속이고 은폐한 꼴이 되면서 한국경제의 대외신인도에 결정적인 흠집을 초래했던 것이다. 강경식의 국회 증언처럼 기아 부도 처리만 원칙대로 제때 했더라도 국가부도위기 사태로까지 확대되는 일은 막을 수 있었다는 주장은 일리가 있다. 외환위기의 근본 원인이 한국경제에 대한 신뢰의 추락에서 비롯됐기 때문이다.

그런 의미에서 대통령 김영삼의 부도 금지령은 개별기업의 부도를 무서워했다가 국가부도를 초래했던 결정적인 실책이었던 셈이다. 그럼에도 김영삼이 퇴임 후 펴낸 자서전에서 외환위기 당시를 회고하면서 잘못된 정책이나 인사에 대한 시인이나 반성을 한 흔적은 찾아보기 어렵다. 오히려 외환위기의 주된 책임을 평생의 정치 라이벌 김대중에게 돌리고 있다. 물론 노동개혁 반대와 기아 살리기 운동 등의 한가운데 있었던 김대중 역시 상당한 책임을 져야 마땅하지만, 그에게 주된 책임을 돌릴 일은 아니었다. 아무리 힘이 떨어졌다 해도 대통령은 김영삼이었다.

김영삼은 당황했다. IMF 구제금융 신청도 현직 장관은 제쳐놓고 전직 장관들과의 전화 통화를 통해 결심하는 등, 우여곡절이 많았다. 급기야는 임기 3개월을 남겨놓은 상태에서 강경식 부총리와 김인호 경제수석을 경질하고 임창렬-김영섭 팀을 기용하기에 이른다. 나라경제가 통째로 흔들리는 마당에 급작스런 개각은 또 다른 불안요인이기도 했다.

IMF로 가는 과정은 험난했다. IMF 측은 구제금융을 제공하는 조건으로 고금리를 포함하는 강도 높은 구조조정을 요구했고, 그동안 미국이 요구해왔던 갖가지 시장 개방요구까지 덧붙여서 "끼워 팔기"로 압박해왔다. 게다가 한국의 다음 정부도 믿을 수 없다면서 선거를 앞둔 대통령 후보들의 약속 이행 각서까지 요구했다. 김영삼 대통령은 사실 IMF 구제금융 신청이 의미하는 바가 경제주권의 포기를 뜻하는 것이라는 것도 잘 몰랐다. 막판이 되어서야 심각성을 깨달았다. 임창렬 부총리에게 심야에 전화를 걸어 "부도는 안 나겠지. 부도는 안 나야 된데이"라며 불안을 감추지 못했다.

결국 IMF 구제금융이 결정되면서 비로소 풍전등화의 경제가 안정을 찾기 시작했다. 미뤄졌던 금융개혁법이 뒤늦게 만들어지고 엄두도 내지 못했던 구조조정이 IMF의 배후조정에 의해 밀어붙여졌다. 마침 1997년 12월 18일 대통령 선거를 기점으로 새 대통령이 선출됨에 따라 경제정책의 주도권도 김대중 당선자에게 넘어갔다. 실기했던 것에 비례해서 회생의 대가는 엄청났다. 제대로 대처하지 못한 모든 것의 가장 큰 책임은 말할 것도 없이 대통령에게 있었다. 김영삼 대통령은 기본적으로 난국의 본질을 몰랐고, 누굴 어떻게 써야 할지, 누구 말을 믿어야 할지, 무슨 정책을 펴야 할지에 대한 주견이 없었다. 결국 고장 난 리더십의 역기능이 위기를 부채질했던 것이다.

그러나 1997년 국가부도 위기상황의 모든 원인과 책임을 대통령한테서만 찾을 순 없다. 특히 위기대처 과정에서 정치인들과 정부 관료들도 책임을 면할 수 없다. 국회의원들의 경제상황 인식에 대해서는 거론할 가치조차 없다. 그 당시 한국경제가 어떤 위기상황으로 치닫고 있는지를 경고하거나 문제시했던 국회의원은 어디에서도 찾아볼 수 없었다. 정부 정책에 대한 비판은 언제나 하는 상습적 정치 비판에 불과했으며, 그나마 대통령 선거를 앞두고 여야를 막론하고 오직 표에만 관심이 쏠려 있었다. 정부 관료들이 아무리 개혁적인 구조조정의 절실함을 강조하고 입법의 필요성을 설명해도 마이동풍(馬耳東風)이었다.

정치권은 수습은 고사하고 혼란을 가중시켰다. 선거에 임박해서 야당후보 김대중이 "집권하면 IMF 구제금융 조건을 재협상하겠다"고 말했다가 파문이 일자 발언을 취소하는 해프닝도 벌어졌다. 정부는 위기를 선제적으로 대처할 능력을 상실한 지 오래되었고, 새로운 힘의 중심이 된 의회는 권한과 힘을 넘겨받았으나 그걸 제대로 발휘할 능력이 없었다. 한국의 정치인들이 원래 경제를 모르기도 했지만, 이에 더해서 대통령 선거를 코앞에 둔 상황이니 경제위기의 본질을 파악한다든지, 근본 대책을 마련하는 등의 일에는 아예 관심조차 없었다. 당시 정부가 전력투구했던 13개 금융개혁안 처리는 표를 의식해 상임위조차 열지 못한 채, 수포로 돌아갔다. 여야를 막론하고 금융노조의 집단 저항 앞에서 꼼짝도 못했다. 국회는 가장 심각한 걸림돌이자 훼방꾼이었다. 정부 당국자와 금융개혁위원회 주역들이 여당의 이상득 등 실력자들을 비공식으로 만나 금융개혁 입법을 통사정했으나 이들의 관심은 오직 표 외에는 없었다. "한국은행 노조가 반대하는 법을 선거를 눈앞에 두고 어떻게 상정하는가. 4,000표가 날아가는 법을 만들 수는 없다"는 것이었다. 김인호 경제수석은 마지막 수단으로 김영삼 대통령이 야당지도자 김대중에게 전화 한 통화만 걸어줄 것을 간청했으나 '정치인' 김영삼은 이를 외면했다. 정치권의 협조로 금융개혁법만 제때에 통과되었어도 형편이 그토록 악화되지 않았을 것이다.

행정부 관료들이라고 해서 외환위기 책임에서 결코 자유로울 수 없다. 1차적 책임은 당연히 해당 경제관료들이 져야 한다. 우선 경제 정책을 끌어가는 관료집단 스스로가 사태가 이처럼 악화될지 몰랐으며 따라서 대응 정책이나 전략도 옳지 못했다. 전에 없이 대기업들이 매우 어렵고, 걱정스럽다는 정도였지, 자칫 경제 전체가 패닉 상태로 빠져들고 외국 자본이 썰물처럼 빠져나가서 금융기관들까지도 부도 상태에 빠질 수도 있다는 가능성에 대해서는 상상도 하지 않았다.

"1997년에 접어들면서 한보 부도 등으로 한국경제 전반에 걸쳐 심상찮은 조짐을 보이기 시작했다. 그래서 금융개혁위원회가 TF를 만들어 한국경제 진단 작업을 서둘러 착수해서 2개월 만에 보고서를 만들었다. 내용은 한국경제에 심각한 외환위기가 도래할 가능성이 높다는 점을 경고한 것이었다. 애당초 대통령 보고용으로 만들어서 4월 말에 보고할 참이었는데, 청와대 참모들이 '그런 보고서를 만들어서 대통령에게 보고했다는 것 자체가 위기를 자초하는 것'이라며 반대하는 바람에 결국 보고서는 사장되고 말았다."(당시 금융개혁위원회 김병주 부위원장)

관료들이 대통령의 눈과 귀를 막았다는 비난을 면하기 어려운 증거다. 한마디로 대통령뿐 아니라 관료집단도 위기상황에 대한 통찰력이나 예견 능력이 없었다. 쓰나미가 눈앞에 닥쳐오는 것을 보고서야 비로소 대책 마련에 허둥지둥하는 짝이었다.

한보 부도에 놀란 김영삼 대통령은 안 되겠다 싶어, 개혁 지휘자로 명성이 있는 강경식을 기용했다. 위기상황에서 구원투수로 등장한 강경식은 마치 자신이 선발투수인 양, 구조적 개혁의 당위성을 외치면서 금융개혁을 밀어붙였다. 그는 20년 전 자신이 주도했던 안정화 시책 성공을 재현할 수 있다고 판단했다. 정권의 레임덕에도 불구하고 때늦었지만 금융개혁을 해내야 한국경제의 살길이 열린다고 확신했다. 한술 더 떠서 개혁을 위해서는 위기 상황이 더 좋을 수도 있다고 생각했다. 그는 기업 부실, 은행 부실의 근본 원인은 금융에 대한 잘못된 감독체계에 있었으므로 이것부터 제도적으로 바로잡아야 한다고 판단했다. 김인호 경제수석 역시 강경식의 이 같은 구조개혁론에 같은 입장이었다. 두 사람 모두 금융시장에 대한 정책 경험이 없었다.

이 같은 구조개혁 시도는 당면 문제들을 풀어내는 데 실패하고 말았다. 결과적으로 이것은 정부와 한국은행의 대립만을 심화시켰고, 양쪽의 집단이기주의를 둘러싼 이전투구(泥田鬪狗)로 변질됐다. 위기 경영에 양대 축인 재경원과 한국은행이 다급한 위기상황 극복을 위해 중지를 모으기는커녕, 직제개편 문제를 놓고 싸움으로 시간만 허비했다. 응급환자를 눕혀놓고서 의사들끼리 서로가 옳다며 멱살잡이를 마냥 벌였던 격이었다.

1997년의 국가부도위기 사태를 이처럼 원인 측면에서 돌이켜보면 한두 가지 이유나 한두 사람의 잘못으로 빚어진 게 아니라, 여러 복합적인 요인들이 모이고 쌓여서 터져 나온 것임을 알 수 있다. 한국경제가 변화해가는 과정에서 치러야 했던 비싼 코스트이기도 했다. 1987년 민주화 선언 이후, 노태우 정권과 김영삼 정권이 새로운 질서를 모색해나가면서 치렀던 시행착오이기도 했다.

'경제민주화'라는 캐치프레이즈 아래 빚어졌던 혼란과 무질서, 그리고 소득 1만 달러 시대를 처음 맞는 국민들의 급속한 의식변화 등을 소화해내는 10년간의 과정에서 급기야 국가부도위기 국면으로까지 내몰렸던 것이다. 공교롭게도 '10년 주기설'과도 맞아떨어진 셈이다. 한국경제는 대체로 돈이 풀리고 10년쯤 후면 일이 벌어져 왔는데, 이번에는 1987년 6·29선언을 계기로 정치까지 풀리면서 그사이에 누적되었던 부작용이 10년 만에 터져 나왔던 것이다.

사실 국가부도위기는 현대 한국경제사에서 처음이 아니었다. 1970년을 전후로 차관기업들이 무리하게 사업을 벌이다가 세계 시장에 불황이 닥치면서 무더기로 빚더미에 올라앉아 은행의 연쇄도산 위기로까지 몰고 갔었고, 그 이후 중화학공업의 과잉투자, 석유파동, 국내정치 불안 등으로 1980년에 또 한 차례 큰 위기를 겪었었다. 그러나 앞의 경우는 모두 독재정치 시대에 일어났던 위기상황이었고, 위기대처 방법 또한 대통령의 최종결심으로 결정되는 것이었으며, 정책의 집행 또한 일사불란하게 진행됨에 따라 피해를 최소화할 수 있었다. 소위 선제적 조치가 가능했던 시절이었다. 1973년 박정희의 8·3사채동결조치가 그랬었고, 1980년 전두환의 국보위 강제 구조조정들이 그랬다. 부작용이 생기더라도 방향을 정해놓고 밀어붙이는 것이 가능했다.

그런 뜻에서 1997년의 국가부도위기는 종래의 개발연대식 대처가 애당초 불가능했던 것이다. 박정희, 전두환이 풀었던 방정식에 비하면 김영삼이 풀어야 하는 방정식은 훨씬 어렵고 복잡했다.

8부

대중경제론의 진화
'김대중 시대'

박정희의
평생 라이벌

　한국판 '대통령의 경제학'에서 박정희에 일대일로 대적할 인물을 역대 대통령 가운데 한 명 고르라면 단연 김대중을 꼽아야 할 것이다. 정치적 대결 구도뿐 아니라, 경제정책 면에서도 그렇다. 그는 줄기차게 박정희 경제를 비판하고, 허점과 부작용을 공격하면서 나름대로의 대안도 제시했다. 그의 경제관은 어떤 것이었을까. 다른 대통령과는 달리 김대중에 대해서는 대통령이 되기 전부터 펼쳐왔던 그의 생각과 활동들을 살펴볼 필요가 있다.

　한국의 거물 정치인들 중에 김대중처럼 일찍부터 경제로 이름을 날린 사람은 없었다. 김대중은 1970년대부터 이미 대중경제론으로 자신의 경제관을 분명히 했던 정치인이었다. 그는 김대중의 대중(大中)과 대중경제론의 대중(大衆)의 같은 발음을 자신만의 독특한 캐릭터로 충분히 활용했다. 주목할 점은 따로 있다. 대중경제론은 시대와 상황의 변화에 따라 진화를 거듭했다. 따라서 이것의 진화과정을 정리해도 김대중의 경제관이 어떻게 변화하고 자리 잡아왔는가를 알 수 있다.

　처음부터 김대중이 박정희 경제정책에 대해 사사건건 날을 세웠던 것은 아니다. 때로는 다른 정치인들과는 달리 경제전문가다운 차별적인 입장을 취하기도 했다. 야당 국회의원임에도 불구하고 야당이 당론으로 정한 한일회담 무조건 반대를 반대하는 바람에 '사쿠라' 소리를 듣기도 했고, 베트남 파병장병 위문시찰에 직접 참여하기도 했다. 대통령 출마를 결심하면서부터 그는 날을 세우기 시작했다. 초기의 대중경제론은 숙명의 정치 라이벌 박정희를 공격하는 최대의 무기였다. 대중경제론이 공식적으로 선을 보인 것은 1969년 『신동아』에 기고한 「대중경제를 주창한다」는 글을 통해서였다.

이 글은 마르크스 이론에 대한 소개와 비판으로 시작해서 케인스 이론을 분석하고, 한국경제의 현실적 대안으로 소위 대중경제론을 제기하고 있다. 김대중이 일찍이 해운회사를 세워 경영을 경험했고 국회 재무위를 중심으로 경제통으로 두각을 나타내기 시작했으나 그가 이 글을 손수 썼다고 보긴 어렵다. 박현채를 비롯한 당시 진보성향 경제학자로 알려진 인물들이 실질적인 필자였던 것으로 알려지고 있다. 아무튼 김대중이 이 글에서 1) 박정희 독재정권은 한국경제를 심각한 위기로 몰아가고 있으며, 2) 따라서 독재정권을 몰아내고 대중민주주의 체제 확립이 선행되어야 하고 3) 구체적 정책 대안으로 작은 정부, 이중(二重) 곡가제도, 공정거래 확립 등을 확립해야 한다고 주장했다. '대중에 의한, 대중의, 대중을 위한'이라는 슬로건을 내건 이른바 대중경제론을 설파했다.

1971년 박정희와 대통령 선거에 맞섰을 때 이미 그는 『대중경제 100문 100답』이라는 문답식 선거용 책을 만들어 박정희와의 경제정책 대결을 벌였다. 이 책은 단순한 선거홍보용이 아니라 한국경제 현안 100개를 추려서 논한 방대한 분량의 박정희 경제 비판서였다. 앞서 「대중경제를 주창한다」의 기고문을 한층 발전시킨, 마치 무슨 사상 논쟁서처럼 쓰여 있다.

대중경제의 이론적 근거를 설명하는 책의 시작 부분은 어렵고 관념적이어서 일반 사람들은 쉽게 이해할 수 없게 되어 있다. 그 핵심을 요약하면 1) 대중경제라 함은 기본적으로 자본주의와 사회주의 각각의 단점을 배제하는 한국적 혼합경제체제를 지향하는 것이며, 2) 대외의존적인 경제를 청산하고 자립경제의 기초를 닦아나가며, 3) 공업화는 내수시장에 초점을 맞추고 수출은 보완적이어야 하고, 4) 농업발전을 공업발전에 앞서 최우선시하며, 5) 노동자들의 경영참여를 보장한다는 등의 내용들이 망라되어 있다. 이러한 주장은 박정희 경제에 대한 비판인 동시에 나름대로의 이론적 대안 제시였다.

김대중이 정의하는 박정희 경제의 본질은 한마디로 개발독재형 관치경제였다. 군부독재 정권이 수출증대를 통한 경제성장에만 매달리는 나머지 대기업 특혜를 비롯한 부패 경제를 초래했고, 분배정책을 외면한 채 노동자들을 착취해왔다고 비판했다. 그의 눈에는 농민과 노동자의 희생 위에 대기업들의 특혜를 보장하는 것이 박정희 정부 경제의 본질이었다. 특혜와 특권 경제하에서 근로대중은 저(低)곡가와 저임금에 시달려야 했고, 중산층의 형성은 기대하기 힘들었다. 이에 대한 반론이 대중경제의 핵심이었다.(『김대중 자서전』, 222쪽)

비록 1971년 대통령 선거에 졌으나 90여 만 표 차이였다. 그는 당선을 도둑맞았다고 주장했는데, 충분히 그럴 만했다. 아무튼 승패와 상관없이 김대중의 대중경제론은 선거 중에 예비군 폐지와 함께 상당한 지지를 얻었다. 국민들에게는 박정희가 기업의 편에 섰다면 김대중은 일찍이 노동자 편에 섰던 대표 정치인으로 비쳐졌다. 그는 1970년 한꺼번에 일어난 와우아파트 붕괴사건이나 서울평화시장 피복노동자 전태일의 분신사건 등으로 대변되는 고도성장의 그늘을 줄기차게 파헤치면서 개발독재의 부당성을 비판했다.

기본적으로 1970년을 전후로 박정희 경제는 집권 이후 가장 심각한 상황에 직면하고 있었다. 국제경제의 침체 속에 차관경제의 부실화로 기업들은 빚더미에 올라앉고, 급기야 무더기 도산 사태로까지 번져나갔다. 그럼에도 불구하고 박정희는 경부고속도로와 포항제철 건설을 한창 밀어붙이면서 야당의 비난에 아랑곳하지 않았을 때였다.

김대중은 다분히 선동적이었다. 경부고속도로 건설도 맹렬히 반대했다. "쌀도 모자라는데 우량농지를 훼손하면서 차 있는 사람들만 팔도 유람하고 다닐 고속도로를 뚫는 것은 쓸데없는 돈 낭비"라고 주장했다. "동서고속도로가 더 급한데 경부고속도로를 뚫으려는 것은 영남지역에 대한 특혜"라고도 비난했다.

옳고 그름을 떠나 민주주의를 내세우며 성장정책의 부작용을 공격하는 김대중의 날카로운 비판과 주장은 큰 반응을 불러일으켰다. 박정희가 김대중의 주장을 받아들인 것도 있었다. 농민들이 생산한 쌀을 시세보다 비싸게 사주는 추곡수매제를 대통령 선거 이듬해부터 강화한 것이 그러한 예다.

주목해야 할 것은 대중경제론 자체의 진화과정과 내용이다. 한국경제의 변화, 발전과 함께 대중경제론 또한 시대와 환경에 따라 변화해오지 않을 수 없었던 것이다. 자신의 저술을 통해서도 그러한 진화가 확인된다.

우선 1971년에 쓴 『대중경제 100문 100답』과 1986년에 미국에서 펴낸 『대중경제론』을 비교하면 상당한 차이를 발견할 수 있다. 15년 동안 한국경제가 많이 컸고, 따라서 김대중도 박정희의 산업화 성과를 상당 부분 현실로 인정하지 않을 수 없었던 것이다.

세 번째 대통령 출마를 했던 1992년, 뉴DJ플랜을 통해 또 한 차례 진화한다. 외채망국론이 더 이상 안 통하게 된 상황, 더구나 오리지널 대중경제론에 따르면, 한국경제는 망해도 벌써 망했어야 했는데도 불구하고 1980년대 중반 단군 이래의 호황이라는 3저 호황을 맞았으니 자신의 경제관에도 상당한 수정이 불가피했던 것이다. 그로부터 5년 뒤인 1997년, 다시 대통령 선거에 나서기로 하면서 개정판으로 펴낸 『대중참여경제론』 등은 또 한 차례 크게

김대중의 『대중경제론』과 개정판인 『대중참여경제론』.

변한다. 가장 두드러진 변화는 박정희에 대한 재평가다. "박정희 경제정책은 오점투성이"라든지, "박정희의 기여는 아주 제한된 것"이라는 등의 표현이 사라지고, "박정희 대통령의 경제정책은 전반적으로 긍정적인 평가" 등의 문구가 새로 삽입됐다.

개정판의 특징 또 하나는 많은 분량을 새로 추가했는데, 이것의 대부분이 노태우 시대의 경제정책에 대한 비판이며, 그 비판의 핵심은 "박정희와 전두환 시대에 비해 강력한 리더십도 없고 경제발전에 대한 철학도 없었다"는 것이다. 민주투사 입장에서 경제민주화를 어렵사리 감당해낸 노태우의 고충을 이해하기는 고사하고 거꾸로 독재 시대의 정책 일관성이나 강력한 리더십을 치켜세우면서 그렇지 못했던 노태우의 우유부단을 비판하고 나선 것이다. 노태우를 비판하면서 결과적으로 박정희, 전두환을 칭찬한 결과가 되고 말았다.

> "노태우 대통령은 그의 전임자와 크게 대조를 이뤘다. 물가안정이 얼마나 중요하며 수출을 늘리고 수입을 줄여 국제수지를 개선하고 외채를 상환하는 것이 얼마나 중요한가를 제대로 인식하지 못했다."
>
> (김대중, 『대중참여경제론』, 108쪽)

수출 주도의 산업화정책 선택의 타당성을 인정하고, 외채망국론에 대한 주장도 많은 부분을 고치거나 삭제했다. 1970년대, 1980년대, 1990년대를 거치면서 외채 상황이 크게 달라졌기 때문이다. 대중경제론도 시대와 경제상황에 따라 나름대로 진화해온 셈이다. 사실 대중경제론을 자세히 들여다보면 허점투성이다. 이론적으로나 논리적으로 서로 상충되는 것이나 즉흥적이고 인기영합적인 부분이 적지 않다. 정치공세용으로 만들어진 끼워 맞추기 식의 주장이 대부분이다. 좋은 것만 모두 끌어 모아 놓았다는 느낌도 받는다.

앞뒤가 안 맞는 부분이 적지 않다. 정부의 강력한 리더십이 산업화를 성공시킨 배경이었음을 지적하면서도, 다른 한편으로는 정부의 개입과 간섭을 싸잡아서 맹렬히 비판하고 있다. 기업들이야말로 국제경쟁력을 쌓아온 공신으로 치켜세우면서도 다른 일방으로는 독재정권의 노예라고 폄하하는 것 등이 그러한 예들이다. 일종의 정치평론이다. 그럼에도 불구하고 대중경제론이 의미를 갖는 이유는 끊임없이 분배와 복지의 중요성을 일깨우고 강조해왔다는 점 때문이다. 그도 경제정책의 목표로서 세 마리 토끼를 잡아야 한다고 했다. 그러나 김대중이 말하는 세 마리 토끼는 성장, 물가, 국제수지가 아니라 성장, 물가, 분배였다. 그는 일찍이 공정한 분배를 주장하면서 성장우선주의 정책의 취약점을 줄기차게 공격했다.

그럼으로써 박정희 경제의 일방통행에 대해 견제기능을 해왔다. 성장이냐, 분배냐의 문제를 떠나서 설령 함량 미달의 비판이었다 해도, 독재정권의 부패나 특혜의 폐단과 부당성을 고발하고 감시한 대중경제론의 공로는 결코 낮게 평가될 수 없다.

그는 박정희 시대의 고도성장이 눈부신 업적이었음을 인정하면서도 독재정권의 특권 경제 대신 다수 대중들이 참여하는 민주정권이었다면 더 높은 성장을 할 수 있었다고 주장한다. 국민들이 우수해서 더 잘될 수 있는데도 정부가 잘못해서 그 정도밖에 안 됐다는 것이다. 끊임없는 향상욕구의 발로이기도 하다. 군사독재 정권이 재벌과 유착해서 차관특혜를 통해 성장률을 마구잡이로 끌어올렸고, 중소기업을 차별하고, 노동자 탄압을 하고, 농촌을 피폐케 하고, 지역 간 불균형을 초래하고, 관치금융으로 시장경쟁 질서를 파괴했기 때문에 더 잘할 수 있는 것을 못했다는 주장이다. 박정희 경제의 취약점임에 틀림없다.

그 대안으로 제시한 것이 대중경제론이었으며 그 핵심은 이른바 민주주의와 시장경제의 병행발전이라는 것으로 최종 정리된다. 경제발전을 이룩하는 데는 민주주의 정권이 권위주의 정권보다 더 효율적이며, 민주주의가 시장경제의 창달과도 궁합이 딱 들어맞는다는 것이다. 처음부터 병행발전을 주장했던 건 아니다. 초기 대중경제론에서는 민주주의 실현, 다시 말해 독재정권의 타도가 먼저였고, 그것이 선결되어야 시장경제가 뿌리내릴 수 있다는 입장이었다. 그랬던 것이 1980년대 중반에 와서는 민주주의가 시장경제의 전제조건으로서가 아니라 병행발전이라는 상호관계로 진화했다.

김대중은 자신이 철저한 자유시장경제의 지지자임을 강조하면서 정권과 유착한 재벌의 독과점을 철저하게 규제하는 것이 시장경제 창달의 요체라고 했다. 특히 노동자의 영향력을 높임으로써 재벌의 투명경영을 감시 견제하고 시장경제의 왜곡을 바로잡을 수 있다고 봤다.

김대중이 말끝마다 자유시장경제를 내세웠으나 그가 과연 자유시장경제의 신봉자였는가는 별도로 따져볼 여지가 많다. 지나칠 정도로 그 점을 강조했던 것은 어떻게 보면 자신을 둘러싼 색깔론 시비를 의식한 탓도 있었을 것이다. 당시로서는 그가 매우 진보적인 경제관을 가졌고, 그의 주위에 좌파 성향의 경제학자들로부터 자문을 받아온 것은 사실이었다. 그러나 그는 결코 사회주의자가 아니었다. 미국도 그를 면밀히 관찰했으나 그에 대한 색깔논쟁은 근거 없는 것으로 결론을 내리고 있었다. 미국정부가 김대중을 줄곧 도와왔다는 것이 그 반증이기도 했다.

어쨌든 1997년 대통령 선거가 있던 해에 출간된 『대중경제참여론』은 막상 대통령 선거과정에서, 그리고 대통령에 당선되고 나서 'DJ노믹스'라는 영어 이름으로 다시 포장되어서 등장하기에 이른다. 이젠 공허한 이론의 차원이 아니라 현실의 차원에서 그가 주장해온 대중경제론이 심판대에 오르게 되는 것이다. 그것도 종래의 공격하는 입장이 아니라 수비해야 하는 입장에서 말이다.

IMF의
경제 신탁통치

1997년 12월 18일 대통령 선거에서 야당이 여당을 당당히 이겼다. 민주투사 출신으로는 김영삼이 먼저 대통령이 되었지만, 그는 여당이었다. 따라서 야당 후보가 대통령에 당선된 것은 건국 이후 김대중이 처음이었다. 그가 당선된 배경에는 여러 요인이 있었다. 김종필과의 소위 DJP 연합전선 구축도 큰 역할을 했으나 기본적으로는 김영삼 정권의 경제 실패에서 비롯된 것이었다. 그것도 대통령 선거를 코앞에 두고 IMF에 구제금융을 구걸하는 신세로 전락시켰으니, 경제 위기상황이 국가적으로는 불행한 일이었으나 정권교체에는 결정적인 역할을 했던 셈이다.

어떻든 선거에서 김대중이 이겼다. 김대중은 대통령에 당선되는 순간부터 대통령이었다. 반면에 현직 대통령 김영삼은 퇴임식까지 두 달이 남았으나 그날로 손을 놓았다. 다급한 경제상황이 그렇게 만들었다. 경제대통령으로서의 진면목 발휘는 당선자 첫날부터 시작된다. 눈여겨볼 것은 따로 있는데, 대통령 당선 이전의 김대중과 당선 이후의 김대중은 전혀 달랐다는 대목이다.

대통령 선거가 있던 날의 외환보유고는 39억 4,000만 달러였다. 바닥나는 것은 시간문제였고, 그해 말까지의 정부 전망치는 최저 마이너스 6억 달러~최고 9억 달러로 되어 있었다. 선거에서 대통령으로 누가 당선되든 간에 한국경제는 벼랑 끝에 몰려 국제금융시장에서 급전을 구하러 다니느라 목을 매고 있는 판이었다. 온 국민들은 대통령 당선자의 일거수일투족을 주시했다. 김대중은 당선 즉시 자신의 사저에서 상황 보고를 받았고, 당선자 신분임에도 불구하고 사실상 대통령 노릇을 시작했다. 좌고우면(左顧右眄)할 겨를이 없었다. 1998년 1월 14일 김대중 대통령 당선자는 첫 국민과의 대화에서 이렇게 말했다.

> "금고 열쇠를 넘겨받아 열어보니 천 원짜리 한 장 없고 빚 문서만 산
> 더미처럼 쌓여 있었다. G7조차 약속했던 80억 달러를 못 주겠다고 한
> 다. 외채만기를 연장해주지 않으면 당장이라도 모라토리엄으로 갈 수
> 밖에 없다."
>
> (김수길 외, 『금고가 비었습니다』, 28쪽)

당시는 마치 첩보영화 속의 장면들처럼 급박한 상황들의 연속이었
다. 어떻게 해서라도 미국과 IMF의 지원의 손길에 매달려야만 했다.
아니면 국가부도였다. 은행에 구제금융을 애걸하는 자금난에 빠진 부
실기업 신세와 똑같았다. 산소마스크를 쓴 중환자에 비유되기도 했다.
김대중은 자서전에서 "취임 초기 잠을 이루지 못했다. 국가부도위
기 직전에 들려오는 소식은 온통 잿빛이었다. 달러가 생긴다면 지구

1997년 내한한 깅그리치 IMF 단장과 회담하는 김영삼 대통령.

끝까지라도 찾아가야 했다"며 당시 상황을 회고하고 있다. 김대중의 대통령 당선에 대한 보수진영의 입장은 기대와 걱정이 엇갈렸다. 비록 야당이었으나 김대중이 경제에 밝은 정치인이므로 위기상황을 지휘해나가는 리더십이 전임 김영삼보다는 나을 것이라는 기대가 없지 않은가 하면, 그의 진보적 정치노선으로 봐서는 세상이 와장창 뒤집어질 수도 있을 것이라는 불안감도 있었던 것이다. 김대중이 박정희 경제를 비판, 부정하는 데 오랫동안 앞장섰던 대표적인 정치인이었으며, 특히 대중경제론으로 대변되는 그의 경제철학의 핵심이 좌파적이라는 선입견 때문이다.

그러나 당선자 김대중에게는 발등의 불을 끄는 데 있어 좌파 우파를 따질 겨를이 없었다. 무슨 수를 써서라도 국가부도사태부터 당장 막아야 했다. 청와대 집무실에 들어가기도 전, 66일 동안 전적으로 여기에 총력을 기울였다. 김대중은 당장 중요한 것은 자신의 철학이나 소신이 아니라 IMF와 미국의 신뢰를 얻는 일이라는 점을 분명하게 인식하고 있었다.

김대중은 벼랑 끝 상황에서도 노련하게 대처했다. 현황 보고를 일일이 챙기면서 모든 일을 확실하게 지휘해나갔다. 인사부터 예상을 깼다. 정치적 동업을 선언한 김종필과의 관계도 작용했으나 경제는 철저하게 전문 관료들을 중심으로 팀을 짰다. 경제 측근 유종근과 김태동을 제외하고는 선거판에서 할거하던 인물들은 거의 기용하지 않았다. 첫 경제수석으로 삼았던 김태동마저 일을 시켜보고 여론의 동태를 살피더니 만족스럽지 않자 3개월 만에 기획원 관료 출신 강봉균으로 갈아치운다. 강봉균과는 아무 면식도 없었다.

비상경제대책위원회 기획단장에 적군(이회창) 캠프의 경제참모였던 이헌재를 앉히고 전권을 일임한 것은 뜻밖이었다. 그것도 1회용이 아니라, 2년 8개월 동안이나 그를 중용했다. DJP 연합에 따라서 JP 쪽의 천거이긴 했어도 대통령 자신이 경제에 대한 깊은 통찰 없이는 그런 소신 인사를 할 수 없는 일이다. 이헌재는 비록 용병이었으나 김대중의 신임 속에 금융감독원 위원장과 재경부장관 등 요직을 맡아서 재벌 개혁과 은행개혁 작업을 강력히 밀어붙일 수 있었다.

한국경제의 명줄을 쥐게 된 IMF는 김영삼 대통령을 무시하고 아예 김대중 당선자를 대화의 상대로 삼았다. IMF는 김대중에게 시작부터 시련을 안겨줬다. 당장 부실한 은행과 기업들을 과감하게 도산시키고 국제기준에 맞게 모든 것을 투명하게 만들라고 요구해왔다. 여기에 더해서 지금까지 여러 이유로 한국정부가 거부해온 대외 개방을 확실하게 해 보이라는 것이다. IMF는 곧 미국이기도 했다. 김대중은 이미 한 차례 혼이 났었다. 대통령 선거 당시 김영삼 정부가 합의한 IMF와의 협약에 대해 굴욕적인 내용임을 비난하면서 재협상을 요구했다가 역풍을 맞아 '그런 뜻이 아니었다'며 해명하는 소동을 벌여야 했다. 재협상 요구 발언이 외신을 타고 알려지자 IMF는 버럭 화를 냈고, 이

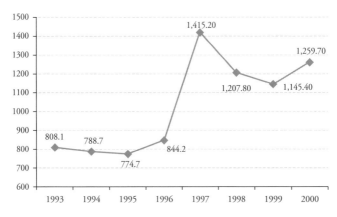

외환위기 전후의 원 달러(₩/US$)환율

1,415.20
1,259.70
1,207.80
1,145.40
808.1
788.7
774.7
844.2

자료: 한국은행

바람에 김대중의 여론조사 지지도가 크게 떨어지는 과정에서 빚어진 해프닝이었다. 김대중은 IMF가 그렇게 무서운지 미처 몰랐던 것이다.

사모펀드(PEF)라는 것이 무엇인지도 그때서야 알았다. 기본적으로 국제금융시장이 어떻게 돌아가는지, 뭐가 뭔지 몰랐다. 1년 안에 갚아야 하는 단기금융 합계액이 얼마인지도 집계하지 않았던 한국이었다. 250억 달러의 단기채무 규모가 처음으로 파악되었던 것도 외국은행들이 물어오는 바람에 관계자들이 밤을 새워 계산해낸 숫자였다.(김수길 외, 『금고가 비었습니다』, 30쪽) 때마침 불어닥친 국제적 투기자본의 손바람 속에 한국은 '국제 촌놈'이었다.

세계화를 내걸며 위세만 부렸지 우물 안 개구리였다. OECD 가입으로 개방을 표방하는 가운데도 외국기업이 한국에 들어오는 것에는 가급적 규제를 소극적으로 풀고, 한국기업이 외국에 나가는 규제는 적극적으로 푸는 것이 현명한 개방정책이라 생각했던 얕은꾀가 부메랑이 되어 돌아왔다. 신출내기 종금사에게까지 국제업무를 허용해서 밖에 나가 마음대로 기채와 투자를 할 수 있도록 한 것이 대표적인 예다.

금융감독 기준으로 보면 IMF 금융위기는 인재(人災)였다. 정부가 됐든 한국은행이 됐든 국내에서나 큰소리치며 위세를 부렸지, 개방은 해놓고서 해외에서 벌어지는 일의 금융감독에는 관심도 없었다. 국내 금융기관이 해외에 나가서 빌리고 운용하는 자금은 외채 통계에 잡히지도 않았다. 역외금융이나 해외점포 차입금이 어떤 규모로 어떻게 돌아가는지 자체를 알지 못했고, 당연히 감독의 대상에서도 빠졌다. 외환위기 직전인 1997년 9월 기준으로 따져서 역외금융과 해외점포 차입금 규모가 509억 달러였으니, 공식 총외채 1,197억 달러의 무려 42.5%에 달했던 것이다.(삼성경제연구소, 『한국경제 20년의 재조명』, 157쪽)

정부당국의 금융감독과 공식통계가 이 지경이었으니 외화 유동성의 정확한 실태 파악이나 적절한 대책 강구가 기본적으로 불가능했다.

한국언론에 대한 국제신뢰 역시 형편없이 추락했다. 정부의 과장 발표나 기업의 분식회계가 불신을 당했던 것처럼, 한국의 신문 방송에 보도되는 내용도 마찬가지로 무시당했다. 한국은 정부와 언론이 한통속이라는 것이다. 반면에 〈파이낸셜타임즈〉나 〈월스트리트저널〉, 〈블룸버그통신〉 같은 국제적인 언론에서 보도하면 사실여부와 관계없이 그것들로 판단했다. 그럼에도 불구하고 외국 언론을 커버하는 한국정부의 담당 차관보는 심지어 '블룸버그'라는 이름도 몰랐고, 이들을 상대로 한 홍보전략을 구사할 생각조차 하지 못했다. 뒤늦게 청와대를 비롯해 각 부처에 외신기자 전담 대변인 제도가 도입됐다. IMF가 요구해온 긴축정책은 가혹했다. 한발 앞서서 위기에 빠진 태국과 다를 게 없다는 결론을 내려놓고 압박을 가해왔다. 금리를 대폭 올리고, 기업의 부채를 줄이고, 은행의 BIS 비율을 8% 선으로 맞출 것을 요구해왔다.

한국정부는 즉각 IMF 요구를 모두 받아들일 것을 약속했으나 필요한 구제금융을 선뜻 해주지 않은 채 뜸을 들였다. 속이 타는 상황이었으나, 결정적인 열쇠를 쥐고 있는 미국정부의 한국정부에 대한 불신이 걸림돌이었다. 급기야는 정리해고제 실시를 통한 노동시장 유연성 제고와, 외환관리법 개정을 통한 과감한 개방 약속까지 하고서야 미국의 마음을 돌릴 수 있었다. 소위 말하는 'IMF 플러스'라는 것이 그것이다.

한국정부는 사실상 경제주권을 상실한 상태였다. IMF와의 약속은 곧 법이었고, 달리 방도가 없었다. 당장 은행 콜금리가 30% 선을 기록하는가 하면, 5대 재벌기준 부채비율은 당시 500%에 달하던 것을 1년 안에 200% 선으로 낮추도록 은행을 통해 거래 기업들에게 통보했다. 재계에서는 모두 망한다며 비명을 질렀다. 은행은 부실채권을 가려내서 즉결처분으로 기업들을 부도 처리했다. 처음 겪는 일이었다. 기업으로서는 그전처럼 어디에다 부탁할 곳도 없고, 또 그럴 수도 없었다. IMF는 실무단장을 서울에 상주시키면서 일일이 약속 이행 여부를 챙겼다.

IMF로서는 구제금융(당시 80억 달러)을 받으려면 돈값을 하라는 것이었고, 싫으면 그만두라는 식이었다. 사상 초유의 사태가 벌어졌다. 대마불사, 은행불멸이라는 관행은 더 이상 안 통했다. 대우그룹을 비롯한 유수한 재벌들이 무너졌고, 은행도 문을 닫는 일이 눈앞의 현실로 벌어졌다. 30대 재벌 중에서 15개 재벌이 망했고, 금융시장의 핵심이라 일컬었던 상업, 한일, 조흥, 제일, 서울신탁은행 등 5개 시중은행은 몽땅 간판을 내려야 했다. 당시 생존 기업은 현대, 삼성, LG, 선경, 한화, 한진, 롯데, 효성, 대림, 금호, 코오롱, 두산, 동국제강, 동부, 동양 등이다. 망한 기업은 대우, 쌍용, 기아, 한라, 동아, 해태, 고합, 한솔, 미원, 아남, 뉴코아, 진로, 한일, 거평, 신호 등이다.

누구의 과오였든 간에 그 대가는 가혹했다. 김대중 정권은 악전고투 속에서 165조 원의 공적자금을 투입하면서 IMF 직접 통제로부터 1년 6개월 만에 벗어날 수 있었다. 그 과정에서 부실기업은 물론이고 흑자 도산한 기업도 무수했다. 대기업과 은행들까지 새 주인이 들어섰다. 금융시장은 세계 어느 나라에 못지않은 개방체제로 바뀌었다. 나라 경제 전체가 다시 태어났다고 해도 과언이 아닐 정도였다.

금융위기 극복 과정 내내 IMF 처방을 그대로 받아들이는 것이 과연 옳은지에 대한 시비는 계속 있었다. 지나친 고금리 정책 탓에 멀쩡한 기업들까지 도산시킨다는 '오버킬링' 현상을 비판하는 목소리도 적지 않았다. 국제적으로도 세계은행의 스티글리츠 부총재 같은 이는 한국 경제에 대한 IMF처방이 잘못된 것이라고 비판했다. 국내에서 전문가들 사이에서는 시간이 지날수록 한국정부가 지나치게 당했다는 비판론이 높아지기도 했다. 아예 모라토리엄을 선언하며 버텼더라면 구제금융도 훨씬 덜 불리한 조건으로 받을 수 있었을 것이라는 주장이 지금까지도 나온다. 그러나 이 모두 지나고 나니까 쉽게 하는 이야기다.

당시의 상황을 돌이켜보면 그런 배짱을 부릴 수 있는 처지가 아니었다. 대통령 김대중이 행사할 수 있는 선택은 IMF 요구를 수용하는 것이외에는 없었다.

재벌개혁, 금융개혁

IMF의 신탁통치가 아니었다면, 한국경제는 어떻게 되었을까. 또한 대통령 김대중의 경제정책은 어떻게 전개되었을까. 국가부도위기를 극복해내는 과정에서 발휘됐던 김대중의 탁월한 리더십에 이의를 달 사람은 없을 것이다. 혼란 속 김대중의 리더십은 전임 대통령들, 노태우와 김영삼에 비교해 특히 돋보였다.

그러나 대통령의 리더십만으로 한국경제가 살아난 것은 물론 아니었다. 금 모으기 같은 국민적인 분발과 각고의 노력이 그 기본이었으며, 자존심 상하는 부분이긴 하지만 외부로부터의 강력한 압력 또한 결정적 역할을 했다. 한국경제를 중환자실에 집어넣고서 과감하게 대수술을 벌일 수 있었던 것은 강제적 외압이 아니고서는 불가능한 일이었기 때문이다. 제2차 세계대전의 패전국으로 전락한 일본경제가 맥아더 사령부의 각본과 감시 속에서 과거를 해체하고 변화와 개혁의 판을 완전히 다시 짜나갔던 형국과 유사한 점이 많았다.

IMF가 부도만 막아주고 개혁을 요구하지 않았다고 가정할 때, 김대중 정권은 과연 어떤 정책을 펼쳤을까. 그랬을 경우에도 30대 재벌의 절반이 무너지고 은행들이 무더기로 간판을 내리는 사태가 벌어졌을까.

결코 그런 일은 일어나지 않았을 것이다. 도산기업이 훨씬 줄었을 것이고, 흘린 피도 훨씬 적었을 것이다. 재벌이나 금융 분야의 개혁은 한결 온건한 방법으로 진행됐을 것이다. 현실 정치인인 김대중은 과감한 외과적 수술보다는 여러 정치 사회적 저항을 감안한 내과적 처방을 취했을 공산이 컸다. 김대중이 아니라 누가 대통령 자리에 앉았다고 해도 마찬가지였을 것이다. 군사독재 정부가 부활해서 다시 정권을 잡는다 해도 감당하기 어려웠을 것이다. 김영삼 말기에 추진했던 금융개혁, 노동개혁 등 각종 개혁 과정이 얼마나 혼란스럽고 낭비적이었는지를 돌이켜보면 그 해답은 자명해진다.

더구나 경제성장률이 마이너스(1998년 -5.7%)로 떨어지는 상황에서 흑자도산까지 초래하며 무자비한 초강력 긴축정책을 밀어붙이는 것은 외압이 아니고서는 전혀 불가능한 일이었다. 결국 IMF가 강요한 구조조정이었기에 피를 철철 흘려가면서도 그 엄청난 대수술을 감행할 수 있었다. 어쨌거나 김대중 대통령이 당시의 국가부도위기를 성공적으로 극복해냈다고 평가하는 것은 두 가지 점에서다. 첫째는 예상보다 빌려 쓴 돈을 조속히 갚으면서 잃었던 경제주권을 회복시켰다는 점이고, 둘째는 비록 비싼 대가를 치르긴 했지만 구조조정을 통해 한국 경제의 체질이 강화되었다는 점이다.

재벌개혁, 금융개혁, 정부개혁, 노사개혁 등 4대 개혁을 내걸었으나 모두가 성공한 것은 아니었다. 개혁은 주로 재벌과 금융 분야에 집중됐다. IMF 위기 이전과 이후는 많은 것이 달라졌다. 뭐니 뭐니 해도 재벌의 차입금 경영습관이 뿌리째 뽑혔고, 전당포식의 구태의연한 금융 행태에 큰 변화가 왔다. 500%에 달하던 대기업 부채비율이 100% 이하로 급격히 줄었는가 하면, 비록 외국인 손에 넘어가긴 했으나 은행에 대한 정부 간섭이 확 줄어들었다. 무엇보다 경영의 투명성이 높아져서 한국기업의 회계 장부 작성이 국제기준으로 끌어올려졌다. 주식시장은 외국인 큰손들이 좌지우지할 정도로 개방됐다.

한편 생각하면 박정희 경제운용 방식이 송두리째 파괴당하고 새로운 패러다임 속으로 진입하는 것이기도 했는데, 공교롭게도 이 같은 작업이 박정희를 평생 비판, 공격해온 김대중의 손에 의해 치러진 셈이 됐다. 대중경제론의 핵심 중의 핵심이 부실 재벌을 정리하고, 은행을 관치와 재벌의 사금고화로부터 탈출시키자는 것이 아니었던가. 이 점에 있어서는 목표 이상의 결과가 IMF의 지침에 의해서 실현된 셈이니 재벌과 금융개혁의 성과는 대중경제론이 주장해왔던 바를 드디어 이뤄냈음을 뜻하는 것이기도 했다.

따라서 IMF 위기 때문에 김대중이 자신 특유의 경제관, 즉 DJ노믹스를 실천해나가는 데 차질을 빚었다는 주장은 설득력이 약하다. 어찌 보면 김대중은 경제위기 덕분에 대통령이 될 수 있었고, DJ노믹스가 추구해왔던 경제개혁 작업 또한 IMF의 강압적 지침 덕택에 자신의 손으로 성취해낼 수 있었다. 사실 김대중이 오래전부터 주장해온 시장경제의 창달은 관치경제의 부작용을 규탄하기 위한 정치적인 구호였다. 앞서 언급했듯이 처음에는 민주주의가 시장경제의 전제조건이라고 했다가, 1980년대 중반부터는 민주주의와 경제적 자유의 병행 추진의 필요성을 역설하는 쪽으로 바뀐다. 논리로 뒷받침된 경제관이라기보다는 양쪽의 좋은 것만을 골라서 취한 짜깁기식 주장이었다.

김대중은 누구보다도 뛰어난 현실 정치인이었다. 야당 총수로서는 재벌의 폐단을 줄기차게 공격하고 외채 의존적인 개발전략을 극력 반대했으나, 대통령 김대중으로서는 전혀 다른 이야기다. 현실적인 저항이나 부작용을 감안하지 않는 무모한 개혁을 밀어붙이는 정책 선택과는 거리가 멀었다. IMF가 제시한 재벌개혁과 금융개혁의 일정과 기준은 김대중에게 개혁의 명분과 방법론을 동시에 제공해준 셈이었다.

아무튼 한국경제는 1997년의 국가부도위기를 계기로 빠른 속도로 글로벌 체제로 변화해나갔다. 1987년의 국내 정치의 민주화 회오리 속에 벌어졌던 경제민주화와는 비교도 안 될 정도로 파격적인 개방화,

자유화 폭풍이 정신없이 몰아쳤던 것이다. 시장경제라는 것도 그동안은 한국 땅 안에서 진행됐던 제한된 자유경쟁, 공정경쟁을 뜻했지만, 이젠 세계 큰손들의 자유로운 진입을 허용하는 글로벌 시장에서의 무한 경쟁을 뜻하는 것으로 바뀌었다. 그게 바로 신자유주의였다. 신자유주의는 김대중의 이데올로기적 선택과는 아무 상관이 없었다. 부도 위기에 몰린 부실기업이 돈줄을 거머쥔 은행이 요구하는 구조조정 프로그램을 성실히 이행해 보여야 하듯이 김대중 정권으로서는 IMF의 지침 이외에 다른 선택의 여지가 없었다. 아이러니하게도 이 신자유주의 물결이 대중경제론이 주창해온 해묵은 재벌의 문제와 금융의 문제들을 한꺼번에 해결해줬다.

위기극복의 비싼 대가

긴급 구제금융을 외국에 구걸해야 하는 처지에서 얼마나 비싼 대가를 치렀겠는가. 피해가 컸지만 교훈도 많았다. 국가부도위기를 겪으면서 한국기업은 종전보다 확실히 강해졌다. 나락으로 추락하던 한국경제는 오히려 위기를 계기로 또 한 단계 도약했다. 1만 달러 밑으로 추락했던 1인당 국민소득이 10년 만에 두 배로 뛰어올랐다. 담금질을 한 쇠가 더 강해지듯이 파탄을 극복해낸 한국경제는 오히려 더 강한 경쟁력을 지니게 된 것이다.

그러나 그 대가는 비쌌다. 빈부의 격차는 언제나 있어왔던 것이나, 위기에서 살아남은 자와 그렇지 못한 자 사이의 격차는 더욱 벌어졌고, 양극화 심화라는 화두가 심각한 문제로 대두되기 시작했다. 실업자가 거리로 쏟아져 나왔고 대기업, 은행들이 외국인 손에 줄줄이 넘어갔다. 멀쩡한 기업들이 자금난으로 줄줄이 흑자 도산하는 판에, 외국기업들은 뭉칫돈을 벌어갔다. 과거에 없었던 일이다.

박정희 전두환 시대도 부실기업 정리가 있었고, 경제위기를 당해서 고생했던 비상시국들이 있었다. 그러나 당시의 대처방안과 1997년 위기극복 상황과는 전혀 판이했다. 종전에는 우선 경제 규모가 비교도 안 될 정도로 작았고, 대외 개방이 매우 소극적인 경제체제였으므로 외국자본에 휘둘리는 정도가 훨씬 약했던 때였으니 1997년 위기 때와 단순 비교하는 것 자체가 무리다. 위기의 원인도 달랐지만, 수습하는 방법도 달랐다. 과거에는 대통령의 결단이나 지시 한마디로 사채동결조치가 단행되었고, 무더기 부실기업 정리가 거침없이 실시되었던 시절이었다. 시장원리나 법대로 처리하는 것은 상상도 못했다. 부실을 떠안는 인수기업을 정부가 결정했고, 이에 불응하면 회유와 압력으로 해결했다. 끼워 팔기 식으로 부실기업에다 다른 이권을 덧붙여주는 방법까지 동원해가면서 거의 정례 행사처럼 정리하곤 했다. 1969년의 차관업체 정리, 1972년 사채동결조치, 1980년의 외환위기와 중화학투자조정, 1984년 해외건설업체 부실 정리 및 해운산업 통폐합 등이 그러했다.

사업을 일으키는 과정에서부터 정부 주도가 예사였으니, 사업이 망해서 부실을 감당하는 과정에서도 정부가 좌지우지하는 것이 별로 이상할 게 없었다. 실패를 처리하는 방법에서도 다른 나라에서 찾아보기 어려운 매우 독특한 한국적 부실처리 방식이었다.

절차나 과정은 중요시되지 않았고, 투명하게 진행되지도 않았다. 그러니 특혜 시비나 공정성 문제가 늘 따랐다. 오직 부실 정리의 필요성과 선제 조치의 정당성만 성립되면 대통령의 결단으로 집행되었다. 반대나 반발은 용납되지 않았다. 결과가 좋다면 부실처리 비용이 가장 덜 드는 방법으로 치부됐다. 그러나 민주화 시대의 부실기업 정리는 과거와 같을 수 없었다. 경제규모도 커졌고, 대외 개방도 많이 되어 있고, 소수의 밀실 결정으로 밀어붙일 수 있는 세상도 아닌 것이다. 리더라도 유능했어야 했는데, 오히려 일을 그르쳤다.

위기 도래를 미리 막는 선제적 조치를 못하면 결국 코스트가 대폭 늘어날 수밖에 없다. IMF 관리하에 들어가서 비록 김대중 대통령이 강력한 리더십을 발휘하긴 했다 해도, 한국 대통령이 한국 경제정책을 마음대로 할 수 없는 구조였다. 김대중은 초대 대통령 이승만 시대에 미국의 원조로 살아갈 때 못지않은 심한 IMF 간섭과 지시 아래 경제를 꾸려가야 했다. 과거의 위기극복과는 형편과 차원이 전혀 달랐다.

우선 IMF의 고금리 정책은 구조조정의 강력한 정책수단임에는 틀림없었으나 그것이 지나쳐 수많은 기업의 흑자도산을 초래했다. 오버킬링으로 개인기업의 억울한 도산도 문제였으나 소재, 부품, 조립으로 연결되는 산업네트워크가 무너지면서 그동안 쌓아왔던 산업기반이 통째로 유실되어 성장잠재력이 크게 훼손됐다는 점도 심각한 타격이었다.(삼성경제연구소, 『한국경제 20년의 재조명』, 169쪽)

김대중 정권으로서는 가혹한 고금리 정책이 지나치다고 생각했으나 돈줄을 쥐고 있는 IMF 정책노선에 맞설 입장이 아니었다. 한국경제의 성장과정은 늘 바람 잘 날 없었고 심한 기복의 연속이었으나, 이때처럼 심각한 적은 일찍이 없었다. IMF는 한국경제의 근본적인 체질 변화를 요구했다. 경제의 오랜 체질을 바꾸는 일은 매우 고통스러웠다. 그 첫 번째 실천 요강은 외국자본을 수용하는 것이었다. 그동안 개방을 한다고 했지만, 여전히 국내산업 보호를 명분으로 개방을 최대한 늦추거나 막아내는 정책을 써왔다. 수출로 먹고사는 나라가 제 나라의 시장과 산업의 개방은 꺼려왔던 게 사실이었다. 당연히 개방에 대한 준비도 게을리했다. 그러던 중에 국가부도위기에 몰리면서 한꺼번에 몰려온 개방 압력에 속절없이 굴복하게 된 것이다.

아무리 개방을 과감히 한다 해도 은행이 외국자본에 넘어간다는 것은 국민정서상 있을 수 없는 일이었다. 그런데 바로 그 '있을 수 없는 일'이 연속적으로 벌어졌다. 경영권이 어디로 가느냐는 논의의 대상도 되지 못했다. 부실은행 도산을 막고 경제를 패닉에서 시급히 구출해내기 위해서는 오히려 외국자본에 매달려 국내은행을 사달라고 통사정을 해야 했다.

그토록 벽을 쌓고 막아온 금융산업의 벽이 외환위기 한 방에 속절없이 와르르 무너져 내렸다. 어리숙한 대처로 억울한 경우도 많았고, 한국은 한때 국제금융시장의 '봉'으로 통했다. 자금난에 봉착한 기업들을 싸게 사서 비싸게 판 골드만삭스 등 국제적인 증권회사들은 떼돈을 벌었고, 한미은행을 인수한 칼라일, 제일은행을 인수한 뉴브릿지 등의 사모펀드들도 엄청난 이익을 챙겼다. 맥킨지 같은 국제적인 컨설팅 회사한테는 한국처럼 좋은 고객이 없었다. 아무리 초보적인 자문 보고서라도 한국 사람이 만들면 안 믿어도, 맥킨지가 만들면 신주단지 모시듯 받들었다. 그 바람에 바가지도 많이 썼다. 컨설팅 비용만으로 몇십억 원, 몇백억 원을 써야 했다.

소유구조에 큰 혁신이 왔다. 부실기업뿐만 아니라, 많은 알짜기업들이 외국인에게 넘어갔다. 국민은행 같은 경우, 은행 이름이 국민은행이지, 외국인 투자자 지분이 한때는 80%를 넘어가는 '외국민은행'이 됐다. 삼성전자, 포스코 등 소위 블루칩이라고 하는 우량기업들일수록 외국인 지분이 높아졌다. 전매청의 후신인 담배인삼공사까지도 외국 사모펀드에 적대적 M&A를 당할 뻔했다. 종래의 기준으로 보면 한국경제의 안방까지 외국인들에게 내준 것이라 해야 할 것이다. 위기극복의 대가로 치면 엄청난 희생이었다.

그러나 비싼 대가를 치르면서 획득한 가장 귀중한 소득은 투명성 제고였다. 외국 투자가들이 한국기업 주식을 경쟁적으로 사들이는 것이 그 방증이다. 한국기업들의 소유구조만 달라진 게 아니라 경영이나 회계장부의 투명성 또한 글로벌 수준으로 업그레이드된 것이다. 그전처럼 소유구조를 기준으로 한국기업이냐, 외국기업이냐를 따지는 것 자체가 의미가 없어진 셈이다. 한국경제가 드디어 글로벌 경제체제 속으로 진입했음을 뜻하는 것이다.

재무 건전성을 확보하기 위해 '은행은 BIS 비율 8% 이상, 기업의 부채비율은 200% 이하'가 대원칙으로 천명됐다. 이 원칙에 미달되면 곧바로 퇴출 처분이었다. 결과적으로 은행이나 기업의 재무구조는 크게 개선됐다. 기업의 부채비율은 심지어 100% 미만으로 떨어지는 경우가 많았다.

이런 분위기 속에서 한국기업 특유의 비즈니스 본성이 크게 약화된 것 또한 위기극복 과정에서 잃어버린 것 중의 하나다. 빚 얻어서 사업 벌이다가 혼이 난 나머지, 이익이 나도 빚 갚는 데 우선적으로 쓰거나 만약의 경우를 대비해서 사내유보를 쌓았다. 위기를 당해서 취한 값비싼 교훈이었다. 그것이 너무 심해진 나머지 외환위기 이후 투자가 현저히 위축되었고, 적대적 M&A가 보편화됨에 따라 이에 대한 준비로서도 기업들은 투자를 삼가고 유보금을 쌓는 새로운 풍조도 생겨났다. 은행이 기업한테 제발 돈을 빌려가 달라고 사정하는 세상이 된 것이다.

고장 난
노사정위원회

김대중 대통령 당선자는 내외신 기자들과의 첫 기자회견에서 준비된 대통령답게 경제위기 극복에 관해 거침없이 소신을 밝혀나갔다. 그러다가 딱 한 군데서 걸렸다. 한 여성 외신기자가 "구조조정과 고용안정 문제를 어떻게 함께 풀어나갈 것인가"라고 물어왔다. 질문인즉 구조조정을 제대로 추진하자면 당연히 실업자가 늘어날 텐데, 무슨 재주로 모순관계의 두 문제를 함께 풀 것이냐는 반문이었다. 김대중은 어물쩍 핵심을 피해 다른 이야기로 넘어갔다.

김대중이 추구한 개혁과 IMF가 요구했던 개혁 프로그램은 재벌과 금융을 개혁하는 점에서는 한 배를 탔다고 할 수 있었으나 노동문제에 대해서만은 달랐다. 한국경제 회생의 목줄을 쥐고 을러대는 IMF의 노동시장 유연화 요구를 즉각 수용하겠다고 약속했으나 속마음은 달랐다. 대중경제론에서 주장해온 김대중의 노동개혁이란 어디까지나 노동자의 편에 서서 노동자의 권익을 보호하는 것이었다.

1987년 6·29선언 이후 민주화 시대가 열리면서 노태우 김영삼 두 정권을 거치는 동안 노동자 탄압이 개선되고 권익도 많이 신장되었으나, 여전히 불충분하다는 인식을 지녀왔다. 따라서 자신이 대통령이 되면 더욱 적극적으로 노동자 편에 설 것을 선거공약을 통해 굳게 약속했고, 실제로 그들의 지지가 당선에 기여한 바 컸다. 하지만 김대중은 상황에 대처하는 판단이 빨랐다. 그는 노동계의 강력한 반대에 부딪힐 것을 뻔히 알면서도 즉각 정리해고제를 실시하겠다고 약속했고, 약속대로 실천에 옮겨나갔다. '내가 중시하는 것은 경쟁력'이라며 시장경제 원칙을 강조했다. 이 같은 결단은 IMF를 비롯한 국제금융시장이 대통령 당선자 김대중에 대해 품어왔던 불신을 일거에 걷어냈다.

이에 노동계는 민노총을 중심으로 거세게 반발했다. 정리해고제를 절대 수용할 수 없다는 것이다. 은행들은 정부의 공적자금 지원을 받기 위해 어쩔 수 없이 대량 해고를 실시했고, 무마책으로 해고한 직원들의 상당수를 비정규직으로 다시 채용했다. 이렇게 해서 비정규직이라는 용어가 생겨났다. 당시의 실업사태는 정부의 구조조정 방침에 의해서만 빚어진 것이 아니었다. 기본적으로 기업이 살아야 정리해고도 있고 구조조정도 있는 법인데, 당시는 사방에서 기업이 통째로 망해버리는 경제 패닉 사태가 벌어지고 있었기 때문에 대량 실업이 쏟아질 수밖에 없었다.

그러나 김대중으로서는 아무리 경제회생을 위한 IMF와의 약속 이행이 불가피하고 시장경제 원칙이 중요하다 해도, 기본적으로 자신의 정치적 기반인 노동계의 주장을 외면할 수 없었다. 박정희의 DNA가 성장이요 기업육성이었다면, 역시 김대중의 DNA는 분배요 노동자의 권익 신장 쪽이었다.

그는 당선자 신분임에도 노사정위원회 구성을 강력히 지시했다. 자신의 선거공약 사항이기도 했지만 경제난국을 타개하기 위해서는 노동자, 기업, 정부가 얼굴을 마주하고 의논을 통해 현안을 결정해나가는 이른바 사회적 합의기구가 절실하다는 점은 확고한 소신이었다. 이른바 대화와 타협의 중요성을 끊임없이 역설했다. 하지만 노사정위원회의 구성은 시작부터 삐걱댔다. 김대중의 부단한 설득에도 불구하고 민주노총이 참석을 거부했기 때문이다.

김대중은 대통령에 취임하기도 전에 노사정위원회를 출범시켰다. 사진은 제2차 노사정위.

"정리해고의 입법화는 이미 IMF와 합의한 것이었다. 또한 앞으로 전개될 기업과 금융의 구조조정을 위해서도 필요했다. 하지만 노동계는 요지부동이었다. 정리해고를 포함해 모든 현안을 협의할 수 있도록 노사정위원회를 만들자고 했지만 꿈적도 하지 않았다. 참으로 난감했다. … 우리경제의 실상을 정확하게 알리면 노동계도 이해해줄 것으로 믿었다. 노와 사, 어느 한쪽에 기울지 않고 공정한 중재를 하면 노동계의 피해의식도 불식시킬 수 있을 것으로 보았다. 그런데 노동계의 저항은 완강했다. 그들이 처한 상황을 이해하면서도 다른 한편으론 야속한 생각도 들었다. 나는 노동자를 가장 잘 알고 있다고 감히 자부해왔다. … 노동계는 의혹의 시선을 거두지 않았다. 하기야 역대 정권이 한 번도 노동자 편에 서 있지 않았기 때문에 그랬을 것이다. 나는 부단히 참고 끝까지 설득했다."

(『김대중 자서전』, 2쪽, 26쪽)

김대중은 1998년 1월 15일 드디어 노사정위원회를 출범시켰고, 초대 위원장에 자신의 최측근 정치인인 한광옥을 앉혔다. '노사정위원회는 나의 혼이 스며 있는 작품'이라고 말했듯이 그는 심혈을 기울였다. 하지만 정성에 비하면 노사정위의 활동은 민노총의 거부와 반발로 인해 그의 임기 내내 고전을 면치 못했다. 결국 노사정위원회는 최초의 사회협약제도라는 훌륭한 명분과 취지에도 불구하고 성공하지 못했다.

그럼에도 김대중은 한국경제의 노동정책에 결정적인 획을 그은 대통령이었다. 그의 신자유주의적 정책 선택 때문에 노동 상황이 악화되었다는 주장은 초점이 틀린 비판이다. 김대중이 구제금융을 조속히 받기 위해 IMF가 희망한 정리해고제 도입을 제도화한 것은 사실이며, 또한 IMF의 무리한 긴축정책 요구가 흑자도산을 부채질한 것도 맞는 이야기다. 그러나 문제의 본질은 당시의 한국경제가 패닉상태에 빠져

드는 가운데 기업들이 무더기 도산 사태에 직면하고 있었다는 점이다. 길거리에 나앉게 된 실업자 대부분은 정리해고제 도입과 무관하게 기업들이 망해서 빚어진 것이었다. 김대중은 마지못해 실시한 정리해고제에 대해서도 보완책을 마련해줬다. 비정규직이라는 용어가 탄생한 배경도 정리해고제로 직장을 잃은 사람들을 재취업시키는 방안으로 나온 것이었다.

그는 집권 직후부터 노조의 정치활동의 길을 공식적으로 터준 첫 대통령이었으며, 오랫동안 논란을 벌여왔던 민노총과 전교조를 합법화시켰고, 공무원의 노조활동에 정당성을 부여했다. 그는 선거공약을 통해 노동기본권의 신장을 약속했었고, 또한 관련 사안들은 거의 빠짐없이 실천에 옮겼다. 너무 지나치게 친노조적이라는 우려가 나올 정도였다.

과거에 비해 정책이 친노조 쪽으로 바뀐 것뿐 아니라, 정부 내 관련 요직에 친노조 성향의 사람들이 대거 기용되기 시작한 것 또한 중요한 변화였다. 노사정위원회를 설립한 것 자체가 기존의 정부 관료 주도의 일방적인 노동정책은 하지 않겠다는 것을 선언한 것이다. 실제로 노사정위원회는 단순한 대통령 자문기구가 아니라, 주무부서인 노동부를 하급기관으로 하는, 노동문제뿐 아니라 일반 복지정책까지도 관장하는 총리급 특수 기구였다.

대체로 김대중의 노동정책은 과거 박정희 전두환 시대의 탄압적 노동정책에 대한 반동이었고, 그런 면에서 주목할 만한 업적들이 많았다. 그러나 한편으로는 노조가 과거에 경험했던 피해의식의 연장선에서 빚어낸 노조 자체의 불법이나 탈법 행위 등에 대한 공권력 발동이 무력화된 과정에서 김대중 정권이 추궁당해야 할 책임 또한 간과할 수 없다.

노조는 약자이고, 따라서 정부와 사회가 어느 정도 노조 편을 들어

쥐야 한다는 것이 김대중의 기본 입장이었고, 따라서 웬만한 불법은 법에 따라 처벌하기에 앞서 불법의 불가피성을 이해하는 노력을 강조했다. 공권력 발동은 가급적 억제토록 했다. 기아사태에서 보았듯이 외환위기에 대한 노동계의 책임 또한 심각했으나 이들에 대한 책임 추궁은 전혀 고려되지도 않았다. 정치적 동반자요 후원자인 노동계에 대한 김대중의 입장은 오로지 노동권 강화정책이었다. 노동계의 잘못은 아무도 따지지 않았다.

노동개혁의 엄격한 의미가 노동시장의 유연성을 높이는 것이었다면 그것은 실패였다. 김대중 정권이 취한 노동개혁 정책은 초기의 정리해고제를 법적으로 인정한 것 말고는 내내 노동계의 권한 강화 일색이었고, 그토록 심혈을 기울였던 노사정위원회는 노동시장 유연성 제고에 관한 한 별다른 성과를 올리지 못했다.

당연히 노조의 힘은 강해졌다. 민노총 위원장의 위세는 실제로 정부의 노동부장관을 능가했다. 대통령도 주무장관의 역할보다 민주노총 위원장의 일거수일투족에 더 신경을 쓰는 형국이 되고 말았다. 김대중 정부가 의욕적으로 추진했던 공기업 개혁도 용두사미가 된 배경에는 노조의 반발이 가장 결정적이었다. 김대중은 평소에 공기업의 비효율과 저생산성을 강력히 비판해오면서 자신이 집권하면 반드시 민영화를 통해 경쟁원리를 도입시켜 개혁을 이뤄내겠다고 장담해왔으나, 그것이 노조의 반발에 걸려 무산되리라고는 생각지 못했던 것이다. 그들이 반대하면 정부의 개혁도 불가능한 세상이 됐다는 사실을 간과했던 것이다.

김대중도 노조에 대한 서운함이 쌓여갔으나 이들을 공개 비판하는 일은 없었다. 다만 마지막 노동부장관에 방용석을 기용함으로써 자신의 노조관에 변화가 왔었음을 보여줬다. 방용석은 과거 1980년대 해고 노동자들을 중심으로 결성된 한국노동자복지협의회를 이끌었던 노동계의 거물이었으나 노동부장관이 되어서는 노조운동의 준법을 강조하면서 노동계와 대립각을 세웠었다.

김대중은 집권 내내 노조에 끊임없는 애정을 보냈으며, 노조 역시 자신을 믿고 협조해줄 것을 확신했다. 반면 민주노총을 중심으로 한 과격 세력들은 끝내 이를 거부했다. 김대중이 대화와 타협을 내세우며 정부 주도형 노동정책 포기를 선언했음에도 불구하고 정작 이 대화와 타협을 거부한 것은 노동계였던 셈이다.

김대중의 머릿속에는 노동조합의 집단 이기주의가 필연적으로 어떤 부작용을 가져올지에 대한 우려 따위는 없었다. 전교조 또한 마찬가지였다. 김대중은 학교 교사에게 노동조합 결성을 합법화해줌으로써 오히려 교사들이 일치된 목소리로 교단의 쌓인 병폐를 없애는 데 도움이 될 것으로 판단했던 것이다. 시간이 지나면서 전교조가 이념교육을 주도하는 엄청난 정치세력으로까지 대두될지 몰랐다.

복지제도의 틀을 놓다

박정희 전두환 경제에 대비해 김대중 경제의 특징은 뭐니 뭐니 해도 분배와 복지 쪽에 더 비중을 뒀다는 점이다. 드디어 집권을 했으니 자신의 차별성을 확실하게 보여줄 때를 만난 셈이다. 그러나 당장은 어쩔 도리가 없었다. 나라 곳간이 텅 비었고, 기업의 줄도산 사태가 벌어지고 있는 판에, 분배니 복지니 하는 이야기를 꺼낼 처지가 아니었다.

그러나 김대중은 오래전부터 품어왔던 복지철학을 실현시키기 위해 집권 기간 내내 노력했다. 시행착오도 많았다. 재임 중에 보건복지부장관이 7명이나 됐다. 복지문제가 정부 안에서 본격적으로 거론되기 시작한 것은 외환위기를 한숨 돌렸다고 판단된 1999년 들어서부터였다. 김대중은 그해 3월 청와대 직제를 고쳐서 노동복지수석 자리를 따로 만들어 노동경제학자 출신 김유배를 앉히고 정책기획위원회의 김태동에게도 복지제도 확충을 위한 정책방향을 만들라고 지시했다. 김대중이 복지정책을 직접 챙기기 시작했고, 드디어 생산적 복지정책의 기본 골격이 완성된다. 6월 청와대에서 대통령 주재로 열린 정책기획위원회 보고가 당시의 분위기를 말해준다.

> **김태동**: 빈곤선 아래로 떨어지는 사람들에게 현물과 현금을 보조하는 사후적인 시혜보다는 교육 훈련을 통해 일할 기회를 높여주는 게 필요합니다. '일을 통한 복지'를 해야 합니다. 물론 기초생활은 보장돼야 합니다. 그것이 생산적 복지입니다. … 유럽은 과소복지에서 과다복지를 거쳐 적정복지로 갔는데, 우리는 '생산적 복지'를 통해서 바로 적정복지로 갈 수 있습니다.
> **대통령**: 맞소. 유럽의 경우 잘못된 복지정책도 높은 실업률 등 위기의 한 원인인 것 같습니다. 유럽의 실패에서 교훈을 얻어야 합니다.
>
> (김수길 외, 『금고가 비었습니다』, 455~456쪽)

여기서 잠시 주목할 것은 김대중이 말한 복지론이 후임 노무현 시대와는 다소 차이가 있었다는 점이다. '복지정책을 강화하되, 유럽식 모델이 되어서는 안 된다'는 인식의 출발은 노무현 시대에 들어와서 유럽식 모델을 본격적으로 벤치마킹하려 했던 것과 차이가 있었다. 원래 '생산적 복지'라는 용어는 김영삼 시대에 처음 쓰기 시작했다가 흐지부지되었는데, 김대중 시대에 와서 비로소 빛을 보게 된 것이다. 김대중의 생산적 복지는 요컨대 기초생활은 국가가 보장해주되, 복지정책의 근간은 일자리 창출을 통한 복지라는 개념을 정립한 것이었고, IMF 조기졸업을 선언하는 자리인 1999년 광복절 경축사를 통해 시장경제, 민주주의와 함께 3대 국정 목표로 공식 선언되기에 이른다.

"생산적 복지에 대한 생각은 선거 전부터 갖고 있었다. 그러나 외환위기의 급한 불을 끄느라 복지를 챙길 여유가 없었다. 1999년도 세수가 증대하여 세계잉여금이 3조 8,000억 원가량 남아 서민복지에 사용할 정도로 경제상황이 호전되었다. 1999년 6월 정책기획위원회 위원들과 오찬을 하며 머릿속에 담아두었던 내 구상을 이야기했다."

(『김대중 자서전 2』, 339쪽)

김대중 복지정책의 첫걸음은 절대 빈곤자들에 대한 기초생활보장제 도입이었다. 기존의 생활보호법이 있긴 했어도 여러 조건에 맞아야 혜택을 제한적으로 받을 수 있어서, 사회안전망으로의 한계를 지니고 있었다. 이에 반해 새로이 부각된 기초생활보장제는 절대 빈곤세대에 대해 근로능력이나 연령에 관계없이 최저생계비를 국가가 보장해주자는 것이었다.

원래 이것은 김대중이 주도한 것이 아니었다. 1998년 7월 참여연대, 민주노총 등 19개 시민단체가 기초생활보장법을 위한 국민청원을 국회에 내면서부터 본격적으로 이슈화되기 시작한 것이다. 소득이 없는 4인 가계라면 매달 93만 원씩(2012년 기준으로는 149만 원으로 인상됨)을 지급하도록 하자는 것 등이 골자였다. 시민단체의 이러한 건의를 김대중은 즉시 수용했다. 강봉균 재경부장관이나 진념 기획예산처장관은 막대한 재정 부담을 이유로 점진적 실시론을 폈으나 결국 대통령의 결단으로 기초생활보장법이 국회를 통과, 2000년 10월 1일부터 실시하게 된다. 시민단체가 주요 경제정책 입안에 불씨를 지피고 입법과정과 실시에 이르기까지 깊이 개입한 것은 이것이 처음이었다. 이 일을 진두지휘했던 민정수석 김성재부터가 시민단체의 추천으로 그 자리에 앉았던 인물이었다.

"국가에서 생계비를 지급받는 빈곤층이 1999년 54만 명이었고, 2002년 6월에는 그 세 배가 넘는 139만 명으로 증가했다. 2002년의 관련 예산은 3조 3천억 원에 달했다."

(김수길 외, 『금고가 비었습니다』, 459~462쪽)

이처럼 시민단체가 주도한 기초생활보장제도를 두고 사회주의적 발상이라는 비난과 반대도 많았다. 우여곡절 끝에 실시에 들어갔고, 대통령은 회의 때마다 이 제도가 제대로 돌아가는지를 챙겼다. 결과적으로 정책 실시의 타이밍도 맞았고, 감당할 능력도 있었다. DJ노믹스의 핵심이 가장 성공적으로 녹아들었던 정책이라는 평가를 받을 만했다.

경제행정은 2차 방정식, 복지행정은 3차 방정식

개혁을 평생 주장해온 김대중이 대통령에 취임한 뒤 막상 개혁의 고삐를 쥐고 해보니 쉬운 일이 없었다. 앞에서 살펴보았듯이 재벌개혁과 금융개혁, 그리고 기초생활보장제도 도입 같은 복지정책 등에는 김대중의 개혁의지가 여실히 반영되었다. 또한 노동 분야에서 노사정위원회를 만들고 전교조와 민노총의 합법화, 노조의 정치활동 보장 등, 잘잘못에 대한 시비와는 별도로 김대중이 마음먹은 대로 한 일들이 많았다. 그러나 후회스러울 정도로 심한 좌절을 겪은 경우도 적지 않았다.

개혁이란 늘 이상이나 당위에 치우치기 마련이므로, 막상 해보면 어렵다. 대통령 김대중도 그런 고충에서 자유로울 수 없었다. 그는 항상

대화와 타협을 화두로 삼았으나 실제로 대화와 타협은 그의 개혁 구상을 뒷받침하기보다는 도리어 어려움을 가중시키는 경우가 많았다. 때로는 국회가, 때로는 노동계가, 때로는 이익집단들이, 때로는 시민단체들이 자신의 발목을 잡았다. 다른 한편으로는 김대중 자신이 행정경험이 부족한 상태에서 개혁의지만을 지나치게 앞세웠던 점도 일을 그르친 요인이기도 했다.

정부개혁에 대한 포부가 컸다. 김대중의 머릿속에 각인된 정부는 독재정권과 재벌이익에 치우쳐온 나쁜 정부였다. 자신이 대통령이 되어서 이것을 좋은 정부로 고쳐 보이고 싶었다. 그는 취임 전부터 "작지만 효율적인 정부"를 표방하면서 정부조직개편심의위원회(1998년 1월 6일 발족)를 통해 자신의 뜻을 담은 개편안을 만들면서 야심차게 밀어붙였다. 그러나 여야의 원내총무들과 정책의장들 손에 들어가더니 졸지에 기형적인 조직으로 둔갑하고 말았다. 차라리 원래대로가 더 낫다는 것이 중론이었다. 당시 정부개혁과 공기업 개혁은 경제기획원 출신의 베테랑인 진념이 고군분투하고 있었다. 김대중은 진념 기획예산위원장의 건의대로 사상 처음 민간 컨설팅회사에 용역을 맡겨서까지 제2의 정부조직 개편안을 의욕적으로 만들었다. 그러나 또다시 좌절을 맛봐야 했다.

이번에는 공동정부의 한 축인 김종필의 자민련 측이 반대하고 나섰다. 대통령 선거에서 연대하기로 한 전제조건이 내각제 개헌이었는데, 대통령의 권한을 강화하는 쪽으로 정부직제를 고치겠다는 것은 약속 위반이라는 것이었다.

"정부조직 개편 작업에 정치 논리가 개입하니 참으로 어려워졌다. 민간 기업의 컨설팅까지 받아 실시한 2차 정부조직 개편작업도 용두사미가 되어버렸다. 작지만 효율적인 정부를 만들려는 나의 꿈, 그것은 결국 미완의 개혁으로 남게 되었다."

(『김대중 자서전 2』, 65쪽)

중앙정부의 조직개편이 쪼그라든 것뿐 아니라 읍, 면, 동을 2001년
까지 폐지해 지방관료 3만 명을 줄이겠다고 했던 계획까지 백지화하
고 만다. 누구보다도 정부의 조직과 역할에 대해 날을 세워 정치적 비
판을 해온 김대중이었으나, 막상 자신이 권한과 책임을 지고 고쳐보
려 하니, 당장 정치적 반대에 부딪혀 한 발자국도 옮기기 힘든 상황이
었다. 공무원들조차 개혁의 주체가 아니라 대상이 되면서 조직개편이
자신들의 벼슬자리를 줄이는 결과를 가져온다는 점에서 수단 방법을
가리지 않고 저항했다. 정부개혁은 결국 실패였다.

공기업 개혁 또한 야심차게 출발했다. YS정권부터 큰소리를 쳤다가
흐지부지되고 말았던 것인데, DJ정권에 와서는 전담반까지 만들면서
과감하게 밀어붙였다. 기업성이 강한 공기업은 민영화를 통해 책임경
영을 실현하겠다는 것이 공기업 개혁의 핵심이었다. 국정교과서를 시
작으로 포항제철, 한국중공업, 담배인삼공사, 한국전기통신공사 등이
이때 민영화됐다. 그러나 공기업 민영화와 구조조정에 대한 저항이 심
각했다. 특히 노조의 저항을 당시의 사회분위기로서는 아무도 감당할
수 없었고, 임원들까지도 자신들의 기득권 유지 차원에서 가세했던 것
이다. 상당한 성과도 있었으나 철도, 발전, 가스 등의 공기업 노조의
연대파업시위는 DJ정권 내내 당초의 공기업 개혁의지를 힘들게 했다.

가장 후회스러웠던 개혁은 의약분업 문제였다. 이것이 대통령 선거
공약 사업에 들어 있기는 했으나 그처럼 골탕 먹을 일일 줄은 전혀 생
각지 못했다. 정부가 의약분업안을 처음 확정 발표하고 나서 무려 2년
3개월 동안이나 '의료대란'이 지속되면서 온 나라를 혼란 속에 몰아
넣었다. 의약분업이란 말 그대로 의사는 약을 처방하고, 그 처방전에

의해서 약사가 약을 조제 판매토록 하자는 것으로, 주된 명분은 항생제 같은 약은 의사 처방전이 있어야 살 수 있도록 해서 약의 오남용을 막자는 것이었다. 그러나 여기에는 의사와 약사, 그리고 병원 사이의 고질적 이해관계가 얽혀 있는데다가 의료보험제도의 왜곡까지 뒤얽혀 있는 매우 복잡한 문제였다. 그러했기에 1984년 전두환 정권 때의 시범실시를 시작으로 거론되어왔으나 여의치 못해서 질질 끌어왔었는데, 이것을 DJ정권에 와서 밀어붙이다가 그 난리를 겪었던 것이다.

원래 YS정권 말기인 1997년, 의료개혁추진위원회가 마련한 3단계 분업안대로만 했어도 별문제 없을 일이었다. 오남용의 우려가 심한 항생제와 스테로이드 제제부터 처방전 의무화를 일단 실시하고, 나머지는 형편을 봐가면서 점차 확대해나가자는 것이었다. 그랬던 것이 DJ정권 들어 본격적으로 하자면서 판을 벌이다가 급기야는 감당 못할 상황에 빠져든 것이다. 사실 외환위기 탈출에 여념이 없는 김대중에게는 의료분업 문제가 애당초 주요 관심사가 아니었다. 주무부서인 보건복지부장관이 알아서 처리하는 수준의 자잘한 개혁과제 중의 하나에 불과했다.

1998년 8월, 처음 정부안이 만들어졌을 때만 해도 원만히 매듭지어질 것으로 여겼고, 대통령으로서도 약의 오남용을 막기 위한 개혁안이므로 의사와 약사들의 이해관계만 정부가 다독이면 걱정할 게 없다고 판단했다. 그러나 현실은 그렇지 않았다. 약사들이 들고 일어났고, 이를 뒷받침하는 시민단체가 개입해서 기존의 합의안을 뒤엎었다. 해를 넘긴 1999년 5월에 새로운 합의안을 만들어내는 과정에서는 정부는 뒷짐 지고 시민단체가 정부 역할을 했다. 이번에는 의사들이 거리로 나섰다.

약사법 개정안이 통과되자 병원들이 일제히 파업에 돌입하는 등 설마 했던 의료대란이 터졌다. 엇갈리는 이해관계에 따라 사방에서 집단

시위가 계속 확대되는 과정에서 주무부서인 보건복지부는 통제력을 상실했다. 사태의 심각성을 알게 된 김대중은 크게 화를 냈다.

> "사상 초유의 의료계 휴폐업 사태가 일어났다. 의료시스템을 일거에 마비시켰다. 의료대란이었다. … 이렇게 된 데는 정부의 잘못도 있었다. 관련부처는 의사협회, 약사협회, 시민단체 3자가 의약분업 방안에 합의하고 정부에 건의하는 형식으로 일을 진행시켰다. 나는 이를 크게 질책했다. 정부가 정책 실행의 주체에서 빗겨나가 있었기 때문이다. … 사실 의약분업 파동은 내 책임도 컸다. 준비가 소홀했다. 그럼에도 불구하고 문제가 없다는 관련부처의 말을 너무 쉽게 믿었다."
>
> (『김대중 자서전 2』, 350쪽)

의료분업을 주도해왔던 차흥봉 보건복지부장관은 2000년 8월에 문책 경질되었고, 그와 생각을 달리했던 최선정이 후임으로 들어오면서 그해 11월 다시 내용을 조정해서 매듭을 짓게 된다. 아무튼 의료대란은 김대중에게 심한 충격을 안겨다주었다. 매사 대화와 타협을 금과옥조(金科玉條)로 삼아왔던 DJ 본인이 그 대화와 타협이 초래한 사회적 혼란과 정책의 파행이 얼마나 심각한 문제를 유발시키는지를 몸소 겪었기 때문이다. 그의 두터운 자서전 전체를 통해서도 가장 구체적으로 자신의 과오를 시인한 부분 중의 하나가 바로 이 의료분업이었다.

요컨대 김대중은 정치의 달인이었고 풍부한 경제지식을 과시했으나, 행정은 아마추어를 면치 못했다. 왜곡된 의료보험수가가 근본문제였는데 이것은 그대로 놓아둔 채 난마처럼 이해관계가 얽혀 있는 의약분업을 밀어붙이려 했던 것부터가 순진한 발상이었다. 자신도 시인했듯이 보건복지부를 믿었던 것도 관료사회의 실상을 몰랐던 탓이다. 경제행정이 2차 방정식이라면 복지행정은 3차 방정식이라 할 정도로 더 복잡하고 어려운 것인데, 당시의 복지행정은 연륜도 짧을 뿐 아니라, 의식만 앞서 있고 현실문제의 해결 역량은 매우 미흡했었다. 그러니 시민단체에 중재를 맡기는가 하면, 관련 경제부처의 반대를 피하기 위해 정치권을 동원하는 자충수를 두기까지 했던 것이다. 김대중으로서는 그 어려웠던 IMF 위기도 거뜬히 극복해냄으로써 국제적으로도 칭찬이 자자했건만, 전혀 뜻하지 않았던 의료대란으로 2년여를 연일 언론으로부터 질타당하는 수난을 감수해야 했다.

국민연금의 확대 실시 역시 개혁의 명분과 의지에 치우쳐서 행정 실태를 충분히 점검하지 않고 추진했다가 크게 고역을 치렀던 케이스다. 개혁은 집권 초기에 해치워야 한다는 강박관념 때문에 김대중은 도시 자영업자들에게까지 국민연금을 확대하는 정책을 집권 첫해에 실시키로 했던 것이다. 그러나 정작 연금혜택을 받아야 할 당사자들의 무관심 속에 소득신고조차 제대로 이뤄지지 않았다. 행정적으로 최소한의 예비조사와 홍보도 없이 대통령의 개혁의지만으로 무작정 시작했던 것이다.

> "국민연금의 확대는 선정(善政) 중의 선정이라 할 수 있었다. 국민들이 기뻐하고 박수를 보내야 마땅했다. 그러나 돌아오는 것은 비난뿐이었다. 국정을 제대로 알리지 못했고 준비에 소홀했기 때문이다. 참으로 억울했다. 나는 보건복지부와 국민연금공단을 크게 질책했다. 하지만 이미 물은 엎질러졌다. 나는 국민과의 대화를 하는 자리에서 사과했다. 거기엔 개인적인 탄식도 섞여 있었다."
>
> (『김대중 자서전 2』, 345쪽)

그 겨울은
너무 짧았다

　국가부도위기를 극복하는 과정에서 발휘된 김대중 대통령의 리더
십은 국제적인 찬사를 받아 마땅했다. 전화위복을 만들어냈다. 예상
보다 훨씬 빠른 속도로 위기를 벗어났고, 고통스런 구조조정을 감내
하며 경제의 체질도 그전보다 더 탄탄해졌다. 망한 기업들은 망했으
나 위기에서 살아남은 기업들은 가급적 은행 빚을 삼갔고, 그나마 금
리가 낮아 금융비용 부담이 대폭 줄었다. 게다가 사람도 줄이고 이자
부담도 줄어드는 바람에 이익이 많이 나서 사내보유금을 크게 늘렸
다. 결과적으로 한국기업들의 재무상태가 전에 없이 건실해진 것이
다. 그러나 다른 한편에서는 그토록 혼이 나고서도 또 다른 버블이 만
들어지고 있었다.

　국민의 정부는 구조조정이 어느 정도 윤곽이 잡히면서부터는 강력
한 경기부양정책을 폈다. 우선 국가적으로 먹거리를 제공할 새로운 산
업을 찾아야 했는데, 인터넷을 중심으로 한 IT산업이 그것이었다. 운
도 따랐다. 마침 미국을 위시해서 세계적으로 닷컴 비즈니스가 붐을
일으키기 시작한 때였고, 국내산업 여건 면에서도 전두환 시대부터 닦
아놓은 통신산업 분야의 인프라가 잘돼 있어서 IT산업의 육성은 여러
모로 잘 맞아떨어졌다.

　정부는 초고속인터넷 통신망 구축 등을 비롯해 기업 지원책을 적극
적으로 늘려나갔고, 중소기업들을 대상으로 하는 IT산업 관련 창업제
도를 대폭 강화해나갔다.

　1999년 후반부터는 소위 벤처 창업이 봇물처럼 터져 나오기 시작했
다. 언제 국가부도위기를 당했느냐는 듯이 한국경제는 단숨에 달아올
랐다. 그해 연말 종합주가지수는 1,000을 돌파했고, 코스닥을 모르면

촌놈이었다. 닷컴이라는 이름만 붙었다 하면 주가는 천정부지로 뛰어올랐다. 뿐만 아니었다. 국내 소비를 촉진하기 위해 신용카드 사용을 적극 권장했고, 부동산 경기를 부추기기 위해 그동안 해온 아파트 전매금지를 비롯한 규제라는 규제는 모두 풀었다.

금리도 빠른 속도로 내렸다. 이자부담 때문에 은행 돈 못 쓴다는 말이 이때부터 사라졌다. 집을 살 때 제 돈 가지고 사면 바보라는 우스갯소리도 나돌았다. 집값이 오르고 투기가 좀 일어도 좋으니 제발 경기를 조속히 살리는 것이 정부의 소원이었다. 이런 노력의 총집결을 통해 박수갈채 속에 IMF 조기졸업을 성취할 수 있었다. 그러나 문제는 뒤탈이었다. 우선 2000년 들어 미국의 닷컴 버블이 터지면서 곧바로 한국에도 영향을 미쳤고, 이 바람에 코스닥을 중심으로 주가는 4월부터 대폭락세로 뒤집어졌다. 한국의 실리콘밸리로 불리던 서울 강남의 테헤란로에 우후죽순처럼 들어섰던 벤처기업들이 속절없이 무너졌다. 2001년 9·11테러 사태까지 겹치면서 세계경제는 계속 나빴다. 결국 한국의 경제성장률은 부도위기 때의 -5.7%(1998년) 이후 10.7%(1999년), 8.8%(2000년)를 기록했던 것이 4.0%(2001년)로까지 떨어졌다.

이 같은 상황에서 정부의 경기부양책은 세금 인하 등을 포함해서 더욱 강화됐다. 그중에서도 가장 심한 부작용을 유발한 것이 신용카드 사용을 부추긴 정책이었다. 어떻게 해서라도 위축된 가계 소비를 늘려야 했는데, 가장 효과적인 방법이 신용카드 보급확대였다. 과당경쟁의 1차적 책임은 카드회사들에게 있겠으나 정부당국은 단속이나 감독에 눈을 감았다. 규제개혁위원회는 카드회사의 현금서비스한도까지 철폐했다.

소득도 없는 대학생들을 상대로 신용카드를 배급하듯이 나눠줬다. 정부는 뒤늦게 규제에 나섰으나 이미 원만한 수습이 불가능해진 상태였다. IMF 위기를 조기극복한 과정의 정책들을 하나하나씩 나열하고 공과를 따져서 평가하는 작업은 매우 어려운 일이다. 위기 탈출에 결정적인 도움을 줬던 IMF에 대해서조차 그들의 잘잘못에 대한 평가가 엇갈린다. 김대중 정권의 위기대처에 대해서도 마찬가지일 것이다. 탁월한 리더십으로 조기극복에 큰 역할을 한 것이 사실이지만, 과오와 실패도 있었던 것이다.

가장 아쉬운 것은 IMF 조기졸업이 결코 바람직한 게 아니라는 점이다. 물론 김대중에게 IMF 조기졸업은 경제적 의미 못지않게 정치적으로도 매우 중요했다. 단 졸업을 너무 서둔 나머지 지나친 부양책을 동원했고, 그것의 방법과 과정은 박정희 전두환 시절의 강력한 정부 주도와 별로 다를 바 없었다. 고통스런 수술은 서둘러 봉합해야 했다. 어렵사리 판을 벌였던 구조조정이 도중에 흐지부지되는 경우가 많았다. 겨울은 충분히 추워야 하는 법인데, 그렇지 못했던 것이다. 그 후유증은 고스란히 다음 정권으로 넘겨졌다. 고삐 풀린 부동산 투기와 또다시 금융위기를 몰고 올 뻔했던 카드대란이 그것이다.

9부

비주류 대통령
'노무현 시대'

절반의 성공, 절반의 실패

역대 대통령 중에 노무현처럼 대통령 자신이 말썽을 유발하고, 파란을 많이 일으킨 경우는 없었다. 정치적으로나 경제적으로나 항상 그는 논쟁을 만들어냈고, 뉴스의 중심에 서 있었다. 그의 업적이 성공이든 실패든 그로 인해 많은 변화가 일어났다.

노무현 대통령 시대를 전임자 김대중 대통령의 연장선에서 좌파정권 10년이라고 부른다. 그러나 중요한 차이가 있다. 노무현과 김대중은 다른 대통령들에 비해서 유사한 점도 많았지만, 근본적으로 다른 점 또한 많았다. 김대중은 박정희의 최대 정적(政敵)이요 비판자였으나, 경제 쪽에서 보면 꼭 그렇지만은 않다. 물론 김대중은 앞에서도 살펴보았듯이 대중경제론 또는 DJ노믹스라는 이름 아래 재벌개혁, 친노조정책, 분배정책 강화 등 나름대로 과거 정부들과 차별화된 변화를 추진함으로써 박정희 전두환 시대의 경제정책과 분명한 선을 그었다.

그러나 큰 틀에서 보면 김대중도 박정희 패러다임을 크게 벗어나지 못한 점이 적지 않았다. 사람도 대부분 박정희 시대 사람들을 그대로 썼고, 정책 기조도 가지만 달랐을 뿐 뿌리는 공통점이 많았다. 산업화 정책을 비난하고 노동자 복지를 외쳤던 배경에는 다분히 야당적 비판이 작용했었고, 그도 막상 정권을 잡고 나서는 통치방식 면에서 유사한 점이 적지 않았던 것이다.

경제운영 방식이나 재벌과의 관계 역시 별로 다름이 없었다. 정치자금을 주고받은 것도 옛날 그대로였다. 김대중은 자신의 자서전에서 "나는 김우중 대우 회장의 경영능력과 품성을 높이 평가하고 있었다. 김 회장은 나와 야당에 많은 도움을 주었다"고 적었는데, 이 구절은 자신과 재벌의 관계가 어떠했는가를 단적으로 말해주는 대목이기도 하다. 한마디로 김대중도 오랜 야당 지도자였을 뿐, 기본적으로 주류의 정치인이었고 구식 대통령의 한 사람이었다.

그러나 노무현은 달랐다. 그는 "반미를 하면 안 되는가"라는, 종래의 한국 대통령으로서는 상상도 할 수 없던 말을 주저 없이 했고, '박정희 경제의 해체'를 공공연히 천명했다. 노무현은 김대중에 비해 훨씬 비타협적이었으며, 더 이념적이었고, 직선적이었고, 거칠었다. 주변의 심한 저항에도 개의치 않고 자신이 옳다는 판단만 서면 거침없이 밀어붙였다. 노무현은 한마디로 박정희식을 전면 거부했다. 그에게 있어 박정희식이라는 것은 성장우선 정책의 박정희 경제개발 모델에만 국한된 것이 아니었다. 박정희 시대에 기득권을 누려왔던 사람들, 그리고 이를 존재케 했던 시스템과 질서까지도 비판, 부인하고 나섰다. 박정희를 뒤따랐던 유일한 것은 아이러니하게도 미국 의존 탈피를 뜻하는 자주국방을 추진했다는 사실이다.

안보나 정치 분야에서도 큰 전환을 시도했지만, 경제 분야가 가장 오래 시끄러웠다. 그는 정책 기조 면에서도 '성장 없이는 복지 없다'를 걷어내고 '복지 없이는 성장 없다'로 바꿨다. 외국정책 참고하는 것도 미국 사례엔 거리를 두고 유럽 사례에 더 관심이 많았다. 노동과 복지정책에 대한 기본 입장을 달리했으며, 정책 운영에 노조나 시민단체들의 참여를 적극적으로 유도했다. 지역주의 타파와 사회통합을 참여정부의 기치로 삼았고, 서민 대통령을 자임했다. 전임 정권에서 물려받은 양극화 심화 현상을 개선하는 것에 총력을 기울였다. 노사관에 있어서는 노조 편임을 분명히 했고, 재벌에게는 노골적으로 대립각을 세웠다. 국민의 정부부터 그러한 경향이 시작되긴 했으나 참여정부에 와서는 사람이나 정책 면에서 훨씬 더 직접적이고 강력한 변화를 실천해나갔다.

대통령이라는 자리는 주류의 한복판임에도 불구하고 노무현은 대통령이 되어서도 비주류를 자처했다. 그의 비주류 정신은 인사 정책에서부터 즉각 반영됐다. 자신을 도왔던 재야 운동권 출신을 대거 발탁해서 청와대 요직에 앉혔다. 대통령 스스로의 말과 행동 또한 다른 대통령들과 달랐다. 대통령답지 않다는 비판에 아랑곳하지 않고 기존의 정형들을 주저 없이 깨뜨려나갔다.

언론과의 전쟁이 노무현 노선을 가장 선명하게 드러내는 것이었다. 언론의 공격을 받으면 조금도 지지 않고 맞받아쳤다. 주요 보수 언론들과 정면으로 각을 세우면서 전투적 적대관계를 만들어나갔던 반면, 군소 좌파 언론들과 노골적으로 우호적 관계를 유지해나갔다. 그 전 대통령들과 가장 두드러지게 다른 점이었다. 그런 전략으로 집권에 성공하였기에, 주변의 충고에도 불구하고 집권 내내 그러한 태도를 고수했다. 언론과의 승부를 즐겼다고도 할 수 있다.

노무현은 변호사로서도, 야당 정치인으로서도 항상 주류 그룹이 아니었다. 노무현이 대통령 출마선언을 했을 때만 해도 그의 당선 가능성을 높게 보는 사람은 거의 없었다. 그랬던 그가 바람을 일으키며 대통령이 됐다. 야당의 힘이었다기보다는 노사모(노무현을 사랑하는 모임)의 힘이 그를 대통령에 당선시킨 원동력이었다. 이데올로기를 떠나서 자발적으로 모인 사람들이 자기 호주머니를 털어가며 무명 정치인을 대통령에 앉힌 것은 사실 대단한 일이었다.

이렇게 대통령이 된 노무현은 많은 면에서 파격을 불사했다. 자신의 비망록에 "대통령으로서 품격과 위엄이 부족했다"는 자책의 기록을 남기기도 했지만, 국민을 편안하게 하는 지도자가 아니라, 끊임없이 문제를 제기하고 만들어내는 지도자였다. 재임 1년 만에 탄핵 사태를 맞는 유별난 대통령이기도 했다.

경제정책을 펴나가는 과정에서 노무현은 대단히 독특한 대통령이었다. 운동권, 특히 노동계와 뜻을 같이한 인권변호사 출신의 야당 정치인이 그의 트레이드 마크였다. 1993년 설립한 지방자치실무연구소가 훗날 대통령이 되는 과정에서 큰 역할을 하게 된다. 연구소장 김병준 국민대 교수가 오랫동안 참여정부 핵심 역할을 했던 것도 그런 인연에서다. 이때부터 노무현은 세계화, 정보화, 균형발전, 분권화 등의 단어들과 자주 접하고 관심을 갖게 된다. 특히 젊은 사람 못지않게 컴퓨터에 능했다. 행정 경험은 국민의 정부에서 잠시 해양수산부장관을 지낸 것이 그나마 큰 도움이 됐다.

아무튼 노무현은 다른 사람이 짜놓은 판대로 하는 사람이 아니었다. 자신의 철학과 스타일로 다시 자기 판을 짜서 해야 직성이 풀리는 인물이다. 초기의 노무현은 일단 박정희, 전두환을 싫어했다. 청와대 경제수석이란 명패를 굳이 없애고 경제보좌관이라는 이름으로 바꾼 것도 '나는 박정희식으로 안 한다'는 선언이기도 했다.

부동산 투기의 뿌리를 뽑아 보이겠다고 장담하면서 초장부터 세금 폭탄을 쏟아부었는가 하면, 경기가 침체국면을 벗어나지 못하는 가운데 경포대(경제를 포기한 대통령이라는 뜻의 유행어)라는 비아냥거림에도 아랑곳없이 경기부양책은 한사코 거부했다. 경제 관료들에 대해 구태의연하다는 선입견이 강했고, 노골적으로 못마땅해했다. 재계를 비롯한 보수세력 쪽에서는 이런 대통령에 대해 불안해했다. 참여정부의 경제정책은 반기업적이요, 좌파성향의 분배우선주의 정책이라 여기는 분위기가 강했다. 과연 노무현은 좌파 대통령이었는가. 다른 대통령에 비하면 상대적으로 왼쪽에 위치하긴 했으나 경제정책 면에서 그가 취한 정책들을 보면 꼭 그렇지만도 않다.

정책이 아니라, 말이 좌파 시비를 불렀다. 이데올로기의 문제가 아니라 감정의 절제 없는 직설적인 그의 화법이나 태도가 자신의 이미지를 실제보다 훨씬 더 과격하게 만든 것이다. 그는 스스로 "민주주의 사회에서 대통령의 힘은 말에서 나온다"고 내놓고 말했으나 정작 자신의 대통령답지 못한 말 때문에 자주 갈등을 빚어내는 말썽꾸러기 대통령이었다. 대통령 자리에 앉게 된 것 자체가 주류 중의 왕주류라는 사실을 외면하면서 계속 비주류적 입장을 고수했다. 이 같은 비주류 스타일은 집권 내내 크게 달라지지 않았다. 그는 스스로 무거운 짐을 만들어서 그것을 지고 다녔다.

그러나 노무현은 대통령으로서의 직무를 익혀나가면서 여러모로 진화를 거듭해나갔다. 기업관, 노조관, 관료관 등에서 상당한 변화를 보인다. 경제정책에 관한 한 시간이 지나면서 빠른 속도로 이데올로기 과잉현상에서 벗어나 실무형 행정 대통령으로 바뀌어갔다. 자신의 정치적 지지세력들이 반발하는 것을 감수하면서까지 미국과의 FTA를 결심한 것이야말로 그 전의 노무현 같으면 상상조차 할 수 없는 일이었다. 집권 전반의 담론의 주제가 분배와 복지였다면, 중반 이후부터는 오히려 성장 잠재력 확충과 국가경쟁력 제고와 개방 쪽으로 중심 축이 옮겨갔다.

고용 없는 성장을 문제시하고 양극화 해소를 추구했으나 그럼에도 불구하고 성장 없이는 일자리 창출이 없음을 이내 깨달았다. 특히 노동조합에 대한 각별한 애정에도 불구하고 집권 중반에 들어서기도 전에 생각이 달라져 갔다. 자신이 추진하는 노동정책에 대해서까지 일체의 대화를 거부하는 주류 노동세력에 대해 1980년대식 낡은 투쟁 방식이라며 비판적 입장을 분명히 했다.

초기의 노무현은 노조에 대해 김대중보다 더 깊은 애정을 표시했었으나, 나중에는 오히려 더 큰 실망을 표시했다. 기업 편으로 전향했다는 뜻이 아니라, 가급적 삼갔던 노동계에 대한 비판을 정면으로 하고 나선 것이다. 노동계가 자신의 정부까지 줄곧 무시하는 태도에 더 이상 참지 못했다. 그는 자신의 참여정부를 좌파 신자유주의 정부라고 말하기도 했지만 점점 과잉 이데올로기를 벗어나 실용주의적인 입장으로 변해갔다. 그는 자신을 지지했던 주변 참모들보다는 분명히 덜 이데올로기적으로 변해갔다.

결국 노무현 경제학의 가장 큰 흠결은 보수냐 진보냐의 문제가 아니라, 정책 결정과정에서 대통령 자신의 감정이 과도하게 묻어 있었다는 점이다. 국정의 최고 책임자로서 경제정책을 꾸려나가면서 냉정함이 모자랐고, 감정의 기복을 절제하는 데 서툴렀다. 부동산 대책이 대표적인 사례다. 부동산 투기에 대한 증오심을 그대로 드러내며 '내가 이기나, 네가 이기나 보자'는 식의 징벌적 정책을 강력히 추진하기도 했다. 그리하여 일과 관계없이 말로 손해 보는 경우가 적지 않았다.

그러나 경제정책 하나하나를 연구하고 고민하고 결단을 내리는 과정은 역대 어느 대통령에 못지않게 진지하고 열심이었다. 경제공부는 대통령 선거기간 동안의 속성 학습이 기본이 되었으나 본격적인 것은 청와대 주인이 되고 나서부터였다. 그는 성격상 적당히 넘어가는 일이 없었다. 남이 자기를 설득시키지 못하면 내가 그를 설득해야 하는 스타일이었다. 낮에 집무실에서 보고받은 경제 관련 자료들을 밤늦게까지 공부했다. 경제보좌관이었던 조윤제는 한밤중에도 대통령의 질문 전화에 시달렸다. 일과시간 공부에 대한 추가 질문이었다. "노무현 대통령은 대단히 명석했고, 특히 어떤 문제든 간에 짧은 시간에 전체를 보면서 문제의 본질에 파고드는 능력이 탁월했다"고 조윤제는 회고한다.

노무현은 자기주장이 강한 성격이었으나 일하는 방법은 매우 세심하고 체계적이었다. 무엇보다 정부 행정을 시스템화하는 일에 열심이었다. 직접 회의를 주재하는 경우가 많았으며, 회의를 통해서 본인의 실력을 쌓아나갔다. 자유토론 과정에서 스스럼없이 실무자들에게 묻고 따졌고, 이러한 것들을 컴퓨터를 통해 모두 기록하고 공유하도록 했다. 인터넷 사용에 능란한 디지털 대통령이기도 했다. 노무현은 매우 감성적인 대통령이었다. 그는 자신을 '실패한 대통령'이라고 비망록에 적었다. 역대 대통령 중에 아무도 그렇게 솔직히 자책한 인물은 없었다. 그는 자신이 성공시킨 정책에 강한 자부심을 가졌으면서도 한 편으로는 절반의 실패에 대한 좌절감 또한 깊었던 것이다.

대립과 갈등을 해소하고 사회통합을 이뤄내겠다는 것이 대통령 재임 중에 그의 머릿속에 정리된 궁극적 목표였건만, 결과는 오히려 대립구조가 더 심해지고 갈등이 증폭되었음을 스스로 시인하지 않을 수 없었던 것이다. 양극화 해소를 위해서 노와 사, 대기업과 중소기업, 있는 자와 없는 자의 통합과 동반의 절실함을 주장하고 호소했으나, 현실은 그 반대 방향으로 전개되고 있는 것에 대한 자책이 없을 수 없던 것이다.

DJ정권이 넘겨준 짐

노무현 경제의 출범은 결코 순탄하지 못했다. 새 정권은 획기적인 전환과 개혁을 꿈꿨으나, DJ정권으로부터 이월된 부동산값 급등과 신용카드 부실문제의 뒤치다꺼리를 하느라, 첫 1년 동안은 정신없이 보냈다. 더구나 집권 초에는 경제행정에 대해 잘 몰랐고 따라서 특별한 대책을 준비한 것도 없었다. 잠시 DJ 말기로 거슬러 올라가 보자.

부동산값은 계속 오르게 되어 있는 국면이었다. 경제위기 기간에 주택 공급량이 기본적으로 줄어들었던 탓도 있었으나, 여기에 더해 DJ정권이 조속한 위기탈출을 위해 동원했던 경기부양책의 뒤끝이 계속 영향력을 발휘하고 있었던 것이다. 국민의 정부는 기존의 부동산 규제를 거의 다 풀었었다. 아파트 분양권 전매를 허용하고, 재당첨 제한기간을 폐지하고, 양도세를 면제해주는가 하면, 은행의 금융지원도 과감하게 늘려줬다.

이런 부양책은 DJ 집권 이후 3년 내내 계속되었다. 주식시장의 버블이 꺼지면서 시중 돈이 부동산 쪽으로 몰리기 시작했는데도 정부는 부양책을 지속했다. 부동산 규제가 혹시나 애써 살려놓은 경기에 찬물을 끼얹을 것을 걱정해서였다.

그중에는 종래의 단순한 부양책이 아니라 부동산 시장의 선진화를 위한 제도 개선도 있었다. 종전에는 은행이 건물이나 집 짓는 데 건축자금 빌려주는 것이 고작이었으나, 외국자본도 한국 땅을 사는 것이 본격적으로 허용되면서 '부동산 증권화 제도'가 처음 도입되었다. 부동산업이 복덕방 차원을 넘어서 어엿한 독립적 산업으로 자리 잡게 된 것이다.

그러나 일반 사람에게 가장 중요했던 변화는 이때부터 집을 살 때 은행 돈을 쉽게, 그리고 많이 빌릴 수 있게 됐다는 것이다. 종전에는 은행이 부동산 관련 대출을 아예 하지 말라는 규정이 있었으나 김대중 정부가 이것을 없애버렸다. 더구나 기업의 부실대출로 혼이 났던 은행들은 웬만하면 기업대출은 꺼리고, 예금 받은 돈을 개인의 집 담보 대출에 내주도록 경쟁적으로 열을 올렸던 것이다. 금리까지 대폭 내렸으니 은행 빚내서 집 사는 것은 과거에 비해 흔히 있는 일이 되어버렸다. 집값의 10%만 내면 아파트 한 채를 어렵지 않게 장만할 수 있는 세상이 왔던 것이다. 이런 여건에서 너도나도 금리 싼 은행 돈 빌려서 아파트 청약에 줄서는 것은 전혀 이상할 게 없었다.

이 같은 속사정은 제대로 알지 못한 채 노무현 당선자는 선거공약을 통해 "내가 당선되면 하늘이 두 쪽 나는 일이 있더라도 부동산 투기를 완전히 잡아 보이겠다"고 장담했던 것이다.

금융 쪽에서는 새 정권 출범 당시 아슬아슬한 국면이 전개되고 있었다. SK글로벌 분식회계 사건이 터져 나온데다가 전혀 예상치 못한 신용카드 부실문제가 시한폭탄처럼 도사리고 있었기 때문이다. 카드

남발이 빚어낸 신용불량자는 DJ가 물려준 최악의 유산이었다. 실제로 IMF 졸업에 조급했던 나머지 카드 보급 확대를 통한 내수 진작책에 전임 정권이 무리했던 것이 사실이다. 이것이 화근이 되어서 금융 메커니즘 전체를 파경으로 몰고 가는 지경으로까지 확대될 줄은 미처 몰랐다.

대통령이 되어서야 사태의 심각성을 알게 된 노무현은 매우 놀랐다. 실상을 공식적으로 까발릴 수도 없고, 어디서부터 손을 대야 할지 난감하기 짝이 없었다. 길거리 캠페인을 벌이면서 젊은 대학생들한테까지 카드 사용을 권장하다 보니, 벌이도 없는 수많은 젊은이들이 외상 빚더미에 올라앉게 된 것은 물론이고, 고금리의 카드 대출로 돌려 막기 하는 경우가 횡행했던 것이다.

관련 통계들이 당시 상황을 잘 설명해준다. 1998년 160만 명이었던 신용불량자는 2004년 4월 382만 명을 기록했다. 신용불량자의 67%가 카드 불량자였다. 경제인구 1명당 5개가량(2002년)의 카드를 지니고 있었다. 신용카드 연체율이 10%를 넘었고, 카드대출 연체까지 포함하면 30%에 이르렀다.

한때 카드회사들은 한국의 금융산업에 하늘이 새롭게 내려주신 신종 황금알을 낳는 거위였다. 신용카드 보급이 정부 지원 속에 급속히 불어나면서 수수료 수입이 폭발적으로 늘었고, 동시에 싼 금리의 카드채 자금으로 고리대금업을 하면서 떼돈을 벌었다. 부업이 본업을 능가했고, 은행 계열회사인 카드회사 장사가 은행 고유 사업보다도 더 번성했다. 카드회사들은 물불을 가리지 않는 치열한 경쟁을 통해 외상 경제의 규모를 정신없이 불려나갔다.

그러다가 경기가 나빠지는 가운데 신용불량자가 늘어나고 카드론의 돌려 막기가 한계에 다다르자 드디어 낭패가 나기 시작한 것이다. 카드회사들이 갚아야 할 만기 상환 카드채권이 한때 20조 원을 넘었다. 김영삼 시대에는 잘못된 기업금융이 위기를 불렀다고 한다면 김대중 시대는 가계금융, 개인금융이 수백만의 신용불량자를 만들어냈던 셈이다.

물론 부실의 1차적 책임은 과당경쟁을 일삼은 해당 카드회사들에 있었다. 그러나 기본적으로는 정부가 당연히 했어야 할 금융감독을 소홀히 한 것은 물론이고, 엄밀히 말하자면 소비 진작 차원에서 카드회사들의 금융사고 위험을 정책적으로 키워왔다고도 할 수 있다. 섣부른 규제개혁도 일조를 했다. 규제개혁 차원에서 재경부의 반대에도 불구하고 규제개혁위원회가 1999년 5월 카드 대출한도 규제를 없앴다. 그 바람에 카드 대출 규모가 2년 사이에 6배로 급증해 신용불량자를 무더기로 쏟아냈던 것이다. 그 고생을 해가면서 금융위기를 극복해낸 김대중 정부가 정작 자기들 손으로 카드대란의 불씨를 키워왔던 셈이다. 시작부터 노무현 정부는 문제를 드러내지도 못한 채 벙어리 냉가슴을 앓아야 했다. 두 가지 문제가 발목을 잡았다. 하나는 잘못 처리하다가는 엄청난 금융시장 패닉을 초래할 위험성이 도사리고 있었다는 점이고, 다른 하나는 신용불량자의 처리는 경제 논리만으로 처리하기 어려운 문제였다는 점이다.

그래도 노무현 정부는 큰 충격 없이 일을 수습했다. 정부 관료나 금융계 할 것 없이 1997년의 금융위기를 호되게 겪었던 경험이 큰 도움이 됐다. 어떻게 선제적으로 대처해야 위기 확산을 막고, 비용을 최소화할 수 있는지를 IMF 위기 때 비싼 월사금을 내고 체득했던 덕분이다.

결국 신용카드 부실문제는 2004년 하반기에 가서야 수습 국면에 들어갈 수 있었다. 전임 정권으로부터 물려받은 짐을 털어내는 데 초기 1년 6개월 정도를 허비했던 셈이다.

한편 부동산정책은 갈수록 꼬여갔다. DJ 말기에 불기 시작한 아파트 가격 상승 바람은 2004년에 가서는 극에 달한다. 다른 많은 개혁정책을 아무리 쏟아내도 부동산 투기 바람이 계속되는 한 빛을 낼 수 없었다. 노무현 정부에 와서 잘못 대응하는 바람에 부동산 투기가 더 기승을 부렸던 것도 사실이지만, 굳이 책임소재의 원천을 따지자면 김대중 정권이 IMF 조기졸업을 목표로 서둘러 부양책을 썼던 데서 비롯된 일이었다. 참여정부로서는 잘못된 유산을 물려받은데다 그것의 대처 또한 그르친 꼴이었다. 서민정부를 자임하고 양극화 극복에 최선을 다했다고 자부했으나 가장 아픈 대목은 다름 아닌 부동산정책의 실패였다. 참여정부 내내 속을 썩였다.

고용 없는 성장시대

대통령 노무현은 정신없이 집권 첫해(2003년)를 보냈다. 청와대 생활을 익히는 것 자체가 생소했을 뿐 아니라, 앞서 살펴봤던 것처럼 신용카드 문제의 수습부터 발등의 불이었기 때문이다. 그런데다가 취임 2개월도 안 된 상태에서 화물연대 파업이 터졌다. 전국의 화물차량들이 주요 고속도로를 막아섰고, 항만마다 수출 운송이나 하역이 중단됐다. 한동안 물류의 마비현상이 초래됐다. 노동자 문제라면 누구보다도 일가견을 지녔다고 자부했던 대통령이었건만, 정권 출범부터 파업사태로 애를 먹었다. 게다가 대통령 개인의 파격적이고도 돌출적인 언사로 인해 늘 시끄러웠다.

노무현의 참여정부는 출범 당시 충분한 준비가 없었다. 특히 경제분야에 대해서는 그동안 여기저기서 비판을 전문으로 해온 사람들만 수두룩했지, 실제로 정책을 입안하고 책임지고 실행해본 경험을 지닌 행정 전문가들은 없었다. 물론 기존의 보수세력들과는 달리, 서민복지를 강조했고, 성장보다는 분배 쪽에 무게 중심을 옮겨가는 과감한 개혁을 약속했었으나, 대부분이 선거 캠페인용 수준을 크게 벗어나지 못했다.

어쩔 수 없이 재벌의 싱크탱크인 삼성경제연구소를 소문 안 나게 찾아가 코치를 받고, 그들이 만든 보고서를 얻어다가 경제운영의 기본 방향과 전략을 짜는 데 참고서로 삼았을 정도였다. 그러나 노무현은 의욕과 자신감이 충만해 있었다. 1987년 6·29선언 이후 민주화 시대가 열린 지 15년 동안 정권이 세 차례나 바뀌었으나, 민주화는 여전히 미진하고 산업화가 만들어낸 소외된 계층과 억울한 사람들을 위해 정부의 역할이 크게 달라져야 한다는 것이 노무현의 기본 입장이었다.

노무현의 초창기 경제관은 비록 다듬어지지는 않았으나 몇 가지 점에서 명료했다. 우선 박정희식 경제개발정책은 각 부분에 심각한 불균형과 왜곡을 빚어냈으므로 이것을 치유하는 것이 자신의 소명이라 생각했다. 김대중 정권이 처음으로 방향전환을 시도하긴 했으나 대단히 불충분했다는 것이다. 따라서 서민과 노동자의 편에 서는 대통령이 필요한 시대가 왔다고 확신했고, 자신이야말로 소외와 차별의 서러움을 함께 경험하고 이해하는 첫 서민 대통령이 될 수 있다고 여겼다.

정부의 인사정책이나 운영행태에 큰 변화를 일으켰다. 참여정부라는 작명은 그를 대통령으로 만들어준 노사모(노무현을 사랑하는 모임)에 보답하는 선물이기도 했다. 시민단체와 노동계 인물들을 대거 정부 안팎에 포진시켰고, 인터넷을 통한 전혀 새로운 형태의 행정과 통치 스타일을 도입했다. 마치 그리스 시대의 직접 민주주의 부활을 연상케 했다.

공식적인 자리에는 직업 관료들을 전면 배치했으나 핵심 참모 자리에는 자신과 철학적 배경을 공유하는 사람들로 채웠다. 김병준, 이정우, 문재인, 이호철 같은 인물들이 그러했다. 기존의 주류 정치권이나 중앙무대에서는 무명의 사람들이었다. 이들은 집권 내내 노무현과 함

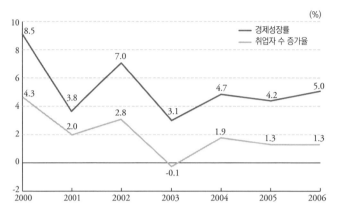

경제성장률에 못 미친 취업자 증가율

자료: 박유연, 『경제기사 이보다 쉬울 순 없다』

께했다.

첫 1년은 내내 시끄러웠다. 이라크전쟁과 북핵 위기, SK글로벌 분식회계 사건, 사스 사태, 신용카드 위기, 화물연대 파업 등, 마치 새 대통령의 리더십을 시험해보기나 하는 것처럼 굵직굵직한 일들이 잇따라 터져 나왔다. 이런 가운데서도 노무현은 특유의 돌파력을 발휘했다. 보수 언론과 화해는 고사하고 대립구도를 더 확실히 하는가 하면, 경제정책 면에서도 성장이 좀 더디더라도 복지와 분배에 역점을 두어나가겠다고 천명했다. 이젠 세상이 달라져서 그렇게 해야 지속적인 성장이 가능하다고 설파했다. 경제운영의 기본 노선을 둘러싼 논쟁이 많았다. 노무현 정권은 미국식 시장경제 모델의 한계를 극복하는 제3의 노선이 필요하다는 입장을 정했다. 지난 한국경제 위기에 대한 IMF식 극복 방법이 잘못됐다는 비판이 마침 힘을 얻기 시작했을 때였다. 네덜란드식 복지모델이 그 대안의 화두로 등장했다.

그러나 첫해의 경제성적표가 노무현에겐 큰 충격이었다. 2003년의 경제성장률이 3.1%를 기록했는데, 일자리는 3만 개가량이 줄어든 것으로 나타났기 때문이다. DJ정권 마지막 해인 2002년의 7%에 비해 성장이 크게 둔화된 것은 사실이나, 그렇다고 해서 어찌 일자리가 다소라도 늘지 않고 줄어드는 일이 벌어질 수 있는가? 노무현은 고용 없는 성장이 그처럼 빠르고 실감나게 다가설 줄 몰랐다. 사실 이때부터 노무현 경제는 선거유세 때 주장했던 것들과는 근본적으로 궤를 달리하기 시작한다. 가장 중요한 과제가 일자리 창출이며, 일자리 창출이야말로 가장 확실한 복지정책이고, 이를 위해서는 경제성장이 전제되어야 한다는 방정식을 비로소 확실하게 인식하게 된 것이다.

> "참여정부는 2003년 고용 없는 성장을 경험한 이래 노동시장 정책을 '적극적 노동시장 정책'으로 물꼬를 틀었다. 무조건적인 성장우선 방식도 안 되지만, 그렇다고 북유럽식 복지체제를 추구하다 노동시장이 지나치게 경직되는 것도 피하자는 것이다."
>
> (참여정부 국정브리핑 특별기획팀, 「노무현과 참여정부 경제5년」, 137쪽)

가장 달라진 것은 노동정책 분야였다. 노동계에서 주장하는 비정규직 문제가 심각한 것은 사실이지만, 일자리 창출을 위해서는 노조도 투쟁만 일삼을 것이 아니라, 노동시장의 유연성 제고 정책에 협조해 줘야 한다는 것이 노무현이 새롭게 정리한 입장이었다. 그러나 이 같은 생각은 노조 강경파들의 반발로 제대로 소화되지 못했다. 집권 내내 고용 없는 성장문제를 해결하기 위한 일자리 창출의 중요성만 역설했을 뿐, 실천하는 것에는 실패했다.

근본적인 문제는 고용 없는 성장을 해석하는 시각의 차이에서 비롯됐다. 고용효과가 줄어드는 현상의 원인이 과거 정책의 실패에서 비롯된 것이라는 시각에서부터 문제가 꼬이기 시작한 것이다. 이야기인 즉 이러했다. 정부는 내수 경제는 외면하고 수출만 독려해왔고, 기업은 해외에 나가서 공장 짓는 일에 골몰하고 있으며, 설령 국내에 공장을 지어도 첨단 자동화 시설 때문에 아무리 큰 공장이 들어서도 그 전처럼 종업원 신규채용은 별로 늘지 않는다. 그러니 수출이 늘고 경제성장을 해도 일자리 늘리는 효과는 그 전에 비해 크게 줄어들었다. 모두가 일리 있는 지적인데, 문제는 이러한 현상들이 과연 과거 정책의 잘못이나 실패에서 비롯된 것인가 하는 점이다.

고용 없는 성장이 만약 과거 정책의 실패에 기인한 것이라면, 그것을 고치기만 하면 문제 해결은 오히려 쉽다. 그러나 과거 정책의 성공이 가져온 부작용이 바로 성장의 고용효과 추락현상이라는 점이 문제였다. 어떻게 하면 노동집약적인 산업에서 벗어나서 기술집약적, 자본집약적 산업으로 옮겨갈 수 있느냐, 어떻게 하면 몇 푼 안 남는 허드렛일에서 벗어나서 고부가가치사업으로 업그레이드할 수 있을 것인가 하는 것이 개발연대 한국경제의 목표요, 꿈이었다. 그 꿈이 실현된 결과로서 노동집약적인 사업들이 후발개도국들에게 넘어갔고, 첨단기술 분야에서 세계적 일류기업들과 경쟁을 벌이는 지금의 산업구조로 재편된 것이다. 같은 일을 해도 적은 인원으로 이익을 많이 내는 사업을 하는 쪽으로 바꿔나가는 정책이 성공했다는 이야기다. 그러니 일자리가 그 전처럼 늘어나지 못하는 상황이 된 것이다.

더구나 세계경제가 21세기로 접어들면서 정보산업, 지식산업 쪽으로 엄청난 산업구조 개편이 일어나고 있는 과정에서 요행히도 한국경제가 여기에 한몫 끼어 경제강국들의 신기업들과 경쟁을 벌이게 된 것은 그야말로 지금까지 노력의 결실이었다. 첨단기술을 가지고 세계의 일류기업들과 어깨를 나란히 한다는 것은 상상도 못하던 일이 아니었던가. 문제는 이런 새로운 산업구조가 일자리 창출효과 면에서 그 전에 비해 떨어지는 것이다.

1997년 IMF 외환위기를 통해 구조조정을 성공시킨 것도 성장의 고용효과를 떨어뜨리는 데 결정적 역할을 했다. 기업들의 줄도산으로 실업자가 무더기로 증가했었다는 것은 그렇다 치고, 경제가 회복되면서 고용이 늘어났어야 했는데 그 전처럼 늘지 않았던 것이다. 이것 또한 실패의 결과가 아니라 성공의 결과로서 빚어진 부작용이었다.

우선 방만하게 사업을 벌이다가 혼이 난 기업들이 모든 투자에 훨씬 신중해졌다. 웬만하면 사업을 벌이지 않으려 했고, 은행의 대출 심사도 한결 까다로워졌다. 400%가 넘는 대기업들의 부채비율은 100% 이하로 떨어졌다. 그 전처럼 은행 돈을 마구 빌려다가 무리하게 사업을 벌이던 과거 사업행태가 외환위기를 겪으면서 상당 부분 개선된 것이다. 값비싼 비용과 희생을 치렀으나 과감한 체질변화에 성공했고, 그 결과 한국기업들의 국제경쟁력은 강화되었으나 일자리를 늘리는 효과는 그 전보다 크게 떨어졌다.

노무현 자신도 일자리 창출을 그토록 강조하면서도 당장 효과를 볼 수 있는 정책은 오히려 경계했다. 경기침체에도 불구하고 건설 분야 중심의 경기부양책을 거부하고 성장 잠재력 확충을 위한 제도개혁 쪽에 치중했던 것이 바로 그러한 예다. 어찌 보면 노무현은 대통령 자리에 앉고 나서부터 언제부터인지는 몰라도 어느새 성장론자로 변해가고 있었던 셈이다. 집권 이듬해 초 자신이 주재한 경제지도자 회의석상에서 "매년 5%대의 경제성장을 통해 2008년까지 5년 동안 200만 개의 일자리를 만들겠다"는 언급이 그 단적인 증거였다. 그러나 노무현의 성장 방정식은 과거의 그것보다 훨씬 복잡하고, 어렵고, 풀어본 경험도 없는 미지의 방정식이었다. 뒤에서 언급될 노동문제와 부동산정책 등에서 그 어려움들을 실제로 체험하게 된다.

법과 원칙을 동결시킨
대화와 타협

　기업과 노동자, 양쪽으로 편을 갈라놓고 노무현 대통령이 어느 편이 었는가 물으면 그는 분명 노동자 편이었다. 인권변호사로서 어려운 지경에 처한 노조를 열심히 도왔었고, 김대중 정권 초기 현대자동차 파업사태에는 국회의원 신분으로 직접 현장에 가서 중재를 섰다. 이때도 말이 중재였지 어디까지나 노조를 편들었다.

　대통령에 당선되는 과정에는 노조의 도움을 많이 받았다. 여기에 화답해서 대통령이 되면 기업의 탄압을 철저히 봉쇄하고 노동조합이 원하는 바를 적극적으로 들어주겠다고 약속했다. 그는 약속을 지켰다. 당선자 신분으로 새 정부가 출범하기 전인데도 타 은행 인수가 결정된 조흥은행의 노조 간부들을 만나서 조흥은행 인수와 관련된 실사를 다시 할 것을 다짐하는 파격 행보를 마다하지 않았다. 문제의 조흥은행은 1997년 외환위기로 2조 7,000억 원의 공적자금 지원을 받았고, 2002년 국제입찰에 의해 신한금융지주가 인수자로 결정되었으나 노조가 반대하고 나선 것이다. 그런데 대통령 당선자가 스스로 이들을 찾아가서 같은 편임을 공시한 셈이었다. 민주노총과 한국노총을 방문한 자리에서는 자신의 노조관을 보다 분명히 밝혔다.

　　"사회적 힘의 균형 면에서 노동계에 비해 경제계가 세다. 향후 5년간 이 같은 사회적 힘의 불균형을 시정하겠다. 노동자에게 불리하면 법과 원칙을 바꿔서라도 이를 바로잡겠다."

　대통령 취임 후 첫 노동부장관에게는 "노동부조차 경제부터 생각하는 자세를 지녀서는 안 된다. 노동자의 목소리를 내달라"고 당부했다.

이처럼 정권이 출범하고서도 그는 노조에 대한 애정을 감추지 않았다. 김진표 경제부총리는 노조 문제에 대한 기본원칙을 법과 원칙이라 했으나 대통령은 이를 정색을 하고 수정했다. 법과 원칙이 아니라, 대화와 타협이 참여정부의 노동정책 기본 원칙임을 분명히 했다. 이로써 대화와 타협이 법과 원칙을 상당기간 동결시키게 된다.

대통령의 대화와 타협 지침은 급기야 공권력 발동에 대한 제동으로 확대 해석됐다. 그는 장관들에게 "공권력을 함부로 발동해선 안 된다. 법을 어겼다고 해서 노조 같은 사회적 약자들을 똑같이 불법으로 다스려서는 안 된다"고 말했다. 노동자들에게 불리하면 법과 원칙까지도 고치겠다고 노조지도자들에게 한 약속을 그대로 실천에 옮겨나갔다. 노조는 한층 힘을 얻었고, 경찰의 공권력 집행은 일시에 움츠러들었다. 노조의 폭력화 현상이 이때부터 본격화되었다.

참여정부의 이 같은 노동정책의 이론적 배경은 이정우 청와대 정책실장 중심으로 구축해나갔다. 유럽형 노사관계를 롤모델로 제시하는 한편, 노조의 경영참여를 주장했다. 이 점에서 전임 대통령 김대중의 노사관에 비해서 훨씬 노조 쪽에 기운 입장이었다.

그러나 정권 출범 벽두부터 곳곳에서 노조는 문제를 일으키기 시작했다. 전교조의 나이스(NEIS)투쟁을 비롯해서 화물연대 파업, 조흥은행 파업, 철도 파업 등이 줄을 이었다. 노사분규는 노무현 대통령의 지시로 재야 노동변호사 출신인 문재인 민정수석 소관이었다. 노사문제는 경제문제가 아니라 사회문제라는 인식을 그대로 반영한 것이다.

하지만 '물류를 멈춰 세상을 바꾸자'는 슬로건으로 밀어붙인 화물연대 파업은 협상이란 이름 아래 사실상 정부가 항복하고 말았다. 참여정부 스스로 내걸었던 대화와 타협의 결과였으나 실제로는 대화도 타협도 없었다. 철도 파업도 마찬가지였다. 해고자 복직과 민영화 중단 등의 요구를 파업의 불법성 여부를 떠나 정부가 수용했다. 요구를 관철시킨 노조는 거침이 없었다. 화물연대도 철도노조도 2차 파업에 들어갔고, 조흥은행 노조의 파업도 정부의 확정된 정책을 거부하는 불법적인 것이었다. 참여정부는 비로소 법과 원칙을 꺼내들 수밖에 없었다. 건설교통부는 급기야 철도청의 노조간부 121명을 직위해제했다. 노무현 대통령은 불과 취임 4개월 정도 지난 시점에 말을 바꾸지 않을 수 없었다.

"최근 일부 노동운동이 도덕성과 책임성을 잃어가고 있다. 정부도 부당한 것에 대해서는 소신을 갖고 당당히 말할 필요가 있다. 과거 노동운동은 생존권이나 사회민주화 차원에서 이뤄져서 정당성을 가졌었다."

"향후 노조지도부가 정치투쟁을 하는 것은 정부가 보호할 수 없다. 나라가 있어야 노조가 있는 것이며, 무엇보다 노동자가 더 잘살기 위해서는 경제의 발목을 잡는 노조가 없어야 한다. 철도파업 농성장에 경찰을 투입한 것은 철도노조가 기존 합의사항을 뒤집은 만큼 법과 원칙으로 풀어갈 수밖에 없었다."

대통령의 날선 비판에 노조는 즉각 반발했다. 이남순 한노총 위원장은 "노무현 정부는 말로만 친노동이다. 과거 정부보다 더 노동계를 압박하고 있다"고 비난했고, 단병호 민노총 위원장은 "노무현 정부는 말과 행동이 헷갈린다. 철도 파업에 공권력이 그렇게 빨리 투입될지 몰랐다"며 노골적으로 참여정부에 각을 세우기 시작했다.

대통령은 대화와 타협을 거부한 채 자신에 대한 비판을 멈추지 않는 노조에 대해 그동안 참아왔던 말들을 연속적으로 쏟아냈다.

"노동자들의 요구가 우리 경제의 경쟁력에 상당한 부담이 되고 있다는

게 현재 상황에 대한 판단이다."(2003년 8월 19일, 언론인 간담회)

"명분만 있으면 노동자를 도와주고 싶으나 유감스럽게도 지금의 노동운동은 국민적 명분을 확보하지 못하고 있다. 파업부터 해놓고 협상하는 방식을 보여 동의하기 어렵다."(9월 4일, 28차 노사정위원회 본회의)

"최근 노조가 귀족화 권력화하는 부분이 있다. 내가 느끼는 가장 심각한 부분은 파업의 반발과 강경성 말고도 소수 대기업 노동자 권익 중심의 노동운동이 진행되고 있다는 점이다."(9월 19일, 벤처기업인 간담회)

급기야 노조 시위대는 "노무현 대통령이 노조를 배신했다"고 비난하면서 "결국 다른 정권과 다를 바 없이 기업의 압력에 못 이겨 노동자를 외면하기 시작했다"고 단정했다. 취임 첫해도 채 넘기기 전의 일이다. 김대환 노동부장관은 노무현 진영의 진보파 좌장 격이었으나 2004년 11월 총파업사태를 맞아서는 노동계를 향해 직격탄을 날렸다.

"1987년 노동자 대투쟁은 당시 민주화운동에 편승한 것이며, 노동운동이 민주화를 이끌었다는 노동계의 주장은 노동계의 큰 착각이다. 노동계의 이런 잘못된 생각이 운동을 비현실적으로 만든 요인이다."

"도덕적 우월성을 갖고 있는 현 정부는 노동계에 빚진 것이 없으며 오히려 노동계가 빚을 졌다고 생각한다. 민주노총의 비정규직 관련 입법저지 총파업은 시대착오적인 잘못이며, 주장할 것이 있으면 국회 논의과정에서 정상적 절차를 밟아 설득해야 한다. 최근 대통령은 민주노총의 강성투쟁을 그들만의 노동운동이라고 표현했지만 시중에는 그들만의 잔치판이라고 빗대는 목소리도 많다."(2004년 11월 17일, 기자 간담회)

이쯤 되자 참여정부 초기에 조성됐던 정부와 노조 간의 밀월관계는 완전히 와해되어버렸다. 해를 넘겨 2005년 3월 들어서는 항운노조 비리, 기아자동차 비리 등 대형 노조비리 사건이 잇따라 터져 나오면서 노동계는 한층 더 궁지로 몰렸다. 집권 중반쯤부터 노무현 대통령의 노조 관련 발언들의 요지는 다음과 같이 요약될 수 있다. 첫째 세상이 바뀌었는데도 노조의 투쟁 방식은 과거 독재 탄압시대의 그것을 계속하고 있으며, 둘째 대기업 노조들이 집단 이기주의와 귀족화 현상을 보이고 있고, 셋째 이 때문에 정작 보호받아야 할 중소 영세기업 노동자들에 대한 배려는 결과적으로 소홀해졌으며, 넷째 노조의 불법파업이 너무 커서 경제적 부작용이 심각해지고 있다는 것 등이었다.

노무현은 노사정위원회에 민노총이 참석 자체를 거부하는 데 대해 특히 서운해했다. 자신이 이끄는 참여정부에 대한 불신이자 무시라고 생각했다. 참여정부의 노동정책은 국민의 정부에 이어서 한마디로 실패였다. 노무현 자신도 임기 말에 "노동조합이 나의 말을 믿어줄 줄 알았는데, 정말 서운하다"고 소회를 밝혔다. 전임 대통령 김대중도 "노조가 야속했다"며 비슷한 말을 했다. 실무총책이었던 문재인은 노무현의 자서전 『운명이다』에서 "노동 분야에서 참여정부는 개혁을 촉진한 게 아니라, 거꾸로 개혁역량을 손상시킨 측면이 크다고 생각한다"고 두루뭉술하게 말했다. 이 정도의 코멘트가 노무현 관련 책에서 노동문제에 관해 가장 구체적으로 언급한 것이다. 수많은 노무현 관련 책에서도 노동정책에 관한 언급이나 설명을 찾아볼 수 없음은 무얼 뜻하는 것일까?

아무튼 노무현은 재임 중에 가장 역점을 뒀던 분야가 노동정책이었음에도 그 성과는 매우 실망스러웠다. 다른 분야보다도 노동정책의 실패는 노무현과 그의 참모들에게는 가장 뼈아픈 대목이다. 동지적 관계라 여겼던 민노총의 보이콧으로 인해 결국 노사정위원회 한 번 제대로 열어보지도 못한 채, 서로 등을 졌으니 말이다.

노무현으로서 더욱 곤혹스러웠던 것은 대통령의 권한을 무력화시킨 장본인이 바로 대통령 자신이었다는 점이었다. 이미 거대한 기득권 세력으로 자리 잡은 한국노조의 집단 이기주의의 실체를 그는 너무 과소평가했던 것이다. 그 여파는 계속 확대되어 확고한 정치세력으로 자리매김하기에 이르렀다. 이 점에 있어서는 김대중, 노무현 정부의 공동책임 사안임에도, 두 대통령 모두가 남긴 말은 하나같이 "아쉽다, 안타깝다"는 말뿐이었다. 무엇이 잘못이었고, 누구의 책임이었는지에 대한 구체적인 언급은 일절 없었다.

노무현의 기업관

참여정권 첫 경제부총리 김진표는 취임 직후 "기업들이 국제경쟁력을 확보할 수 있도록 법인세율 인하를 검토하겠다"고 밝혔고, 재계는 당연히 두 손 들어 반겼다. 그러나 청와대는 즉시 "정부 방침으로 확정된 바 없다"고 해명했다. 해명이 아니라 경제부총리의 법인세 인하방침을 뒤엎은 것이었다. 이때부터 참여정부는 반기업적이라는 평판을 얻기 시작했다. 가뜩이나 노조 편을 들어온 대통령이 집권한 데 대한 불안감이 번지고 있을 때였다.

재계를 비롯해 보수진영으로부터 참여정부가 반(反)기업적이라는 비난을 면치 못하게 된 것은 이렇게 시작됐다. 이에 대해 노무현은 동의하지 않았다. "내가 펼친 정책 중에서 무엇이 반기업적인가를 구체적으로 말해보라. 집단소송제 도입과 출자총액 제한제도 지속 정도밖에 더 있는가"라고 반박했다. 사실 참여정부가 새로 만들어낸 이렇다 할 기업규제는 별로 없었다. 전경련 등이 기회 있을 때마다 주장한 출자총액 제한조치의 부작용도 과장된 측면이 없지 않았다. 그럼에도 불구하고 그의 반기업적 이미지를 부인할 수 없는 것은 어디서 비롯된 것일까.

재계는 노무현 대통령을 싫어했다. 이른바 좌파 정권이라는 차원에서 국민의 정부보다 참여정부에 대한 불안감이 더했다. 설마하니 그가 대통령이 될까 하는 기업인들이 많았고, 재계의 전반적인 분위기 또한 노무현을 지지하지 않았다. 참여정부가 출범했을 당시 마침 전경련 회장 자리가 바뀌는 타이밍이었는데, 이때 이건희 삼성그룹 회장이 취임하는 것으로 정해져 있었다. 재계의 대표기업인 삼성의 오너가 전경련 회장을 맡는다는 것은 매우 자연스런 일이기도 했다. 그랬던 것이 어느 날 갑자기 이건희 삼성회장 대신 SK의 손길승 회장으로 바뀌었다. 전경련 회장은 원래 오너 회장이 앉는 것이 관례인데도 월급쟁이 CEO가 새 회장이 된 것이다. 왜 이런 해프닝이 벌어졌을까. 노무현 대통령 때문이었다.

이건희 삼성회장의 전경련 회장 내정은 이회창 여당 후보가 대통령에 당선되는 것을 전제로 한 그림이었는데, 선거 결과 야당 후보 노무현이 당선되는 바람에 빚어진 일이었다. 한국 재계의 간판이라 할 수 있는 삼성그룹은 노무현 정권 아래서 전경련이 당할 난처한 입장을 우려했던 것이다.

사실 노무현의 기업관은 법이나 제도의 문제가 아니었다. 정부의 공식정책 못지않게 대통령의 말 한마디가 더 중요할 때가 많았다. 법이나 제도와 상관없이 국세청의 세무사찰이나 검찰 수사 등의 강화를 통해서 기업에 압박을 가해왔던 것이 한국적 현실이었던 까닭이다. 노무현 대통령이 반기업적이라는 선입견도 그런 차원에서 비롯된 것이었다.

재계가 가장 우려했던 것은 노무현의 노사관(勞使觀)이었다. 원래 노동전문 변호사 출신인데다가 재벌의 폐해를 공격하고 파헤치는 데 앞장서온 사람이 대통령에 취임했으니, 그 자체가 재계로서는 당황스런 일이었다. 노무현은 취임 직후, 그동안 말해오던 친노조 입장을 실천에 옮겨나갔다. "노동자는 보호받아야 할 사회적 약자인 반면 기업은 정치권보다 더 센 막강 권력을 쥐고 있다"고 말했으며, "법을 어기더라도 약자가 어겼을 때는 함부로 공권력을 발휘해선 안 된다. 아무한테나 똑같이 적용하는 게 공권력이 아니다"라고도 했다. 기업의 잘못은 엄벌하되, 노동자의 잘못은 관대하게 봐주라는 말로도 해석됐다.

반기업 정서뿐 아니라 반부자 정서도 주저 없이 드러냈다. "강남에 사는 관료들이 서민들의 어려움을 보살피는 정책을 만들 수 있겠는가"라는 말도 했다. 서울의 강남지역은 부자와 보수의 본산처럼 인식됐다. 재계는 새 대통령의 한마디 한마디에 심한 충격을 받았다. 가뜩이나 IMF 위기 이후 부채를 줄이고 신규투자에 몸을 사려왔던 기업들로서는 한층 위축되는 분위기였다.

대통령의 이런 언행은 사실상 총액출자 제한이나 집단소송제 도입 같은 제도적 장치보다 더 기업들을 심리적으로 불안하게 만들었다. 실제로 노조가 불법행위를 해도 별다른 제재가 가해지지 않았다. 불법파업에 기업 측이 공권력 개입을 요청해도 경찰은 여간해서 움직이지 않는 현상이 이때부터 부쩍 심해졌다. 대통령이 나서서 공권력 발동에 제동을 걸고 있는 마당에 경찰인들 몸 고생해가면서 굳이 나설 필요가 없었다. 이런 현상에서 비롯된 기업들의 위축감이나 불안감에 대해 대통령은 오히려 "기업들이 왜 불안해하는지 도무지 모르겠다"고 말했다.

그러나 경제가 침체를 계속하고 고용문제가 심각해지면서 노무현의 기업관은 빠른 속도로 달라져 갔다. 최대의 복지정책이 곧 일자리를 늘리는 것이며, 그 일자리는 기업에서 나온다는 사실을 대통령의 자리에서 실감하면서부터 기업에 대한 생각, 노동운동에 대한 생각을 기본적으로 수정하지 않을 수 없었다. 특히 노동운동에 대한 변화는 기업에 대한 변화를 뜻했다.

기업에 대해서는 신규투자와 고용의 확대를 호소했고, 노동시장 유연성 제고를 약속했다. 참여정권 출범 후 국무조정실이 처음으로 발표한 '2003년 상반기 정책평가'에서도 "과도한 규제로 기업투자가 위축되어 있고, 노동시장의 유연성이 모자라기 때문에 청년실업이 지속되고 있다"고 했다.

> "노동부 주관으로 정리해고를 실행하는 데 따른 애로점과 제도적 문제점을 개선하는 큰 그림을 8월까지 만들고 10월 말까지는 향후 5년간 추진 방안을 마련하겠다. … 노조 전임자에 대한 임금지원이나 파업기간 중의 임금을 지급하는 관행도 바꿔야 한다."
>
> (김진표 경제부총리, 대한 상의 간담회, 2003년 8월)

김대중 시대에 IMF 요구 속에 제도화했던 정리해고제가 실제로 작동되지 못하고 있다는 재계의 불만 제기에 노무현 정부가 사실상 동의한 것이다. 급기야 "노동자의 요구가 우리 경제의 경쟁력에 상당한 부담이 된다는 게 현재 상황에 대한 판단"(언론인 간담회, 2003년 8월)이라고 말함으로써 노무현의 기업관에 큰 변화가 왔음을 나타냈다.

노무현의 이 같은 변화는 대통령으로서의 학습과 경험에서 비롯됐다. 한국경제의 발전과정에 대해 뿌리 깊은 비판 의식을 품어왔고, 대기업 중심의 산업발전사를 노동자의 권익보호 차원에서 부정적으로만 해석해왔던 노무현이었다. 그러나 그런 관점에 머물러서는 대통령의 일을 수행할 수 없다는 사실을 깨달았던 것이다.

노무현에게 가장 학습효과가 컸던 것은 해외출장이었다. 비행기만 탔다 하면 그 전에는 하지 않던 친기업적인 발언이 쏟아졌다. 자신이 몰랐던 한국기업의 국제적 활약상을 직접 눈으로 확인하는 과정에서 기존 인식에 변화가 일기 시작했던 것이다.

"역시 해외에 나와 보니 기업이 바로 나라다 하는 생각이 든다. 우리 기업이 자랑스럽다."(2004년 10월, 인도 순방)

"경제성장의 함정이냐, 분배의 함정이냐를 놓고 다소 혼란이 있지만, 좌우파를 구분하는 것은 낡은 생각이다. … 민주노총의 경우 고용이 확실하고 소득도 안정되어 있다. 그들만의 노동운동에 심각한 우려를 하고 있다."(2004년 11월, 미국 순방)

"브라질에 와서 깨달은 한국이 발전한 진짜 이유를 하나 소개하겠다. 우리 기업은 독재정부 시절 권력과 결탁해 특혜를 받기도 하고 금융상 혜택을 받아온 게 사실이다. 그 와중에 권력의 힘을 빌려서 노동자를 탄압하고 갈등을 빚어왔다. 기업이 그렇게 반칙을 했지만 국민들이 훌륭해서 오늘을 이뤘다고 항상 생각해왔다. 지금 돌이켜보면 우리 기업은 그렇게 성공한 이익을 모두 한국에 다시 투자했다. 그 돈으로 금을 사서 감추지 않았고, 해외 친척 집에 숨기지 않았고, 비밀계좌에 두지도 않고 전부 국내기업 활동에 재투자했다. … 지금도 노사갈등이 있지만 오늘까지 우리 경제를 성장시켜온 것은 이 같은 우리 기업의 애국심과 확실한 한국 국적의 한국기업이었다. 이제 국내 무대가 좁아 해외로 나가지만 이는 도피가 아니라, 새로운 도전이다."(2004년 11월, 브라질 순방)

집권 2년이 거의 되어갈 무렵 해외 순방 중의 교포 간담회 연설에서 노무현 대통령은 국내에서 하지 않았던 친기업적인 발언을 여러 차례 해서 뉴스거리가 됐다. 원래 해외에 나가서 교포들을 만나면 애국적,

감성적 분위기에 휘말리기 쉬운 법이며, 이런 분위기를 잘 활용해서 노무현은 특유의 연설로 감동을 연출해냈다.

따라서 해외 교포 간담회에서 행한 노무현의 친기업 발언을 액면 그대로 받아들일 순 없다. 노무현의 말은 특유의 솔직성에도 불구하고 스스로가 말했던 '장(場)의 논리'에 주의해야 한다. 청중이 누구인가에 따라 강조점이 달라지고 표현을 달리하는 기발한 능란함이 있음을 감안해야 한다. 주로 외국에 나가서는 기업들을 칭찬하는 말을 많이 했고, 국내에서는 재벌의 폐해를 지적하는 비판적인 발언을 자주 했다. 이를 두고 당시 손학규 경기도지사는 "대통령은 밖에서는 기업을 애국자라고 칭찬하면서 안에서는 마치 기업을 매국노처럼 취급하고 있다"며 노 대통령의 이중적 기업관을 비판하기도 했다.

대체로 노무현의 기업관은 합리적, 중립적인 쪽으로 가다듬어져 갔음은 틀림없다. 주특기인 회의와 토론을 거쳐 경제 관료들이나 전문가들로부터 들은 다양한 견해들을 열심히 자기 것으로 소화했다. 운동권 변호사 시절에 쌓여왔던 잘못된 선입견이나 과격한 생각들은 서슴없이 수정해갔다. 아파트 분양가 공개문제에 대해서도 초기에는 반대 입장을 분명히 했고, 외환은행의 론스타 헐값 매각 문제 역시 전임 정권 때의 문제였음에도 불구하고 노조세력이나 시민단체 측에서 제기하는 의혹론에 대해 반대 입장이었다.

노무현의 기업관은 대통령을 하면서 처음에 비해 많이 바뀌어갔으나, 그가 애초에 뿌린 씨앗이 자라나서 뿌리를 내린 반기업 정서의 확산 현상에 대해서는 속수무책이었다. 노조 문제가 대표적인 케이스다. 노조에 대한 본인의 생각이 비판적인 쪽으로 달라졌다 해도, 전교조를 비롯한 노조세력을 중심으로 사회 전반에 전파되어온 반기업 정서 확산을 바로잡는 데는 대통령으로서 아무 일도 하지 못했기 때문이다. "내가 왜 반기업적이냐"고 한 노무현의 항변에는 이처럼 자신이 뿌린 씨가 얼마나 심각한 반기업 정서를 유발시켜왔는지에 대한 성찰이 빠져 있었던 것이다.

세금폭탄 부동산정책

노무현은 임기 말 기자간담회에서 "부동산을 빼면 내가 잘못한 경제정책이 뭐 있는가"라고 말했다. 자신의 경제정책이 전반적으로 성공했음을 강조한 대목이었으나, 다른 한편으로는 부동산정책에 관한 한 실패를 스스로 인정한 셈이다. 그는 유시민이 엮은 자서전 『운명이다』에서도 많은 노력을 기울였음에도 실패했음을 비교적 솔직히 밝히고 있다.

> "부동산정책 때문에 호된 비판을 받았다. 부동산 가격은 그 자체로 국민 삶을 고단하게 만들고 국가경쟁력을 해친다. 또한 경제의 양극화 현상을 심화시키는 결정적 요인이다. 물론 정책의 오류도 있었다. 나는 부동산정책과 관련하여 유동성을 제대로 관리하지 못했다. 당연히 비판받아야 할 일이고 실제로 비판을 받았다. 강력한 유동성 규제는 다른 부작용이 있을 수 있기 때문에 일단은 다른 정책 수단으로 관리하려 했다. 그러다가 낭패를 본 것이다."
>
> (유시민, 『운명이다』, 221쪽)

'후회는 앞서지 않는다'는 말처럼 노무현의 후회는 자신이 펼쳤던 부동산정책에 아랑곳없이 투기가 한창 극성을 부리고 난 다음의 후회였다. 노무현 정권이 가장 큰소리쳤던 정책이었고, 주변의 비판에도 불구하고 가장 줄기차게 소신껏 밀어붙였던 정책이었다.

"1년 정도 지나면 모든 부동산 거래가 완벽하게 전산화돼, 모든 이익이 100% 노출될 것이다. 나도 사실 집이 없다. 퇴임 후 새로 집을 사야 한다. 아이 하나는 장가가고 하나는 시집갔는데, 둘 다 집이 없다. 그러니까 집값을 절대로 못 오르게 내가 잡을 것이다."

(2003년 11월, 충남 언론인 간담회)

참여정부 출범 당시는 앞서 언급했듯이 김대중 정권의 과도했던 경기부양정책의 후폭풍에 시달리는 중이었고, 그중에도 신용카드 문제와 부동산값 급등현상이 심각한 문제로 대두되고 있던 참이었다. 대통령 노무현과 이정우 등 주변 핵심참모들은 이 점에 있어서 몇 가지 단호한 생각을 가지고 있었다.

첫째, 어떤 경우에도 인위적 경기부양책을 쓰지 않는다는 것, 특히 부동산 경기를 살려서 경제성장률을 끌어올리는 부양책은 절대 금지한다는 방침을 확실히 했다.

둘째, 부동산정책을 제대로 세워서 다시는 투기현상이 일어나지 않도록 제도적 대못질을 해놓겠다는 강력한 정책의지를 갖고 있었다.

셋째, 지금까지 부동산정책이 실패를 거듭해온 것은 "땅을 많이 가

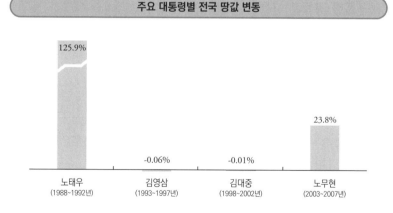

주요 대통령별 전국 땅값 변동

125.9%

23.8%

-0.06%   -0.01%

노태우
(1988~1992년)

김영삼
(1993~1997년)

김대중
(1998~2002년)

노무현
(2003~2007년)

진 사람, 돈 많은 사람, 힘 있는 사람들이 반대했기 때문에 순조롭게 실행하기가 어려웠다"(유시민, 『운명이다』, 220쪽)고 확신했다.

이 같은 전제 아래 노무현은 나름대로 부동산 투기를 근본적으로 잠재울 대책을 치밀하게 준비, 시행해나갔다. 우선 아무리 땅 많고 돈 많은 사람들이 반대해도 대통령의 힘으로 끝장을 볼 때까지 마음먹은 부동산정책을 기필코 추진한다는 의지를 천명했다. 그 전략의 핵심은 세금 중과였다. 거래과세는 줄이고 보유과세를 강화해 큰 집과 많은 땅을 가진 사람들에게 불이익을 주면 투기수요가 발붙일 곳이 없으리라 믿었던 것이다. 세금이 무서워서라도 팔게 하자는 취지의 정책이었다.

사실 거래과세를 줄이고 보유과세를 강화해야 한다는 주장은 오래 전부터 있어왔고, 참여정부가 이를 실천키로 한 것은 올바른 정책방향이었다. 문제는 이것이 너무 일방적이고 지나쳤다는 점이다. 정부 당국 스스로가 세금폭탄, 대못질이라는 말로 윽박지르면서 양도세 중과, 종합부동산세 신설, 과표 현실화 등 갖가지 세금 공세를 펴나갔다. 그 전 정부까지는 재산세를 올리면서 양도소득세는 내려주는 정책을 펴자는 것이었으나, 참여정부에 와서는 양도소득세는 거래세가 아니라 소득세이므로 함께 올려야 한다는 쪽으로 어느 날 갑자기 논리가 바뀌었다. 아무런 토론 과정도 없었다.

세금폭탄 정책은 다분히 감정적인 정책이었다. 용어부터가 정부 당국이 공식적으로 사용할 게 아니었다. 부동산값 등락을 시장 현상이라 보지 않고, 있는 자들의 농간이 빚어내는 투기적 사회악이라 간주했다. 그 해결책으로서 세금폭탄을 퍼부어서 까부수겠다는 식이었다. 전임 김대중 정부 같으면 엄두도 못 낼 일이었다. 참여정부는 엄청난 저항과 비판에도 굴하지 않고 고난의 행군을 고집하는 자신들의 소신 정책에 상당한 자부심을 느끼기도 했다.

그럼에도 불구하고 부동산값 상승은 잡히지 않았다. 강남의 집값을 떨어뜨리기 위해 판교에 신도시를 지었으나, 결과적으로 판교와 분당 아파트값마저 강남 수준으로 쫓아 올라가 상향평준화되고 말았다. 세금폭탄을 아무리 터뜨려봐야 아무 소용 없었다. 공급확대 정책도 약발이 먹혀들지 않았다.

더구나 행정도시 건설을 비롯해 국토 균형개발이라는 거창한 정책은 전국의 부동산값을 일제히 올려놓는 결과를 빚어냈다. 전국 땅값의 연도별 상승률을 보면 노무현 정권 5년 동안에 23.8%(2011년 「토지주택통계편람」, 토지공사)가 올랐다. 1992년 노태우 정권 말기 이후 김영삼, 김대중 정권을 거치면서 10년 동안 거의 오르지 않거나 오히려 떨어졌던 전국 땅값이 김대중 정권 마지막 해부터 크게 뛰어오르더니 노무현 정부 시절 내내 자리 잡은 것이다. 특히 노무현 정권이 벌인 세종시 혁신도시 등의 주변 땅값이 대폭 올랐는데, 여기서 나온 토지보상비가 다시 투기를 일으키는 종잣돈 역할을 했다. 이 돈의 상당한 부분이 서울로 유입되어 강남지역 투기를 부채질했다. 노태우 시대에 분당 신도시 건설의 토지보상비가 전국으로 흩어져 지방 땅값에 불을 질렀던 것과 똑같은 현상이 벌어졌던 것이다.

노무현 부동산정책의 결정적인 실수는 자신도 나중에 인정했듯이 유동성 관리를 제대로 하지 않았던 것이었다. 시중에 잔뜩 돈이 풀려 있는데다가, 금리도 낮고, 대출 제한도 없어진 상황은 그대로 놓아두고 세금폭탄을 퍼붓는 데에만 열을 올렸던 것이다.

1년 만기 정기예금 금리가 10%는 되었던 것이 4% 수준으로 뚝 떨어졌고, 엄격했던 부동산관련 대출 규제는 거의 없어졌다. 은행대출을 끼면 집값의 10%만 자기 돈으로 내면 새 아파트를 살 수 있는 판인데, 아파트 투기 현상이 벌어지지 않으면 그것이 비정상이었다. 판교에다 신도시를 건설해서 아파트 공급을 늘려봤자, 아파트값이 오른다는 기대심리가 존재하는 한 값은 더 오를 수밖에 없었다. 실제로 공급이 늘어도 값은 떨어지기는커녕 더 올랐다. 인근의 분당, 용인, 수지 지역까지 덩달아 올랐다.

주택 관련 금융규제를 강화해야 한다는 언론의 지적에 대해 경제부총리는 "어느 나라에서 금융규제로 부동산 투기 잡은 것을 봤느냐"며 딴청을 부렸다. 참여정부 사람들은 정말 금융은 방만하게 놓아둔 채, 세금공세 일변도로 부동산 문제를 해결할 수 있다고 진정 믿었던 것일까.

사실 정부 내부에서도 주택관련 융자를 규제하고 금리도 올려야 한다는 소리가 있었으나 자칫 경기침체를 빚을까 봐 엄두를 내지 못했다.

참여정부가 인위적인 경기부양책을 쓴 일이 없다는 주장이 맞긴 하지만, 반면에 금리인상이나 대출규제 같은 긴축조치를 필요할 때 쓰지 않았던 것도 부인할 수 없는 사실이었다. 그게 바로 부동산정책 분야였다. 극성을 부리는 부동산 투기를 진정시키는 첫 번째 조치가 방만한 금융을 단속하는 것이었음에도 불구하고 경기침체를 우려해서 그건 방치한 채, 세금폭탄 세례만 가했던 것이다.

참여정부는 2006년에 와서야 DTI(총부채상환비율)와, LTV(주택담보대출비율) 등 금융 쪽에서의 규제조치를 뒤늦게 꺼내들었다. 결국 금융규제조치가 시차를 두고 폭등했던 부동산 시장을 진정시켜나갔다. 막판에는 별 수단을 다 동원했다. 민간아파트의 분양가 상한선을 정부가 정하는가 하면 건설회사의 원가 공개까지 하도록 했다.

노무현 시대 경제정책을 홍보하는 여러 책과 자료에서는 그래도 부동산정책은 잘했다고 주장하고 있다. "실수도 있었지만 결국은 제대로 마무리했다고 자평할 수 있다."(노무현, 『성공과 좌절』, 192쪽) 식의 표현이 규격화되어 여기저기에 그렇게 쓰여 있다.

노무현 스스로도 이랬다저랬다 되풀이했다. 실패를 인정했다가도, 정권 말기에 와서는 "부동산 투기를 단숨에 잡지 못한 것은 야당과 언론 탓"이라며 내 탓을 부인했다. 장관들도 대통령의 심기를 살펴가며 사과와 변명 사이를 오락가락했다.

정치적 반대를 무릅쓰고 부동산 세금 부과의 과표를 현실화시킨 것은 중요한 공적이었다. 이는 꼭 했어야 했던 일인데도 정치적 이해관계와 조세저항을 겁낸 나머지 역대 정권이 못했던 것이다. 이것을 참여정부가 강력히 추진해서 결실을 맺은 것이다. 하지만 부동산정책을 '제대로 마무리했다'는 자평은 아무래도 노무현답지 않은 무리한 합리화다. 지나치게 비리나 축재, 양극화의 차원에서 접근하는 바람에 부동산정책의 본질을 왜곡했고, 금융규제는 방치한 채 세금만 가지고 징벌적 정책만을 고집했던 점이 결정적 과오였다. 세제 면에서도 종합부동산세의 도입 또한 재산세와의 중복 문제를 비롯해 많은 시비 여지를 남겼으며, 거래세 부담은 줄이겠다는 약속에도 불구하고 취득세 등록세 인하는 지방자치단체의 반대에 부딪혀서 무산되고 말았다. 결국 노무현의 부동산정책에 대한 총체적 평가는 실패였다.

양극화와 동반성장

양극화라는 말의 사전적 의미는 중간층은 박약해지고 양쪽 끝으로 쏠리는 현상을 말하는 것이다. 경제적 사회적으로는 중산층이 엷어지고 빈부격차가 커지면서 소득불균형이 심해지는 현상을 뜻한다. 한국경제에서 이 양극화라는 용어는 언제부터 자주 쓰이게 된 것일까.

양극화 현상에 대한 우려는 그 전부터 산발적으로 제기되어왔으나 정부 차원에서 본격적으로 이슈화한 것은 참여정부 때부터였다. 양극화 문제 제기로 출발, 사회통합을 지향한 것이 노무현 경제의 핵심이었다고 할 만큼 큰 비중을 차지했다.

양극화라는 말을 처음부터 썼던 것은 아니었다. 경제정책의 시작은 국민의 정부와 별로 다를 바 없었다. 그러나 첫 1년간의 경제가 생각처럼 잘 풀리지 않고, 여러모로 나빠지면서부터 참여정부 나름대로의 입장 정리를 하지 않을 수 없었다. 앞에서도 살펴보았듯이 2003년의 경제성장률은 3.1%에 그쳤고, 일자리는 3만 개가 줄었는데, 여기서부터 한국경제의 가늠자가 달라졌다.

그 전 같으면 성장률이 크게 떨어진 것에 화들짝 놀라서 비상대책을 강구하느라 야단이었을 텐데, 참여정부는 경기부양이라는 용어 자체를 기피했다. 성장촉진 정책을 펴는 것은 정부가 대기업과 부자들만 좋게 하는 잘못된 과거 버릇이라고 치부했고, 그러한 구태의연한 정책은 오히려 청산의 대상으로 삼았다. 도리어 정부 스스로가 양극화 현상이 심화되고 있으므로 이를 해결하는 것이 최대의 정책과제임을 강조했다. 밖에서 '문제 있음'을 주장해도 정부는 '문제없음'을 강변하는 게 보통인데, 참여정부는 대통령부터 앞장서서 문제가 심각한 상황임을 역설했던 것이다.

젊은이들이 일자리를 구하지 못해서 불만이 누적되고 비정규직 차별에 대한 사회적 원성이 확산되는 것은 분배와 복지를 내세운 참여정부로서는 곤혹스럽기 짝이 없는 일이었다. 결국 '최선의 복지는 일자리 창출'이 참여정부의 대표 슬로건으로 등장하게 된다. 그러나 정부가 무슨 재주로 일자리를 만들어낼 것인가. 성장의 고용효과가 줄어들고 있음은 엄연한 현실인데, 이런 상황에서 과연 어떻게 일자리 창출을 실현시킬 수 있는가 하는 점이 문제였다.

"경제성장만으로 자동적으로 고용이 늘어나지 않는 시대라는 것을 받아들여야 했다. 고용을 통해 성장잠재력을 끌어올리고 고용을 통해 복지를 실현하는 형태로 패러다임 전환이 필요했다. 소위 복지를 통한 성장의 선순환이다."

(『노무현과 참여정부 경제5년』, 136쪽)

고용, 복지 그리고 성장의 선순환을 이룩한다는 것이 말은 근사하지만, 애당초 실현 가능성이 떨어지는 일이었다. 기업이 사업을 잘해서 사람을 많이 뽑아야 일자리가 늘고 고용이 느는 법인데, 정부가 무슨 방법으로 일자리를 늘릴 수 있으며, 또한 그 일자리를 통해 복지와 성장의 선순환 고리를 만들 수 있다는 말인가. 참여정부는 매년 40만 개 이상의 일자리를 창출한다는 내용을 골자로 하는 종합대책을 만들었으나 결과적으로 30만 개에도 못 미쳤다. 더구나 정부가 예산을 들여서 만드는 일자리는 취업자들이 제대로 된 취직이라고 생각하지 않는 질 낮은 일자리이기 십상이다.

서비스산업의 육성도 하루아침에 될 일이 아니었다. 제조업은 이미 한물갔으니 서비스업 쪽에서 일자리 창출의 활로를 찾겠다고 정책 방향을 정했으나, 결국 언제 망할지 모르는 불안한 영세 자영업자들만 잔뜩 늘어났다.

참여정부는 문제가 생기면 남의 탓으로 둘러대는 것에는 선수였다. 일자리가 줄고 양극화 양상이 심화되는 현상이 마치 IMF 외환위기 때 정리해고를 많이 해서 그렇고, 특히 비정규직을 양산해서 가속화됐다는 식의 논리를 홍보했다. 당시 노동계의 주장과 유사했다. 과연 그랬는가?

사실 고용문제는 어제오늘 일이 아닐뿐더러 너무나 복합적인 것이기 때문에 어느 정도의 요점 정리가 필요하다. 우선 지금의 고용문제의 딜레마는 앞에서도 살폈듯이 노동집약적 산업에서 벗어나 기술 및 자본집약적 산업으로 성공적으로 이행했기에, 그 결과로 빚어진 현상이다. 실패한 정책의 결과가 아니라 성공한 정책의 부작용이라는 이야기다.

　둘째 1997년의 국가부도위기 속에 빚어졌던 기업들의 연쇄 도산과 과격한 구조조정 탓에 빚어진 무더기 실업사태가 가세해 양극화 현상에 기름을 끼얹었다. 참여정부는 이때의 정리해고나 비정규직 양산이 양극화 현상을 부추겼다고 주장했으나 사실과는 다른 이야기다. 정리해고와 비정규직 문제는 기업이 살아 있음을 전제로 하는 것이다. 그런데 일자리 문제는 기본적으로 기업이 통째로 망하거나 없어져서 실업자가 무더기로 길가에 나앉게 된 상황이 핵심이었고, 그나마 살아 있는 기업들도 정규직이든 비정규직이든 신규채용 자체를 꺼리게 된 현상이 고민의 실체였던 것이다.

　셋째 경제회복 과정에서 경쟁력이 강해져 잘되는 기업과 그렇지 못한 기업 사이의 차이가 크게 벌어졌고, 넷째 임금이 올라서 소득수준이 높아진 것은 좋은데 그 바람에 인건비 부담이 커져서 많은 기업들이 인건비가 싼 외국에다 공장을 차리는 현상 또한 국내에서 늘어나야 할 일자리가 도리어 줄어들게 된 중요한 요인이었다.

　특히 중국의 급속한 부상이 한국에서 새로 생겨나야 할 일자리들을 송두리째 빨아들여 한국경제의 고용문제를 결정적으로 악화시키고 있는 것이다.

　여기에 한 가지 더 보태야 할 것은 고용사정은 악화일로임에도 불구하고 사람들의 일자리에 대한 기대치와 눈높이가 크게 높아졌다는 점이다. 요구하는 근로조건이나 대우도 그 전보다 훨씬 업그레이드됐고, 불만을 표출하고 요구사항을 관철시키는 방법도 훨씬 적극화됐다는 점도 감안해야 한다. 서울은 사람들이 몰려서 구직난이 심화되는 반면에 지방 공단에는 사람이 부족해 구인난을 호소하는 이중구조가 생긴 지 오래됐고, 힘든 일이나 허드렛일은 임금에 상관없이 꺼리는 바람에 외국인 노동자들을 수입해서 충당한 지도 한참 됐다.

사안의 옳고 그름을 떠나서 종래에 겪어보지 못했던 이 같은 일들이 한국경제, 한국사회의 중요 이슈로 새롭게 부상했고, 극복해나가야 할 쟁점들로 자리매김하게 된 것이다.

이러한 큰 흐름 속에서 노무현 대통령이 양극화 문제를 정부 차원에서 독립적인 의제로 삼기 시작한 것은 집권 2년 차인 2004년 중반부터였다. 갈수록 심각해지고 있는 소득 격차의 문제, 다수 서민들의 상대적 빈곤감의 문제, 급증하는 청년실업 문제 등에 대한 별도의 대응이 있어야겠다는 판단이 선 것이다. 국책연구소들을 통해 본격적인 연구와 대안모색을 지시했고, 2005년 들어서부터 양극화 해소와 일자리 창출을 하나로 묶어서 이른바 동반성장 전략을 선보이게 되는 것이다.

'동반성장'은 노무현 정부가 만들어낸 훌륭한 공용어였다. 노무현이 추구해온 서민 대통령의 이미지에도 부합될 뿐 아니라, 한국경제 발전의 큰 흐름 속에서 새롭게 다듬어져야 할 시대정신 차원에서도 앞뒤가 들어맞는 그럴듯한 단어 선택이었다. 동반성장의 핵심은 성장과 복지의 선순환 구조를 구축하는 데 있었고, 시기적으로도 그러한 문제의식들이 여기저기서 대두되기 시작했던 즈음이었다. 특히 당시 경제상황이 저성장 속의 양극화 현상을 걱정하고 있을 때였으므로 노무현이 주도한 동반성장 전략은 적절한 방향 제시였다.

그러나 실천이 문제였다. 동반성장은 쉽게 말해 대기업만이 아니라 중소기업들도 함께 잘되는 성장, 수출산업만 커지는 것을 지양하고 내수산업도 함께 좋아지는 성장을 뜻했다. 그러나 역시 문제의 핵심은 성장률 숫자를 높이는 차원이 아니라, 고용을 해소해주는 일자리 중심의 성장이었다. 그런 차원에서 과연 어떻게 하는 것이 일자리 중심의 성장 대책인지부터가 애매했다. 양극화 해소 차원에서, 또는 동반성장 전략 차원에서 노무현은 여러 정책수단을 동원했으나 만족할 만한 성과를 거두지 못했다. 일자리 우선의 경제정책을 펴는데, 과거 개발연대의 박정희식으로는 풀 수 없음은 자명한 일이겠으나 이를 대체할 마땅한 다른 방법론을 찾지 못한 것이 문제였다.

결국 노무현의 양극화 대책은 비정규직의 억울한 차별을 법적으로 어떻게 해소해나갈 것인가, 영세 자영업자들을 제도적으로 보호할 방안은 무엇인가, 노동시장의 유연성을 여하히 제고시켜나갈 것인가, 새로운 일자리 창출이 기대되는 서비스산업 분야를 어떻게 육성해나갈 것인가 등에 초점을 맞춰나갔다.

그러나 의욕만 앞섰을 뿐, 성과는 신통찮았다. 참여정부 출범 이후 비정규직보호법 하나를 놓고서 노동계와의 대립과 실랑이로 4년을 허비해야 했다. 노동시장 유연성을 높이려는 노력은 민노총을 비롯한 노동계의 강력한 반발에 말도 제대로 꺼내지 못했다. 질 높은 서비스업종의 고용창출을 목적으로 병원 영리화 계획 등을 추진했으나, 이것 역시 반대에 부딪혀 무산됐다. 통닭집이나 음식점 등 주로 실직자나 명퇴자들이 창업하는 영세 자영업자들의 사업안정을 위한 조치도 여러모로 강구했으나 뾰족한 수가 없었다. 그렇다면 양극화 해소 노력이나 동반성장정책은 실패했다는 것인가?

실패라기보다는 동원된 정책수단의 선택이나 대응이 미흡했다고 해야 할 것이다. 양극화의 경우 워낙 복합적이고 구조적인 문제였으므로 누가 해도 단시일 안에 극복할 수 없는 문제였다. 그런 점에서 노무현식의 성급한 대처는 오히려 문제 해결을 더 꼬이게 했다. 대통령 스스로가 가진 자와 가지지 못한 자를 양분화하여 대립구도를 더 심화시키는 등 소득 간, 계층 간의 갈등구조를 증폭시킨 측면도 있었다.

2006년 8월에 발표한 '비전 2030'은 동반성장을 향한 중장기 정책 방향을 체계적으로 정리한 결정판이다. 소위 성장잠재력의 확충과 사회안전망 확대를 두 축으로 하는 노무현 경제의 장기비전이었다. 그러나 이것이 주목을 받지 못한 것은 물론이고 공연한 증세정책 시비에 휘말려 고역을 치렀다. 비전 2030의 내용은 매우 공을 들여 만든 충실한 중장기 국가발전계획이었다. 노무현의 철학과 의중도 많이 담겼다. 그러나 기본적으로 발등에 불이 붙어 있는 화급한 상황에서 불 끄는 작업은 뒤로한 채, 장기계획의 당위성을 역설했으니 정당한 평가를 기대한 것 자체가 무리였다. 참여정부는 일머리를 잘 모르고 밀어붙이는 경우가 많았다.

아무튼 성공과 실패 여부를 떠나 양극화의 심각성을 본격적으로 문제 삼았고, 이에 대한 답안지에 동반성장 정책이라는 제목을 붙인 것 또한 노무현이 주도한 일이었다. 동반성장이 후임 정권 이명박 시대에 와서 동반성장위원회라는 조직까지 만들어지면서 화려하게 부활한 것은 참으로 아이러니다.

미국과의 FTA를 주도할 줄이야

노무현은 대통령이 되고 나서도 가끔 엉뚱한 언행을 했다. 그러나 그가 미국과의 FTA를 주도한 것만큼 주변을 놀라게 한 일은 없을 것이다. "반미(反美) 좀 하면 어떠냐"는 말로 보수층의 많은 사람들을 놀라게 했던 그가, 자기 지지세력 대부분이 강력하게 반대하는 미국과의 FTA를 밀어붙였다는 것은 너무도 뜻밖이었다. 그 과정은 정책실장 김병준이 「참여정권 경제5년」에서 밝힌 말에서 살펴볼 수 있다.

"처음에 대통령은 나라를 팔아먹는 게 아닐까라는 걱정을 했다. 세계 최대이자 최강인 시장과 경쟁하는 것 아닌가. 나도 겁이 덜컥 났다. 그러나 대통령은 개방하지 않고 발전하는 국가는 없다는 신념을 갖고 있었다. 폐쇄하면 망하는 외길이지만, 개방하면 우리 노력 여하에 따라 성패의 갈림길을 선택할 수 있다는 것이었다. 대통령은 협상하다가 정 아니다 싶으면 안 하면 된다는 전제 아래 한번 해보자면서 결심했다."

또 하나의 인용은 2005년 10월 청와대에서 열린 한미 FTA 관련 부처 장관회의에서 노무현 대통령이 한 말이다.

"나도 걱정이 많고 여러분들도 걱정이 많을 것이다. 하지만 우리가 거역할 수 없는 시대의 대세라고 생각하자. 우리는 미지의 세계에 거친 경쟁이 존재하는 곳에, 불확실한 환경에 항상 몸을 던져왔고 기어코 성공했다. 그 자신감을 갖고 다시 한 번 밀고 나가자."

2007년 3월 FTA를 반대하는 농어민 문제를 다루는 업무보고 자리에서는 이런 말을 했다.

"특단의 의지였다. FTA로 정치적 입장이 얼마나 난감해지겠는가. 아무런 이득이 없다. 한미 FTA는 다음에 어느 쪽이 정권을 잡아도 안 할 것 같았다. 정치적으로 손해지만 앞으로 국가산업, 경제적인 문제에 있어서 반드시 해야 한다고 생각했다."

노무현이 대통령 선거 유세 때부터 이미 개방정책의 당위성을 주장했던 것은 사실이다. 통상산업본부장 김현종의 첫 보고를 통해 한미 간의 FTA 추진 필요성을 절실하게 생각하게 된 것도 사실이다. 아무리 그렇다 해도 대통령 노무현으로서는 해도 그만, 안 해도 그만인 미국과의 FTA를 그 엄청난 정치적 반발을 감수하면서까지 끝내 밀어붙일 줄은 아무도 몰랐다. 더구나 상대국 미국정부가 한국에 대해 외교나 통상 차원에서 어떠한 압력을 행사해온 것도 일절 없었다. 그야말로 순전히 한국정부의 자발적 판단으로 시작된 일이었다.

경제 측근으로 각별한 신임을 받아왔고, 집권 초부터 노무현 경제 정책을 선봉에서 이끌어왔던 진보성향의 경제학자 이정우나 정태인 등은 노골적으로 반대했다. 그럼에도 불구하고 노무현은 생각을 바꾸지 않았다. 미국과의 FTA 추진은 단순한 정책 이슈 이상의 의미가 있었다. 노무현 경제의 정체성에 대한 인식을 크게 바꾸어놓는 일대 사건이었다.

대통령 자리에 앉아 있지 않았더라면 노무현은 결코 그런 FTA를 동의하거나 주도했을 리가 없었다. 그러나 대통령을 하면서 노무현은 변해갔다. 비단 개방 관련 정책만이 아니었다. 앞서 살폈듯이 노동정책에서 가장 두드러진 변화를 보였었고, 사람 쓰는 경향도 다른 모습을 보였다. 집권 초기에는 비교적 온건한 개혁론을 펴나갔고, 인사도 보수와 진보를 적절히 배합하는 쪽으로 해나갔다. 첫 경제부총리 김진표의 후임으로 이헌재를 앉힌 것도 노무현의 변화였다. 자신과 경제 철학이 다르다는 것을 알면서도 인사수석 정찬용의 강력한 천거를 받아들여 그에게 경제 지휘권을 맡겼다. 그를 기용한 이유는 "어지러워진 시장이 그를 신뢰하니까"라고 했다.

그러나 2004년 3월 대통령 탄핵사태를 맞으면서 강경노선으로 획 돌아선다. 정책도 인사도 날을 세우고 당초의 노무현식으로 회귀한다. 자제하려던 말투도 다시 격렬해지고

한미 FTA 협상을 발표하는 노무현.

직설적으로 돌아갔다. 대통령이 아니라 전사(戰士)였다. 언론과도 전쟁을 벌였다. 본인이 시대정신으로 내걸었던 사회통합과는 점점 거리가 멀어갔다.

경제정책 측면에서는 2006년 들어 미국과의 FTA 추진을 결심한 것이 결정적인 터닝 포인트였다. 열린우리당은 물론이고 노사모까지 반대하는 미국과의 FTA를 꼭 해야 한다는 대통령의 말이 처음에는 여간해서 믿어지지 않았다. 반대세력인 보수가 환호했고, 지지세력인 진보가 화를 냈다. 그는 국민과의 인터넷 대화에서 "양극화 해소한다고 복지예산을 늘리면서 다른 쪽에서는 미국과 FTA 한다는 게 앞뒤가 맞지 않는다"는 지적에 대해 이렇게 말했다.

> "세계화와 양극화 해소는 선진 한국으로 가는 양 날개다. 성장을 위해 적극적 개방을 안 할 수 없는 게 우리 경제의 체질이다. 또 국민복지를 위해 함께 가야 한다. … 그런 의미에서 참여정부는 좌파 신자유주의 정부다. … 이론의 틀 안에 집어넣으려 하지 말고 현실을 해결하는 열쇠로서 좌파 이론이든, 우파 이론이든 써먹을 수 있는 대로 써먹자는 것이다."

물론 미국과의 FTA는 후임 정권에 넘겨져서 매듭지어졌다. 그러나 노무현이 아니었다 해도 미국과의 FTA가 과연 가능했을까? 이명박 정권에 와서 벌어졌던 소동을 돌이켜보면 그 대답은 부정적일 수밖에 없을 것이다.

행정수도 이전의 전말

수도 서울을 남쪽으로 옮기고자 하는 시도는 노무현이 처음 한 것이 아니었다. 원조를 따지자면 박정희 대통령이었다. 지금의 육군본부가 자리 잡고 있는 충남 계룡대 자리에 청와대가 옮겨가도록 내정되어 있을 정도로 대전 주변 지역으로 수도를 옮기는 작업이 1970년대 중반 비밀리에 추진됐었다. 물론 북한의 남침 위협에 대처하기 위한 안보 차원의 수도 이전계획이었다.

노무현의 수도 이전계획은 의도부터가 달랐다. 원래 그는 정치에 발을 들여놓으면서부터 모든 것이 서울에 집중되고 있는 것에 문제의식을 가지고 있었다. 그래서 김병준과 함께 지방자치연구소를 만들어 지방의 분권과 균형발전 문제 등에 관심을 가져왔던 것이다. 수도 이전 문제는 노무현에게는 국토의 균형발전을 추구하는 가장 근본적인 해결책이자, 대통령이 되면 꼭 해 보이고 싶은 역사적 과제라고 생각했다. 꼭 해야 하는 옳은 일인데도 국민들의 반대 때문에 못해온 것이라 판단했고, 그런 어려움을 극복하고 해내는 것이야말로 자신의 장기라고 자부했다. 그러나 선거공약에 상관없이 수도 이전이 실제로 일어날 것을 예상한 사람은 거의 없었다. 박정희의 유신 시대에도 하지 못했던 수도 이전을 민주화 시대에 국회 토론을 거쳐서 실천에 옮긴다는 것은 있을 수 없는 일이라는 것이 일반적인 생각이었다.

행정도시특별법안이 열린우리당에 의해 국회에 상정되어 있긴 했으나 이것이 통과될 것으로 여기는 국회의원들은 드물었다. 그러나 일은 뜻밖의 방향으로 진행되고 있었다. 여야가 정치적으로 여러 현안들을 놓고 주고받는 과정에서 행정도시특별법 통과에 합의하기에 이른 것이다. 그럼에도 불구하고 설마 했다. 이 법을 통과시켰던 최병렬 한나라당 대표는 "정치적 타협에 불과한 것이니 걱정하지 말라. 일본도 수도 이전 관련법을 만들어놓고서 시간을 끌다가 그냥 사장시켜버렸다. 우리도 그런 식으로 갈 것이다"라며 신경도 쓰지 않았다. 사실 행정수도 이전이라는 것은 워낙 엄청난 일이라서 정치인이 정치적으로 그냥 하는 말이려니 하면서 이것이 실천에 옮겨질 것으로 기대하는 사람은 별로 없었다.

노무현은 달랐다. 대통령 취임 즉시 노무현은 청와대 안에 신행정수도건설추진기획단을 설치하고 실무작업을 본격화해나갔다. 법을 만드는 국회에서 통과시켜준 것이니만큼 거칠 게 없었다. 우려했던 국회까지 한편이 되어줬다. 야당인 한나라당이 그처럼 쉽사리 합의로 통과시켜줄 것은 미처 기대하지 않았었다.

경제 침체와 일자리 문제로 모두가 머리를 맞대야 할 형편인데, 정국은 온통 수도 이전문제를 둘러싼 시비로 정신을 못 차릴 지경이었다. 언론은 연일 찬반의 대립구도를 쟁점화해갔다. 논란 끝에 결국 2004년 10월 헌법재판소가 국회가 만든 신행정수도특별법은 위헌이라는 판결을 내리는 국면까지 갔다. 그러나 노무현은 순순히 물러서지 않았다. 헌재의 위헌 판결을 피해, 청와대를 제외한 나머지 부처와 정부기관들을 옮겨가는 결정을 내린다. 행정중심복합도시(세종시)라는 이름으로 간판을 바꿔 붙이고 최대한 원안을 그대로 살렸다. 청와대는 여전히 서울에 있으니 수도를 옮긴 것은 아니지 않느냐는 것이다.

노무현이 아니면 어느 누구도 흉내 낼 수 없는 소신이요, 고집이었다. 충청남북도는 총궐기해서 정치권을 압박했고, 충청 표심에 꼼짝 못하는 국회는 또다시 관련법을 통과시킬 수밖에 없었다. 수도 이전의 당위성에 대해 참여정부는 국토 균형발전 차원에서 수도권 집중현상을 해소하기 위한 용기 있는 결단이라 주장했으나 사실 그 이면에는 노무현 특유의 통치철학이 내재되어 있었다. 그에게 수도 이전은 단순한 국토 균형발전 전략 차원의 문제가 아니라, 옛 왕조시대에 있었던 천도(遷都)의 개념이 밑바닥에 깔려 있었다. 왕조가 바뀌면 마땅히 수도를 다른 곳으로 옮겨서 백성들의 과거 정권에 대한 인연을 끊어버리는 통치수단의 일환이기도 했다. 그는 자신의 연설에서 이 점을 스스로 드러내기도 했다.

"구세력의 뿌리를 떠나서 새 세력이 국가를 지배하기 위한 터를 잡기 위해 천도가 필요하다."

(2004년 1월, 지방화 균형발전 시대 선포식에서)

신행정수도건설추진기획단이 발간한 「한국과 세계의 수도」라는 책자에서도 이 점을 구체적으로 뒷받침하고 있다.

"우리 역사상 14번에 걸쳐 수도를 이전한 고구려의 마지막 수도 평양으로의 천도에 대해, 도읍 옮기기에 그치지 않고 나라 바꾸기를 시도한 하나의 개혁조치였다고 보고 있다. … 반면에 천도 경험이 없는 신라의 경우 신문왕이 왕권 강화와 새로운 신라 건설을 위해 경주에서 대구(달구벌)로 천도를 시도했으나 무산되었는데, 경주는 그곳에 뿌리를 둔 지배세력인 진골의 터전이었기 때문에 수도 천도는 물론 여러 가지 개혁정책이 시도되었으나 무산되었다."

결국 청와대는 서울에 남게 되었으나 행정부처 대부분이 세종시로 옮겨가는 것이 확정됨으로써 노무현의 의도는 절반 이상의 성공을 거뒀던 것이다. 아무튼 국토 균형발전 구상에서 발동이 걸린 일이었으나 그 추진과정은 결코 순탄하지도 순수하지도 않았다. 정치인들의 정치적 이해관계로 계량화할 수 없는 엄청난 혼란과 국가적 에너지 낭비를 초래했다. 부동산 투기에도 일조를 했음은 물론이다. 행정수도 이전은 정치인들의 흥정으로 결말이 났던 셈이다. 노무현 대통령 자신도 어느 자리에서 "행정수도로 재미 좀 봤지요"라고 한 실언 아닌 실언으로 구설에 오르기도 했다. 얼떨결에 본심을 드러낸 것이었을까.

아무튼 노무현이 박아놓은 대못은 여간해서 뽑히지 않았다. 정치인의 생업을 좌우하는 '표' 앞에서는 여야를 막론하고 아무 맥을 추지 못했다. 정권이 바뀌고 새 대통령이 된 이명박이 총리를 바꿔가면서까지 총력전으로 행정수도 이전에 제동을 걸고자 했으나 결국 실패하고 말았으니 말이다.

정치자금의 혁명을 이뤄내다

노무현에게 돈은 어떤 것이었을까? 그는 가난도 겪어봤고, 변호사로 성공해 요트도 타봤고, 노동현장에 뛰어들어 인권변호사도 해봤다. 그리고 돈 벌 욕심으로 생수장사를 하다가 사업실패도 경험했다.

종국적으로 정치인 노무현의 머릿속에 정리된 돈에 대한 생각은 '낡은 정치를 지속시키는 종잣돈'이라는 점이었다. 2003년 취임사에서는 "경제의 지속성장을 위해서도, 사회의 건강을 위해서도 부정부패를 없애야 한다. 특히 사회지도층의 뼈를 깎는 성찰을 요구한다"고 말했다. 노무현의 이 말은 정치자금을 두고 한 것이다. 정치자금 수수를 통한 해묵은 정경유착의 고리를 끊고자 하는 노력을 임기 내내 했다. 그는 궁극적으로 정치자금을 통한 부패가 차단되어야 정치든 경제든 제대로 될 수 있다고 확신했고, 실제로 선거를 통해서 이를 고치고자 했다.

대통령 재임 중에 치러졌던 국회의원 선거를 정말 깨끗한 선거로 한 것은 그의 임기 내 업적 중에 최고로 꼽힐 만하다. 유명 대기업 회장 K씨는 "선거시즌이 시작되면서 정치자금 내라는 말이 언제 나올까 하고 기다렸는데, 정말 선거가 끝날 때까지 아무 데서도 그런 요청이 없었다"고 말했다. 이처럼 기업들로 하여금 국회의원 선거 때 정치자금으로부터 자유롭게 해준 정부는 건국 이래 없었다. 관련법이나 제도도 강화되었지만, 이는 노무현 정부의 명백한 공적이다. 대통령의 모진 결심 없이는 아무리 제도적 규제를 강화해봤자 소용없는 일이다. "정치자금은 더 투명해져야 하고, 제도는 더 합리적으로 보완되어야 한다"는 국정연설(2003년 4월)을 그대로 실천에 옮겼다.

노무현 본인은 돈 문제에 관한 한 흠 잡힐 데가 없다고 생각했다. 개인적인 축재도 없을 뿐 아니라 역대 대통령 중에서 자신만큼 정치자금과 무관했던 정치인도 없다고 확신했던 것이다. 취임 직전, 당선자로서 그는 "어떤 개입이나 인사 청탁하다 걸리면 패가망신시키겠다"고까지 했다. 큰소리칠 만도 했다. 정치자금에 관한 한 민주투사 출신인 김영삼도 김대중도 자유로울 수 없다. 그들의 정치인생에서 기업들로부터의 정치자금 조달은 필수였다.

그 점에 있어서 노무현은 달랐다. 대통령 되는 과정에서 그도 기업들한테 정치자금을 얻어 썼지만 훨씬 적은 규모였다. 다른 정치인들에게 없는 노사모라는 개인적 지지 배경이 버티고 있었기에, 대통령이 되고 나서도 기업들과의 정치적 뒷거래 같은 것은 일절 배격했다. 정경유착의 근절이 노무현이 추구했던 주요한 목표 중의 하나였다. 돈 안 드는 선거를 실천해 보인 것뿐 아니라, 노무현 정권은 과거 정권에 비해서 돈에 관한 한 전반적으로 도덕적 우위를 자랑할 만했다. 사람을 쓰는 것도 소위 코드 인사가 지나친 나머지 비판을 받기는 했으나 이권과 관련된 낙하산 인사는 다른 정권과 비교해서 상대적으로 훨씬 적었다. 대통령 되는 과정에서 신세 진 사람들이 적었고, 따라서 집권 후에 소위 신세 갚아야 할 사람 숫자가 적었던 덕분도 있었다.

경제정책에 임하는 태도도 달랐다. 그는 취임 초부터 도덕적 개혁을 우선시하겠다고 마음먹었다. 정부의 기능 중에서 한국은행의 독립성과 금융감독원, 공정거래위원회 기능을 강화하겠다는 것 등이 그런 시그널이었다. 경제의 파이를 키워나가는 정책보다는 불공정한 시장독점의 폐해를 제거하고 경제비리를 척결해내기 위한 엄격한 도덕적 개혁을 추구하겠다는 것이었다. 참여정부의 가장 큰 자랑이 도덕적 우위였다.

설마 이 같은 그의 트레이드 마크인 도덕성이 종국에 가서는 부메랑이 되어서 자신을 무너뜨릴 줄은 미처 몰랐다. 취임 1년 만에 기자회견을 통해 "대선자금, 그리고 저의 측근과 친인척 비리 문제로 죄송하고 부끄럽다"며 사과해야 했다. 그러나 이때만 해도 '털어서 먼지 안 나는 사람 어디 있겠느냐'는 차원에서 큰 흠이 아니었다. 그 이후에도 재임 중에 크고 작은 비리 소동에 휘말려서 고역을 치르기도 했다.

그러나 이른바 '박연차 스캔들'이 터지면서 그의 도덕정치는 치명타를 입고 말았다. 급기야 퇴임 후 검찰 수사까지 받는 상황에 본인이 쓴 추가 진술 준비라는 비망록(2009년 4월 3일)에서 "도덕적 책임을 통감한다. 형님까지는 단속이 쉽지 않았다고 변명이라도 할 수 있겠지만 아내와 총무비서관의 일에 이르러서는 달리 변명할 말이 없다. 대통령을 하려고 한 것이 분수에 넘치는 욕심이었던 것 같다. 이제 남은 인생에서 해보고 싶었던 모든 꿈을 접는다"고 적었다. 돈의 액수 여하를 떠나 노무현이 그토록 주장하고 추구했던 도덕적 우위가 그토록 허무하게 무너질지는 자신도 몰랐을 것이다.

노무현의 정신세계를 늘 감싸줬던 송기인 신부는 그의 49재에 즈음해서 "그의 성격으로 보면 부인과 자녀들의 돈거래를 몰랐을 겁니다. 부인이 하는 일, 아이들이 하는 일을 꼬치꼬치 간섭하는 사람이 아니었습니다. … (국민적 평가가 비판에서 지지나 향수로 변하고 있는 것은) 노 대통령에 대한 불만이 재임 중에 많았지만 죽고 보니까 그래도 소통할 수 있는 대통령이라고 본 겁니다. 소탈한 친구처럼 소통했던 최초의 대통령이었지요"라고 말했다.

실패한 사회통합

노무현 대통령은 2006년 12월 오스트레일리아 순방 중의 교포 간담회에서 매우 독특한 연설을 했다.

"대화와 타협의 정치를 이뤄내지 못한 데 대해 내가 대가를 톡톡히 치르고 있다. 국민에게 미안하게 생각하고 내 정치적 역량의 부족이라고 생각한다. 우리는 아직도 너무 싸움을 많이 한다. 나부터 …"

"옛날 군사독재하고 싸우던 때의 기억이 남아서 나쁜 사람 좋은 사람을 갈라놓고, 나하고 생각이 다른 사람들과 토론을 하다 보면 더 좋은 결론이 나올 것이라는 생각보다는 '저 사람 옛날에 많이 해먹던 사람들, 많이 꿍쳐놓은 사람들', 이런 선입견이 있다. 또 그쪽에서 보면 '맨날 거리에서 데모나 하던 사람, 쟤들 사고뭉치들' 이렇게 서로 인정하지 않는 부분이 있다. 사상투쟁을 오래했기 때문에 서로 인정하지 않는 문화가 있다. 이것을 어떻게 넘어서느냐에 대해 고심을 많이 하고 있다. 그러나 나는 아직 성공하지 못했다."

이런 식의 거친 표현으로 공식 연설을 하는 대통령도 없었지만, 이처럼 솔직하게 직선적으로 자기 속내를 드러낸 대통령도 노무현밖에 없다. 그는 이날 연설에서 자신이 취임한 지 4년이 다 되어가는 시점에서 그동안 추구해온 가장 중요한 목표, 즉 사회통합의 문제에 대한 솔직한 소회의 일단을 해외교포를 상대로 밝힌 것이다. 그가 말했듯이 서로를 인정하지 않는 문화를 인정하는 문화로 만드는 작업을 위해 그동안 애를 써왔으나 잘되지 않고 있음을 고백한 것이다.

이 시기의 노무현은 심경이 매우 복잡했다. 대통령으로서 나름대로 최선의 노력을 해왔다고 자부하면서도, 다른 한편으로는 심각한 한계와 좌절을, 때로는 분노를 함께 겪고 있었다. 감정의 기복도 심했다. 부동산 폭등과 경기침체 속에 대통령의 인기는 급전직하였고, 정권 말기의 이른바 레임덕 현상이 심각했다. 그는 어느 날 갑자기 야당과의 공동정권 수립을 뜻하는 대연정을 제의했다가 여당한테서도 "무슨 뚱딴지같은 소리냐"는 소리를 들으며 외면당하는가 하면, 대통령 임기 4년 중임 허용을 골자로 하는 개헌 제의 역시 정치적으로 아무런 동조를 얻지 못했다. 회심의 역작이라는 자부심으로 만들어낸 '비전 2030'이라는 국가장기발전 전략은 언론으로부터 눈길조차 끌지 못했다.

노무현은 "한국경제의 미래를 담은 청사진을 만들었다"고 자부했으나, 곧 물러날 대통령이 현안 마무리는 소홀한 채, 구름 잡는 미래전략 운운하며 증세 논란이나 불러일으키고 있다는 핀잔만 들었다. 정치 현실로는 모두가 생뚱맞은 것이었으나, 노무현은 나름대로 자기 확신이 있었다. 아무리 애를 써도 사회통합은커녕 분열이 심화되고 있으니 차라리 야당과의 공동정부를 수립해서라도 권한과 책임을 함께 나누는 것이 낫지 않겠느냐는 뜻으로 비난을 개의치 않고 대연정을 제의했던 것이다.

대통령 임기 5년 단임제를 4년 중임 허용제도로 바꾸는 원 포인트 개헌문제 역시 충분히 일리 있는 제안이었으나 그것이 노무현 대통령에 의해 제안됐다는 것 자체가 결정적 결함이었다. 여론조사 결과도 노무현 임기 중 개헌 반대가 70%였다. 그는 자신의 신뢰가 얼마나 실추되었는지를 충분히 깨닫지 못했다. 노무현은 뒤늦게 "대통령이 미우니까 옳은 정책도 반대한다"고 토로했다.

'비전 2030'은 순수한 발상이었다. 노무현이 대통령으로 겪었던 국정 경험을 바탕으로 경제 관료들이 만들어낸 노무현 경제철학서이자, 그가 바라본 한국경제가 가야 할 길을 나름대로 심혈을 기울여서 담아낸 것이다. 고령화 저출산과 같은 근본적인 문제를 어떻게 미리미리 대처할 것이며, 2만 달러 시대를 넘어 3만 달러, 4만 달러 시대로 계속 지속성장을 해나가기 위해서는 무슨 준비를 해야 하는지 등을 총망라했다. 돈이 얼마나 들 것인지에 대해서도 문제를 제기했다. 특히 증세의 필요성을 제기한 것은 용기 있는 일이었다. 2006년 8월 참여정부가 이것을 공식 발표하자 언론은 물론이고 여야를 가릴 것 없이 칭찬은 고사하고 뚱딴지같은 소리라고 매도했다. 이 작업을 주도했던 변양균은 저서 『노무현의 따뜻한 경제』에서 "대한민국의 미래가 무덤 속으로 들어간 날"이라고 묘사했다. 충정을 몰라주는 것에 대해 대단히 억울하고 야속해했다.

그러나 대통령 노무현이나 기획예산처장관 변양균은 한마디로 너무 순진했고 일머리를 몰랐다. 이런 내용의 국가 장기 청사진 제시는 박정희 시대에도 정부가 직접 하지 않았다. 국책연구소인 KDI(한국개발원)를 시켜서 애드벌룬을 띄우게 하고 정부 관료들이 그걸 토대로 가능한 사안을 선택적으로 실천에 옮겨나가는 방식을 썼다. 절대 권력자인 박정희가 그런 우회적인 방법을 썼음에도 국가장기발전 계획이란 것이 원래 여러모로 정치적 오해나 저항을 불러일으키기 마련인데, 힘도 없는 노무현 대통령이 직접 나서서, 그것도 레임덕이 한창인 시기에 장밋빛 청사진을 그려 보인 것 자체가 일머리를 모르는 너무나 순진한 발상이었던 것이다.

내용 면에서도 비판자들이 꼬투리를 잡게 되어 있었다. 우선 '비전 2030'이 제시하는 국가의 역할론에 있어서 그 첫째가 '세대, 이념, 계층 간의 분열을 치유하는 사회통합을 추구하는 것'이라고 되어 있는데, 당시의 지배적인 분위기는 과연 노무현 정부가 사회통합을 논할 자격이 있는가를 근본적으로 의문시하는 상황이었다. 한마디로 노무현은 단순히 여론조사의 인기만 떨어진 것이 아니고, 사회통합을 이

끌어낼 구심점이나 리더로서는 실패한 인물이라는 결론이 이미 나 있는 상태였으므로 그가 강조하는 통합의 절실함이 기본적으로 국민들에게 먹혀들기 어렵게 되어 있었다. 더구나 복지국가를 건설해나가는 데 소요되는 재원부담과 증세의 불가피성을 솔직하게 제기한 것 또한 비난을 자초했다. 막판의 노무현은 경제에서도 정치에서도 설 곳이 없었다.

2007년, 집권 마지막 해에 접어드는 노무현은 더 과격해졌다. 자신의 제안들이 얼마나 순진한 낭만주의적 아이디어인가는 깨닫지 못하고 이를 매도하는 여론에 깊이 실망, 좌절했다. 자신이 사심 없이 나서면 국민 설득이 쉽게 이뤄질 것으로 기대했던 것이다. 새해 첫날 과천 종합청사에서 경제 관료들과 점심을 하는 자리에서 "나는 갈등 친화적인 인물이다, 앞으로도 시끄러울 것이다"라고 말했다. 대통령이 한 말이라고는 믿어지지 않는 대목이었다.

그다음 날 경제점검회의에서는 이용득 한국노총위원장이 "대통령이 말을 가급적 아껴주셨으면 좋겠다"고 말하자, 대통령은 "공개적인 자리에서 모욕을 주는 것이냐"고 되받은 해프닝도 있었다. 나라의 대통령과 노총위원장이 장관들이 모인 공식 석상에서 동네 아이들 싸우듯 말싸움을 벌였던 것이다. 이 같은 대통령의 언행이 언론에 그대로 보도됐다. 신임이 두터웠던 유시민 복지부장관은 해명을 겸해서 대통령의 입장을 이렇게 두둔했다.

"주변에서는 대통령에게 이제 그만 편안한 길을 가시라고 조언하지만 대통령은 이와 다르게 결단한 것 같다. 개헌을 제기하고 언론과 각을 세우는 것을 보면 상처를 입더라도 해야 할 일은 해야겠다는 나름의 판단을 하고 있는 것 아니겠나."

노무현은 언론을 비롯해 자신에 대한 비판이나 공격이 심해질수록 자신도 더 공격적으로 맞대응했다. 2007년의 신년 기자회견에서 거침없이 날을 세웠다.

"실물 경제 좀 안다고 해서 경제 잘한다, 경제공부 좀 했다고 해서 경제 잘한다, 그런 것 아니고, 영화배우 출신도 있고, 정치인 출신도 있다."

"경제문제, 어떤 대학자하고도 10시간 토론 가능하다."

아마 이즈음이 노무현으로서는 가장 정신적으로 고통스러운 때로 판단된다. 그래서인지 대통령으로서의 절제는 완전히 포기한 듯이 행동했다. 연설 기회마다 정해진 시간을 대폭 넘겼고, 연설문에 없던 원색적 감정 표현으로 연일 뉴스거리를 생산해냈다. 지지자로 알려졌던 한승헌 변호사는 라디오 프로에 나와서 "노 대통령은 말 한마디로 천 냥 빚을 갚는 것이 아니라 천 냥 빚을 지는 사례가 많다"고 일침을 가했다. 정의채(몬시뇰) 천주교 신부까지 입을 열어 대통령을 비판했다.

"지난 4년간 노 정권 아래서는 다 잘됐고, 잘못한 것은 전임 정권과 야당, 언론 탓이라는 투이니 놀랍다. 지금 해야 할 부동산 문제 등은 해결 못하면서 다음 정부가 해야 할 개헌이나 법률 정비는 노 정권이 해놓아서 (다음 정권이) 움직이지 못하도록 하겠다는 것… 노 대통령의 정치는 악의 지식에 근거한 것으로 보인다."

세금폭탄에도 수도권 아파트값은 집권 마지막 해인 2007년 들어 더욱 치닫고 있는데도 불구하고 대통령이 다른 일들로 불필요한 갈등을 촉발하고 있는 것을 두고 하는 이야기였다. 사실, 정권 말기의 레임덕을 현실로 받아들이고 그동안 벌인 일들을 마무리하는 일에 충실했더라면 대통령을 둘러싼 갈등은 그처럼 증폭되지 않았을 것이다. 갈수록 대통령의 언행이 여론을 악화시키고 현실정치에 부담이 되어감에 따라 정동영, 천정배 등 정권 창출의 한 배에 탔던 핵심 인물들까지도 공개 비난을 쏟아내며 노골적으로 등을 돌렸다.

노무현은 그해 2월 열린우리당을 탈당했다. 자의 반 타의 반 정치적 외톨이 신세가 되어버렸다. 결국 참여정부의 으뜸가는 명제로 내세웠던 대화와 타협을 통한 사회통합은 노무현 스스로에 의해 부서지고 만 셈이었다. 자신의 고백처럼 갈등 친화적인 DNA를 통제할 수 없는 리더가 감당하기에는 원래 적절치 않은 일이었다. 실제로 그는 집권 기간 동안 대화와 타협을 가장 자주 강조한 대통령이었으나, 정작 성공시킨 대화와 타협은 별로 기억될 만한 성과가 없었다. 오히려 반대를 무릅쓰고 굽힘 없는 소신을 발휘해서 이뤄낸 일들이 많았다. 그에게는 역시 타협보다는 투쟁이나 소신이라는 단어가 더 어울렸다.

그는 중도나 절충에 익숙하지 못했다. 자신의 준거 틀을 기준으로 옳고 그름에 있어 확실히 편을 갈랐다. 두루뭉수리로 넘어가는 것을 용납하지 않았다. 기본적으로 그는 번뜩이는 칼날 같은 논리로 무장한 투사형 지도자였지, 자신과 다른 생각을 가진 사람들까지 끌어안는 포용형의 지도자는 아니었다. 통합을 주장하면서 실제로는 갈등을 야기하고 수습보다는 분열을 자극하는 경우도 적지 않았다. 문제 제기는 잘하는데, 그 문제들을 수습하고 해결하는 국면으로 끌어가는 리더십은 부족했다.

중소기업과 서민, 그리고 진보언론들을 옹호하는 과정에서 대기업과 부자, 보수언론들을 적으로 돌렸다. 자기 생각과 다른 사람들까지 모두 아울러 끌어안고 융화해가는 것이 통합을 추구하는 리더의 기본 덕목이라고 한다면, 그는 생각이 다른 사람과는 끝까지 싸워야 하는 사람이었다. 노무현은 대통령 자리에서 물러나고서야 이 점을 후회했다.

10부

CEO 대통령
'이명박 시대'

경제만은
살릴 것이다

　17대 대통령 이명박의 당선은 압도적이었고, 그러한 정치적 승리의 밑바탕에는 전임 대통령 노무현의 '경제 실패'가 자리 잡고 있었다. 경제를 회복시켜달라는 국민적 기대가 530만 표라는 사상 최대의 득표 차이로 대통령에 당선시켰고 그런 이명박을 '경제대통령'이라 부르는 것은 지극히 자연스러운 일이었다.

　경제대통령이라는 말이 본격적으로 쓰이기 시작한 것은 전두환 시대부터였다. 전두환 자신이 그렇게 불리는 것에 흡족해했다. 그러나 이 단어의 속뜻을 따져보면 "비록 정치적으로는 문제가 있어도 경제에 전념해서 경제정책만은 잘한 대통령"이라는 뉘앙스가 깔려 있었다. 그리하여 1987년 민주화 바람이 불기 시작하면서 경제대통령이라는 말은 자연스럽게 사라졌다.

　그랬던 것이 노태우 김영삼의 10년을 거치고 IMF 경제위기를 겪으면서 다시 등장하기 시작했고, 더 심해진 것은 2007년 말 17대 대통령 선거 때부터였다. 이유는 간단했다. 경제에 대한 일반의 걱정이 커지면서 대통령 후보들이 저마다 경제대통령을 자처해야 표를 획득할 수 있다고 판단했던 것이다. 경제대통령이라는 표현이 부족했던지, 한술 더 떠서 CEO 대통령이라는 신용어를 경쟁적으로 들고 나섰다.

　보수든 진보든, 진영을 가릴 것 없이 자신이야말로 CEO 자질을 지닌 대통령 후보임을 강조했다. 어려운 경제를 도맡을 대통령은 경제적 안목이 뛰어날 뿐 아니라, 기업 경영자처럼 현장에 대한 경험과 이해가 깊은 인물이어야 한다는 인식이 정설처럼 풍미했기 때문이다. 정치전문가들한테 경제를 맡겼더니, 말만 앞세우고 되는 일이 없더라는 식의 정치 불신 현상도 한몫을 했고, 다른 한편으로는 민주화 이후 만연한 정치 우위 풍조에 대한 반동 현상이기도 했다.

이명박이 최대 수혜자였다. 한국 굴지의 건설회사 CEO 출신이었으니 명실상부한 CEO 대통령이었다. 더구나 서울시장을 하면서 전임자들이 엄두도 내지 못했던 청계천사업을 성공적으로 해 보임으로써 많은 사람들로부터 "역시 CEO 출신이 다르다"라는 찬사를 받았었다. 그는 청계천사업을 통해 불가능을 가능케 만든 불굴의 리더 이미지를 구축하는 데 성공했고, 이 자신감이 대통령 자리에까지 오르게 했다. 1992년 대통령 선거에서 정주영 현대그룹 회장이 정당까지 만들면서 출마했다가 낙선했고, 기업인 출신으로 대통령이 된 것은 이명박이 처음이었다.

그는 전임 대통령 노무현이 경제를 망쳤다는 비판이 매우 심했던 당시의 사회 분위기로부터 반사이익을 많이 봤다. 김영삼 경제의 실패가 IMF 외환위기로까지 몰고 갔고, 그것이 김대중을 대통령에 당선시키는 과정에서 결정적인 역할을 했던 것처럼, 노무현 경제에 대한 실망이 '경제대통령', 'CEO 대통령'을 표방하고 나선 이명박의 당선에 크게 작용했던 것이다.

이명박은 당내 경선에서 고전했을 뿐이지 상대당 후보와의 대결에서는 낙승을 자신했으며, 실제로 그렇게 이겼다. 그만큼 이명박의 경제리더십에 대한 기대가 컸었고, 이명박 스스로도 자신감에 차 있었다. 그는 경제전문가임을 내세웠다. 노무현 시대의 경제 악화는 경제를 모르는 대통령 탓이었으니 경제를 잘 아는 자기가 대통령이 되는 것 자체가 한국경제에 플러스라고 큰소리쳤다. 사실 역대 대통령 중에 그만큼 기업경영을 본격적으로 경험한 실전 경력 소유자가 없었다.

그는 "노무현 정권이 계산해낸 한국경제의 잠재 성장률이 4%라고 하는데, 이는 틀린 계산이다. 훌륭한 리더십이 제대로 작동되면 성장률 3% 정도를 물가 부담 없이 추가로 더 끌어올릴 수 있다"고 주장했다. '7% 성장, 4만 달러 소득, 7대 경제강국 달성'이라는 내용을 담은 소위 747공약도 그러한 맥락에서 출발한 것이었다. 이명박은 원래 자기 확신이 강하고 도전적인 사람이었다. 건설회사 CEO로서 실전에서 연마한 추진력에 더해 서울시장 시절의 화려한 경력을 통해 세계의 주목을 받을 정도였으니, 대통령이 되어서도 잘할 수 있다고 확신했다.

반면에 그는 정치를 기본적으로 좋아하지 않았다. 국회의원 배지도 달아보았으나 체질적으로 정치인이랄 수 없었다. 사실 CEO 출신의 판단 기준으로는 한국정치는 낭비와 모순덩어리였다. 정치인들은 말만 앞세우고 권력투쟁에만 정신을 팔고 있는 매우 비생산적 집단이라고 생각했다. 이런 정치풍토에서 비록 말솜씨는 어눌해도, 경제대통령으로서 자기만큼 잘할 사람이 없다고 믿었다. 많은 사람들이 이 같은 그의 경제리더십을 높이 평가하고 기대했었기에 압도적으로 표를 몰아줬던 것이다.

이명박은 우선 정부 행정을 왕년의 경제우선주의로 되돌리고자 했다. 대통령 스스로가 솔선수범해서 경제에 매진하면 나라 분위기가 확 바뀌리라 기대했다. 초장부터 크고 작은 회의를 일일이 챙겼다. CEO가 작정하고 구조조정을 추진하면 기업경영을 단숨에 일신할 수 있듯이, 정부나 국가경영도 기업 같은 생산성 향상을 이뤄낼 수 있다고 확신했던 것이다. 훗날 퇴임 기자회견에서도 "나만큼 많이 뛴 대통령은 없을 것"이라고 자평했다.

또한 좌고우면하지 않고서 그렇게 밀어붙이는 것이 자신이 생각하고 있던 경제대통령 상(像)이었으며, 그렇게 하면 실제로 한국경제가 어려움을 극복하고 좋아질 것으로 믿었다.

기본적으로 이명박 경제는 지금의 경제적 어려움들이 과거 20년 민주화 과정에서 빚어졌던 부작용에서 비롯된 것이라는 전제에서 출발했다. 따라서 정치 과잉현상을 과감하게 걷어내고 흐트러진 사회기

강도 바로 세워야 한국경제가 다시 활력을 되찾을 수 있다고 본 것이다. 그는 모든 정책의 초점을 경쟁력 강화에 맞췄고, '시장 프렌들리(friendly)'라는 캐치프레이즈를 내걸며 기업 활력을 불러일으키는 데 주력했다. 이처럼 기세 좋게 출발한 MB노믹스가 시작부터 수렁 속으로 빠져들 줄은 전혀 예상치 못했다.

전봇대를 뽑아라

이명박 대통령 당선자는 선거 열흘 만에 여의도 전경련을 찾았다. 대선 이후의 첫나들이를 재계의 본산이랄 수 있는 전경련으로 잡았던 것이다.

"새 정부는 기업인들이 마음 놓고 기업을 할 수 있는 환경을 만들겠다. … 애로 사항이 있으면 내게 직접 전화해달라."

노동자 편임을 자임하던 전임 대통령 노무현과는 전혀 달랐다.

이명박 당선자는 화기애애한 분위기 속에 진행된 이날 재계 간담회에서 대기업 회장들에게 이렇게 말하면서 자신의 친기업 성향을 거침없이 드러냈다. 반기업 정서가 팽배했던 노무현 정권 시대와의 차별화를 확실하게 보여주겠다는 의도가 분명했다. 재벌기업 CEO 출신이라서 재벌 편을 들었다기보다는 '실추되어가는 기업가 정신의 고양(高揚)이 한국경제의 살길'이라는 자신의 경제관에서 비롯된 것이었다. 잠재성장력을 다시 끌어올릴 수 있는 근본적 방책이 '기업하기 좋은 환경'을 만드는 것이라고 확신했다.

'비즈니스 프렌들리(business friendly)'를 새 정부의 중심 슬로건으로 내세웠고, 이 같은 새로운 분위기 조성은 모처럼 경제에 활력을 불어넣으려는 신선한 면모로 받아들여지기도 했다.

경제 실상에 밝을 뿐 아니라, 정부 규제의 폐해를 직접 경험해본 첫 기업인 출신 대통령이었기에 기업 활동에 걸림돌이 된다고 여겨지는 일체의 규제나 안일한 행정 구습을 쇄신하는 데 앞장섰다. 첫 본때를 보인 사건이 이른바 '전봇대 뽑기'였다. 당선자 시절(2008년 1월 18일), 정부의 규제 완화가 얼마나 구호에 그치고 실속이 없는지를 인수위원회 간사단 회의석상에서 지적하면서 "대불산업단지 입구에 서 있는 전봇대 하나 때문에 대형 트럭이 커브도 돌 수 없는 상황을 목격했었는데 아마 지금까지도 방치되고 있을 것"이라고 일갈했다. 비상이 걸린 관련부처와 기관은 즉시 현장으로 달려가 사실임을 확인하고 그다음 날로 전봇대를 뽑았다. 신문들은 전봇대 뽑는 장면의 사진을 크게 보도했다. 한동안 이 전봇대 사진은 이명박 시대의 규제 철폐 의지를 표현하는 상징물로 회자됐다. 기업들이 겪는 세세한 애로 사항까지도 대통령이 샅샅이 파악하고 있다는 점에서 제법 신선한 충격이기도 했다.

집권 초기의 이명박은 '활기찬 시장경제'를 모토로 기업 칭찬에 주저함이 없었다. 경제의 근간은 어디까지나 민간기업이라는 인식이 확고했고, 특히 대기업의 역할이 현실적으로 중요하다고 여겼다. 친재벌적이라는 비판도 개의치 않았다. 오히려 한술 더 떠서 지난 정권하에서의 반기업 정서와 부자에 대한 부정적 이미지를 적극적으로 바로잡겠다는 소신을 당당히 밝혔다. 첫 기업인 출신 대통령답게 이명박은 기업을 잘 이해하고 있을 뿐 아니라, 국가 운영도 기업 경영과 다를 바 없으며, 따라서 대통령도 기업 CEO처럼 하면 된다고 여겼다.

이명박은 70대 나이에도 불구하고 주변 사람들이 혀를 내두를 정도로 부지런하고 정력적이었다. 월화수목금금금이라 할 정도로 휴일 없이 일에 열심이었다. 기업의 생산성이 CEO 하기에 달려 있음을 굳게 믿어온 이명박으로서는 그러한 CEO 리더십이 나라를 운영하는 대통령의 경우에도 다를 바 없다고 생각했다. 이미 서울 시장 시절 많은 반대를 무릅쓰고 성공시킨 청계천 복원사업과 버스중앙차선 정책들이 모두 기업에서 익힌 경영 노하우와 리더십의 결실이라 확신했다.

집권 초기의 이명박 대통령은 이처럼 '성공한 기업 CEO', '성공한 서울시장'을 바탕으로 매사에 자신만만했다. 사소한 부분까지 실무자들로부터 일일이 보고받고 지시해야 직성이 풀렸다. "내가 해봐서 아는데…"라면서 현안문제들을 따지고 들기 시작하면 보고가 서너 시간을 넘기기 일쑤였다. 보고자들은 애를 먹었다.

관료들에 대한 선입견은 결코 긍정적이지 못했다. 특히 재무부에 대한 반감은 매우 노골적이었다. 관치금융의 오랜 습성에 젖어 있는 재무관료들에 대한 불신이 깊었다. 자신의 정권 첫 금융위원장 자리에 뜻밖의 인물, 전광우를 발탁해 앉힌 것이 바로 그러한 사례였다. 원래 주변에서는 금융행정 경험이 풍부한 재무관료 출신들이 천거되었으나 "재무관료 출신은 안 돼"라는 대통령의 기본 입장이 결정적으로 작용했던 것이다.

대운하계획 추진이나 4대강사업 또한 대통령 스스로의 자기 확신에서 비롯된 것이기도 했다. 4대강사업의 경제적 타당성을 주제로 한 TV토론에 출연한 이명박 대통령은 "토목공사에는 내가 최고의 전문가 아니냐"며 비판론자들의 '비전문성'을 반박하기도 했다.

이명박은 실무에 밝았고, 그 점을 자주 내세웠다. 자원개발 사업이나 원자력발전소 건설 수주 같은 경우에도 대통령이 직접 나서길 좋아했고, 실제로 효과를 보기도 했다. 한국경제의 새로운 성장 추동력으로 추진됐던 '녹색 성장' 개념 또한 이명박 대통령이 적극적으로 나섰기에 세계적인 주목을 받을 수 있었다. 그는 국정 전반을 조감하고 총괄한다기보다, 개별 프로젝트의 책임 매니저 같은 스타일로 자신의 에너지를 쏟아붓는 스타일이었다.

촛불이 횃불로 번지다

선거로 당선된 대통령이 소위 말하는 '허니문 기간'은커녕, 출범 초장부터 정권퇴진까지 거론될 정도로 지독한 비판의 도마에 올랐던 일이 과거에 있었던가. 새 정권이 들어선 지 불과 3개월도 안 된 시점에 터져 나온 '광우병 쇠고기 사태'는 막 시작한 이명박 정부의 권위와 체통을 결정적으로 훼손한 중대 사건이었다. 몇몇 학생의 촛불 시위로 시작된 것이 부지불식간에 '횃불'로 번지면서 나라 전체를 무정부 상태로까지 몰아갔던 것이다. 이명박 대통령의 대(對)국민사과문이 당시의 급박한 상황을 말해준다.

"저는 6월 10일 광화문 일대가 촛불로 밝혀졌던 그 밤에 청와대 뒷산에 올라가 끝없이 이어진 촛불을 바라보았습니다. 시위대의 함성과 함께 제가 오래전부터 즐겨 부르던 〈아침이슬〉 노랫소리도 들려왔습니다. 캄캄한 산중턱에 홀로 앉아서 … 국민들을 편안하게 모시지 못한 저 자신을 자책했습니다. … 오늘 제가 이 자리에 선 것은 국민들께 저간의 사정을 솔직히 설명 드리고 이해를 구하고 또 사과를 드리고자 하는 것입니다. … 미국산 쇠고기 수입을 계속 거부하면 한미 FTA가 연내에 처리될 가능성은 거의 없다고 보았습니다. … 그러다 보니 식탁안전에 대한 국민의 요구를 꼼꼼히 헤아리지 못했습니다. … 저와 정부는 이 점에 뼈저린 반성을 하고 있습니다. … 국민들이 원하지 않는 한 30개월령 이상 된 미국산 쇠고기가 우리 식탁에 오르는 일은 결코 없도록 할 것입니다. … 취임 두 달 만에 맞은 이번 일을 통해 얻은 교훈을 재임기간 내내 되새기면서 국정에 임하겠습니다. 국민과 소통하면서, 국민과 함께 가겠습니다. … 청와대 비서진은 시작하는 마음으로 대폭 개편하겠습니다. 내각도 개편하겠습니다. 대선 공약이었던 대운하사업도 국민들이 반대한다면 추진하지 않겠습니다. …"

　사과문 발표라기보다 일종의 항복 연설 같은 것이었다. 이명박은 정
책도 잘못했고, 사람도 잘못 썼음을 체면 불구하고 몽땅 시인했다. 새
정부의 권위와 체통은 말이 아니었다. 정권 출범 2개월 만에 어찌해서
이런 일이 벌어졌던 것인가.

　이명박 정권의 출범은 이처럼 매우 불행하게 시작됐다. 아무도 예상
치 못한 재앙이었다. 좀 더 신중하고 소통에 신경을 썼더라면 그처럼
나라가 뿌리째 흔들릴 일은 아니었다.

　원래 미국산 쇠고기 수입협상은 전임 노무현 정권 때 시작해서 마무
리 단계에 와 있던 문제였다. 이것을 새 정부가 미국과의 FTA 체결을
서두르는 과정에서 빚어진 것이다. 더구나 이명박 대통령의 방미 일
정은 대통령 취임 이전부터 잡혀 있었고 그 일정에 맞춰서 모양새 좋
게 신속하게 마무리 지으려다가 전혀 예상치 못한 화를 부른 것이다.

　기본적으로 이명박 대통령의 기본 노선에서부터 문제가 비롯된 것
이었다. 그는 노무현 정권의 대미관계 설정이 매우 잘못됐다고 판단
했고, 따라서 자신은 보다 적극적으로 친미정책을 펴야 한다는 입장
이었다. 그 첫걸음이 취임 직후 워싱턴에서 있을 부시 미국 대통령과
의 정상회담이었고, 이참에 FTA 문제를 매듭짓기로 기본 전략을 짰던
것이다. 쇠고기 협상 문제는 당연히 이런 맥락에서 서둘러졌고, 한미
양측의 수입개방 합의가 전격적으로 이뤄진 것도 한미정상회담(2008
년 4월 19일) 하루 전이었다.

　광우병에 대한 우려는 쇠고기 수입개방이 확대될 때마다 등장했던
단골 이슈였다. 이번에도 야당과 일부 시민단체들이 반발했고, 중고등
학생들이 촛불을 켜 들고 소규모 거리 시위를 했다. 그랬던 것이 MBC
〈PD수첩〉의 '미국산 쇠고기, 과연 광우병에서 안전한가'라는 특집 프

로그램이 방영되면서 상황이 달라졌다. 광우병 감염 우려가 큰 미국산 쇠고기가 식탁에 오르게 됐다는 내용이 보도되고, 민심이 동요하기 시작했다. 보도 내용의 사실 여부에 대한 법적 시비는 나중 일이고 당장의 파장은 걷잡을 수 없이 번졌다. 더구나 인터넷 포털과 SNS를 통해 여과 없이 확산되는 촛불의 위세는 삽시간에 엄청난 횃불로 변해갔다. 뒤늦게 부랴부랴 협상당국자가 해명에 나서고 장관이 기자회견을 통해 사태수습에 나섰으나 소용없었다. 5월 초부터 서울 광화문 청계천 광장을 중심으로 연일 이명박 정부를 성토하고 미국과의 재협상을 촉구하는 시위가 계속됐다. 일부 시위대는 청와대로까지 몰려갔고, 6월 10일 밤에는 전국적으로 수십만 명의 대규모 시위가 이어졌다.

이처럼 무정부상태를 방불케 할 정도로 사태를 악화시킨 원인은 무엇이었을까. 애당초 쇠고기 협상 자체를 광우병 시비가 일지 않도록 잘 했어야 했겠으나, 그렇지 못했던 상황에서라도 촛불 시위에 대한 초기대응부터가 문제였다. 이명박 정부는 촛불 시위 자체를 처음부터 대수롭지 않게 여겼을 뿐 아니라, 한술 더 떠서 지난 정권에서부터 습관화되어온 "좌파들의 불법시위"의 일환이라고 규정하고 있었다. 따라서 한미 쇠고기 협상 자체에 대한 문제 파악 노력은 제쳐두고, 치안 차원에서 집단 시위를 엄히 다스려야 한다는 것이 청와대나 경찰의 기본 입장이었다. 대통령뿐 아니라, 국무총리 한승수, 대통령의 형님 이상득 의원, 방통위원장을 맡은 측근 최시중 등 소위 실력자들의 공통된 인식이었다. 최고 상층부의 분위기가 이러했기에 시위에 대한 정부 차원의 대응 자체가 사태에 대한 그릇된 인식 아래 치밀하질 못했다. 결국 물리적 진압이 한계에 부딪히면서부터는 통제 불능 사태로 치달았던 것이다. 청와대는 무기력하기 짝이 없었다. 야당과 시민단체의 공격에 굴복하는 항복문서나 다름없는 사과문을 발표해야 했고, 그것에 더해 집권 첫 인사를 불과 3개월 만에 송두리째 바꿔야 하는 수모를 겪어야 했다. 이로 인해 MB노믹스의 추진 일정은 초장부터 크게 빗나 갈 수밖에 없었다. 더구나 촛불 시위의 위세가 어느 정도 수습 국면에 들어서는 시점에 미국발 금융위기와 제3차 오일쇼크가 터져 나오면서 이명박 정권은 또다시 격랑 속으로 빠져들게 된다.

이룩도 못한 채 추락한
747정책

이명박 정부의 경제정책 골간을 담은 소위 '747공약'(7% 성장률, 10 년 내 1인당 국민소득 4만 달러, 세계 7대 경제강국)은 공교롭게도 15년 전 김영삼 정부의 신경제계획의 운명과 흡사했다. 대통령 후보 시절부터 많은 참모들이 모여 오랜 기간 동안 준비한 것이라든지, 집권 직후 각 종 개혁적 변화를 다짐했음에도 얼마 가지 못해 흐지부지되고 만 것 등이 그랬다. 747공약 자체는 그럴듯한 청사진이었고, 악화일로에 있 는 성장 동력에 다시 불을 지펴야 하는 당시의 고민들을 집중적으로 반영한 것이었다.

이명박이 대통령에 취임하면서 친기업을 표방하고 나섰을 당시, 처 음부터 여론이 등을 돌린 것은 아니었다. 감세정책 역시 마찬가지였 다. 참여정부에서처럼 반기업 정서가 계속 심해지고 경쟁력 강화에 소홀해서는 안 된다는 반성 기류가 있었다. 기업을 핍박할 게 아니라 격려해야 일자리도 늘어난다는 주장이 새삼 설득력을 얻었다. 공기업 개혁을 약속하고 시장원리를 적극 창달하겠다는 공약들이 먹혀들었 다. 슬로건 자체가 '노동자가 대우 잘 받는 나라'에서 '기업하기 좋은 나라'로 바뀐 셈이었다.

그랬기에 기업인 출신이 많은 표를 얻었던 것이다. 이명박은 전임 참여정부와의 차별화를 분명히 했고, 유권자들은 그런 그를 대통령에 당선시켰다.

따라서 그가 대통령에 취임해서 다수 국민들로부터 지지를 받은 747공약을 강력히 추진한 것은 지극히 당연한 일이었다. 심지어 이명박 정책 중에 가장 심한 지탄을 받았던 나머지 결국 포기 선언을 해야 했던 '대운하사업'도 선거공약에 버젓이 포함되어 있었던 것이다.

그는 취임 초기부터 경제 관련 직속 기구를 많이 만들었다. 국가경쟁력강화위원회와 국가브랜드위원회 등 경제 관련 기구들을 대통령 직속으로 거느렸다. 경제가 활기를 잃게 된 것이 전임 대통령이 경제를 너무 소홀히 봤던 탓이라고 보았기에, 그것을 회복시키는 일도 새 대통령인 자신이 직접 나서서 챙겨야 한다는 생각이 강했다. 매사에 생산성을 중시하는 CEO 출신다운 새로운 면모를 보여 나갔다.

그러나 기세 좋게 출발한 MB노믹스는 10리도 못 가서 발병이 났다. 정권 출범 3개월 만에 터져 나온 촛불 시위로 대통령의 권위가 실추된 것을 시작으로 해서, 미국발 금융위기, 국제 석유값 폭등, 그리고 유럽발 세계경제위기로 이어지는 대외여건 악화는 성장촉진에 초점을 맞춘 747공약을 초장에 주저앉혔던 것이다. 어찌 보면 세계경제가 구조적 불황에 빠져든 판국에 성장을 모토로 하는 747공약이 무위로 돌아간 것은 당연한 일이기도 했다.

오히려 역풍이 불기 시작했다. 성장정책은 졸지에 '나쁜 정책'으로 전락하고 말았다. 경제가 나빠지면 당연히 기업투자 촉진책을 우선적으로 쓰기 마련인데, 정반대 현상이 벌어진 것이다.

종전 방식의 경기부양 정책이 기업특혜 정책으로 매도되는 분위기 속에서 지속성장을 위해서라도 이제는 분배와 복지정책을 강화해야 한다는 주장이 세를 주도했다. 경기부양을 할 때 정부가 취하는 정책 선택도 달라진 것이다. 다시 참여정부로 복귀하는 것 같은 분위기가 연출되고 있었다.

원인이 어디 있든 간에 여론은 급속히 이명박 정권을 비난하는 쪽으로 기울었다. 대외여건 악화를 극복하는 과정에서 추진했던 기업지원책만 도마 위에 올랐고, 반면에 고용대책은 빛을 잃었다. 위기탈출에 급급한 상황에서 일자리 늘리기 정책은 정부가 아무리 애를 쓴다고 해도 효과를 거둘 수 없는 일이지만, 그런 변명은 통하지 않았다.

양극화 심화에 대한 불만은 불처럼 일어났고, 정부는 리더십을 상실한 채 여론의 향배에 따라 우왕좌왕하기 일쑤였다. 2011년 지방선거에서 여당이 대패한 것이 이명박 정부의 정치적 리더십을 망가뜨리는 결정적 계기로 작용했다.

지방자치단체는 물론이고 교육감에 이르기까지 반이명박 세력이 대거 들어섰다. 마침 미국 월스트리트에서의 '1 대 99의 투쟁' 바람이 한국에까지 불어닥쳤다. 2009년 금융위기를 계기로 자본주의의 위기 현상이 세계적 화두로 대두되었고, 이것은 한국의 정책 기조에도 큰 영향을 미쳤다. 실제로 IT 발전과 지식기반산업을 중심으로 한 산업구조 변화 현상은 한국뿐 아니라 세계적으로도 양극화 현상을 초래해 왔던 게 사실이다.

어쨌거나 국내의 양극화 해소 투쟁은 뉴욕의 1 대 99 시위를 계기로 '국제적 공인'을 받은 셈이 됐다. 힘을 받은 노동계와 시민단체, 그리고 야당 정치인들이 하나가 되어 정부를 공격하기 시작하자, 747공약으로 대표되어온 MB노믹스는 더 이상 발붙일 데가 없었다. 세계의 선진 자본주의 국가들이 급기야 자본주의의 위기임을 공감하고 양극화 해소가 시급하다고 합의하는 판에 이명박의 친기업적 성장주도 정책은 졸지에 나쁜 정책으로 치부되고 만 것이다.

정치권은 복지 우선을 들고 나서며 정부를 압박했다. 복지정책의 핵심 쟁점이어야 할 비용에 관한 논의는 누구도 제기하지 못했다. '복지 하는 데 비용을 따지는 것은 복지를 하지 말자는 것'이라는 흑백논리가 팽배했다.

여당마저 등을 돌렸다. 반값 등록금 정책은 여당의 원내총무 입에서 먼저 시작됐고, 무상급식 문제로 서울시장이 바뀌었다. MB노믹스를 비판하는 것에는 여야 불문하고 날을 세웠다. 김대중 대통령이 제기했고 노무현 대통령 시대에까지 널리 통용됐던 '생산적 복지'라는 단어가 이명박 시대에 와서 사라지고 이때부터 '보편적 복지' 또는 '무상복지'라는 말이 일반화되기 시작했다.

어느 순간부터인가 이명박 정부는 슬그머니 성장이라는 말을 접었다. 시민단체, 노동계, 정치권에서 요구하는 대로 감세정책을 철회하고 복지정책 강화방안을 대폭 수용하는 쪽으로 정책방향을 선회한다. 당초의 MB노믹스는 완전히 자취를 감춰버렸다.

집권 3년 차인 2011년 후반기에 접어들면서부터는 이것이 이명박 정부의 정책인가 싶을 정도로 달라졌다. 기업의 자율적 고용정책에 맡기겠다던 비정규직 문제에 정부가 직접 개입을 선언하고 나섰고, 소극적 내지는 반대 입장을 취하던 무상급식, 무상보육 문제에 대해서도 적극 추진으로 입장을 전환했다.

야당의 공격보다 새누리당으로 이름까지 바꾼 여당의 압박이 이명박 정부의 운신을 더욱 어렵게 만들었다. 환경과 여건 변화에 따라 정책은 얼마든지 바뀔 수 있다. 문제는 아무런 설명도 없이 어느 날 슬그머니 꼬리를 내렸다는 점이다.

부자 감세(減稅)로 몰린
종합부동산세제 개편

  MB노믹스가 고전을 면치 못한 이유 중의 하나는 노무현 정권이 벌였던 정책들을 뒤엎는 일에서 비롯됐다. 주로 세금 쪽이었는데, 전임 정권이 투하했던 이른바 '세금폭탄'들의 뇌관을 해체하고 제거하는 작업이었다. 종합부동산세 폐지 시도가 대표적인 예다. 2005년 노무현 정부가 부동산 투기를 잡기 위해 강력한 세금정책으로 실시한 것이 종합부동산세 도입이었다. 일정 규모 이상의 땅과 집에 대해서는 기존의 재산세 말고도 고율의 누진세를 추가로 매기는 것이었다. 부동산에 매겨지는 일종의 부유세였다.

  부동산 투기를 뿌리 뽑는 근본 처방으로 무거운 세금을 징벌적으로 부과하는 정책을 써야 한다는 것이 노무현 정부 핵심 세력들의 판단이었다. 바로 그러한 취지로 만들어진 대표적인 세금이 종합부동산세였고, 시비와 논란이 많았으나 워낙 부동산 값이 폭등하고 있던 때여서

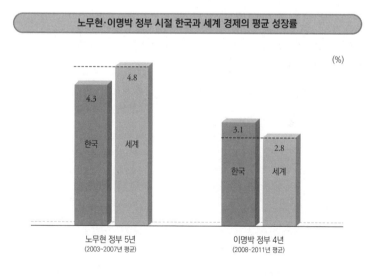

노무현·이명박 정부 시절 한국과 세계 경제의 평균 성장률

(%)

4.3 한국 · 4.8 세계

3.1 한국 · 2.8 세계

노무현 정부 5년
(2003-2007년 평균)

이명박 정부 4년
(2008-2011년 평균)

무난하게 국회를 통과, 2005년부터 실시됐다. 그다음 해에는 적용한도를 더 넓히는 등, 세금 폭탄의 강도를 더 높이기까지 했었다.

그러나 부동산 값이 안정을 지나 하락의 길로 접어들면서 종합부동산세에 대한 비판이 고개를 들기 시작했다. MB는 선거 공약을 통해서도 집권하면 이것을 꼭 손보겠다고 다짐했다. 여기에 앞장선 인물이 MB노믹스의 지휘자였던 강만수였다. 그는 원래 경주 세무서장에서 경제관료를 시작한 세제통으로 '종합부동산세는 말도 안 되는 세금'이라고 비판했고, 이 점을 후보시절부터 이명박에게 누누이 강조해 왔었다. 더구나 공직에서 물러나 10년 동안 소득도 없는 상태에서 거액의 세금을 내야 했던 자신의 사례까지 내세우며 종부세의 부당성을 주장했었다. 단순한 조세저항 차원이 아니라 기본적으로 잘못된 세금이라는 인식이 강했다.

그런 그가 재정경제부 장관이 되었으니 당연히 종부세 폐지 정책을 들고 나왔다. 원래 그는 소신과 추진력이 강했다. 그러나 정책으로 구체화하고 국회를 통해 이를 실천에 옮기려 하자, 심한 저항에 부딪혀야 했다. 가뜩이나 이명박 정부가 강부자(강남 땅부자) 정권이라고 비난받는 상황에서 종합토지세를 폐지 또는 크게 약화시킬 경우 정치적으로 도저히 감당할 수 없다는 판단이 안팎으로 지배적이었기 때문이다. 재정경제부 실무자들조차 소극적이었고, 여당에서도 반대했다. 청와대의 임태희 비서실장, 박병원 경제수석도 종합부동산세에 문제가 있음에는 동의하지만 정치적 환경을 감안해서 단계적으로 추진하자는 입장이었다. 그러나 재경부 장관 강만수 한 사람을 당해내지 못했다. 대통령이 직접 주재한 청와대 회의에서 난상토의를 벌였고, 다수가 점진론, 신중론을 폈으나, 강만수의 소신과 논리가 끝내 대통령을 설득시켰다. 다소 저항이 있더라도 종합부동산세를 폐지하는 쪽으로 가야 한다는 것이었다.

2008년 9월 정부 차원에서 세제개편안을 발표했고, 우여곡절을 거쳐 정부와 여당이 종부세를 대폭 완화시키는 내용의 개정안을 만들어 냈다. 우선 당장 과세 대상을 주택의 경우 기준시가 6억 원 이상을 9억 원 이상으로 줄이고 적용 세율도 낮추는 것을 골자로 대폭 완화하고, 중장기적으로는 종부세 자체를 폐지해서 재산세에 흡수 통합한다는 것이었다.

그러나 국회로 넘어가면서 야당과 시민단체들로부터 '부자 감세'라며 총공세가 시작됐다. 대통령까지 직접 나서서 "정부의 종부세 개편은 부자를 위한 감세가 아니라, 잘못된 세금체계를 바로잡기 위한 것"이라고 해명했으나 별로 효과가 없었다.(『MB노믹스 숨겨진 진실』, 차병석 외, 182쪽)

지방자치단체들도 강력히 반발했다. 국세로 신설된 종부세는 지역발전특별회계에 들어가 지방자치단체들에게 재정자립도에 따라 교부금으로 나눠 주도록 되어 있어서 종부세 세입이 줄어들 경우 그만큼 자신들의 수입이 줄어들었기 때문이다. 개편안대로 되면 당장 종부세의 연간 세수가 3조 원 수준에서 1조 원 아래로 떨어지도록 되어 있었고, 바로 이런 점을 노려서 노무현 정권에서는 '대못 정책'의 일환으로 종부세 정착을 자신했던 것이다.

강만수의 반(反)종부세 정책에 결정적으로 힘을 실어준 것은 헌법재판소의 판결이었다. 2008년 11월 13일 헌법재판소가 '종부세의 세대별 합산 규정은 위헌이며, 1주택 장기보유자 부과는 헌법불합치'라는 판결을 내린 것이다. 국회에서 한참 고전을 면치 못하던 정부로서는 종부세 개정 작업에 구세주를 만난 셈이었다.

강만수는 그해 말 종부세 등 13개 감세법안의 국회통과를 주도하고 이듬해 1월 개각에서 물러났으나 그 이후에도 재산세로의 흡수 통합을 배후에서 추진했다. 그러나 정치적 부담을 의식한 청와대는 2012년

7월, "종부세의 재산세 통합은 추진하지 않기로 했다"고 최종입장을 정리, 공식 발표하기에 이른다.

예상대로 종합부동산세의 세수는 2009년 1조 2,000억 원, 2010년 1조 원 수준으로 빠른 속도로 줄어갔다. 비록 완전히 폐지되지는 않았다 해도, 종부세를 처음 만들었을 때의 위세는 완전히 한풀 꺾였다. 당시의 정치적 판세나 여론으로 볼 때 재정경제부 장관 강만수의 앞뒤 가리지 않는 추진력이 아니고서는 불가능한 일이었다는 것이 세제 개편에 참여했던 실무자들의 말이다.

하지만 이명박 정부가 종부세의 힘을 빼는 과정에서 입은 정치적 상처는 결코 간단치 않았다. 야당과 시민단체, 노조로부터 법인세율 인하와 함께 '부자 감세 정부'라며 정치적으로 매도당하는 곤욕을 집권 내내 겪어야 했다.

'고소영' 인사의 시련

경제성장이 뜻대로 되지 않은 것이야 국제환경 탓으로 돌릴 수도 있겠으나, 집권 중에 겪었던 대부분의 비판적 여론은 MB노믹스 자체보다도 사람에 관한 문제, 즉 이명박 대통령의 인사에 대한 것이었다. 정권마다 국회 인사청문회 과정을 둘러싸고 호되게 고생하지만, 이명박 정부 때는 유독 심했다. 정권 후반기 들어서는 좀 나아졌으나 집권 초기의 인사는 여론의 뭇매에 정신을 차리지 못할 지경이었다. 그 원인은 무엇이었을까. 사실 MB노믹스의 성공과 실패를 논함에 있어서도 MB노믹스의 내용 자체보다는 어떤 사람들이 중심이 되어서 어떻게 추진하려 했는가 하는 점 또한 중요한 의미를 갖고 있다. 똑같은 내용의 정책이라도 누가 주도하는가에 따라 여론의 찬반이 엇갈리는 경우가 자주 있기 때문이다. 그런 뜻에서 MB노믹스의 고전(苦戰)은 이명박 인사와의 깊은 연관성을 부인할 수 없다. 그는 어떤 인사 구상을 했으며 특히 경제 정책 면에서 어떤 인물들을 등용해서 자신의 경제정책을 펴려 했던 것인가.

선거 캠프 때부터 MB노믹스를 구상하고 가까이에서 이명박의 생각을 정리해나간 대표선수는 단연 강만수다. 재무관료 출신으로 소망교회 교우이자, 서울시장의 싱크탱크 역할을 했던 서울시정연구원장 자리에 앉아, 백용호 박재완 곽승준 등의 학자 출신들과 함께 소위 '747'이라 명명한 MB노믹스의 기본 틀을 완성시킨 주역이었다. 당연히 첫 조각의 재경부장관은 강만수에게 맡겨졌고 유우익 비서실장, 곽승준 국정기획수석, 백용호 공정거래위원장, 박재완 정무수석… 등으로 포진했다. 첫 총리까지도 경제부총리 출신인 한승수를 기용해 '경제 우선' 정권임을 확실하게 내보였다. 선거 캠프 밖의 인물로는 원래 전두환 노태우 시대의 경제수석과 재무장관으로 활약했던 사공일이 국가경쟁력강화위원회 위원장이라는 자리를 통해 측근에서 도왔다.

그러나 이명박의 용인술은 처음부터 고전을 면치 못했다. 정권 출범 초장에 촛불 사태로 당황한 이명박은 취임 4개월 만에 대통령 비서실장을 비롯해 7명의 수석비서관을 경질했다. 촛불 사태의 관련 장관 중심의 문책 차원이 아니라, 청와대 최측근들을 모조리 갈아치운 것이니, 이명박 인사의 시작부터 '문제 있음'을 대통령 스스로 인정한 셈이었다.

이명박 대통령은 유난히도 인사문제로 자주 비판을 받았음에도 특유의 자기 스타일 인사를 고집했다. 경제 분야 인사는 기본적으로 "내가 최고의 전문가"라고 확신했기에 믿고 맡기는 스타일이 아니었다. 누구를 등용하느냐보다도 '누구를 시키든, 내가 직접 챙긴다'는 식이었다.

부총리를 통해 경제부처 장관들을 통괄케 한다지, 경제수석에게 부처 간의 의견 조율을 맡기는 식이 아니었다. 경제 각료들의 팀플레이나 장관 중심의 정책운용 같은 개념은 애당초 없었다. 부총리 제도를 폐지하고 주요 사안들을 대통령이 직접 챙겼다. 선거 캠프 때부터 중심 역할을 했던 강만수를 첫 재정경제부장관에 앉혔으나 경제부처의 총괄이나 통솔과는 거리가 멀었다. 재정경제부장관이 뭐라 하든 간에 보건복지부장관이나 국토해양부장관은 아랑곳없이 대통령과 직거래하거나 따로 움직이는 경우가 적지 않았다.

대통령의 이 같은 진두지휘는 미국발 국제금융위기에 처해서 일사불란하게 비상회의를 꾸려나가는 과정에서는 효과적이었다. 하지만 MB인사는 고전의 연속이었다. 단순한 인사 스타일 차원이 아니라 구조적 문제였다. 첫 번째가 도덕성 시비였다.

당선자 시절의 첫 조각 국회청문회 과정에서부터 심대한 타격을 입었다. 소위 '고소영' '강부자'라는 신조어가 회자되는 가운데 '부자와 재벌을 위한 정부'라며 몰아붙이는 야당의 맹공세는 상당한 설득력을 발휘했다. 유명 배우 이름인 고소영이라는 이름에 비유한 것은 이명박 인사가 특정 대학, 특정 교회, 특정 지역에 쏠려 있음을 비아냥대는 데서 비롯된 것이었다.

국회 청문회가 청문 대상자의 자격이나 능력 검증은 뒷전이고, 개인적인 치부 들추기 위주의 도덕성 검증에 치중했었음에도 불구하고, MB는 이 점에 너무 소홀히 대처했다. "재산 많은 게 무슨 잘못인가. 부자가 존경받는 사회가 돼야 한다"는 식의 소신은 너무 나이브했다. 축재의 정당성을 따지는 사회적 요구가 얼마나 엄격해졌는가에 대한 충분한 인식이 부족했던 것이다.

여러 장관 후보들이 청문회 석상에서 정책 소신에 관해서는 말도 꺼내보기도 전에 탈세나 위장전입 등 부동산 거래 관련 위법 탈법 문제로 추궁을 당하는 바람에 과거 어느 정권에 비해서도 심하게 망신을 당했다.

도덕성 문제에 더해 편향성 문제 또한 심한 저항을 자초했다. 전임자 노무현이 너무 좌파 성향에 치우쳤다면 후임 이명박은 그와 반대로 지나치게 우파 일색으로 밀어붙였다. 게다가 측근 중심의 '회전문 인사'와 정실 인사는 이념적 성향 시비와 상관없이 정책 전반의 권위와 대통령의 리더십을 실추시켰다. 대표적인 사례가 공기업 인사라 할 수 있다.

공기업 CEO의 선출은 '추천위원회'라는 공식 절차를 거치도록 했으나 요식절차에 불과했다. 대통령 측근을 비롯한 실세들이 인사를 좌지우지하는 것은 전임 정부보다 더 심했다. 노무현 정부 역시 친노 중심의 편파 인사가 없지 않았으나 이를 시정하겠다고 다짐했던 이명박 정부는 법으로 보장된 임기를 무시하면서까지 더 노골적인 무리를 불사했던 것이다. 민간인 사찰 문제를 야기했던 '이용호 스캔들'이 MB인사의 어처구니없는 한 단면이었다.

사람을 등용하는 것뿐 아니라, 등용된 사람을 쓰는 것도 또한 중요한 법이다. 특히 이해관계의 첨예한 대립이 잦은 경제부처 장관들은 조정과 타협이 전제돼야 소기의 정책이 효과를 낼 수 있다. 그런 면에서 MB의 경제팀은 좋은 점수를 받을 수 없었다. 경제 여건도 나빴지만 장관들끼리의 팀워크도 좋지 않았다.

강만수 재경부장관은 이성수 한은총재와 환율정책을 놓고 대립하는 것으로 언론의 입방아에 오르내리기 시작했고, 경제수석의 보좌 기능도 갈피를 잡지 못했다. 촛불 사태를 맞고 국제금융위기 사태까지 잇달아 벌어지면서, 외부에 비친 MB정권 경제장관들의 권위나 영향력은 심각하게 추락했다. 재정경제부 장관이 윤증현, 박재완으로 이어지면서 다소 나아지긴 했으나 전반적으로 총괄기능이 박약했다. '영리

병원제도'의 도입 문제만 해도 재경부장관은 강력히 추진했으나 보건복지부 장관이 반대하는 바람에 무산됐다. 국무회의에서 장관들이 민감한 사안을 놓고 갑론을박으로 맞설 경우 대통령이 나서서 최종 결단을 내려야 하는데, 그러지 못했다.

스스로가 '일 중독자'임을 자처한 이명박 대통령은 '인사'라는 일에는 매우 소극적이었던 셈이다. 자신과 함께 일해보지 않은 새 사람에게는 여간해서 믿고 맡기려 하지 않았다. 결과적으로 인재 등용의 풀(pool)이 작을 수밖에 없었다.

해외에서는 잘했다는데…

한국의 대통령들은 대체로 국내보다도 외국에서의 평판이 더 좋다. 이명박 대통령도 바로 그랬다. 국내에서는 747공약의 좌절이나 촛불 사태의 혼란 등으로 지지도가 급전직하 현상을 보였던 것에 비해, 밖에서는 미국발 금융위기와 석유파동, 그리고 유럽의 재정위기 등을 가장 성공적으로 극복해 보인 지도자로 그를 치켜세웠다. 게다가 G20 정상회담의 서울 개최를 주도함으로써 2차 대전 이후 세계경제를 끌어온 G7 체제가 새롭게 진화하는 길목에서 한국의 국제적 위상을 괄목상대로 끌어올렸다는 점 또한 객관적으로 평가받을 만했다.

2008년 MB정권 출범 당시만 해도 미국의 금융위기가 그처럼 심각하게 터져 나올 줄 전혀 몰랐다. 일부 신중론자들 사이에서 금융시장 동태가 심상찮다는 의견 정도가 있었을 뿐이었다. 대통령 취임 직후 기획재정부가 청와대에 보고한 내용도 "선진국 경제가 둔화되고 있으나 중국, 인도 등의 성장세가 이를 보충해줄 것"이라고 낙관론을 폈다. 나라를 통째로 뒤흔들었던 미국산 쇠고기 광우병 문제를 둘러싼 촛불 사태도 어렵사리 진정되는 국면이라서 이명박은 취임 후 비로소 747공약을 앞장세워 '경제대통령의 진면목'을 내보일 참이었다.

그러나 월스트리트의 분위기는 하루가 다르게 뒤숭숭해져 갔다. 9월 1일자 영국 일간지 『타임스』에 "한국이 검은 9월을 향하고 있다"는 보도가 나왔을 때만 해도 일반인들은 이게 무슨 소리인가 했다. 1997년의 외환위기 같은 것이 또 닥친다는 말인가. 이 기사는 한국정부가 발행한 국채 상환 만기일이 9월에 몰려 있는데 국제금융시장이 불안한 상황에서 과연 한국이 안정적으로 외자조달을 해낼 수 있겠는가 하는 의문을 던진 것이었다. 그렇지 않아도 정부는 곧 만기가 돌아오는 외평채(외국환평형기금채권) 상환을 위해 10억 달러 규모의 신규 발행을 준비하고 있는 중이었다.

외국 언론이 제기한 '9월 위기설'의 파장은 컸다. 국제금융시장의 한국에 대한 시각이 옳고 그름을 떠나 그들이 한국경제를 심상찮게 보고 있다는 것 자체가 문제였다. 정부에서도 비상이 걸렸다. 강만수 기획재정부 장관은 서둘러 유럽, 홍콩 등에 외평채 발행을 위한 로드쇼 팀을 보냈다. 이들에게 주어진 발행금리 협상 한도는 '가산 금리 2.0%'였다. 강만수 장관이나 파견된 실무자들도 이 정도의 가산 금리면 10억 달러 외평채 발행은 쉽게 이뤄질 것으로 자신했다. 그러나 하루가 다르게 불안을 더해가는 국제금융시장의 큰 손들은 가산 금리를 2.5~3.0%까지 요구했다. 지휘봉을 들었던 강만수 재경부 장관은 결국 '빈손 귀국'을 지시할 수밖에 없었다.

"외평채를 연 2.5% 이상의 가산 금리로 발행할 수는 없다고 판단했다. 그렇게 높은 금리로 한국이 국채를 발행하면 시장에 '한국이 얼마나 급했으면…' 하는 나쁜 사인을 줄 수 있었다"는 것이 강만수의 회고다. 한국이 외평채 발행을 시도하다가 실패한 것은 처음이었다.(『MB노믹스 숨겨진 진실』, 차병석 외, 90쪽)

막상 '9월 위기설'의 진원지는 한국이 아니라 미국이었다. 2008년 9월 15일 세계적 명성을 자랑하던 리먼 브라더스가 부도를 내면서 상상도 할 수 없었던 '미국발 국제금융위기'가 촉발됐다. 외평채 발행의 가산 금리를 몇 %로 하느냐의 차원이 아니었다. 한국경제가 아무리 멀쩡하다 해도 다급해진 외국기업들이 앞을 다투어 한국에 투자했던 돈을 빼 가는 바람에 하루아침에 난리가 난 것이다. 외환은행을 인수하기로 작정했던 HSBC가 막판에 포기한 것도 이 무렵(9월 19일)이었다. 환율은 폭등하고 주가는 폭락했다.

급속히 악화되는 경제상황만을 따지자면 1997년 외환위기 못지않게 심각했으나 정부 대처는 한결 일사불란하게 움직였다. 대통령이 진두지휘에 나섰고, 정부와 중앙은행이 경쟁적으로 미국을 설득시켜 300억 달러 규모의 통화스와프를 얻어냈다. 중국 및 일본과도 같은 정도의 통화스와프를 확보했다. 외환보유고가 바닥나서 과거와 같은 낭패를 당하는 사태를 막는 데는 일단 성공한 것이다.

이명박은 급한 고비를 넘기자 '비상경제 정부'임을 천명하면서 2009년 벽두부터는 아예 비상경제대책회의라는 상설기구를 만들어서 매주 회의를 주재했다. 전쟁판의 전시작전상황실을 뜻하는 워 룸(War Room)을 청와대에 설치해 금융시장 상황뿐 아니라 기업들의 애로 상황까지 일일이 점검했다. 자금난에 봉착한 기업의 CEO처럼 민첩하게 대응해나갔다. 1997년 외환위기 때 겪었던 쓰라린 체험을 바탕으로 대통령을 비롯해 관료, 뱅커들에 이르기까지 모든 부문이 신속하게 움직였다. 이명박 정부가 G20 정상회담을 서울에 유치할 수 있던 배경에는 대통령을 중심으로 한 이 같은 위기극복 성공사례를 국제적으로 인정받은 덕분도 있었다.

아무튼 이명박 경제는 2009년 한 해가 다 가도록 미국발 국제금융 불안의 대혼란 속에서 한국경제를 구출해내는 일에 올인해야 했다. 이처럼 정부 출범 이후 첫해와 이듬해의 대부분에 촛불 사태와 국제금융위기, 게다가 제3차 오일쇼크까지 불어닥쳤으니 당초의 747공약 사항들은 제대로 추진할 겨를도 없었다. 그나마 미국발 금융위기에서 벗어나나 했지만, 2011년부터는 그리스를 시작으로 한 남유럽 국가들의 재정위기가 연이어 덮쳤다. 이명박 경제는 대외 여건 면에서는 유난히도 매우 나쁜 상황이 끊이지 않고 계속되었던 셈이다.

사실 대외 의존도가 높은 한국경제로서는 이 같은 외부 악재들에 대해 어찌해볼 도리가 없다. 그나마 한국은 대통령이 적극적인 리더십으로 대응을 잘해서 다른 나라에 비해 타격을 한결 덜 입었다. 통계(한국은행, IMF)를 봐도 2009~2010년의 성장률이 세계평균은 2.2%였던 데 비해 한국은 3.2%였다. 사실 MB정권은 주어진 악조건 아래서 거시경제정책을 잘한 셈이었다.

바로 이 점에서 국내평가가 국제적 평가보다 훨씬 인색했다. 위기 극복을 주도한 이명박 리더십에 대해 긍정적으로 평가하는 것은 고사하고, 그가 약속했던 장밋빛 747공약의 실패를 줄곧 비판하는 것이 여론의 주류였다.

일반의 관심은 성장률의 국제비교가 아니라 해결의 실마리를 찾지 못하는 일자리 문제, 다시 고개를 든 인플레이션, 서민들에게 직접적인 타격을 안겨다주는 전셋값 폭등 등 악화되는 눈앞의 현안들이었다. 더구나 소득이 높아지고 복지수요가 폭발하는 가운데, 취업 희망자의 눈높이는 계속 높아지는 상황에서 일자리 문제는 갈수록 심각해질 수밖에 없었고 '대통령이 잘했다'는 소리는 어디에서도 들을 수 없었던 것이다.

대운하, 4대강사업,
그리고 세종시 수정안

대통령마다 특징이 있다면, 이명박 대통령의 경우는 역시 건설회사 사장 출신답게 '건설'에 대한 집념이 유난히 강했던 점이 두드러진 특징이랄 수 있다. 짓고, 쌓고, 만들고, 뚫고, 세우고 하는 일체의 건설 프로젝트가 자신이 오랫동안 해왔고, 또한 장기를 발휘해온 분야였다. 서울시장 때의 청계천사업이 대표적 성공사례다. 텔레비전 토론에 출연해서 본인 스스로가 "토목공사는 내가 최고의 전문가"임을 주장하기도 했다. 대표적인 정책들이 대운하건설 추진, 4대강사업, 세종시 수정계획 등이었다.

대운하사업은 추진 초기에 여론의 십자포화를 얻어맞고 결국 접고 말았으나 이명박의 이에 대한 집념은 대단했다.

> "처음 청계천을 복원하겠다고 했을 때 여론조사는 반대 80%였어요. 그것에 비하면 대운하에 대한 여론은 아주 호의적인 겁니다. 운하도 마찬가지입니다. 경부고속도로를 건설할 때 야당정치인들이 '부자 놀러 다니기 좋으라고 만드느냐'며 극렬히 반대했습니다. … 운하는 유럽 사람들이 21세기에 오히려 더 추진하는 신사업입니다. … 지구 온난화를 막고, 수자원을 보호하고, 관광사업을 키우고, 내륙지방의 균형발전을 돕는 등 …."
>
> (월간조선 인터뷰, 2007년 10월호)

이명박은 한마디로 '건설 본능'이 매우 강한 대통령이었다. 대운하건설을 통한 정치적 의도가 무엇이었든 간에 이명박으로서는 국토개발, 치산치수(治山治水), 관광산업 육성 등에 대한 나름대로의 확신을 근거로 고집스럽게 추진했다. 서울시장으로 '청계천의 기적'을 일궈냈던 것처럼 대통령이 되어서는 한반도 운하를 뚫어 역사에 남는 업적을 남기고자 했던 것이다. 그는 대통령에 취임하기 전, 인수위 때부터 한반도 대운하 전담팀을 설치해 이명박 특유의 추진력을 발휘하기 시작했다.

그러나 이명박은 서울시장과 대통령의 차이, 청계천과 대운하의 차이를 너무 소홀히 여겼다. 대운하 건설의 타당성 여부를 떠나, 찬성보다 반대의 목소리가 더 컸음에도, 이를 감당할 준비나 역량이 매우 부족했다. 그저 '내가 하면 된다'는 식이었다. 청계천과는 달리 대운하건설이 얼마나 심각한 정치적 반발을 초래할지에 대한 충분한 통찰이 없었던 것이다. 정권 출범 3개월 만에 광우병 쇠고기의 촛불 사태로 초래된 이명박 정부의 권위 실추는 결국 대운하 건설계획 포기로까지 이어지면서 이른바 MB노믹스는 정권 초반에 이미 깊은 좌절을 경험해야 했다. 광우병 파동에 대한 대통령의 사과에 이어 "대운하 건설도 국민이 반대하면 추진하지 않겠다"며 물러설 수밖에 없었다.

대운하 대신 이명박이 택한 차선(次善)은 '4대강(한강 낙동강 영산강 금강) 살리기' 사업이다. 총사업비 22조 원 규모의 치수사업으로서 홍수와 가뭄을 예방할 뿐 아니라, 이미 과거 정부들도 구체적으로 준비해왔던 사안이었다. 따라서 대운하를 포기한 이명박으로서는 4대강 사업쯤은 무난히 추진될 수 있을 것으로 예상했다. 이명박 정부의 자존심이 걸린 프로젝트이기도 했다.

이 또한 순탄치 못했다. 야당과 시민단체, 노조 들은 반대 공세를 늦추지 않았다. '4대강 살리기'는 여론의 반대를 피해 대운하사업을 계속 추진하기 위한 불순한 책략이라고 매도하면서 "4대강사업 자체가 환경을 파괴하는 일"이라고 비난을 계속했다. 권위 실추를 거듭해온 이명박 대통령은 여기서는 더 이상 물러서지 않았다. '4대강 살리기 기획단'을 설치한 이후 속전속결로 밀어붙인 결과, 착공 2년 만인 2011

년 10월 16개의 보를 완성함으로써, 어렵사리 마무리 지었다. 정치적 비판과 수많은 우여곡절을 겪었으나 4대강사업만은 당초 자신의 계획대로 실천에 옮겼던 것이다.

4대강사업에 대한 평가는 좀 더 시간이 필요하겠으나, 어떻든 이것이야말로 이명박 경제의 상징성을 가장 여실하게 드러내는 정책이라 할 수 있을 것이다.

대운하 건설은 비록 좌절됐으나, 그래도 4대강사업의 완성으로 이명박의 '건설본능'은 어느 정도 충족된 셈이라 할 수 있다. 그러나 정치적 반대를 끝내 극복하지 못하고 깊은 상처만 입은 채 심각한 좌절을 경험한 케이스가 '세종시 수정안'이었다.

노무현 대통령 시대에서 살펴보았듯이 세종시의 탄생은 정치인들의 표에 묶인 정치적 결정의 소산이었다. 이명박도 대통령 선거과정에서 충청지역의 표를 의식해서 '세종시의 차질 없는 건설'을 다짐했다. 자신의 약속으로는 부족하다고 느낀 나머지 후보 경선에서 적대 관계였던 박근혜한테까지 찬조 연설을 부탁해서 세종시 건설 시비에 따른 충청 표심의 이탈을 막았다. 원래 서울시장 때부터 행정수도 이전을 강력히 반대했었지만, 선거 승리를 위해 마음에 없는 약속을 했던 셈이다.

그러나 대통령이 되고 나서는 사과를 하더라도 이를 바로잡아야 한다고 판단했다. 사실상의 행정도시 이전을 뜻하는 '행정중심복합도시'가 아니라, 기업과 학교를 유치해서 '교육과 과학을 중심으로 하는 신경제중심 도시'로 만들어야 한다는 것이 세종시 수정안의 핵심이었다. 그렇게 해야 국가 전체로 봐서도 자원이 효율적으로 쓰이는 것이고, 충청권의 주민 이익 차원에서도 더 도움이 된다는 것이었다. 대통령 측근들은 이 같은 이명박의 결단에 대해 "세종시 수정안은 대통령의 양심"이라고 표현했다. 대통령이 정치적 고난을 감수하면서 그런 결심을 한 것은 행정복합도시의 건설이 잘못된 정치적 약속인 줄 알면서도 그대로 추진하는 것은 양심을 저버리는 짓이라고 판단했다는 것이다.

어찌 보면 대통령 이명박으로서는 한국적 정치 현실을 감안할 때, 무모하리만큼 순진한 정치적 도박이었다. 선거공약 사업의 단순한 번복이 아니라, 이미 전임 정권에서 국회가 입법으로 확정한 행정복합도시 건설계획을 완전히 둘러엎겠다는 것이 아닌가. 한반도 대운하나 4대강 살리기 사업 추진과는 성격과 차원이 전혀 다른 일이었다. 법을 고치는 결정권은 정부가 쥐고 있는 것이 아니라, 국회의 권한이기 때문이다. 더구나 여당 내에서조차 박근혜 의원을 비롯한 세종시 원안 고수를 주장하는 세력들이 만만치 않은 형국이었다.

이명박은 2009년 9월, 정운찬을 국무총리에 영입하는 것으로 세종시 수정작업에 신호탄을 쏘아 올렸다. 대중적 인기가 높은 경제학자이면서, 충청도 출신으로 서울대 총장까지 역임한 그를 선봉장으로 내세워 세종시 수정안을 관철시키겠다는 전략이었다. 마침 이명박으로서는 2008년 후반기부터 밀어닥친 국제금융 위기를 원만하게 극복해내면서 어느 정도 자신감을 회복한 상태였던 터라, 다음 카드로서 세종시 문제에 팔을 걷어붙일 엄두를 냈던 것이다.

정운찬도 마침 정파나 이념을 떠나서 세종시 원안이 잘못됐다고 생각해왔다. 그는 총리 내정자 자격으로 가진 첫 기자회견에서부터 속내를 숨기지 않았다.

"경제학자로서 행정복합도시 건설을 효율적이라 생각하지 않는다. 완전히 원점으로 되돌리는 것도 어렵겠지만, 원안대로 다 하는 것도 쉽지 않다고 생각한다."

언론은 즉각 "정운찬 신임 총리, 세종시 수정안 추진"이라고 대서특필했고, 이를 시작으로 세종시를 둘러싼 정치적 공방이 본격적으로 벌어졌다. MB의 기본전략은 정운찬 국무총리를 내세워 충청도 민심 달래기에 나서고, 대기업들의 대규모 투자를 적극적으로 유치해 보이면, 원안 고수를 주장하는 박근혜 등도 청와대의 수정안에 동의해주지 않겠느냐는 계산이었다. 따라서 여당의 마음만 돌리면 국회에서는 표 대결로 야당을 제압한다는 시나리오였다.

정운찬 총리는 충청 주민들을 찾아다니면서 직접 세종시 수정안의 당위성을 설명하는 한편, 범정부 차원에서 삼성 등 대기업들을 설득해서 대규모 투자를 세종시에 집중시키는 작업에 총력을 기울였다. 경제학자답게 행정복합중심 도시가 얼마나 국가적으로나 지역 발전을 위해서나, 낭비적이고 비효율적인가를 설파했다. 그러니 관청들을 무리하게 옮겨 오는 대신, 유명 대학 등 교육기관들과 연구소 등을 집중 유치하는 편이 과밀한 서울집중 현상을 해소하고 꼭 필요한 과학기술 발전에도 기여하는 실질적인 대안이라는 것이었다.

그러나 대통령 이명박도, 국무총리 정운찬도 그것이 얼마나 정치적으로 어려운 일인지를 과소평가했다. 야당의 반대는 고사하고 당장 여당 내의 반발조차 감당하지 못했다. 국무총리가 충청 민심을 달래기 위해 동분서주하는 동안 한나라당의 주축인 박근혜는 "세종시는 국민들과의 약속이고, 원안 추진이 맞다"며 반대의 뜻을 분명히 했다. 급기야 이명박 대통령이 직접 텔레비전에 출연해서 "사회적 갈등과 혼란을 가져온 것에 대해 죄송하다"고 사과하면서 "그러나 정치적 손해를 보더라도 이것은 해야 한다"는 자신의 소신을 밝혔다. 총리를 내세워서 벌여온 대리전이 여의치 않자 대통령이 직접 나선 것이다.

반대 여론을 무릅쓰고 이명박 정부는 2010년 1월 그동안 총력을 기울여서 만든 세종시 수정안을 완성해 발표했다. 관청은 서울에 그대로 두고 세종시를 과학과 교육을 중심으로 한 신성장 클러스터로 건설하겠다는 것이 핵심요지였다. 정운찬은 승부수로 국민투표에 부칠 것을 건의했으나 청와대 측근의 반대로 무산됐다. 결정타는 지방선거(6월 2일)에서의 여당 패배였다. 이런 국면에서 국회에 상정된 세종시 수정안은 여당조차 외면하는 가운데 간단히 부결됐다(6월 19일).

"세종시 문제는 정치적으로 다뤄서는 안 된다"는 이명박 대통령의 기본적인 발상 자체부터 잘못된 인식의 출발이었다. 정치적으로 민감한 골치 아픈 문제를 순진하게 경제논리로만 내세워 관료들 중심으로 국회의원의 기존 결정을 뒤엎으려고 했으니 잘될 리 없는 일이었다. MB정권으로서는 결과적으로 엄청난 시간과 에너지만 허비하고 만 셈이었다.

대통령으로서 야당의 반대에 부딪혀 고전을 면치 못한 것이 아니라 여당의 지지도 확보하지 못했다는 점에서 이명박의 정치능력은 결코 좋은 점수를 받을 수 없다. 그럼에도 불구하고 이명박이 계속 비정치적 행보를 포기하지 않은 점은 성공 실패 여부를 떠나 매우 주목할 만하다. 세종시 수정안이 좌절된 후에도 잘못된 정치적 약속은 재고해야 한다는 입장을 고수했다. 2011년 3월에도 역시 선거공약이었던 '영남권의 신공항 건설 계획'을 오랜 논란 끝에 사과 성명과 함께 백지화로 결론지었던 것이다.

"신공항 건설을 약속한 것은 사실이다. 그래서 지역 주민들에게 죄송하다고 했다. 하지만 10조~20조 투자해서 매년 적자를 본다는 어려움이 있다. 책임은 모두 나에게 있다."(2011년 4월 1일 기자회견)

이에 반해 박근혜는 "신공항 건설은 국민에게 약속한 것이고, 약속했으면 지켜야 한다"며 또다시 반기를 들었고, 급기야는 차기 대통령선거 공약에까지 다시 포함시켰던 것이다.

우회전 깜빡이를 켜고
좌회전을 하다

촛불 시위의 충격에서 어렵사리 벗어난 이명박 정부는 당초 스케줄에는 상당한 차질이 생겼으나 다시 전열을 가다듬었다. 뜻하지 않게 터져 나온 미국발 국제금융위기가 한국경제를 크게 뒤흔들었으나 오히려 이명박 대통령을 도와준 측면도 있었다. '촛불'로 큰 망신을 당했으나 '경제위기 상황'이야말로 자신의 역량을 십분 발휘할 수 있는 기회였기 때문이다. 앞에서 살폈듯이 이명박은 점퍼 차림으로 지하벙커 작전상황실을 지휘하는 야전군 사령관처럼 진두지휘했고, 그 결과 무난히 경제위기를 극복해 보였던 것이다.

대운하계획 같은 것은 포기했으나 MB노믹스의 기본 줄기는 당초 의도대로 추진했다. '747정책'으로 상징되는 성장률 목표는 비록 국제금융위기와 원자재 파동 속에 후퇴시킬 수밖에 없었지만, 성장잠재력을 키워나간다는 핵심 키워드는 계속 유지했다. 국제금융위기가 오히려 MB노믹스에 도움을 준 측면도 없지 않았다. 위기 극복을 위해 이명박 정부가 동원했던 각종 기업투자활성화 정책들이 바로 MB가 의도했던 친기업정책에 부합되는 것이었으니 말이다. 수출 독려를 위한 환율정책이나 법인세 소득세 등의 감세정책들이 그러한 예다.

아무튼 노무현 경제가 좌회전 깜빡이를 켰다면 이명박 경제는 우회전 깜빡이를 켰다고 할 수 있다. 대표적인 우회전 깜빡이가 감세정책이었다. 이명박은 대통령 후보 때부터 "법인세를 경쟁국 수준인 20% 수준으로 낮추겠다"는 소신을 밝혀왔었다. 그래야 국내 기업들의 국제경쟁력이 높아지고 외자기업의 국내투자가 늘어난다는 논리였다. 그는 약속을 실천에 옮겨나갔다. 소득세(8~35%)는 2년에 걸쳐 2%포인트 내리고 법인세(2억 원 초과)는 25%를 2009년에 22%로 내리고 2010

년에 가서는 20%로까지 내리도록 했다. 종합부동산세도 크게 완화했다. 야당에서는 대기업과 부자들을 위한 감세정책이라고 반대했으나 이명박은 소신대로 추진했다. 대체로 이 같은 '우회전 깜빡이'의 정책 기조는 2008년 말까지 유지됐다.

그러나 2009년에 접어들면서부터 사정이 달라지기 시작했다. 글로벌경제위기를 잘 극복했다고는 하지만, 경제는 여전히 어려움이 계속됐다. 특히 석유와 원자재 값의 폭등으로 인플레이션이 심해지면서 서민들이 실제로 느끼는 체감 불황은 한층 심해졌다. 수출이 호조를 보이는 가운데, 삼성전자와 현대자동차 같은 기업은 세계가 놀랄 정도로 사상초유의 이익을 기록하는데도, 가계 살림은 인플레이션으로 더욱 쪼들리고, 일자리 문제는 전혀 실마리를 찾지 못하고 있었다. 성장을 견인하는 자동차, 스마트폰의 수출은 잘돼도 소위 낙수효과가 신통치 않아 양극화 현상만 가중된다는 비판이 힘을 얻어갔다. 일부 대기업들이 어려운 여건에도 불구하고 외국기업들과의 경쟁을 이겨낸 결과로 큰 이익을 내는 것이 여론으로부터 칭찬을 받기는커녕 비난의 대상이 되는 사회 분위기가 확산되는 형국이었다. 정부의 대기업 편중 지원으로 재벌들만 살찌운다는 비난이 더 설득력을 발휘했다. 여론은 환경적 요인을 전혀 감안해주지 않은 채, 고전하고 있는 경제현상만을 놓고 이명박 정부를 몰아세웠다.

MB노믹스의 선봉장이었던 강만수 재정경제부 장관이 2009년 1월 개각에서 물러난 것을 계기로 '기업 프렌들리' 정책이라는 단어 자체가 자취를 감췄다. 경제 외적 요인들이 가뜩이나 허약해진 이명박 대통령의 정책 추진력을 더 떨어뜨렸다. 연초에 터진 용산참사(재개발 보상대책에 반발하는 철거민과 경찰이 대치하는 중에 화재로 빚어진 사건; 2009년 1월)로 민심이 흉흉해진 것이 큰 악재로 작용했고, 노무현 전 대통령의 자살(2009년 5월) 또한 엄청난 정치적 부담으로 작용했다. 선거 때가 아닌데도 때아닌 정치바람이 불어닥쳤고, 불과 1년 남짓한 이명박 정권의 잘못으로 인해 불행한 사태가 연속적으로 벌어지고 있는 것으로 몰아갔다.

2009년 8월 15일 광복절 기념사에서 이명박 대통령은 비로소 "친서민, 중도실용"이라는 슬로건을 본격적으로 내걸었다. 내놓고 말은 하지 않았어도 기존 정책 기조의 분명한 궤도 수정이었다. 기업 프렌들리, 시장친화 등의 단어는 쏙 들어가고 하루아침에 친서민 정책의 우선순위가 올라갔다.

"서민을 따뜻하게, 중산층을 두텁게"라는 캐치프레이즈 현판이 과천 정부청사 1동 건물에 내걸렸다. 2009년 광복절 경축사를 계기로 정부 내 분위기가 싹 바뀌었다. 이때부터 각 부처에 서민정책 발굴 지시가 본격적으로 내려갔다. 이후 친서민 중도실용은 MB정부 내내 일관되게 밀고 나가야 할 정책으로 자리 잡았다.

1년 뒤 2010년 광복절 경축사에서는 공정사회를 화두로 삼았다. "공정사회야말로 대한민국 선진화의 윤리적 실천적 인프라입니다." 이후로 대학등록금 지원, 보금자리 주택 정책 등이 줄을 잇고, 그해 10월 대기업과 중소기업의 상생정책을 위한 동반성장위원회를 출범시켰다. (『MB노믹스 숨겨진 진실』, 차병석 외, 192쪽.)

이 같은 좌회전 움직임은 시간이 갈수록 더 완연했다. 결정적인 전환점은 지방선거(2010년 10월 6일)에서의 여당 패배였다. 주요 이슈 중의 하나가 무상급식이었다. 여당 후보들은 초중고생의 단계적 무상급식을 주장했던 반면, 야당 후보들은 전면적인 무상급식을 주장했다. 세종시 수정안이나 4대강사업도 쟁점이었다. 결과는 여당의 참패였다. 서울과 경기도는 여소야대의 의회가 구성됐고, 교육감 선거에서도 진보세력 후보들이 이겼다. 도지사 선거에서도 충남과 강원도 등에서 야당 후보가 승리했다. 이명박 정부로서는 일종의 중간평가 성격의 선거에서 충격적인 패배를 당한 것이다. 더구나 전면급식 반대로 자리를 걸었던 오세훈 서울시장이 주민선거(2011년 8월)에서 패배한 것에 이어 보궐선거(10월)에서조차 야당 후보(박원순)가 승리함에 따라 소위 '선별적 복지 VS. 보편적 복지'의 대결도 야당이 주장한 보편적 복지쪽의 정치적 승리로 결판이 난 셈이었다.

MB노믹스의 본래 형체는 거의 알아볼 수 없을 정도로 해체되었으나 그래도 끝까지 자존심을 지켜내려고 했던 것이 감세정책이었다. 이미 취임 첫해인 2008년 국회에서 감세 법안을 통과시켜서 감세정책을 관철했고, 법인세의 경우 25%를 2009년에 22%로, 그리고 2012년에 가서는 20%로까지 추가로 낮추겠다는 스케줄이 정해져 있었다. 그러나 앞에서 살펴보았듯이 시간이 흐르면서 어느새 정책 기조 전체가 좌회전하는 마당에 더 이상 감세정책을 정치적으로 감당할 수 없었다. 결국 2011년 9월 정부 여당 연석회의를 거쳐 2012년 7월로 예정했던 소득세와 법인세의 추가 감세 계획을 전면 백지화하기로 결정했다. 이로써 MB노믹스의 마지막 우회전 깜빡이마저 완전히 꺼진 셈이었다.

얼마 뒤 서울시장 선거에서조차 패배하자 여당인 한나라당 내부에서는 "747공약의 공식 폐기"를 요구하는 사태까지 벌어졌다. 그 이후 선거 공약만 보면 어느 쪽이 여당인지, 야당인지 구별이 가지 않을 정도로 복지와 분배 우선 정책으로 동조화 현상을 보였고, 이 같은 현상은 '경제민주화'라는 이름 아래 2012년 총선과 대통령 선거전으로까지 이어졌다.

한편 국제적 환경 변화가 한국경제에 미친 영향도 간과할 수 없을 것이다. 2008년의 글로벌 금융위기를 촉발한 리먼 브라더스의 사태는 근본적으로 자본주의 탐욕에서 비롯된 것이라는 반성을 촉발했고, 급기야 2011년 가을에 접어들면서 "월 가를 점령하라(Occupy Wall Street)!"는 구호 아래 소위 '1 대 99' 시위가 세계를 휩쓸었다. 한국에서는 이미 일상화된 양극화 시위가 뒤늦게 뉴욕 월스트리트를 기점으로 세계적으로 번져나갔던 셈인데, 이것이 다시 한국에 역수입되면서 이명박 정부의 정책 기조를 복지 우선으로 선회시키는 데 결정적 영향을 끼쳤던 것이다.

정치를 싫어한 대통령

이명박 정권 내내 자주 등장했던 단어 중의 하나는 '소통'이었다. 소통이 절실한데, 대통령의 소통 능력과 태도에 문제가 많다는 비판이 지배적이었다. 이명박 대통령이 재임기간 중에 펼친 경제정책들 중에서 경제논리나 이론이 미흡해서 고전한 경우는 없었다. 민감한 경제 문제일수록 정치적 입김이 강하게 작용하고 소통이 중요하기 마련인데, 이명박 대통령은 그런 점을 소홀히 여기는 바람에 많은 경우에 일이 꼬였다.

정권 출범 시작부터 치명적 타격을 입혔던 광우병 쇠고기 파동도 기본적으로 소통의 문제였고, 정치적 리더십의 문제였다. 대통령 스스로가 좌파정권 시대에 습관화된 과도한 시위문화의 일단이라고 쉽게 판단한 데서부터 일을 그르치기 시작했다. 사태 발생 초기에는 오히려 사회기강 차원에서 불법시위에 대한 단호한 단속 의지를 표명하기까지 했다. 그러나 시위가 인터넷 포털이라는 새로운 소통공간을 통해 순식간에 확산되고, 여기에 젊은 층의 반미 정서가 합세해서 걷잡을 수 없는 사태로 번져나갈 줄은 전혀 예상치 못했던 것이다. 소통의 실패는 큰 오해와 반발을 불렀고 이명박 정부의 권위는 치명적으로 훼손됐다.

이는 경제정책을 펴나가는 데도 심대한 영향을 끼쳤다. 정부의 권위가 실추되니까, 같은 일을 해도 일의 추진이 훨씬 힘들어진 것이다. 법인세율 인하 추진은 곧바로 '재벌 대통령'이라는 비아냥거림을 초래했고, 소득세율 인하 추진은 '부자를 위한 정부'라는 누명을 뒤집어쓰게 만들었다. 이명박 정부는 의도했던 경제정책들을 현실적으로 여하히 실천해나갈지에 대한 인식이나 능력이 부족했다. 근본적으로 경제에 정치가 얼마나 중요한지를 충분히 깨닫지 못했던 것이다.

이명박의 첫 정치적 자충수는 노무현의 참여정부를 전적으로 부인하려는 데서부터 출발했다. 노무현이 그 전 정부조직을 대폭 바꾼 것 못지않게 이명박도 크게 고쳤다. 청와대의 언론 관련 부서까지도 전임 대통령의 흔적이다 싶은 것은 몽땅 들어내고, 자기 사람들을 심었다. 그 과정에서의 부작용을 몰랐다.

구체적 실수의 시작은 전임자 노무현이 박아놓은 대못을 지나치게 과소평가한 일이었다. 노무현 대통령 스스로가 "내가 만든 제도를 후임 대통령이 쉽사리 고치거나 폐지하지 못하도록 대못을 박아놓겠다"는 말을 공공연하게 했었다. 원래 대못이란 한 번 박으면 여간해서 잘 뽑히지 않는 것인데, 이명박은 이 점을 가볍게 여기고 함부로 대못 뽑기에 나섰던 것이다. 임기가 보장된 사람들까지 물갈이를 서둘렀고, 참여정부가 바꾸어놓았던 여러 제도와 기구를 원위치로 되돌리는 작업을 벌여나갔다.

참여정부 체제를 서둘러 쇄신하려는 시도는 도리어 심각한 반발을 초래했다. 노무현 진영의 결정적 반격은 2009년 5월 노무현의 자살 사건을 계기로 불이 붙었고, 짧은 기간 동안 이명박 정치에 결정적인 손상을 안겼다. 노무현은 죽음으로써 하루아침에 영웅이 됐다. 노무현 정책이 빚어냈던 과오나 부작용에 대한 객관적인 판정이나 비판 분위기가 단숨에 온정적 이해와 관용으로 바뀌었고, 동시에 양극화 문제나 일자리 창출 등의 고질적 문제들이 마치 이명박 시대가 만들어낸 잘못이나 책임인 것으로 리셋되기 시작했던 것이다.

이명박 정부로서는 이처럼 불리한 흐름을 반전시킬 정치력이 절실했으나 그러한 노력을 외면했다. 오히려 정치적 공격에 연연하지 않고, 그럴수록 경제정책에 전념하는 것이 경제대통령으로서의 진면목을 보여주는 것이라고 생각했다.

주요 정책이 심각한 정치현안이 될 때마다 대통령은 "정치적으로 접근해서는 안 된다"는 점을 강조했다. 세종시 문제도 그랬고, 한미 FTA 협상비준 때도 마찬가지였다. 세종시를 행정 수도화하는 대신 과학기술이나 교육 중심도시로 바꾸고자 했던 이명박의 판단은 사실 옳았다. 그러나 국회에서 다수의 여당 의원조차 설득하지 못했다. 충분한 정치적 사전조율이 전제되었어도 힘든 일을 자기 소신만 믿고 밀어붙였던 것이다. 문제의 향방이 정치인들 손에 달려 있는 판에 정치적 접근을 금기시하는 대통령이 무슨 일을 할 수 있었겠는가.

좋게 해석하자면 중대한 사안을 합리적으로 냉정하게 처리해야 하며, 경제를 정쟁의 대상으로 삼거나 표를 의식한 나머지 인기 영합주의로 처리해서는 안 된다는 뜻이 담겨 있었다. 그러나 세종시나 한미 FTA 같은 문제야말로 정치적 중대 쟁점이요, 따라서 정치적 논의와 타협 노력이 선결 과제였다. 박정희나 전두환 시대처럼 국회의원은 거수기에 불과하고 행정부가 옳다고 마음먹기만 하면 얼마든지 밀어붙였던 시대는 오래전에 끝장이 났음에도 불구하고, 이명박 정부는 마땅한 대안도 없이 국회를 피하거나 멀리하기만 했던 것이다.

국회의원들이 이런 대통령에 호의적일 리 없었으며, 여야를 가릴 것 없이 마찬가지였다. 비록 1987년 민주화 이후의 정치적 불안정이 경제에 부담을 줬다 해도, 세상이 달라져서 정치적 합의 없이는 아무것도 할 수 없게 된 엄연한 현실을 간과했던 것이다.

정치를 싫어하고 멀리하려 했던 CEO 대통령의 근본적인 한계이기도 했다.

박정희와 노무현의
부활

앞에서도 여러 차례 언급했듯이 이명박에 대한 지금의 평가는 억울한 구석이 많다. 비록 당초의 계획이 수포로 돌아갔다 해도 그 배경에는 국제경제 악화가 결정적이었으며, 고용 없는 성장이나 양극화 심화문제 또한 혼자서 그 책임을 뒤집어쓸 일이 아니었다. 아마도 본인은 역대 대통령 누구보다도 쉬지 않고 나름대로 경제 살리기에 매진해온 가장 부지런한 대통령이었다고 자부할 것이다. 그럼에도 불구하고 무슨 까닭에 이명박은 비판의 대상이 됐고, 반면에 노무현은 명예롭게 부활한 것일까.

먼저 경제를 망쳐놓았다는 노무현 정부 때보다 경제를 살릴 것으로 기대했던 이명박 정부에 와서 도리어 경제가 더 나빠진 것이 첫 번째 이유다. 그러니 이유나 과정을 불문하고 이명박에 대한 비판이 거세질 수밖에 없다. 여기에 더해 이명박의 정책 수정 결과가 노무현이 추구했던 것을 따라갔다는 것이 두 번째 이유다. 다음 정권이 전임 정권의 정책을 비판하다가 태도를 바꿔, 그 정책을 따라 한다는 것은 결국 전 정권의 정책이 옳았다는 방증이 아니냐는 것이다. 노무현 부활론도 그런 맥락에서 나왔다.

결과를 놓고 보면 충분히 그럴 만했다. MB정권에 와서 경제가 더 악화된 것도 사실이고, 취임 첫해가 지나자 이내 정책 기조를 성장 위주 정책에서 분배 및 복지정책 쪽으로 급선회한 것도 맞다. "기업이 잘돼야 나라가 잘된다"고 친기업론을 강조하던 대통령이 어느 날 갑자기 "친서민"과 "윤리경영"을 내세웠다. 동반성장위원회를 출범시키고 비정규직 문제로 기업들을 압박하고, 사회통합을 강조하는 것 등은 원래 참여정부의 단골메뉴였다.

그러나 이런 이슈들이 갑자기 생겨난 문제들이 아니라는 점에 주목해야 한다. 양극화 해소나 사회통합 문제 등은 전임 대통령 노무현의 적절한 문제 제기에도 불구하고 이를 해결하는 데는 실패했던 사안들이다. 도리어 집권 기간 중에 양극화 현상이 더 두드러지게 나타났고, 가진 자와 없는 자의 패를 갈라놓는 바람에 대립과 갈등이 더 증폭되는 상황에서 이명박 정권이 바통을 넘겨받았던 것이다.

경제가 악화되자 이에 대한 정치 사회적 불만이 한층 더 강해졌다. 다시 말해 노무현의 정책이 부활한 것이 아니라, 노무현 시대에 불거지고 이슈화되기 시작했던 양극화 등의 문제들이 국제경제 악화와 국내경제구조의 급속한 진화로 인해 한층 더 심각하게 부각되었던 것이다.

경제가 어려운 가운데서도 일부 전자, 자동차 등 대기업형 수출산업들이 호조를 보이면서 양극화 심화에 대한 사회적 반발은 더 예민하게 반응했다. 더욱이 재벌들의 구태의연한 경영 행태들이 이명박의 시장 프렌들리 정책들을 결정적으로 무색하게 만들었다. 승승장구하는 대기업들이 중소 하청업체의 납품가격 인하압박을 상습적으로 한다든지, 자회사를 만들어서 일감 몰아주기를 해온 실태 등이 터져 나오면서 다시 여론재판의 도마에 올랐던 것이다. 결국 당초의 기업 중심의 전통적 경제 살리기 정책을 수정할 수밖에 없었다.

이명박이 노무현 노선으로 선회한 것이 외부환경이나 타의에 의한 방향전환이었다고 한다면, 그가 추진한 전반적인 정책 방향이나 스타일은 지난날 박정희식으로의 회귀 현상을 보였다. 건설회사 CEO 출신 대통령이 지니는 기업경영 방식 자체가 개발연대의 박정희 리더십과 별 차이가 없었다. 박정희 대통령이 포항제철이나 경부고속도로를 직접 지휘했듯이 이명박도 그런 방식에 익숙해온 기업인이었다. 서울시장 시절의 청계천사업이 그랬고, 대통령이 되어서 대운하 추진에 그토록 매달렸던 것도 맥을 같이한 일이었다. 일종의 프로젝트 매니저나

개발사업자 같은 역할에 능했고, 또한 그것에 집착했다.

어쩌면 시장 시절의 청계천사업 성공이 대통령 이명박에게는 '승자의 저주'가 되었는지 모른다. 대부분 안 된다는 사업을 거뜬히 성공시킨 자신감으로 대통령까지 됐으니 말이다.

대운하사업과 4대강사업이 대표적인 케이스다. 공을 들였던 대운하사업이 좌절되자, MB정부는 이를 대신해서 4대강사업을 들고 나왔다. 비록 대운하사업이라 할지라도 박정희 시대 같으면 반대나 저항에 구애받지 않고 뚝딱 해치웠을 것이다. 더욱이 4대강사업쯤은 걱정할 필요조차 없이 단숨에 추진되었을 일이다. 이명박도 박정희식으로 밀어붙였다. 더구나 토목공사는 타의 추종을 불허하는 자신의 전공 분야가 아닌가.

그러나 세상이 변해서, 전문성이 떨어지는 시민단체나 아무 상관없는 노동계까지 가두시위에 나섰다. 4대강사업을 정부계획대로 추진하면 마치 나라가 망하는 것처럼 결사적으로 반대하는 상황이 한참이나 벌어졌다. 국회의원들도 정치 쟁점화하면서 반대에 앞장섰다. 박정희는 국회를 도외시할 통치능력이 있었고, 당시는 그것이 받아들여진 때였다. 하지만 지금은 전혀 다르지 않은가. 이명박은 박정희 리더십을 벤치마킹했으나 능력의 한계와 여건의 변화를 감안하지 못했던 것이다.

고생 끝에 4대강사업을 마무리 지었으나, 정부가 치른 대가는 너무 비쌌다. 대운하사업을 시작으로 4대강사업에 이르기까지 여기에 매달려 너무 많은 시간과 에너지를 소비했다. 사전에 국회를 설득하든가, 아니면 정치적 타협을 통해 조기에 매듭지었어야 했다. 이를테면 정치권이 극력 반대하고 나섰을 때 정부는 굳이 4대강을 고집할 게 아니라 2대강만 먼저 추진했더라면, 일도 원만하게 됐고 정부가 입었던 정치적 상처도 훨씬 덜했을 것이기 때문이다.

이 같은 정치적 판단이 무뎠던 것이 이명박 정치의 답답함이었다. 박정희로의 회귀는 이것뿐만이 아니었다. 국제 기름값이 오르면서 물가가 뛰기 시작하니까, 대통령의 특별지시로 50개 생필품의 가격을 해당기업을 윽박질러서 동결시켰다. 공정거래위원장으로 하여금 물가통제 업무에 직접 나서도록 했다. 그것도 여의치 않으니까 중앙부처 국장을 동원하는 품목별 담당제까지 실시했다. 1960년대의 누르기식 물가통제 행정이 다시 살아난 셈이었다. 경쟁촉진을 통한 시장친화를 주창했던 대통령이 상황이 급해지니까 언제 그랬느냐는 듯이 직접 규제의 칼을 뽑아 들고 나섰던 것이다.

비정치적이었다고 해서 이명박이 포퓰리즘을 철저하게 경계했다는 말인가. 그렇지 않다. 실무자의 반대를 무릅쓰고 밀어붙인 서민용 보금자리 주택 건설정책은 대통령이 직접 나서서 경제논리를 배제했던 대표적인 인기영합 정책이었다. 특히 정치적 허약함에 있어서는 1988년 노태우 정권 초기의 여소야대 시대에 못지않았다. 더구나 당시에는 의석수가 소수였을 뿐 여당이 정부에 반대하는 일은 없었다. 이명박 시대에 와서는 여당이 다수당임에도 불구하고, 소수당인 야당과 시민단체들을 좇아서 MB노믹스를 비방하고 무효화시키는 데 앞장을 서는 일이 적지 않았다.

여당의 강력한 지지조차 확보하지 못한 이명박 대통령으로서는 정치적 요구나 흐름에 정면으로 저항하거나 대치하는 경우는 별로 많지 않았다. 노조 문제만 해도 기업 CEO이니만큼, 당초 예상으로는 과거 어느 대통령보다도 엄정하게 대처할 것으로 봤으나 그렇지 못했다. 어찌 보면 역대 대통령 중에 노조 문제에 대해 가장 언급을 조심했던 대통령이었다고 해야 할 것이다. 친노조를 자임했던 전임 대통령 노무현과 비교하면 노무현은 이명박보다 노조의 집단이기주의를 훨씬 강도 높게 비판하고 욕도 많이 들었던 케이스였다.

낙제점 면하는
61점짜리 대통령이라도…

과거는 그렇다 치고 앞으로의 한국경제는 어떤 대통령을 필요로 하는가? 역대 대통령을 돌이켜보면서 앞으로의 대통령에 관해 고민하지 않을 수 없다. 어떤 대통령이 일자리를 늘리며, 양극화를 극복하고 선진 복지국가를 실현시켜나갈 것인가. 정치 전문가들의 상투적 고담준론(高談峻論)에 상관없이 한반도의 전쟁 막는 일 다음으로는 역시 경제문제를 어떻게 다뤄나가느냐가 대통령의 가장 중요한 과제일 것이다.

누가 대통령이 되든, 오늘의 한국경제가 당면하고 있는 문제의 본질이 무엇인가부터 정리할 필요가 있다. 1인당 국민소득 몇 만 달러 달성 같은 구식 공약은 더 이상 의미가 없다. 환율만 달라지면 지금이라도 2만 달러 숫자가 하루아침에 3만 달러로 올라갈 수 있다. 반면에 일자리 해결 같은 공약은 누구도 지키기 어려운 약속이다. 비록 경제가 호전된다 해도 양극화 현상은 계속될 것이요, 불만과 갈등은 갈수록 더 심해질 것이다. 고용문제는 청년 실업뿐 아니라 노년 실업문제로까지 번질 것이요, 고삐 풀린 복지 수요는 재정부담을 더욱 늘려갈 것이다.

이런 상황에서는 누구를 뽑아도 오늘의 한국경제가 안고 있는 문제들을 속 시원히 해결해 보일 대통령은 없다고 단언할 수 있다. 차라리 "내가 대통령이 된다 해도 국민들의 고통분담과 협력 없이는 일자리문제를 결코 해결할 수 없다"고 솔직히 토로하는 후보가 있다면, 그런 지도자를 선택해야 할 것이다. 경제 살리는 대통령을 가늠하는 데 있어서 먼저 생각해야 할 몇 가지 전제들이 있다.

첫째, 역대 대통령에서 살펴보았듯이 경제에 관한 한, 객관적인 여건을 감안하지 않을 수 없다. 박정희 정권처럼 18년을 집권한다면 세계경기의 등락을 몇 번이고 겪어낼 시간적 여유가 있지만, 5년 임기 대통령은 그럴 처지가 못 된다. 운 나쁘게 내리막길 세계경제에 걸렸다 하면 아무리 애를 써도 고전을 면치 못하게 되어 있다. 수출로 먹고사는 나라의 숙명이다. 그런 면에서 이명박 정권은 억세게 운이 나빴던 케이스다. 만약 세계경제 불안이 풀리지 않고 계속된다면, 누가 대통령이 되든 간에 집권 5년 동안 여기저기 땜질 정책 하느라 허둥지둥하다가 욕만 먹다 물러날 것이다.

둘째, 국민들의 기대수준이 낮아지지 않는 한, 대통령이 여간 잘하지 않고서는 좋은 점수를 받을 수 없게 되어 있다. 여건도 어려운데 국민 기대는 너무 높은 것이다. 더구나 이해관계가 다양하고 복잡해져서, 어느 한쪽으로부터는 꼭 불만을 살 수밖에 없다. 대통령 개인의 능력 이전에, 기본적으로 국민들이 기대하는 수요와 정부가 여기에 부응할 수 있는 공급 능력 사이의 격차가 너무도 크다. 아무리 잘해도 60점 맞는 대통령이 나오기 힘들게 되어 있다.

셋째, 갈수록 두드러지고 있는 경제의 정치화 현상에 주목해야 한다. 대통령의 철학이나 의중대로 경제를 끌어나간다는 것은 더 이상 통용되지 않는 착각이다. 행정부가 아닌, 정치인들이 나서서 사회적으로 원만한 합의를 끌어내지 않고서는 어떤 경제정책도 제대로 기능할 수 없는 세상이 되었기 때문이다. 한때 유행했던 경제대통령이라는 말은 이제 폐기처분 당해야 할 운명이다. 이젠 누구도 CEO 대통령을 말하지 않을 것이다.

넷째, 누가 대통령이 되든 대통령의 영향력이나 힘이 갈수록 약화될 것인 반면, 의회의 역할이 많아지고 힘이 강해질 것이라는 점이다. 최근의 대통령들과 의회의 관계 변화가 이를 증명해주고 있다.

다섯째, 그럼에도 불구하고 사회적 갈등과 충돌 현상이 늘어날 것이고 따라서 이를 절충하고 다스려나갈 리더십의 필요성은 더 절실해질 것이라는 사실이다.

이런 전제 위에서 다음 대통령에 대한 생각을 정리해보자면, 세계경제 향방은 한국의 힘으로 어쩔 수 없는 그야말로 영향력 밖의 대외환경을 고려해야 한다. 즉 운에 맡겨야 할 부분인데, 지금 상황으로는 좋은 운을 기대하기 어렵다. 누가 대통령이 되든 간에 집권과 동시에 대외여건 악화에 따른 비상점검반부터 가동시켜야 할지도 모른다.

국내문제는 어느 것 하나 쉬운 일이 없다. 우선 국민들의 눈높이를 낮추는 일부터가 난제 중의 난제다. 일자리 해결이 대표적인 숙제거리다. 현재 3% 선의 성장률에서 허덕이고 있는데, 설령 이것이 5~6% 선으로 올라간다 해도 일자리 문제는 해결될 수 없다. 성장도 성장이지만, 80%가 훨씬 넘는 세계최고의 대학진학률을 자랑하는 나라의 국민들의 기대수준이 하향 조정되지 않는 한, 웬만큼 성장해서는 청년실업률이 올라갈 수밖에 없다.

아무리 취직이 어려워도 구직자들이 수도권 회사만 선호하는 게 시류다. 지방의 중소 제조업은 사람이 모자라서 외국인 노동자 아니면 공장이 안 돌아갈 정도로 구인난이다. 제조업의 쇠퇴와 해외탈출 현상은 일자리 감소의 악순환을 더 심화시킬 것이다. 구직자들의 눈높이만 조절해도 일자리는 상당부분 저절로 해결될 텐데, 달콤한 리더십으로는 이런 일을 감당할 수 없다. 기껏해야 서비스업 강화를 통해서 일자리 창출을 하자는 것이 대통령 후보들의 공통된 공약인데, 이것 역시 공허한 약속이다. 이미 노무현, 이명박 두 정부에서 실패로 결판이 난 사항이다.

지난 10년 동안 서비스산업으로 분류된 영세 자영업자들이 부쩍 늘었는데, 이는 정부의 서비스산업 육성책의 덕택이 아니라 실업자 자구책으로 생겨난 현상이라고 봐야 한다. 서비스산업 육성이야말로 오랜 시간이 걸리는 역사와 문화의 산물이며, 투자만 늘린다고 육성되는 산업이 아니다. 기업형 대형마트의 영업시간을 규제해 골목길 상권을 회생시킨다고 생각하면 심각한 착각이다.

더구나 서비스산업 일자리는 원래 비정규직(계약직)이 중심이다. 비정규직에 대한 기본인식부터 바뀌지 않고는 서비스산업 발전은 불가능하다. 정치인의 이런 선거 공약에 솔깃해서는 안 된다. 결국 국민들의 기대감을 낮추기 위해서는 장밋빛 청사진만 제시할 게 아니라, 국민들에게 허리띠를 졸라매고 고통 감내를 호소하는 욕먹는 리더십이 발휘되어야 한다. 과연 그런 줏대 있는 지도자가 나타날까.

이젠 몰라서 못하는 세상이 아니다. 무엇을 하겠다는 약속이 중요한 것이 아니라, 어떻게 해내느냐에 달렸다. 생각이 다르고 이해관계가 엇갈리는 사람들로부터 어떻게 사회적 합의를 끌어내는가가 관건이다. 과거식 대통령 리더십은 안 통한다. 따라서 대통령의 역할, 일하는 방법부터 달라져야 한다. 청와대에 앉아서 보고 받으며 숫자 따지는 회의 주재에 에너지를 쏟을 게 아니라, 국회의원이나 노동계 지도자들과의 소통에 집중해야 한다.

대통령의 힘이 빠졌다는 것은 권력의 축이 의회로 옮겨갔음을 의미한다. 따라서 힘이 약해진 대통령은 법 만드는 권한을 가진 정치인들, 그리고 때로는 법 이상의 영향력을 행사하는 실력자들과 만나서 상의하고 설득하는 것이 가장 중요한 일이라고 생각해야 한다.

경제대통령이라는 말도 구식 용어다. 정치력을 발휘하지 못하는 경제대통령은 아무 쓸모가 없다. 경제문제를 놓고 국회의원들과 정치적

협상에 몰두하는 대통령이 진짜 쓸모 있는 대통령이요, 꼭 필요한 대통령이다. 노무현, 이명박의 두 정권 모두가 이런저런 이유로 국회와의 소통에 실패했다. 그 책임을 대통령 혼자 질 일은 아니다. 대통령의 미숙함 탓도 있지만 국회의 역량이나 효율 또한 근본적인 문제다. 국회의원에 대한 국민 신뢰가 바닥인데, 국회가 주도하는 경제가 잘 꾸려질지 의문이다.

국회가 달라져야 경제가 산다. 다양한 의견이 수렴되는 곳이 아니라, 수렴되던 의견도 서로 갈라져서 나오는 곳이 국회다. 사회갈등이 수습되고 이해관계가 조정되어 나오는 장이 아니라, 도리어 국회를 거치는 과정에서 갈등과 대립이 더 심해져서 나오기 일쑤인 것이 부인할 수 없는 현실이다. 말끝마다 민주주의를 표방하면서도 정작 정치인 자신들의 진화가 가장 더딘 것이다.

경제의 정치화 현상에 대한 걱정거리를 안겨주는 원천이 국회다. 국회가 국가 운영의 주춧돌 역할을 해내기보다는 걸림돌 노릇을 하는 경우가 여전히 개선되지 않고 있는 것이 일상적으로 경험하는 현실이다. 이런 문제까지 대통령의 잘못으로 돌린 순 없다. 국회의원들 자신의 수준 문제요, 특혜적 집단 이기주의의 발로다. 정부 만능의 권위 시대에는 관료들의 집단 이기주의가 횡행했었는데, 지금은 그 자리에 국회의원들이 들어선 셈이다. 국회의원들이 달라지지 않으면 어떤 대통령을 뽑아도 잘할 수 없다.

하지만 대통령으로서는 최고의 정치인으로서 현실적으로 이들을 상대하고 설득해나가야, 경제의 정치화 현상을 감당해나갈 수 있을 것이다. 국회의 효율이 떨어질수록 대통령과 이들의 소통은 더욱 중요해진다. 물론 여러 난제가 가로놓여 있다. 우선 정치인들의 상습적 포퓰리즘을 극복하고, 때로는 타협해나가야 한다. 정치인들은 경제정책을 펴나가는 데 있어서 비용이나 시간 개념이 없다. 나중의 부담이야 어떻게 되든, 정치인들은 지금 당장 국민들이 좋아하는 달콤한 정책들을 우선적으로 따르게 되어 있다. 이런 국회를 상대로 대통령이 때로는 달콤한 정책을 배제하고 국민들의 고통과 인내를 요구하는 정책 선택을 과연 설득해나갈 수 있겠는가.

결국 경제의 정치화가 가져올 단기정책 위주의 부작용을 고민할 수밖에 없다. 역대 대통령의 경험에서 보았듯이 대통령은 선거로 즉각 바뀌어도 경제는 연속성이 있어서 금세 달라지기 힘들다. 전임자가 생색을 내며 벌여놓은 일 때문에 후임 대통령이 고생을 한 경우도 많았고, 반대로 당시에는 욕을 먹고 추진한 정책이 다음 정권 들어서 효자 노릇을 한 경우도 적지 않았다. 박정희 정권의 부작용을 무릅쓴 중화학공업 육성은 전두환 정권에 와서 꽃을 피웠고, 전두환이 밀어붙인 물가안정과 예산동결 조치는 다음 대통령들의 재정정책에 여유를 갖게 해줬다. 반대로 노동탄압 조치는 당시에는 불가피했다고 해도 그것이 지나쳐 그 반작용의 부정적 효과는 지금까지도 한국경제의 가장 무거운 짐이 되고 있는 것이다.

노무현, 이명박 정권에 와서도 비슷한 경우가 적지 않았다. 이처럼 경제의 특성상 어떤 정책이든 시간이 가야 성패가 드러나는 것이다. 바람직한 대통령상은 정책효과의 시차문제까지도 감안하는 장기적 안목을 발휘해야 하는데, 이 또한 대통령이 정치적으로 극복하기 어려운 부분이다. 또한 경제의 정치화는 국가경쟁력 차원의 대외적 과제를 소홀히 하기 십상이다. 예컨대 내수 확충이 시급하다는 주장은 어디까지나 수출이 계속 잘되는 것을 전제로 설득력을 발휘하는 것인데, 만약 수출이 마이너스로 돌아서는 경제상황이 벌어진다면 이야기는 전혀 달라질 것이다. 얼마든지 그럴 수 있다. 하지만 그런 상황을 예방하기 위한 거시경제 운영이나 재정의 건전화 정책, 또는 수출진흥을 위한 인프라 투자 같은 것은 경제의 정치화 코드와는 궁합이 잘

안 맞는다.

경제의 정치화 현상 속에서 대통령이 국회의원 다음으로 감당하기 어려운 존재는 노동계일 것이다. 노동계와의 소통에 성공하는 대통령이면, 그것 하나만으로도 매우 높은 평가를 받을 것이 분명하다. 그만큼 노동계와의 소통문제는 오랫동안 일이 꼬여온 과제다. 산업화 시대의 대통령은 노동계를 너무 탄압해서 일을 그르쳤고, 민주화 시대의 대통령들은 탄압에 대한 반작용을 소화하는 과정에서 과잉보호를 하다가 정책의 고삐를 놓쳐버렸다. 아무튼 지금의 노동계는 노동자의 권익보호 차원을 넘어, 무소불위의 거대한 정치세력으로 발돋움했다. 정부가 아무리 개혁과 변화를 계획한다 해도 노동계의 협조를 얻지 못하면 아무것도 할 수 없는 지경에 이르렀다. 역대 정권들이 공기업 개혁을 약속했다가 용두사미로 흐지부지되어온 가장 큰 걸림돌이 바로 노조의 저항에 힘을 쓰지 못했기 때문이었다.

특히 일자리 창출 과제에는 노동문제가 핵심으로 자리 잡고 있다. 비정규직 문제를 포함해 노동시장의 유연성 제고가 중요한 선결 과제임이 틀림없으나 노동계의 반대로 아무런 진전이 없었다. 노동자 편을 자처했던 김대중, 노무현 대통령도 그들과의 대화에 실패했다. 노무현은 노조에 대해 독재 시대 투쟁방식을 청산할 것을 간절히 촉구했으나 뜻을 이루지 못했다. 이명박 시대에 와서는 노무현 시대보다도 오히려 더 후퇴했다. 과연 어떤 대통령이 노동계와 말문을 트고 바람직한 노사문화의 원칙을 정착시켜나갈 수 있겠는가.

대통령으로서 복지에 대한 부담을 국민들에게 나눠서 지도록 하는 정책은 더더욱 힘들 것이다. 세금 늘리는 일이 대표적이다. 부자 세금을 늘리자고 하지만 이것으로는 턱도 없이 모자란다. 늘어나는 복지비용을 감당하려면 세금부담을 전반적으로 늘려나가야 하는데, 과연 그 일을 해낼 용감한 리더십을 기대할 수 있을까. 오늘날 효자 노릇을 하고 있는 부가가치세도 박정희 시대 말년에 도입되는 과정에서 정권의 종말을 재촉한 요인으로 지목되고 있을 정도로 조세저항은 무서운 것이다.

복지정책의 롤모델로 북유럽 나라들을 거론하지만, 국민들의 세금 부담이 한국하고는 차원이 다르게 많다. 그들은 줄잡아 소득의 절반을 세금으로 낸다. 전체 경제규모에 대비한 월급쟁이들의 세금 부담 비율이 한국보다 훨씬 높다. 말이 무상복지이지 공짜가 아니다. 우리는 세율도 낮을 뿐 아니라, 소득자 10명 중에 4명이 한 푼도 소득세를 내지 않는 나라다. 소득세든, 부가가치세든 증세정책은 모든 정치인들이 말도 못 꺼내는 실정이다. 복지 혜택은 파격적으로 늘리자면서 그에 따른 부담증가는 거부하는 상황을 앞으로의 대통령들은 어떻게 대처해나갈지 걱정이다.

기업정책을 일신하는 것도 새 대통령이 할 또 하나의 고민거리다. 양극화 심화 속에 거세지고 있는 재벌 비판을 여하히 수습해나갈 것인가.

기업 자체가 엄청나게 달라졌다. 한국의 대표기업이랄 수 있는 삼성전자의 경우 2013년 매출이 228조 원을 넘겼는데, 이 중 해외 판매가 89%, 국내 판매가 11%였으며, 판매한 제품의 국내 제조는 8%밖에 되지 않았다. 기업이 주도하는 글로벌 경쟁에 한국경제의 명운을 걸어온 대표적 성공사례다. 이런 상황에서 그 전처럼 정부가 나서서 투자에 개입하고 경영을 행정지도 한다는 것 자체가 난센스다. 세계적으로 자본주의의 위기국면이 분명하지만, 자본주의 발전의 핵심 엔진이 기업인 것은 언제나 불변이다.

그러나 한국처럼 반기업 정서가 강한 나라를 찾기 힘들다. 특히 재벌로 상징되는 대기업들에 대한 부정적인 사회 분위기는 일본을 비롯한 외국기업들이 내심 바라는 바다. 한국정부가 제 나라 기업의 발을 묶어주기를 기대하고 있는 것이다. 이명박 정권이 모처럼 반기업 정서를 반전시켜보려다가 재벌 정권이라는 오명만 뒤집어쓰고 말았다. 반기업 정서의 배경에는 과장된 비난도 있으나, 재벌 자신들의 과오가 한가운데 자리 잡고 있다. 귀족 노조가 집단 이기주의의 대표라면, 재벌의 구태의연한 행태는 삐뚤어진 개인 이기주의의 극단이다. 시장원리만으로는 지금의 한국재벌은 보호받을 수 없다. 이미 경제민주화라는 이름으로 정치 쟁점화됐고, 그 결과는 재벌 스스로가 하기에 달렸다.

대통령이 기업과 노조의 심각한 대립관계 속에서 자본주의 경제의 기관차인 기업에 대한 사회적인 인식을 긍정적으로 끌어갈 것인가. 이것이야말로 대단히 중요한 과제다. 앞서 거론한 문제들은 대부분 40년 산업화 시대에는 없었던 고민들이다. 그 이후 경제민주화 25년 사이에 생겨난 고민들이다. 민주화뿐 아니라, 그동안에도 괄목할 만한 경제성장을 지속한 나머지 전반적으로 경제규모가 훨씬 커지고 소득수준도 크게 높아지는 과정에서 발생된 문제들이기도 하다. 따라서 의사결정 과정이 종전보다 투명해지고 민주화된 것은 물론이고, 이해관계가 한층 복잡하게 얽히게 됐고, 또한 복지나 형평에 관한 국민의식이 전에 없이 강해졌다.

이런 차원에서 경제민주화라는 용어도 어느새 식상한 어제의 구호가 됐다. 한국경제가 해결해나가야 할 주된 과제는 앞서 살펴보았듯이 민주화 과정에서 비롯된 파생물인 만큼, 더 이상 민주화 여부의 문제라고 하기 어렵게 됐다. 민주주의를 더 발전시키기 위해서라도 오히려 민주화의 부작용을 추스르고 고소득 시대의 갈등 분출을 수렴해나갈 새로운 합의 도출 메커니즘을 만들어나가는 일이 절실해졌다. 민주화 노력과는 별개의 차원에서, 한국사회를 한 단계 더 끌어올릴 수 있는 새로운 시대정신이 제시되어야 하는 시점에 이른 것이다.

분명한 것은 민주화가 미진해서 한국경제가 딜레마에 빠져들고 있는 게 아니라는 점이다. 예컨대 양극화 심화의 문제나 일자리 창출의 심각한 고민이 민주주의가 안 돼서 생겨난 것이 아니지 않은가. 사실 민주화는 더 이상 핵심적인 고민거리가 아니다. 독재체제는 오래전에 끝이 났고, 소득이 올라가고 국민들의 요구가 정치적으로 강해지면서 민주주의는 자동적으로 진전될 수밖에 없다. 정책결정의 절차가 한층 투명해졌고, 무엇이든지 비판할 수 있게 된 언론자유가 민주화 진전의 움직일 수 없는 증거다. 갈등과 부패의 원인을 걸핏하면 반민주화로 모는 것도 낡은 습성이다. 공정하게 법을 적용해나가는 일이 더 중요해졌다. 재벌문제는 독점행위를 엄격히 규제하고 사주의 횡포를 엄벌하면 되는 것이고, 권력층의 친인척 비리는 부정부패 근절 차원에서 단호하게 대처하면 된다. 한국사회의 고질적 부정부패 현상을 더 이상 민주화 여부에다 결부시킬 일이 아니다.

더구나 대통령의 경제정책이나 리더십 문제와 관련한 민주화의 시비는 이미 오래전에 시효가 끝났다. 대통령의 정책 실패가 많지만, 그들의 실패원인이 비민주성 탓에 빚어진 게 아니다. 아직도 비민주성의 문제를 따져야 할 대상은 국회의원이다. 주요 정책들이 국회 입법 과정에서 어떻게 다뤄지고 있는가가 국회 민주화의 수준을 단적으로 말해주는 것이 아니겠는가. 국회만 민주화되면 많은 고민들이 저절로 풀릴 것이다.

오히려 대통령의 당면 과제는 민주주의 여부와 상관없이 시장경제를 보완하고 강화해나가는 일이다. 효율적인 민주주의 운용을 통해 시장 문제를 해결하기는커녕, 오히려 민주주의의 실패가 시장에 부담을 주는 경우가 많다. 수많은 불균형의 문제 역시 저마다 민주주의의 이름 아래 갈등을 제기하고 있으나, 실상은 그릇된 집단 이기주의가 그 뿌리인 경우가 적지 않다. 한국형 민주주의의 심각한 부작용이랄 수 있다. 문제는 산업화 시대, 민주화 시대를 아우르는 새로운 한국형 자본주의를 창출해내는 실천적 방법론이다.

어차피 앞으로의 한국경제 발전 궤도에서 지름길은 더 이상 없다. 시간이 걸려도 합의와 절차를 통해야 한다. 이해관계가 심하게 얽힌 경제정책일수록 더욱 그렇다. 대통령의 역할도 결국 이 과정에서의 합의를 끌어내는, 공정함을 유지하는 통합의 리더십을 발휘할 수 있어야 한다.

그러한 노력이 결코 새로운 것도 아니다. 16대 대통령 노무현이 내세운 사회통합은 산업화와 경제민주화에 이은 새로운 시대정신으로 적절했다. 다만 사회통합이라는 훌륭한 의제 설정에도 불구하고 실천에 있어서 더 그르쳤던 게 안타까운 일이었다. 중립적, 중재적 입장을 버리고 자신의 소신을 내세워 한쪽 편을 드는 바람에 통합 주도자로의 기본적인 원칙을 저버렸던 것이다. 약자를 편드는 것이 공정함이라 확신했으나 그 자체가 불공정의 문제를 야기했다. 그의 사회통합 방식은 포용과 타협이 아니라, 배격과 투쟁이었다. 결과적으로 갈등과 대립구도를 더 심화시켰던 것이다.

사회통합이라는 의제는 뒤이은 이명박 시대에도 유효했다. 다만 그 또한 노무현과 마찬가지로 반쪽짜리 통합을 기도하다 중도에 좌절하고 말았다. 노무현이 지나치게 진보적 접근으로 사회통합을 시도했다면, 이명박은 반대로 고지식하게 보수적 접근을 고집하는 바람에 일을 그르쳤던 것이다. 통합의 전제인 정치적 소통에 실패한 점에서는 노무현, 이명박 두 대통령 모두 다를 바 없었던 셈이다. 이데올로기의 문제를 떠나서 저마다 일방통행식의 실천 태도나 방법론에서부터 공통적으로 오류를 범했다고 할 수 있다. 이명박 또한 노무현의 실패를 거울삼지 못하고, 기강 확립을 내세우면서 무리하게 보수 회귀를 밀어붙이다가 역풍을 맞았으니 말이다.

두 대통령이 실패한 사회통합이야말로 앞으로의 대통령이 성취해야 할 가장 포괄적인 정책목표다. 앞서 언급한 경제의 정치화 현상이 진전될수록 더욱 그럴 것이다. 문제는 실천인데, 다양한 욕구 분출을 수렴하고 갈등을 끌어안는 정치력 발휘가 사회통합을 실천해나갈 수 있는 리더십의 요체라는 점에서 전임자들의 실패를 교훈 삼을 만하다.

한국경제의 발전과정이 다른 어떤 나라와도 달리 독특했듯이, 한국형 자본주의의 위기 역시 세계가 당면하고 있는 자본주의 위기와는 다른 점이 많다. 처방 또한 다를 수밖에 없다. 3% 안팎의 경제성장률은 기본적으로 한국사회가 견뎌낼 수 없는 숫자다. 일본은 잃어버린 10년이 잃어버린 20년으로 바뀌었어도 여태 별문제가 없으나, 한국은 그렇지 못하다. 한국형 자본주의가 계속 온전하려면 상당 기간 5% 성장은 해야 한다. 이런 상황에서 새로운 한국형 자본주의를 만들어내기 위해서는 갈등과 대립을 다스릴 통합의 리더십이 절실한데, 과연 그게 가능하겠는가. 이에 대한 대답은 한마디로 부정적이다.

눈앞의 현실은 3% 성장도 버거운 장기침체 국면이 전개되고 있고, 고용문제와 양극화 현상은 더욱 악화될 수밖에 없다. 누가 대통령이 돼도 2~3%의 성장률로 복지국가들을 만들어갈 순 없다.

한국경제의 내일을 더욱 불투명하게 만드는 것은 경제현실보다도 정치현실이다. 한국경제가 빠른 속도로 정치의 영역으로 빨려들고 있음이 거스를 수 없는 대세라는 점에서 특히 그렇다. 한국경제의 구원자로서 경제대통령이 아니라 정치대통령의 출현을 고대해야 할 판이다. 이런 상황에서 낙제점을 면하는 수준인 61점짜리 대통령만 나와도 다행인지 모른다.

해방 이후 한국경제 일지

1945년

8월	해방
9월	미군정 시작 맥아더 포고 제1호 '주민의 재산권을 보장한다'
10월	공정환율 1달러당 15원(미군정청이 대민간 채무지급에만 적용) 쌀 및 생필품 자유거래 허용 소작료 3.1제 실시 소작료의 3분의 1 이하로 규제 융자허가제 실시(10만 원 이상 대출은 미군정청 사전 허가받도록)
11월	미군정청, 일제 말기의 세금제도를 그대로 사용토록 결정 조선노조전국평의회 결성(좌파노동단체)
12월	모스크바 3상회의 반탁운동 확산 브레턴우즈 협정 발효 IMF 및 IBRD 창설

1946년

1월	무역허가제 실시 일반인 해외여행 및 통신 규제 쌀시장 자유거래 중단, 강제매수 제도로 환원 남조선 국방경비대 창설
2월	미군정청, 신한공사 설립해 적산 귀속농지 관장
3월	북한 토지개혁 대한독립촉성노동연맹 결성(우파노동단체)
6월	미군정청, 중앙식량행정처 및 중앙물가행정처 설치
11월	남조선노동당 결성

1947년

3월	마카오 통한 중계무역 시작
5월	미군정청, 50여 개 정당 사회단체 대상으로 일본인 귀속재산 불하 방안 여론조사
6월	조선환금은행 설립 군정청 직속기관으로 대외무역 관련 업무 담당
7월	정환율 1달러당 50원으로 인상
8월	홍콩 무역 본격화, 페니실린 등 수입, 텅스텐 등 수출 무역관계법령 정비 수출대금으로 받은 외화는 상품수입에만 사용토록 결정

1948년

4월	제주 4·3사태
5월	남한 단독 선거 북한, 전기 공급 중단(5·14단전)
6월	남북 간 무역 중단
7월	자유매매환율제 실시(최초로 형성된 시장환율, 달러당 850원) 일본인 귀속재산 민간불하 대규모 실시 대한민국 헌법 제정 이승만 초대 대통령 선출(제1대~제3대)
8월	대한민국정부 수립 첫 내각, 재무장관 김도연, 상공장관 임영신, 농림장관 조봉암, 사회장관 전진한
9월	반민족행위처벌법 공포 한미 정부 간 환율책정 잠정협정 달러당 450원
10월	반민특위 구성
12월	'한미경제원조협정' 체결 (미국의 마셜플랜에 의한 경제원조 제공에 따른 쌍무협정)

1949년

1월	미국으로부터 ECA 원조 시작(첫해 1억 1,600만 달러)
2월	건국 이후 첫 국세조사 실시(세금제도 개선을 위한 기초조사)
5월	수출입허가품목 발표(수출 33, 수입 30개 품목)
6월	김구 피살
7월	미군정 때 만들었던 세제를 개편(소득세에 포함됐던 법인세 독립, 증여세 신설)
12월	국회, 귀속재산처리법 통과

1950년

1월	한미 간 상호방위원조협정 체결, 군사원조도입 시작
3월	농지개혁 실시(경자유전, 소유상한 3정보로 제한해서 유상몰수 유상분배)
5월	총선 무소속 의원 대거 당선
6월	한국은행 설립(6월 12일) 6·25전쟁 발발
7월	주한미군 및 유엔군에 원화 대여
9월	긴급통화교환조치(북한 지폐와 일제강점기 구통화 통용 근절 위해)
11월	중공군 6·25전쟁에 개입 대한석탄공사 발족
12월	유엔한국재건단(UNKRA) 설치

1951년

5월	귀속재산처리법에 따라 56개 국영 및 공영기업 지정 대한 중공업공사 등 41개 적산기업을 국영기업으로 지정
7월	휴전회담 시작
9월	재정법(국가재정회계의 기본법) 제정
10월	관민합동 국민소득조사 위원회 구성
11월	자유당 창당(총재 이승만)

1952년

5월	경제조정에 관한 협정(마이어 협정) 체결, 합동경제위원회 설치 부산정치파동(계엄령 선포, 국회의원 구속)
7월	대통령 선거, 간선제를 직선제로 개헌
8월	이승만 제2대 대통령에 당선(직선제)
12월	네이산 협회의 '한국경제재건계획' 보고서 유엔 제출

1953년

2월	긴급통화금융조치(제1차 통화개혁 100원을 1환으로)
3월	노동기본법 제정(단결권 단체교섭권 단체행동권 보장)
4월	미국, 타스카 사절단 파견, 한국경제부흥계획서 작성
7월	휴전협정 조인
8월	미국의 경제조정관실 서울에 설치
9월	UNKRA, 한국정부와 중소기업육성에 관한 협정 체결
10월	한미상호방위조약 체결
12월	'경제재건과 재정안정계획에 관한 합동경제위원회 협약' (일명 백·우드협정) 체결 환율 인상, 1달러당 60환에서 180환으로

1954년

3월	대충자금 특별회계법 제정
4월	산업은행 발족
11월	사사오입 개헌(현직 대통령 3연임 가능케 한 개헌) 귀속재산 처분에 사영화 범위 확대 공정환율 1달러당 180환

1955년

5월	미국과 최초의 잉여농산물 도입협정 체결(1981년 5월 종결) 충주비료공장 착공 증권거래소 개장 시발 자동차 생산(신진 공업사)
8월	환율 인상, 1달러당 180환에서 500환으로 IMF 및 IBRD 가입

1956년

5월	농업은행 설립 유류 및 유연탄 배정 중지 무연탄으로 전환 미 RCA 한국지사가 최초의 TV 방송국 개국

1957년

2월	농업협동조합 설립
4월	재정안정계획제도 시작(최초의 연차적 경제계획으로 분기별 점검)
6월	개각, 송인상 부흥부 장관 취임 최초로 정부 차원 해외 연수 시작(EDI 연수)
9월	문경시멘트 공장 완공 인천판유리 공장 완공

1958년

9월	송인상, 워싱턴 방문해 미국정부와 한국의 경제개발전략 본격 협의
12월	세제개편, 자동차세 신설

1959년

7월	조봉암 사형 미국 원조 총괄기구인 USOM(주한경제협조처) 설립
9월	개각, 재무부장관 송인상 부흥부장관 신현확

11월	한국산 첫 전자제품, 진공관 라디오 생산(금성사)
12월	경제개발3개년계획안 확정 자립경제체제 확립을 목표 공무원연금법 국회 통과

1960년

1월	외자도입촉진법 제정(1966년 8월 폐지)
3월	3·15부정선거(4대 정부통령 선거)
4월	제3차 5개년계획 국무회의에서 수정 채택(경제성장 5월 2% 목표) 4·19혁명 이승만 대통령 하야 허정 과도정부 출범
6월	내각책임제 개헌안 국회통과
7월	제5대 민참의원 국회의원 선거
8월	장면 정권, 내각 구성
9월	아이젠하워 미 대통령, "한국인 스스로 경제적 자립 못하면 독립국 못 돼"
10월	김영선 재무장관, 미국에 '원조요청각서' 전달 (경제개발기금 4억 2,000만 달러 요청)
12월	대통령, 국무총리, 경제계 등 200여 명 참석한 종합경제회의 5일간 개최 지방자치 선거

1961년

1월	한국경제협의회(전국경제인연합회 전신) 발족
2월	환율 인상, 1달러당 1,300원 한미경제협정 체결
3월	첫 정부 재계 연석회의 한·독 기술원조 협정 체결(영월화력발전소 건설 계획, 최초의 민자도입)
4월	충주비료공장 준공(원래는 1958년 준공 예정) 부정축재처리법 민의원 통과

5월	부흥부 '제1차 5개년계획 개요' 발표(5월 12일) 5·16쿠데타 발발 군사혁명위원회 포고령 모든 경제단체 활동 중단, 금융동결, 물가동결 국가재건최고회의 발족(5월 20일) 농어촌 고리채 정리
7월	경제기획원 창설
8월	중소기업은행 설립
9월	OECD(경제협력개발기구) 발족
10월	조달청 설립
11월	박정희 의장 방미, 미국에 한국군 베트남 파견 제안 미국 및 유럽에 민간투자유치단 파견
12월	국토건설단 설치

1962년

1월	제1차 경제개발5개년계획 발표(지도받은 자본주의 체제 지향) 한국경제인협회, '종합공업지대 창설에 관한 제의서'를 최고회의에 제출 이자제한법 제정 새나라 자동차 설립(일본 닛산과 기술제휴)
2월	울산공업단지 기공
3월	농업진흥청 설립
5월	증권파동, 유창순 한국은행 총재 사퇴
6월	제2차 통화개혁 시행(10환을 1원으로) 민간기업에 차관에 대한 정부지급보증제도 도입 중앙정보부법 공포 대한무역진흥공사(KOTRA) 설립
7월	예금동결 해제
8월	첫 IBRD차관 1,400만 달러(철도차량 구입)
12월	브라질 이민 개시 대통령 중심제로 헌법개정

1963년

2월	민주공화당 창당
7월	생필품 품귀 가격급등 현상 종합물가대책 추진
10월	박정희 대통령 당선(15만 표 차이)
11월	케네디 미 대통령 암살
12월	서독 광부 파견 박정희 5대 대통령 취임(12월 17일) 최두선 총리 '방탄내각' 출범

1964년

2월	제1차 경제개발5개년계획 수정안 확정(연평균 성장률 7.1%를 5%로 하향)
3월	야권, 대일굴욕외교반대 범국민투쟁위원회 조직
5월	환율인상, 1달러당 130원에서 255원으로(3년 3개월 만에) 개각, 정일권 국무총리의 '돌격내각' 출범 장기영 부총리 겸 경제기획원장관에 취임 외자도입 강력 추진
6월	6·3사태
9월	한국군, 베트남 파병 시작
10월	박정희 대통령, '수출 제일주의'를 제창
11월	서독 간호사 파견
12월	박정희 대통령 서독 방문 수출 1억 달러 달성, 수출의 날 제정 물가(도매기준) 상승률 36% 기록 한국전력, 제한송전 전면 해제

1965년

1월	대통령 주재 수출진흥회의 시작, 월간경제동향보고 본격화 베트남 파병 동의안 국회 통과
3월	단일변동환율제 실시(환율통제 간접방식으로 전환)

6월	한일국교 정상화 협정 타결(해방 후 20년 만에) 삼천리 자전거, 첫 국산 자전거 해외 수출
7월	언론윤리법 제정
9월	금리 현실화, 예금금리 30%, 대출금리 24~26%로 역금리제 채택 IMF 대기성차관 도입 시작(1987년까지 모두 26억 달러 사용)

1966년

3월	국세청, 수산청 설립 대일 청구권 보상안 확정
7월	제2차 경제개발5개년 계획 발표
8월	외자도입법 제정(외국투자비율 및 과실송금 제한 철폐) IECOK(대한국제차관단) 발족 한일경제각료간담회
9월	한국비료 밀수사건
10월	한국과학기술연구소(KIST) 설립
12월	무연탄 파동 세금징수 700억 원 돌파(1966년 세수 421억 원)

1967년

1월	외환은행 발족
4월	GATT 가입 박정희 대통령, 경부고속도로 건설 계획을 대통령 선거공약으로 발표 한국비료 준공 소양강 댐 건설 착공
6월	외국은행 국내지점 개설
7월	주택은행 설립
8월	제1차 한일각료회담 도쿄에서 개최 추가로 2억 달러 차관 받기로
10월	장기영 부총리 경질, 후임에 박충훈 남한 인구 3,000만 명 돌파

| 12월 | 전력 부족으로 제한 송전 실시
현대 자동차 설립 |

1968년

1월	"올해는 건설의 해"(대통령 신년사) 북한 무장 게릴라 31명 청와대 습격(1·21사태) 미국 정보수집함 푸에블로호 북한에 피랍(1월 23일)
2월	경부고속도로 건설 착공
4월	250만 향토예비군 창설, "일하며 싸우고, 싸우며 일하자"
9월	제2경제운동 제창(경제 지속성장 위해서는 정신혁명 함께해야)
10월	주민등록제도 실시
11월	자본시장 육성법 제정 울진, 삼척 지역에 북한 무장게릴라 100여 명 침투

1969년

1월	"싸우면서 건설하자"를 국정지표로(대통령 신년사) 쌀 소비절약을 위해 음식점 밥에 25% 이상 잡곡 사용 의무화 삼성전자 설립
2월	차관업체 147개 중 30개 부실기업 정리(장덕진 제3경제수석 주관) 한국도로공사 설립
3월	가정의례준칙 제정
4월	미 해군 정찰기 EC-121 북한에 피격
6월	김학렬 부총리 겸 경제기획원 장관 취임
7월	수출입은행 설립
8월	박정희 닉슨 정상회담, 주한미군 계속 주둔 재천명
9월	3선개헌안 통과
10월	김정렴 대통령 비서실장, 남덕우 재무장관 취임 수출자유지역 설치
11월	김학렬 부총리, KIST에 방위산업 공장건설 타당성 검토 지시

12월	포항제철 건설자금조달 기본협약에 일본과 합의 서명 (청구권 자금 7,370만 달러, 수출입은행 차관 5,000만 달러 등)

1970년

2월	닉슨 독트린 선언(주한미군 감축 시사) 정인숙 사건
4월	와우아파트 붕괴 포항제철 착공 호남고속도로(대전~전주) 착공 상공부 전자공업단지 조성 계획 발표
6월	동작동 국군묘지 현충문 폭파 사건 박정희 대통령, 미군 철수 관련해서 병기생산 공장 건설을 김학렬 부총리에 지시
7월	미국, 주한미군 2만 명 철수계획 한국정부에 통보 방위산업 육성 위한 4대 핵심공장 건설계획 수립 경부고속도로개통(7월 7일)
11월	전태일 분신 수출 목표 10억 달러 달성
12월	호남고속도로 개통

1971년

3월	미군 제7사단 철군 KDI(한국개발연구원) 설립 고리원자력발전소 착공
4월	지하철 1호선 착공 제7대 대통령 선거, 박정희가 김대중에 90만 표 차이로 당선
6월	김종필 국무총리 취임 미국, 대중국 무역금지 조치 해제 환율 달러당 370원 80전
8월	그린벨트 서울 근교에 첫 지정 달러긴급방위조치(달러화 평가절하); 미국 경제 악화 반영 실미도 사건

10월	서울 일원에 위수령 발동, 10개 대학에 군대 진주
11월	오원철 제2경제 수석 취임, 방위산업 육성 전담 유엔총회, 대만을 축출하고 중국의 가입을 결정
12월	국가비상사태 선포 청와대에서 첫 국산병기 전시회

1972년

2월	닉슨 미 대통령, 중국 방문
5월	이후락 중앙정보부장, 평양 극비 방문 박성철 북한 제2부수상 서울 극비 방문
7월	7·4공동선언 남북한 동시 발표
8월	8·3긴급조치 사채동결 및 단자회사 신용금고 설립 등 사금융 양성화
9월	일본 중국, 국교정상화
10월	유신체제 출범, 국회해산 및 정치활동 금지 9개 석유화학공장 준공(울산 석유화학공업단지)
12월	통일주체국민회의가 8대 대통령(박정희)을 선출 기업공개촉진법 제정

1973년

1월	대통령 연두회견에서 중화학공업 육성 선언
3월	베트남 주둔 한국군 완전 철수
5월	중화학공업추진 기획단 출범
6월	삼환기업 한국건설업체로 첫 중동 진출(2,427만 달러 공사 수주)
7월	포항제철 준공
8월	김대중 일본에서 피랍 김용환 경제 제1수석에 기용
9월	동·서독 유엔 동시 가입
10월	소양강 댐 준공 제1차 오일쇼크 시작

| 12월 | 국민투자기금 설치(중화학공업 육성 전용 기금)
산업기지개발촉진법 제정(창원 여천 구미 포항 등 8개 산업기지 건설) |

1974년

1월	1·14조치 국민생활 안정을 위한 대통령 긴급조치 발동(세금경감 등)
5월	아산방조제, 남양방조제 준공 팔당댐 준공 5·29 대통령 특별지시(기업공개 강력 촉구)
6월	울산 현대조선소 준공
7월	종업원지주제도 확대 실시 재무부, 부가가치세 시찰단 유럽 파견
8월	대통령 영부인 육영수 여사 저격 사망 서울 지하철 1호선 개통
11월	북한 제1 땅굴 발견
12월	동아일보 백지광고 사태 시작

1975년

2월	유신헌법 찬반 국민투표
3월	북한 제2 땅굴 발견
4월	베트남 패망 종합무역상사제도 실시 박 대통령 행정수도 건설 지시(북한 미사일 공격 대비한 안전지역)
7월	방위세 신설
10월	영동고속도로 개통
12월	해외건설촉진법 제정(20개 업체 선정, 은행지급보증으로 정부 지원) 중동경제협력위원회 설치(총리 직속)

1976년

1월	중동문제연구소 설립(건설업 중동 진출 붐)
2월	현대건설, 주베일 항만공사 수주(9억 3,000만 달러) 한국자동차 첫 고유모델 '포니' 시판
5월	첫 반상회
6월	하반기 경제성장률 상향 조정
7월	한강 잠수교 개통
8월	판문점 도끼 만행 사건
9월	중국 마오쩌둥 사망
11월	카터 미국 대통령 당선
12월	성장률 14.3%, 국제수지 1,200만 달러 흑자 기록

1977년

1월	박정희 대통령 무기 국산화 천명 "핵무기와 전투기 제외한 모든 무기 국산화" 박 대통령, 새 수도 건설 구상 공식 표명
5월	카터 미 대통령 미국 철군 계획 한국 측에 통보
6월	원자력 발전 개시(최초의 원자력 발전기인 고리 1호 점화)
7월	부가가치세제 실시 특별소비세 시행 의료보험제도 실시 임시행정수도 건설을 위한 특별조치법 공포
8월	남해화학 여수공장(제7비료) 준공
10월	전자교환기 다원화 체제 시작 경제기획원, 삼성전자와 미 GE 합작 투자 인가
12월	통일벼 풍작으로 14년 만에 쌀막걸리 제조 허용 수출 100억 달러 달성

1978년

1월	영화배우 최은희 납북
6월	정신문화연구원 개원
7월	통일주체국민회의 박정희 제9대 대통령 선출(99% 찬성)
8월	부동산 투기 억제 및 지가 안정을 위한 종합대책 발표(8·8조치)
9월	첫 국산 지대지 미사일 공개 실험 발사
12월	총선에서 여당이 총득표에서 패배, 개각 김정렴 남덕우 김용환 물러나고, 신현확 부총리 취임 제2차 석유파동 시작

1979년

1월	미국 중국과 30년 만에 국교수립, 대만과는 단교
4월	안정화시책 발표
5월	제1차 중화학투자조정 착수(현대양행 엔진공장 건설 백지화 등)
8월	YH노동조합 진압사태
10월	부마사태, 부산지역 비상계엄 선포 삽교천 방조제 준공 박정희 대통령 시해사건 국무총리 최규하 대통령 권한 대행 긴급 경제장관회의 쌀·연탄 무제한 공급
12월	최규하 대통령 과도 정부 출범, 신현확 총리 임명 12·12사태(전두환 보안사령관, 정승화 계엄사령관 체포) 최규하 10대 대통령 취임 개각 부총리 겸 경제기획원장관에 이한빈

1980년

1월	환율 및 금리 대폭 인상, 환율 달러당 484원 → 580원, 금리 18.6% → 24% 유가 59.4% 인상(1·12조치)
2월	상반기 중 중화학공업에 2,000억 원 특별지원 조치

3월	최규하 대통령 지시로 헌법개정심의회의 발족, 헌법 개정작업 착수 환율제도 복수통화 바스킷 제도로 변경
4월	사북사태 발생
5월	5·18광주민주화운동 발발
6월	동명목재 부도
7월	중화학투자조정, 자동차·발전설비 일원화
8월	최규하 대통령 사임
9월	전두환 11대 대통령 취임(통일주체국민회의에서 선출) 남덕우 총리, 신병현 부총리, 이승윤 재무장관, 박봉환 동자장관, 김재익 경제수석 부정축재환수금 350억 원 농어촌후계자육성자금에 쓰도록 결정 주택 500만 호 건립 계획 발표 외국인투자 유치방안 발표(100% 투자도 허용 시작)
10월	2차 중화학공업투자조성 7년 단임 간선제(선거인단 선거)를 골자로 하는 8차 개헌 확정
11월	화신그룹 부도
12월	컬러TV 방영시작

1981년

1월	민주자유당 창당 대흉작(노풍 피해), 외국쌀 933만 섬 12개국으로부터 도입 계약 1년 3개월 만에 계엄령 해제
2월	전두환 12대 대통령 취임(선거인단 선거) 중동계 은행과 합작 추진
3월	건설부 주택건설 200만 호(82~86년) 목표를 146만 호로 축소 조정 11대 총선
5월	공정거래위원회 발족
6월	주택경기활성화 대책, 양도소득세 완화 서민주택공급 확대 등 회사채 금리 유동화
7월	제5차 5개년계획(82~86년) 확정 발표

10월	서울올림픽 개최 확정 기술진흥확대회의 신설
11월	중화학업체원리금 1,681억 원 상환유예
12월	쌀 통계 현실화 수출 200억 달러 돌파 인구증가억제대책 발표(세 번째 자녀부터 의료보험 혜택 배제)

1982년

1월	교육세 시행 개각 총리 유창순, 부총리 김준성, 재무 나웅배 영점기준 예산편성 방식 도입
3월	국제 유가 20% 하락 공무원 봉급 동결
5월	주가 폭락 이철희 장영자 구속 전두환 대통령 처삼촌 이규광 구속
6월	김상기 사건 은행차장이 예금 86억 원 유용, 자살 개각 재무장관에 강경식 등 금리 4% 인하 법인세율 20%로 인하
7월	실명제 실시계획 발표

1983년

1월	단자회사 12개사 신설 허가 한일 경제협력차관 40억 달러 합의
2월	유가 인하, 휘발유 10~16% 복합영농 추진(축산농가 육성)
3월	첫 합작은행 한미은행 개업
4월	삼보증권, 동양증권 합병
5월	아파트 분양에 채권입찰제 도입
7월	서석준 부총리 겸 경제기획원장관 취임 남한인구 4,000만 명 돌파

8월	삼성반도체 64KD램 개발 김철호 명성회장, 김동겸 상업은행 대리 구속
9월	대한항공 여객기 소련 영공에서 격추 영동진흥개발 은행지급보증 위조사건
10월	아웅산 참사, 서석준 부총리, 김재익 경제수석 등 17명 사망 신병현 부총리, 김만제 재무장관, 금진호 상공장관, 사공일 경제수석 취임
11월	대구 광명그룹 도산 동아건설, 리비아에서 33억 달러 규모 배수로 공사 수주

1984년

2월	이란-이라크 전쟁으로 한국인 근로자 철수 새세대심장재단 발족
3월	충남 서산방조제 축조공사 준공
4월	국민주택규모 이상 채권입찰제 실시
5월	해운회사 63개를 17개로 통폐합
6월	향락산업대책 위원회 개최
7월	투자이민 30만 달러까지 허용 경남기업 대우 위탁경영 금융단협정 일괄폐지
9월	미 상무부, 한국산 TV덤핑마진율 52.5% 판정
11월	남북경제회담 판문점에서 개최 토지거래신고 및 허가제 최초 발동

1985년

2월	2·12총선 국제그룹 해체
4월	대우자동차 부평공장 파업
5월	중부고속도로 착공 양도소득세 누진제로 개편 서울 가락동농수산물시장 개장

| 11월 | 국내기업 해외증권 발행 허용 |

1986년

1월	개각 부총리 겸 경제기획원장관 김만제, 재무장관 정인용, 금융감독원장 이원조 현대 포니엑셀 미국 수출
2월	국제 유가 15달러 선으로 폭락 국내 유가 연속 인하
4월	주가 폭등
5월	부실기업 정리 개시 중소기업창업지원법 제정
7월	상반기 경상수지 6억 달러 흑자 기록
8월	미국 환율 절상요구 시작
9월	삼성반도체 256KD램 개발 호남고속도로 4차선 개통
12월	최저임금법 제정

1987년

1월	박종철 고문사건
2월	미국, 한국정부에 원화절상 촉구
4월	전매청을 한국전매공사로 개편 5차에 걸친 57개 부실기업 정리 완료 범양 박건석 회장 투신자살
5월	포철광양제철소 1기 준공 개각 부총리 정인용, 재무장관 사공일, 박영철 경제수석 승용차 등 150개 품목 수입자유화
6월	6·10항쟁 6·29선언
7월	외환거래 자유화방안 발표 경제5단체장 정부간섭 축소촉구

8월	금융노조 한은독립 촉구
9월	현대 근로자 시청 방화
12월	'수출의 날'을 '무역의 날'로 변경 국민주 보급계획 마련 중부고속도로 개통 노태우 대통령 당선

1988년

1월	국민연금제도 실시 미국, 한국을 GSP 적용대상에서 제외
2월	대기업 무역금융 폐지(27년 만에) 금호그룹에 제2민항 인가 토지거래허가제 발동 13대 노태우 대통령 취임 이현재 총리, 나웅배 부총리 겸 경제기획원장관, 사공일 재무장관, 안병화 상공장관, 박승 경제수석, 서영택 국세청장(첫 경제관료 출신)
3월	전두환 전 대통령 동생 전경환, 65억 원 횡령 및 10억 원 탈세 혐의로 구속
4월	해외관광 1989년부터 완전 자유화하기로 총선에서 민정당 패배 여소야대 탄생
6월	노동부, '무노동무임금 원칙' 지침 시달
7월	노동부, '무노동무임금 원칙' 백지화 철도기관사들 파업
9월	헝가리와 상주대표부 교환설치 합의(공산권국가로서는 처음) 서울올림픽 개최
11월	쌀 4,203만 섬 수확(사상 최대) 미국 부시 대통령 당선 정주영 현대그룹 회장 청문회 출석, "85년 이후의 모금은 모두 강제성이다" 전두환 전 대통령, 백담사행

12월	자본시장 개방계획 발표, "외국인 주식투자 92년부터 허용" 개각 조순 부총리 겸 경제기획원장관, 이규성 재무장관, 문희갑 경제수석, 박승 건설장관, "200만 호 건설로 자리 걸겠다. 토지의 종합과세 꼭 매듭짓겠다" 정부출연기관 연대파업 노 대통령 특별지시, "공권력 엄중행사하고 화염병 규제법을 제정하겠다"

1989년

1월	풍산금속 농성근로자 7명 구속, 불법 집단행동에 공권력 발동키로 진도, 소련과 첫 직교역 정주영 현대 회장, 평양 방문
2월	헝가리와 수교 정주영 회장, 북한과 금강산 공동개발에 합의 문교부, 대학생 과외 전면 허용 부동산정책위원회, 택지소유상한제 도입키로 아파트 분양가격 현실화
3월	노동관계장관회의, "분규 이대론 안 된다" 서울시 지하철노조 전면파업 현대중공업 파업 100일, 재야·학생 가세 노 대통령, 공공시설 습격·방화에 무기 사용 지시 문익환 목사, 평양행
4월	종합주가지수 한때 1,000포인트 돌파 금융거래실명실시준비단 발족(재무부 산하) 정부, 분당·일산에 신도시 건설계획 발표
5월	부산 동의대 대학생 방화로 경찰 6명 사망
6월	노 대통령, "경제가 무너지면 민주화도 안 된다" 임수경, 밀입북
9월	문희갑 경제수석, "경제정의 실현에 역점을 두겠다"
11월	베를린 장벽 붕괴 조순 부총리, "적극적 부양책 펴나가겠다" 3야당 총재, 추곡가 20% 인상 관철키로 합의

| 12월 | 외국기업 12곳 노사분규로 휴·폐업
'12·12조치', 한국은행 발권력 동원, 투신을 통해 무제한 주식 매입키로, 4당 농어촌 부채탕감방안 최종 합의
토지초과이득세 1990년 1월 1일부터 시행키로
전두환 전 대통령, 국회청문회 출석 증언 |

1990년

1월	김일성 신년사, "남북 자유왕래 협의하자" 조순 부총리, "토지공개념과 금융실명제는 늦출 수 없다"
2월	민주자유당 창당
3월	4땅굴 발견 개각 15부 장관 경질, 이승윤 부총리·정영의 재무, 김종인 경제수석, 박필수 상공 이승윤 "실명제 재검토" 김종인 "SOC 확충 시급" 1989년 땅값 31% 상승(건설부 발표)
5월	'5·8부동산대책' 발표, 대기업 과다 보유 부동산 강제매각 지시 10대 그룹, 1,569만 평 매각하겠다고 발표 일본 왕 "통석의 염을 금할 수 없다"고 사과
6월	국세청, "5대 재벌 땅 18%가 비업무용" 인천 영종도를 신국제공항 건설입지로 결정 샌프란시스코에서 노태우 고르바초프 한·소 정상회담서 수교 원칙 합의
7월	OPEC회의, 기름값 20달러로 인상
8월	이라크, 쿠웨이트 점령, 국제유가 폭등세 전두환 전 대통령 처남 이창석 씨, 법정구속 국제유가 30달러 돌파
10월	한·소 수교 독일 통일
11월	쌀 생산 3,900만 섬 핵폐기물 시설에 반대 안면도 주민 1만 명, 지서와 예비군 무기고에 방화 리콴유 싱가포르 총리, 31년 만에 퇴임
12월	주택 200만 호 건설 1년 앞당겨 달성 개각 노재봉 총리, 박철언 체육부장관, 최병렬 노동부장관 전두환 전 대통령, 백담사에서 연희동 집으로 귀환

1991년

1월	소련에 30억 달러 차관 제공키로 양국 대표단회의에서 합의
2월	부총리 최각규, 건설부장관 이진설
4월	시위대학생 강경대 군 경찰에 맞아 사망
5월	개각 총리 정원식, 재무 이용만, 동자 진념 건설자재 품귀현상 시멘트 구하기 전쟁 정원식 총리 외대 학생들로부터 집단 폭행
8월	고르바초프, 소련공산당 해체 선언
11월	정주영 회장, "돈 없어 세금 못 내겠다"며 법정투쟁 선언
12월	소련 해체 개각 7개 장관 경질, 상공 한봉수, 건설 서영택, 국세청장 추경석 등

1992년

1월	정주영 현대회장 "연 2회씩 정치자금 냈다"고 폭로 김우중 대우회장, 김일성 면담
3월	김건 한은총재 퇴임, 후임에 조순 전 부총리
4월	국세청, 현대상선에 271억 원 세금 추징, 정몽헌 부회장 등을 고발 정주영 국민당 대표, "현대 탄압하면 경제파탄 부른다. 대통령 출마한다"
5월	민주당, 김대중 씨를 대선 후보로 선출
8월	제2이동통신 차기 정부로 이관 결정
11월	클린턴, 미국 대통령 당선 유창순 전경련 회장, "정치자금 안 내겠다"

1993년

1월	미, 이라크 공습 단행 정주영 국민당 대표, 검찰 소환 최종현 선경 회장, 전경련 회장으로 내정(유창순 씨 후임)

2월	김영삼 14대 대통령 취임 개각 총리 황인성, 감사원장 이회창, 경제부총리 이경식, 재무장관 홍재형, 경제수석 박재윤
3월	장관급 29명 재산 내역 일괄 공개
7월	신경제 5개년계획 확정발표
8월	대전엑스포 개막 금융실명제 실시 경부고속철, 프랑스 알스톰의 떼제베로 선정
10월	1994년 최저임금 24만 5,210원(노동부 발표) 상공부 업종전문화 시책 발표
12월	UR타결, 쌀시장 개방 계획 확정, 대통령 대국민 사과 1만 원짜리 신권 발행(1994년 1월부터) 개각 총리 이회창, 경제부총리 정재석, 노동부장관 남재희

1994년

1월	교육세 시행 생리휴가 무급전환, 출산휴가일수 60일에서 90일로 연장 경제기획원, 경제운영방향 보고 "활성화에 치중키로" 북한 국제원자력기구(IAEA) 핵사찰 거부 개인연금제 도입
2월	농민 대학생, UR재협상요구 시위 내국인 외화보유한도, 2,000달러에서 2만 달러로 확대 해외부동산 투자 제한 완화
3월	금융기관 점포 설치 자율화
6월	공산권 수출제한 해제(북한 제외)
7월	북한 주석 김일성 사망, 김정일 승계
8월	삼성전자 세계최초 256MB D램 개발
10월	개각 경제부총리 홍재형, 재무장관 박재윤, 경제수석 한이헌 성수대교 붕괴
12월	정부조직 개편 기획원 재무부 통폐합, 재정경제원으로

1995년

1월	부동산실명제 실시 WTO 출범 세계화추진위원회 출범
3월	케이블 TV 27개 채널 본방 증권사 해외사무소 설치 자유화 OECD 가입 신청
6월	통합선거법 개정안 국회통과 지방선거 부활(기초단체장 및 지방의회 선거) 삼풍백화점 붕괴
7월	3단계 금리자유화 추진 미 베트남 20년 만에 국교정상화
8월	서석재 총무처장관, 전직 대통령 4,000억 원 차명계좌 폭로 중앙청(구 조선총독부 건물) 철거
11월	민주노총 공식출범 김종필 민자당 대표위원 탈당 노태우 및 전두환 전 대통령 구속 수감 수출 1,000억 달러 돌파 개각 총리 이수성, 경제부총리 나웅배, 정보통신부장관 이석채, 경제수석 구본영

1996년

1월	민자당 당명을 신한국당으로 개명
6월	15개 단자회사를 종금사로 전환 인가
7월	실업급여 지급 개시
10월	경쟁력 10% 이상 높이기 추진
12월	OECD 가입 국내 기름값 자유화하기로(1997년 1월부터)

1997년

1월	한보그룹 부도
2월	1996년 1인당 국민총생산 1만 7,000달러 추산 발표
3월	개각 총리 고건, 경제부총리 강경식, 경제수석 김인호 삼미그룹 부도 자본시장 조기개발 계획발표, 외국인 주식투자 한도 확대
4월	전두환 무기징역, 노태우 17년형 대법원 확정 진로그룹 부도유예
5월	외국증권사 국내지점 국제업무 허용 김영삼 대통령 아들 김현철 구속
6월	해외직접투자 신고제로 전환
7월	68개 시민 재야단체 참여한 '기아 살리기 범국민운동연합' 발족 기아자동차 부도유예협약 적용키로
10월	주가폭락, 종합주가지수 500선 붕괴, 달러 폭등 기아자동차 법정관리 신청 노무라증권 보고서 "대우그룹에 비상벨이 울린다" 외화유입 확대 위한 금융시장 안정화 대책 발표
11월	해태 부도 강경식 부총리, IMF지원 요청 방침 김영삼 대통령에게 보고 캉드쉬 IMF총재와 비밀 면담, 구제금융에 합의 국회 금융개혁법안 통과 무산 개각 강경식 부총리 경질, 임창렬 기용 IMF구제금융신청(1차 구제금융 55억 6,000만 달러)
12월	9개 종금사 영업정지 최고금리 25%에서 40%로 확대 외국인 은행주식 4% 이상 매입 허용 환율변동폭 완전 자유화 김대중 대통령 당선 무디스, S&P 한국 신용등급 하향조정 이자제한폭 완전 폐지 모든 채권에 외국인 투자한도 완전폐지

1998년

1월	노사정위원회 출범 김대중 당선자-4대 재벌총수 회동, 구조조정 5원칙 합의 금융기관 단기외채 해결을 위한 뉴욕협상 타결 정부직제 개편
2월	김대중 15대 대통령 취임 조각 총리 김종필, 재정경제부장관 이규성, 경제수석 김태동, 금융감독위원장 이헌재
3월	단기외채 218억 달러 만기연장 외국인투자업종 개방 확대, 건물임대업 증권거래업 등
4월	금융감독위원회 출범 외평채 40억 달러 발행 성공
5월	김태동 경제수석 경질, 후임 강봉균
6월	정주영 현대회장 소 500마리 끌고 판문점 통해 방북 외국인 토지취득 전면 자유화 금감위, 5대 그룹 20개사 등 퇴출대상 55개 기업 발표 동화 동남 대동 경기 충청은행 폐쇄 결정
7월	전교조해직교사 전원 복직
8월	한남 투신 영업정지
9월	전경련 7개 업종 빅딜 발표 은행에 21조 원 공적자금 투입
10월	정주영 김정일 회동, 금강산관광 합의
12월	전교조 10년 만에 합법화 뉴브릿지, 제일은행 매입 양해각서 교환

1999년

1월	S&P 한국 신용등급 투자적격단계로 상향조정
2월	의료보험 통합하는 국민건강보호법 국회 통과 여당 의약분업 강행 발표, 직장 의보노조 파업
4월	한국선물거래소 개장

5월	IMF 구제금융 10차에 걸쳐 모두 195억 달러 개각 재정경제부장관 강봉균, 기획예산처장관 진념, 경제수석 이기호
6월	삼성자동차 법정관리, 이건희 삼성회장 삼성생명 주식 400만 주 출연 발표
8월	대우 12개 계열사 워크아웃 결정
12월	금융감독원, 대우그룹 분식회계 특별조사 착수

2000년

1월	재정경제부장관 이헌재 금감위원장 이용근
2월	의약분업반대 의료계 1차 파업 현대그룹 '왕자의 난' 시작
3월	벤처 붐, 코스닥 지수 300선 육박
6월	김정일과 평양서 남북정상회담 6·15공동선언 개성공단 설립합의
8월	의약분업 파동 책임 물어 차흥봉 보건복지부장관 경질, 후임 최선정 IMF 차입금 전액상환
10월	기초생활보장제 시행 의약분업 5차 파업
11월	대우자동차 부도 의약분업 관련 의약정 합의안 발표 김대중 대통령 노벨평화상 수상
12월	코스닥 폭락 지수 60선 붕괴

2001년

3월	인천국제공항 개항 상호신용금고를 상호저축은행으로 개명 정주영 현대그룹 회장 사망
8월	IMF 차입금 상환 완료
11월	국민은행 주택은행 합병 출발 국가인권위원회 설립

2002년

3월	주택시장 안정대책 발표
6월	미군장갑차 여중생 압사사건 발생 월드컵 서울개최 제2연평해전
7월	S&P 한국 국가신용등급을 A-로 상향 조정
10월	한·칠레 FTA 체결
11월	금감위, 하나은행 서울은행 합병 인가
12월	노무현 대통령 당선

2003년

2월	SK그룹 분식회계 파문, 최태원 회장 구속 노무현 16대 대통령 취임 총리 고건, 경제부총리 김진표, 기획예산처장관 박봉흠, 청와대 정책실장 이정우,경제특별보좌관 조윤제, 정보통신부장관 진대제, 산업자원부장관 윤진식
3월	신용카드 종합대책발표 미·이라크 전쟁 발발
4월	철도노조 파업 신용불량자 300만 명 돌파
5월	아파트 분양권 전매 금지 화물연대 파업
8월	정몽헌 현대그룹회장 투신자살
9월	금감위, 론스타 외환은행 취득승인
10월	부동산 투기억제 대책 발표, 투기지역 추가 지정 및 양도세 강화
12월	동북아 금융허브 로드맵 발표 판교신도시 개발계획 확정 국가균형발전 3대 특별법 국회통과

2004년

1월	민주노총 신임 위원장에 이수호 당선
2월	개각 부총리 겸 재정경제부장관 이헌재 외환카드 직장폐쇄
3월	신용불량자 종합대책 노무현 대통령 탄핵 소추안 국회 의결
4월	한·칠레 FTA 공식 발효 17대 국회의원 선거, 한나라당 대패
8월	충남 연기, 공주지역 신행정수도로 최종 확정 외국인 고용허가제 시행
9월	부동산 보유세제 개편 기본방안 발표
10월	헌재, 신행정수도건설특별법 위헌 판결
11월	음식업주들 솥단지 시위 한국은행 콜금리 3.25%로 인하(사상 최저 수준)

2005년

1월	종합부동산세제, 현금영수증제 실시 고용부, 청년실업대책 수립
2월	주가, 5년 만에 1,000 돌파
3월	개각 경제부총리 한덕수, 기획예산처장관 변양균 행정중심 복합도시건설 특별법 국회 통과 분양가 상한제, 분양가 공개 정책 실시
7월	민노총, 노사정 탈퇴 선언
12월	국회 종부세법 개정안 의결; 종부세 강화, 기준시가 6억 이상으로 확대, 가구별 합산방식 채택

2006년

1월	판교주택분양 및 투기방지대책 발표
3월	싱가포르와 FTA 발표

6월	부동산 실거래가격 등기부 기재 제도 시행
7월	경제부총리 권오규 저출산 고령사회 기본계획안 발표
8월	비전 2030 발표
10월	북한 핵실험 강행
11월	일자리 창출과 사회통합 위한 국가 고용 전략 발표
12월	수출 3,000억 달러 달성 서비스산업 경쟁력 강화방안 발표

2007년

1월	노무현 대통령, 대통령 연임제 개헌 제안
4월	한미 FTA 타결
6월	이랜드 노조 비정규직 해고에 항의, 점거 농성 한미 FTA 서명
7월	비정규직 보호법 시행 자본시장법 국회통과 주가 2,000 돌파
10월	평양에서 노무현 김정일 남북 정상회담
11월	6개 주택투기지역 및 10개 토지지역 해제

2008년

2월	정부조직 개편 이명박 17대 대통령 취임 총리 한승수, 기획재정부장관 강만수, 김중수 경제수석
3월	임시세액공제 1년 연장
4월	미국산 쇠고기 단계적 수입확대 합의
5월	미국산 수입쇠고기 반대 촛불 시위 시작

6월	정부, 고유가극복 종합대책 발표
	이명박 대통령 촛불 사태 대국민 사과
	'한반도 대운하' 계획 철회 발표
	청와대 수석 전면 경질
8월	'녹색성장이 신국가패러다임'(대통령 광복절 축사에서)
9월	미국발 세계금융위기 확산(리먼 브라더스 부도사태)
10월	한국은행 미 연방준비은행과 통화스와프 계약 체결
12월	정부, 4대강 살리기 프로젝트 추진 결정
	국회, 13개 감세법안 통과; 종합부동산세 완화 및 소득세 인하

2009년

1월	청와대에 비상경제대책위원회 설치
	개각 기획재정부장관 윤증현, 박병원 경제수석
	경인운하 사업계획 발표
	녹색뉴딜사업 추진방안 발표
	전국토지거래허가구역 해제
2월	쌍용자동차 법정관리 결정
3월	미분양 주택 해소방안 추진
5월	보금자리 주택 시범지구 추진계획 발표
6월	새 고액권, 5만 원권 발행
	4대강정비사업 시행(22조 원 소요)
9월	총리 정운찬
	미소금융 확대(소액서민 금융)
12월	사회통합위원회(위원장 고건) 출범
	금호 아시아나 그룹 구조조정계획 확정

2010년

1월	정운찬 총리, 세종시 수정안 발표(행정수도 대신, 교육과학중심도시로)
	새만금위원회 종합실천계획 심의 확정
2월	2010고용회복 프로젝트 세부추진방안 발표

3월	천안함 피격사건, 46명 사망
4월	무디스 한국 국가신용등급 A2에서 A1으로 상향조정 주택미분양 해소 및 거래 활성화 방안 발표
5월	2010년 전국 18만 호 보금자리주택 공급
6월	이용호 민간인 사찰 사건 지방 선거 여당 참패 국회, 세종시 수정안 부결
8월	김태호 총리후보 내정(사퇴 파동) 이명박 대통령 8·15경축사 통해 공정사회를 국정과제로 제시
9월	대·중소기업 동반성장 추진대책 발표 김황식 총리후보 내정 한-EU FTA 정식서명
11월	서울 G20정상회의 개최 북한 연평도 포격
12월	금융위원장 김석동, 지식경제부장관 최준경, 경제수석 김대기 한미 FTA 재협상 타결 정운찬 동반성장위원회 초대 위원장

2011년

1월	금융위, 삼화저축은행 영업정지 명령
2월	전월세 시장 안정화대책 발표 금융위, 부산저축은행 대전저축은행 등 추가 영업정지 동반성장위 정운찬 위원장 "이익공유제 도입 추진키로"
3월	동남신공항 입지평가위원회, 가덕도 밀양 모두 부적합 판정 일본 쓰나미 사태 22조 원 규모 새만금계획 확정
5월	기업공시에 IFRS국제회계기준 첫 적용 4월 말 기준 외환보유액 3,000억 달러 돌파
7월	노동부, 복수노조 제도 시행 S&P, 사상 처음 미국 국채등급 하향조정
8월	이명박 대통령 광복절 경축사에서 '공생발전' 강조 서울시 무상급식 찬반 주민투표

9월	동반성장위, 16개 중소기업 적합업종 1차 지정
10월	박원순 서울시장 재보궐 선거 승리
11월	피치, 한국신용등급 상향 조정 금융위, 론스타에 외환은행 지분 매각 명령 한미 FTA 비준안 여당 단독표결로 국회통과
12월	국토부, 다주택자 양도세 중과 폐지 김정일 국방위원장 사망 발표

2012년

1월	삼성, 빵집 등 서민업종 철수 발표 최시중 방통위원장 수뢰혐의로 사퇴
3월	한미 FTA 정식발효
4월	새누리당 4·11총선에서 과반수 의석 확보
5월	금융위 솔로몬 등 4개 저축은행 영업정지 조치 여수 엑스포
6월	스페인 EU로부터 1,000억 유로 구제금융 받기로
7월	세종특별자치시 정식 출범 이상득 전 의원 수뢰혐의로 구속 수감
8월	2013년 세제개편안 발표 이명박 독도 전격 방문 김승연 한화그룹 회장 배임혐의로 법정구속
9월	안철수 대선 출마 선언
11월	영광 원전 5, 6호기 가동중단(위조 부품 적발) 버락 오바마 미국 대통령 재선 성공 중국 시진핑 공산당 총서기 취임
12월	18대 대통령 선거, 박근혜 후보 당선

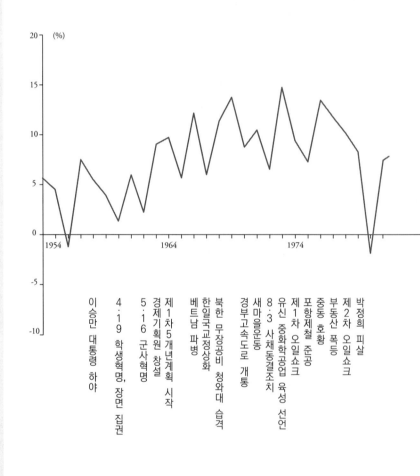

1954년 이후 연도별 경제성장률과 주요 사건

20 (%)

15

10

5

0

-5

-10

1954   1964   1974

이승만 대통령 하야

4·19 학생혁명, 장면 집권

5·16 군사혁명

경제기획원 창설

제1차 5개년계획 시작

베트남 파병

한일국교정상화

북한 무장공비 청와대 습격

경부고속도로 개통

새마을운동

8·3 사채동결조치

유신 중화학공업 육성 선언

제1차 오일쇼크

포항제철 준공

중동 호황

부동산 폭등

제2차 오일쇼크

박정희 피살

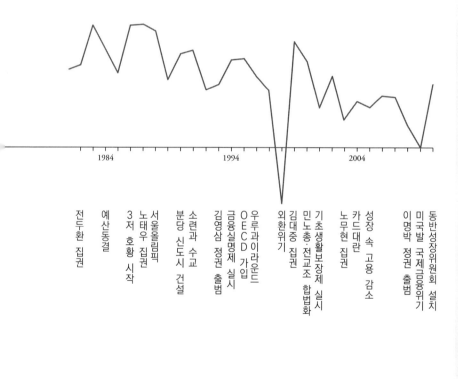

1984   1994   2004

전두환 집권

예산동결

3저 호황 시작

노태우 집권

서울올림픽

분당 신도시 건설

소련과 수교

OECD 가입

우루과이라운드

외환위기

김대중 집권

민노총·전교조 합법화

김영삼 정권 출범

금융실명제 실시

기초생활보장제 실시

노무현 집권

카드대란

성장 속 고용 감소

이명박 정권 출범

미국발 국제금융위기

동반성장위원회 설치

1953~1981년 주요 경제지표

연도	GDP성장률 (불변, %)	1인당 GDP (달러, 경상)	국내총생산 (GDP, 경상) 억, 달러	소비자물가 변화율	경상수지 (백만 달러)	무역수지 (백만 달러)
1953	-	-	13	64.3	-33	-85
1954	5.6	-	14	48	-36	-102
1955	4.5	-	14	26.9	-23	-117
1956	-1.3	-	14	40.4	-3	-323
1957	7.6	-	17	-2.2	38	-361
1958	5.5	-	19	3.4	16	-420
1959	3.9	-	19	8	13	-362
1960	1.2	80	20	5.3	33	-284
1961	5.9	82	21	3.7	-56	-311
1962	2.1	87	23	16.7	-143	-275
1963	9.1	99	27	26.6	-26	-367
1964	9.7	104	29	19.8	9	-473
1965	5.7	105	30	10.2	-103	-285
1966	12.2	122	36	12	-192	-288
1967	5.9	139	42	10.7	-440	-466
1968	11.3	169	52	11.3	-549	-676
1969	13.8	206	65	11.6	-623	-1008
1970	8.8	242	78	16.9	-848	-1201
1971	10.4	289	95	12.2	-371	-1149
1972	6.5	322	108	11.9	-309	-1326
1973	14.8	405	138	3.5	-2023	-898
1974	9.4	559	194	24.8	-1887	-1015
1975	7.3	612	216	24.7	-314	-2392
1976	13.5	831	298	15.4	12	-2193
1977	11.8	1,049	382	10	-1085	-1059
1978	10.3	1,447	535	14.7	-4151	-765
1979	8.4	1,705	640	18.5	-5321	-2261
1980	-1.9	1,687	643	28.7	-5071	-5284
1981	7.4	1,870	724	21.3	-3927	-4787

1982~2010년 주요 경제지표

연도	GDP성장률 (불변, %)	1인당 GDP (달러, 경상)	국내총생산 (GDP, 경상) 억, 달러	소비자물가 변화율	경상수지 (백만 달러)	무역수지 (백만 달러)
1982	8.3	1,971	775	7.1	-2134	-2398
1983	12.2	2,152	859	3.4	-1428	-1747
1984	9.9	2,349	949	2.2	-386	-1386
1985	7.5	2,411	984	2.3	-1513	-853
1986	12.2	2,759	1137	2.8	4492	3130
1987	12.3	3,445	1434	3.1	10779	6261
1988	11.7	4,575	1923	7.1	14838	8885
1989	6.8	5,567	2363	5.7	5267	912
1990	9.3	6,305	2703	8.5	-1390	-4828
1991	9.7	7,287	3155	9.3	-7511	-9655
1992	5.8	7,728	3381	6.3	-2240	-5143
1993	6.3	8,422	3722	4.8	2973	-1564
1994	8.8	9,755	4355	6.2	-3508	-6335
1995	8.9	11,782	5313	4.5	-8012	-10061
1996	7.2	12,582	5728	4.9	-22953	-20624
1997	5.8	11,583	5323	4.5	-8183	-8452
1998	-5.7	7,739	3582	7.5	42644	39031
1999	10.7	9,902	4616	0.8	24479	23933
2000	8.8	11,349	5335	2.3	14803	11786
2001	4	10,655	5046	4.1	8428	9341
2002	7.2	12,093	5759	2.8	7542	10344
2003	2.8	13,448	6436	3.5	15584	14991
2004	4.6	15,038	7224	3.6	32312	29382
2005	4	17,547	8447	2.8	18607	23180
2006	5.2	19,693	9511	2.2	14083	16082
2007	5.1	21,655	10493	2.5	21770	14643
2008	2.3	19,152	9309	4.7	3198	-13267
2009	0.2	17,086	8329	2.8	32791	40449
2010	6.2	20,500	10143	3	29394	41172

참고서적

강경식, 정부가 해야 할 일과 하지 말아야 할 일(김영사, 2010)

강만수, 현장에서 본 한국경제 30년(삼성경제연구소, 2005)

국정브리핑특별기획팀, 노무현과 참여정부 경제5년(한스미디어, 2008)

국토해양부, 국책사업 갈등사례 분석치 및 시사점(2011)

그렉 브라진스키, 대한민국 만들기(책과함께, 2007)

김대중, 김대중 자서전1, 2(삼인, 2010), 대중경제론(청사, 1986), 대중참여경제론(산하,
    1997), 대중경제 100문 100답(1971)

김영삼, 김영삼 대통령 회고록 상, 하(조선일보사, 2011)

김용환, 임자, 자네가 사령관 아닌가(매일경제신문사, 2002)

김일영, 건국과 부국(기파랑, 2010)

김입삼, 초근목피에서 선진국으로의 증언(한국경제신문, 2003)

김정렴, 한국경제정책 30년사(중앙경제신문, 1990)

김충남, 대통령과 국가경영(서울대출판부, 2006)

김형아, 박정희의 양날의 선택(일조각, 2005)

김호진, 한국의 대통령과 리더십(청림출판, 2010)

김흥기 외, 영욕의 한국경제(매일경제신문사, 1999)

남덕우, 경제개발의 길목에서(삼성경제연구소, 2009)

남성일 외, 한국의 노동 어떻게 할 것인가(서강대출판부, 2007)

노무현, 성공과 좌절(학고재, 2009)

노사정위원회 10년사(노사정위원회, 2008)

노태우, 노태우 회고록(조선프레스, 2011)

매일경제신문사, MB노믹스(2008)

문재인, 운명(가교출판, 2011)

민주노총충격보고서(뉴라이트 전국연합, 2009)

박진 채종헌 편, 갈등조정, 그 소통의 미학(굿인포메이션, 2006)

백두진, 백두진 회고록(대한공론사, 1975)

삼성경제연구소, 건국 50년, 한국경제의 역정과 과정(1998)

송인상, 부흥과 성장(21세기북스, 1994)

유시민, 운명이다(돌베개, 2010)

유영익, 이승만 대통령 재평가(연세대출판부, 2006)

이대근, 해방이후, 1950년대 경제(삼성경제연구소, 2002), 새로운 한국경제발전사
　　　　(나남, 2005)

이완범, 박정희와 한강의 기적(선인, 2006)

이임광, 어둠 속에서도 한걸음을(KMA, 2012)

이장규, 경제는 당신이 대통령이야(개정증보판, 올림, 2008), 경제가 민주화를 만났을 때
　　　　(개정증보판, 올림, 2011), 한국경제 설 땅이 없다(중앙일보사, 1993)

이진, 참여정부, 절반의 비망록(개마고원, 2005)

이헌창, 한국경제통사(5판, 해남, 2012)

임영태, 대한민국사(들녘, 2008)

재경회 예우회, 한국의 재정 60년(매일경제신문사, 2011)

정인영 외, 홍릉 숲 속의 경제브레인들(한국개발연구원, 2002)

조동성 외, 한국자본주의의 개척자들(월간조선사, 2003)

좌승희, 이야기 한국경제(일월담, 2010)

지동욱, 대한민국재벌(삼각형비즈, 2006)

최동규, 성장시대의 정부(한국경제신문사, 1991)

최종고, 우남 이승만(청아출판사, 2011)

통계청, 광복 이후 50년간의 경제일지(1995)

한국개발연구원, 경제민주화의 기본구상(1988)

한국개발연구원, 한국경제 반세기, 정책자료집(1995)

한국노동연구원, 한국의 노동법 개정과 노사관계(2000)

한국은행 조사부, 한국은행 40년사(1990), 금융실명제 3년의 성과와 과제(재정경제원,
　　　　1996)

한국은행, 조선경제연보 1948년판(한국은행조사부, 1948)

함성득 편, 김영삼 정부의 성공과 실패(나남출판, 2001)

홍순영 외, 한국경제 20년의 재조명(삼성경제연구소, 2006)

황병태, 박정희 패러다임(조선뉴스프레스, 2011)

인물

일반

ㅇ

기파랑耆婆朗은 삼국유사에 수록된 신라시대 향가 찬기파랑가讚耆婆朗歌의 주인공입니다. 작자 충담忠談은 달과 시내의 잣나무의 은유를 통해 이상적인 화랑의 모습을 그리고 있습니다. 어두운 구름을 헤치고 나와 세상을 비추는 달의 강인함, 끝간데 없이 뻗어나간 시냇물의 영원함, 그리고 겨울 찬서리 이겨내고 늘 푸른빛을 잃지 않는 잣나무의 불변함은 도서출판 기파랑의 정신입니다.

대통령 리더십으로 본 한국경제통사

대통령의 경제학

1판 1쇄 발행일 2014년 9월 5일
1판 2쇄 인쇄일 2015년 3월 10일

지은이 | 이장규
펴낸이 | 안병훈
펴낸곳 | 도서출판 기파랑
디자인 | 커뮤니케이션 울력
등록 | 2004년 12월 27일 제300-2004-204호
주소 | 서울특별시 종로구 대학로8가길 56(동숭동 1-49) 동숭빌딩 301호
전화 | 02-763-8996(편집부) 02-3288-0077(영업마케팅부)
팩스 | 02-763-8936
이메일 | info@guiparang.com

ⓒ 이장규, 2014

ISBN 978-89-6523-882-9 03320